《上海的早晨》 油画 293×399CM 李斌创作于 2007 年

1949 年 5 月,解放军进驻上海。市长陈毅(前中)率领副市长潘汉年(后左三)公安局长扬帆(后左二)和财政/税务局长顾准(后左一)视察上海。这几位秀才的修养与学识打动了上海的资产阶级和平民阶层,稳定了政权变更后的上海局势。可惜不久,他们一个个被革命母亲吞噬。

王晓林 著

顾准和他的时代

九十九叟李锐

（下）

美国华忆出版社
Remembering Publishing, LLC. USA

Copyright © 2023 by Remembering Publishing, LLC. USA

ISBN:　　978-1-68560-056-3　(Print)
　　　　　978-1-68560-057-0　(eBook)

Remembering Publishing, LLC
RememPub@gmail.com

顾准和他的时代（下）

王晓林 著

封面油画：李　斌
书法题字：李　锐
肖像绘画：王　康

出　　版：美国华忆出版社
版　　次：2023 年 3 月　第二版，第一次印刷
字　　数：300 千字

All rights reserved.
No part of this book may be reproduced in any form or by any electronic or mechanical means including information storage and retrieval systems, without permission in writing from the publisher. The only exception is by a reviewer, who may quote short excerpts in review.

作品内容受国际知识产权公约保护，版权所有，侵权必究

目 录（下）

第三部　　天才之为责任（1962—1972）

第十三章　　苦旅驿站 3
1. 苦旅驿站——经济所 3
2. 驿站长孙冶方 10
3. 在还债中丰收 18
4. 沙漠之井——宗井滔 28

第十四章　　珀里斯与政治 36
1. 珀里斯、政治与刍荛之献 36
2. 《会计原理》 45
3. 《粮价问题初探》 51
4. 迷失在"群星灿烂"中 60

第十五章　　永不"成熟" 68
1. 三岔口、马前卒与打手 68
2. 一对荆棘鸟，两个苦命人 76
3. 死念 84
4. 人活着，而且是健康的 89
5. 一个自由而成熟的灵魂 97

第十六章　狰狞岁月 104
 1. 在兽性与血腥面前 104
 2. 人，我是爱你们的，你们要警惕啊 107
 3. 我的幸运在于思想的自由 115
 4. 所谓悲剧，就是将美撕碎了给人看 121
 5. 汪璧之死 131
 6. 一无所有 135

第十七章　新生日记 140
 1. 天才之为责任 140
 2. 美丽炼狱 149
 3. 新生日记 160
 4. "我决定不作魏连殳" 165
 5. 过不去的过去 168
 6. 还是得谈谈"猩红热"与"雅努斯" 173
 7. 端倪可察（上） 177
 8. "端倪"可察（下） 186

第四部　徐徐地、平静地成熟下去（1972—1974）

第十八章　生命如醅 195
 1. 那本书 195
 2. 即生于这个时代，就享受它 203
 3. 历尽劫波兄弟在 213
 4. 了不起的流水账 219

第十九章　鼙鼓无声，理性争鸣 ... 232

1. 历史的哲学质问 ... 232
2. 再来一个科学的质问！ ... 243
3. 西奈山的上帝（上） ... 255
4. 西奈山的上帝（中） ... 267
5. 西奈山的上帝（下） ... 276
6. 再识黑格尔 ... 286
7. 鼙鼓无声，理性争鸣 ... 299

第二十章　徐徐地、平静地成熟下去 ... 311

1. "元点" ... 311
2. 先知、此岸与彼岸 ... 318
3. 最远的跋涉也许是回归 ... 326
4. 我反对社会主义吗？我不 ... 336
5. 他思、他言，故他在 ... 346

第二十一章　希腊心灵的形式 ... 351

1. 人，不可以被奴役 ... 351
2. 契约精神、自然与人性的和谐 ... 362
3. 僭政与民主 ... 370
4. 从雅典到耶路撒冷 ... 380

第二十二章　籽粒落下 ... 385

1. 最后的一年 ... 385
2. 向死的生命实践 ... 392
3. 美拯救世界 ... 398

尾 声　　故事未终（1974— ）

1. 治方之痛 411
2. 无题 417
3. 一本会计学书籍对社会的威慑 422
4. 北枳南橘 424
5. 贵州故事 431

后　记 436

第三部

天才之为责任

(1962—1972)

愚蠢的一致性是思想小人的鬼把戏，为政坛、哲学和宗教界的小人物所钦慕。伟大的灵魂则与一致性丝毫不沾边。

——拉尔夫·瓦尔多·爱默生

怀疑的和不抱怀疑的行为，有了第二种行为才有第一种行为。

——路德维希·维特根斯坦

我在探索的，是未来历史发展的道路。

——顾准

第十三章　苦旅驿站

1. 苦旅驿站——经济所

"我现在还清楚记得，5月上旬那一天来所见孙冶方报到，谈话完毕后到政治经济学组，然后陈德金同志把我带到四楼31号，告诉我这是给我准备的单人办公室，把钥匙交给我的时候，我是多么高兴。"[1]

顾准同志事隔五年第二次走进翰林院分院——中科院经济所，他何止是高兴，他是高兴坏了。这里可绝不止是个"窟窿"，分明就是个正等着"仙人"的仙人洞。能到经济所来"修炼"，这件事情他盼望了许多年，至少从1956到眼下，足足6年。

"如果有机会做研究工作的话，必须死心塌地钻研下去，并且决心穷毕生之力来做这件事。这里不仅是理论的、历史的研究，并且必须以充分的时间与严肃态度来对待实际经济问题。"[2]

6年中发生了如此多样的事物和变幻，他观察、记录和思考了，积淀了比未亲历者多得多的直接经验和绝大多数亲历者多得多的间接经验，急需有个地方、有段时间让他归纳、分析和判断，就像收了满坑满谷庄稼的财主，当务之急是找个仓库先藏起来喘口气再慢慢数算。

没有比经济所再好的空间，没有比眼下更好的时间了。"财主"

---

1 《自述》P274
2 《日记》1956.3.22

顾准心花怒放。

所里好多年轻人都知道这位 6 年前就差点做了他们副所长的半老头，全国会计界好生了得的学问家，因为坚辞不授官衔而离开经济所，以后命运多舛，历经磨难，"戴帽""摘帽"的著名大右派，现在终于还是来了。他们又好奇又兴奋，公推政治经济学研究室年轻的女研究员张纯音去看个究竟。

张纯音蹑手蹑脚躲在领导们的身后，看到令她终身难忘的一幕。她不但把这一幕立刻告诉了年轻的同事们，后来也告诉了她善良而美丽的女儿咪咪：

"你顾伯伯一进门，看到办公室这么整洁明亮，还有你孙伯伯专门嘱人为他准备的一张单人钢丝床，上面是雪白的床单和枕头，顾伯伯这个半老头兴奋得一下子躺倒在床上打起挺来，乐不可支地喊叫：'哈哈，我这个穷小子可是一步跌倒青云里啦！'"[3]。

这是小咪咪听到的第一个关于顾伯伯的故事，以后这一老一少间还有许多故事，充满人性之光，温馨到让人潸然泪下。

"来到经济所搞会计研究，并不完全合乎我的理想。可是这到底是经济所，是 6 年前我企求进来、已经进来，因为不想当所长而不得不离开的'和尚庙'或'神圣殿堂'，几经曲折到底还是进来了，这里是研究工作的环境，它比我前 4 年抓时间读书的环境多么不同！"[4]

"并不完全符合"的意思非常清楚，就是直接针对"会计研究"四个字。

顾准对自己"起家"的老本行——会计专业，自从 20 郎当岁对师傅潘序伦说出"志不在此"四字之后，真的就是兴趣索然。他始终不是很明白，党和革命实际上最看重他，也最需要他奉献的，就是他那十八般"会计"武艺，外加财政、税务，也都是和"会计"环环相

3　徐方《两代人的良师益友》
4　《自述》P275

扣的招数。革命,并不缺少打天下的"职业革命家",缺少的是坐天下的"职业管家"。所以无论是在苏南,苏北,淮海,山东还是在整风中的延安、进城后的上海,甚至一直到清河农场劳改,他的这个看家绝技都没闲着,虽然除了短短的上海两年半,基本上是"杀鸡用牛刀"。

可他就是不感兴趣。他有意识或下意识地感到,自己身处的中国这个年代根本无法施展真正"会计兵器"的威力,尤其是被熊彼得称作"资本主义实践高耸的纪念塔"的复式簿记这一杀手锏。会计这个东西太实际,太现实,太直观,用什么样的会计制度,建立什么样的会计学,在一个政治挂帅的国度,就是以"非经济手段达到经济目的"为常态的国度,会记学没有丝毫独立发展的可能。既然经济学都是政治的奴婢,会计学更是奴婢的奴婢。反正他就是对会计研究提不起精神。

现在到了经济所,孙所长明确规定他的任务是会计研究,这真是有点美中不足。要是能让他集中精力研究历史、政治哲学和经济学,那才是贾哥哥要娶林妹妹,是"从古到今,天上地下第一件称心满意的事"了。

不过经过一百零八般磨难的顾准,这一次绝对接受了这一点小小的美中不足。这里何止是环境不同,连味道都不同哦。人们对他充满善意,没有人瞧不起他这个知名右派(或者知名摘帽右派)。这里学术氛围浓厚,即使时常有学术观点的碰撞却不影响讨论时的民主气氛。最可贵的是这里很少外面那种鸡斗狗斗的戾气,人与人之间是一种出于内心的、相互需要的和睦气氛,真难为老孙,在"与人奋斗其乐无穷"的大环境中是怎么调理出来的。

实际上所长孙冶方,副所长邝日安早就向全体同志尤其是青年同志打了招呼,告知了他们顾准的历史——他的辉煌,他的错误,他的性格,他的过五关斩六将和走麦城,特别是他学识之渊博和专业功底之深厚,先就为他的出场亮相造足了声势。而顾准也绝未让两位所长的开场锣白敲,他日后的出色表现以及在经济所"翰林"们,尤其是青年"翰林"们中获得的尊重和爱戴，大大超过了二位所长的预期。

1960年代的中科院社会科学部，经济研究所，政治经济学研究室，那可真是个藏龙卧虎的蟠山。室主任正是顾准新四军时代的老上司，军财经部副部长，华东财委秘书长骆耕漠先生。此公在1950年代的"肃反"中无端受潘汉年、杨帆案牵连，被定位为"隐藏多年的内奸"却又证据不足，终因疑罪从有的"特嫌"罪，1958年被中共组织部从国家计划委员会副主任的位置上调开，到经济所做专职研究员。

顾准来到的第一天，两人见面，四手紧握，老骆连声说："回来就好，回来就好，我们都了解你"。顾准已经多年没有听到过这样善意和温馨的话语了，竟一时语塞。

政经研究室还有位"大佬"呢，他就是大名鼎鼎的"军事俱乐部反党集团"骨干，共产党前总书记张闻天先生。此时的张闻天居然还保留着政治局候补委员的头衔（也算是优待俘虏或者治病救人吧），每天带着警卫员、秘书，坐着苏制"大吉姆"上班，算得上是经济所一道风景。

还有巫宝三，就是顾准黑龙江在考察后发狠说道"我要搞数理经济学，我绝不会向涅姆钦诺夫卑躬屈膝地去取经，我会要巫宝三，关淑庄这些人来翻译介绍西方的东西，也组织人翻译西方的东西，哪怕是搞修正主义"的那位巫宝三，曾在哈佛大学亲聆熊彼特主讲的经济理论学，中国民主促进会中央常委，经济学理论专家，也是经济所研究员。

老朋友林里夫、狄超白就不用说了，右派归右派，还是要给个吃饭的地方，所以也都在经济所做研究员，孙所长像善待顾准一样地善待他们。

中年研究员有江明——高岗的外甥，新政权第一批留苏学生，毕业于莫斯科动力学院，因为彼时中共中央明确指示这批高干子弟不要学习政治，中国在政治上已经成熟，不需要让苏联培养中国的政工干部。还指示过去中国到苏联学习政治的人，往往犯教条主义的错误，所以干脆就不要学文科而是学习工科，学习工业。但学习工业回来的江明也被送到经济所，学非所用，舅舅的倒台肯定是主因；还有李云，前国家建设委员会劳资局副局长，不知什么原因也从部吏的位置下调到"翰林院"来，日后在"史无前例"时期，顾准和他俩一起成了什么"桃园三结义"的反革命集团，这是后话。

年轻人有吴敬琏，民国老报人邓季惺之子，秉承了母亲开拓和叛逆的性格，敢说敢做，血气方刚；有张纯音，中国最早的心理学家，开民调先河的张耀翔与胡适、李大钊亲授弟子，中国第一位古籍与史学女教授程俊英的女儿，秉承了父母超凡脱俗的气质和女性特有的慈悲、温柔心肠，勤奋好学，正在积累原本就有个好底子的学养。眼下他们还都没有充分显示出难得的独立人格特征，但已经——用顾准的话来说——在萌芽。还有同属一个党支部，在《经济研究》编辑部工作的赵人伟，大学毕业分配到经济所的张曙光、林青松、周叔莲……他们二、三十岁，一派初生牛犊不怕虎，少年不知愁滋味的朝气，让我的传主重新看到二三十年前的自己。

"在这间办公室里耽的时间愈长，这里的优越性愈为明显，政经组的同志们热情地对待我，我在这间办公室里一天工作十小时以上……我这个右派分子来到这里，就像回到了老家一样。"[5]

失去家已经很久的顾准重新找到了家的感觉，他又幸福得有些陶醉了，就像三年前铁佛寺水库旁"上菜棚"那些青钢一样冰冷的凌晨，刚刚站完岗，坐在灶前烤上一烤的感觉。有过商城-铁佛寺的经历，任什么艰苦环境也不会压垮他了。

从商城开始，他常常有幸福的感觉，总是感觉活着非常有意义，人非常值得活下去。他常常说到的一句话就是"我热爱生活"。有时他想自己是不是很可笑，像塞万提斯笔下的唐·吉诃德。顾准本来就长得像唐·吉诃德，又高又瘦，行为上又和那位举世闻名的骑士相仿——骑瘦马，持长矛，与风车搏斗。可他觉得这个形象又是多么美

---

[5]《自述》P275

好，之所以美好，不就在于他同时也很可笑吗？而且对取笑他的、认识不到美的价值的人有着一种由衷的同情和宽容。唐唐·吉诃德体现着中国十分缺乏，甚至可以说是没有过的精神——骑士精神，这些没有文化或稍有文化的骑士，蛮勇、狭义、忠诚、尊重妇女，以向妇女献殷勤为荣，多么可爱。

"罗素的《西方哲学史》说到过，欧洲文化中骑士文明是一个重要的因素，它是一夫一妻制，是西方传统中的个人主义等等的渊源。"[6]

假如人们定要认准我像唐·吉诃德，那也没什么可耻。对于他们人云亦云，只知道唐骑士斗风车的故事也完全可以原谅——吉诃德先生可不仅仅是无谓地和风车搏斗了一场，那只是他初做骑士的一个尝试罢了。更多关于他单枪匹马，除暴安良，浪迹天涯，浪漫到无以复加的故事，却少有阅读过全书的人去述说。"谭嗣同倒似乎有点骑士派头"[7]，能和他们比肩而立，不丢人。

为了庆祝回归经济所，上班后的第一个星期日他起了个大早，到菜市场采购了许多材料并亲自下厨做了一桌丰盛的午餐。一家人多年都没有这样欢乐的团聚了。能办这样一个家宴，一是到了1962年，所谓的"三年自然灾害"已经过去，市场的货架上有东西可卖了；二是从50元的生活费已经提高到150元的工资，虽然比原来260多元的9级干部工资低了许多，但在1962年的中国依然算得上是高薪。再丰盛的家宴，了不起也就是有鸡有鱼，十来二十元钱就能办下来。4年来他亏欠这个家太多，现在上帝给了他个还债的机会，而且并且不要他以违背自由意志为代价，他又感激，又珍惜。

3个小的欢天喜地，和爸爸一起大嚼一通，可其余4人，各有各的心思。顾准当场"向家人倾诉我的兴奋心情。我说我从此要做好我应该做的一份工作，要埋头读书，除此而外别无所求"。

---

6 《文稿》P308
7 同上 P325

第三部 天才之为责任（1962—1972）

母亲松了口气，但并不确信他这个儿子从此就真的"改邪归正"了，知儿莫如母，她深知他的秉性。妻子依然存着深深的恐惧，她压根就不相信他能"改邪归正"，但是寄希望于他能在"政治上成熟"起来，把"邪"压下去，为了这个家，为了这些孩子们，至少在表面上顺应这个"正"。两个大的，稻头19岁了，是中国科技大学动力学系大二的学生。两年前右派父亲的"出身成分"没有影响到她考进这所由新政权刚刚创办的、培养高科技人才的著名大学，除了她多少年在101中学无出其右的优异成绩[8]，应该是哪位上层人物打过招呼的，其中不知有多少妈妈的辛苦和心酸。小米16了，马上要考大学，目标是清华大学工程物理系，成绩根本不是问题，保送都绰绰有余，最担心的依然是"出身"，摘帽右派父亲和右派父亲，理论上讲相差无几。

一家8口，4对4，顾准在"小的"这一边，他像个孩子。他不操心明天的事情，明天会失去什么，后天得到什么，得而复失，失而复得……这些都占据不了他的思维内存。"看那天上的飞鸟，也不种，也不收，也不积蓄在仓里，祂尚且养活它。生命不胜于饮食吗？身体不胜于衣裳吗？"[9]。他着迷和专注的东西一样也不在"明天""后天""明年""后年"的范畴内，更谈不上什么功成名就、扬名立万。顾准59年的生命，自始至终有一种罕见的童真，就像当年那位比他年龄小几乎一半的23岁商城女右派张保秀形容的——"他就像个孩子"——严重缺失患得患失之心。眼下他又无忧无虑了。

"经济所的环境，决不是在农村劳动抓业余时间来读书时那种孤陋寡闻状态，这里可以读到外面无法买到的期刊《译丛》《动态》，可以读到学部的《外国学术资料》，可以读到哲学、历史、国际经济方面的各种期刊和资料，还可以读到外文期刊，还有机会参加各种学术活动——仅以政经组的学术讨论而论，在'扩大思路'（！）方面的

---

8 101中学当年同学口述
9 《圣经 新约》马太福音6:26

好处，就是闭门读书时期无法想象的。"[10]

他的欣喜溢于言表。

23 年前，旅人顾准曾经到过一处叫做"孤岛"的人生驿站，第一次邂逅孙冶方。是这座岛和这个人，容纳了从狂涛恶浪中爬上岸的他，让他心能安一安，气能喘一喘，以期再次游向更深更远且不可测的大海。23 年后，又是这位苦难的旅人，在孤独疲惫、伤痕累累、弹尽粮绝之际走进一片绿洲——他的又一个人生驿站——中国科学院哲学社会科学部经济研究所，这里水草丰盛，棕榈成荫不说，还有原来驼队失散的伙伴们，尤其是老伙计孙冶方，他第二次做了这位苦行僧的驿站长。

经济所和孙冶方给予顾准的，远远超出了他的期望。

2. 驿站长孙冶方

现在必须完整地说一说苦难旅人顾准的这位驿站长——孙冶方其人其事，虽然本书前面就说到了他，后面还要大大地说到他。他是顾准生命中最重要，最有趣的人物，一个里程碑式的人物。

孙冶方，原名薛萼果，1908 年生于江苏无锡一个书香门第，长顾准七岁。

1924 年，萼果未满 16 岁即成为无锡国共两党第一任支部书记。1925 年赴莫斯科中山大学学习政治经济学，改名孙冶方。1930 年毕业回国，实习革命，参与组织人力车工人运动，中共沪东区工人运动等。1931 年被捕，因无证据 7 天后放出，但失去党的关系。在找党未果情况下参加了陈翰笙先生领导的中国农村田野调查，从此正式开始从事中国经济研究。抗日战争爆发前后，冶方在报刊上发表了大量持左派进步观点的有关抗日和中国经济的文章，尤以《计划经济和

---

10 《自述》P275

市场经济——两种相互排斥的经济原则》为最，讴歌了苏联的计划经济体制。1933年因南京国民党政府怀疑陈翰笙的农村调查团与李济深、蔡廷锴发动的反蒋的福建事变有关而被通缉，流亡日本两年。1935年危机过去才回到上海。1936年西安事变后国共两党重新合作，中共决定在上海重新建党，至此冶方才恢复了党籍并担任上海学联书记。彼时顾准任职员支部书记。1937年末上海沦陷，孙冶方在"孤岛"出任中共江苏省委文化委员会书记，副手就是刚被清理了"顾准路线"，调离职委，来到文委的顾准。

是时冶方，不满30岁却已久经磨练，沉着冷静，尚未结婚的他甚至被刚刚入党的小青年们称作"妈妈"[11]，可见其风度和亲和力。而顾准，20刚出头却已才华出众，激情四溢，加上教授和职业革命家的身份，又是这帮小青年们的"偶像"。

两个年轻人成了"孤岛"上抗日文化力量的组织者，这也是两人终其一生友谊的发端。

后来他们俩，一个被延安指名道姓要求去参加整风，一个自己坚决要求去了苏南新四军苏区，后来也参加了延整。虽然如此，两人并未在延安见面，原因是从上海绕道香港——广西——重庆急赴"圣地"的孙冶方没有赶上重庆飞延安的最后一趟飞机。再见面是在1945年底的苏北淮阴新四军军部，这一次两人合作了6年。

还是用顾准的话来看冶方：

"这6年中，因为我和他在上海地下工作时期就相识，而且他在上海是我的上级，此时是我同辈的同事，他对我完全平等相待，所以我和他的关系还特别密切一些。"[12]

这种"特别密切一些"的私人关系甚至差点促成当时顾准所在的上海市财政局向冶方所在的华东工业部所建工厂投资。哈，这哥俩差一点"徇私"。

11　王元化语
12　《自述》P353

"他不论担任何种工作，都没有卖老资格或悻悻不平的表示……这 6 年中我不记得孙谈起过他和刘少奇的关系，也没有听到他提起刘少奇的《答宋亮信》以为夸耀，他似乎自知缺乏实际工作经验这个缺点，埋头实际业务绝口不谈理论问题。"[13]

这样的人品，顾准是欣赏的。

"三反撤职以后我很不服气，羞见故人，从前熟人极少往来，孙冶方是少数例外之一。……但他态度鲜明地认为我确有错误，罪有应得…….他对我的案件不知内情。"[14]

这，顾准是不服的。

1956 年年末，被整得"饭也要没人给得吃"的顾准同学从中共中央党校毕业来到经济所。所长正是自己整整二十年前的老上司孙冶方。尽管两人二十多年前就是战友，尽管自己眼下黥面戴罪，倔强的顾准也绝不会自轻自贱。别看他已经被整得七荤八素并且喜出望外能来到他最渴望的，可以安安静静地读书、思考和写作的经济所，他却毫无要"叩头谢恩"的意思，依然是党性严重缺乏，严重率性而为——"副所长？我不干，要做就干干净净做个研究员，其他免谈"。

性格使然，顾准对法家鼻祖《韩非》之"利害说"和"术"这两样东西从来深恶痛绝，他对人从不行"术"也绝不容"术"来委屈自己。说不当官就是不当，诸多"官人"以退为进的那套官场艺术，在他是一窍不通。

而孙冶方，对这位深知其德行的老弟，过去、现在和将来他都不在意别人对他的"恶谥"，更不在乎他对自己的那副嘴脸。1956 年那次，就是这小子灰头土脸从党校来到经济所，却死活不肯作副所长那次，就为马尔萨斯人口论的问题跟他这位正所长乱嚷嚷，说"孙冶方是个标准的教条主义者，硬不承认这个道理，且以为马尔萨斯理论在

---

13 《自述》P354
14 同上 P355

中国不应有地位……"[15] 云云。可他老孙最敬重老顾的,不正在于他的绝不肯人云亦云吗?

他欣赏他永远保持独立人格的特质和永远横溢的才华,多少年人前人后管他叫"倒运的大才子"。将他弄到经济所,虽谈不上寒门立雪却也煞费苦心,是为"物以类聚,人以群分"。

埋下头来,1957年初顾准开始动手撰写《试论》。

在酝酿阶段,他拿着《资本论》中马克思关于社会主义制度下价值作用的一段论证向孙冶方"请教"。这段论证,用顾准的原话说,对孙冶方起了一种"惊蛰"的作用。

"我拿这段论证去请教孙冶方时,他似乎很'震动'……也许这段论证他从前没有想过,此时在苏共20大逆流的影响下,抽芽盟长,蠢蠢欲动,(论证)对他起了一种'惊蛰'的作用。"[16]

就冲着"惊"的这一"蛰",顾准就没有辜负孙老哥。

从此大约有一年的时间,包括顾准已经调去院部资源综合考察委员会期间,两人接触频繁,谈话主题就是一个——社会主义经济中的价值规律,同时对骆耕漠等经济学家抱住斯大林《社会主义经济问题》某些论点不放大加非议,虽然3人是非常要好的战友和朋友,可学术上的分歧是绝不调和的。其间孙冶方还趁访苏其间直接就马克思的这段论证向前苏联大经济学家索包里请教,得到索包里的认同,而此时正是苏联"老大哥"慢慢向"修正主义"右转的开始。

"(我们两人)炮制出来的毒草,在我是《试论》,在孙冶方是《从总产值谈起》和《把计划放在价值规律的基础上》。推动我写《试论》的实际经济问题是农业问题,尤其是几十年来苏联农业停滞不前这一可惊的教训。孙冶方的议论中心则是固定资产问题,他对'只准复旧,不准革新'这一可怪事实(颇有微词)。"[17]

---

15 《日记》1956.12.3
16 《自述》P355
17 同上

这就是1957年顾孙两人先后发表的三篇著名反党文章——顾准的《试论社会主义制度下的商品生产和价值规律》，孙冶方的《从总产值谈起》和《把计划放在价值规律的基础上》。

正是这些文章为日后"孙顾反革命思想联盟"奠了基。

1962年3月，劳改了整整4年的顾准第二次回到经济所，孙冶方在后台的奔走斡旋他一概不知，老孙也懒得跟他说起，反正，如骆耕漠先生说的"回来就好，回来就好，我们都了解你"，将来大家会不会又为学术观点的不同吵吵嚷嚷、磕磕碰碰那先不用管它。这十几年咱们个个都焦头烂额，遍体鳞伤，今天起总算能平平安安再次相聚一起做学问了，这才是最好，最重要的。

可不是吗？

老骆，中共老财经专家，新政权"经济内阁"——国家计划委员会副主任，1953年受"潘杨反革命集团"案牵连，仅仅因为不经意给某位被怀疑者发放了赴香港通行证而被冠以"联合通敌"嫌疑，从"阁老"高位调入经济所，做了个无官一身轻的"翰林"；

老孙，中共科班财经专家，新政权"户部"的一个分支——国家统计局副局长，却对"赵姨娘"般不可信任的国家统计数据大加非议，1957年即被授予"右倾"桂冠，不再适宜兼职国家统计局副局长职务，纯粹做了经济所所长。1957年，他在被顾准"惊蛰"后，两人又一起大唱"社会主义制度下也要遵循价值规律"的刺耳反调，引起一干"计划经济主义者"同志们巨大的反感。

其实顾准"惊"不"惊"冶方都不会再"蛰"了，老顾来了，老孙惊蛰动静更大罢了。

1958年他率团访苏，直接用俄语对老朋友，苏联统计局副局长索波里说"大跃进是头脑发热的结果，把最好的原材料变成废铁，把已经创造出来的国民财富变为废品"，被懂俄语的随从同志揭发；

1959年他又一次向来访的波兰经济科学院院长明兹批评大跃进，又一次被揭发，成为他几年后他"里通外国"，"叛国投敌"的罪证；同年，由他签发的经济所两名年轻研究员——董谦、王绍飞的《人民公社大食堂报告》上报中央。这份报告将人民公社大食堂的现

第三部　天才之为责任（1962—1972）

况和将会发生的问题向中央提交了详细阐述和分析，明确提出"迄今为止尚未有一种经济组织是完善无缺的"，拂了正在兴头上的极峰面子，逆了龙鳞，令龙颜大怒；

1960年他赴农村，包括他的家乡无锡玉祁镇调研，采集了大批"一大二公"共产风负面数据上报中央；

1961年他在上海公开肯定美国的会计制度优于我国亦步亦趋跟在苏联后面沿用的苏式会计制度；同年6月，在刘少奇"要按经济的方法管理经济"的提法鼓舞下，孙冶方向中共中央递上了一份"内部报告"，提出国家财经体制的核心问题是企业的责、权、利以及它们同国家的关系，应扩大企业自主权，让企业成为独立的经济核算单位，在原有的生产方向和范围内国家和地方政府都不必过问。企业应通过经济核算，按价值规律办事，以图提高劳动生产率之利，以图社会发展之利。同年，他提出"最大、最小"理论，就是企业要用最小的劳动消耗去获得最大的经济效果；

1962年他更开始全面批评总路线、大跃进、人民公社三面红旗，将它们称作"主观唯意志论的错误"。事前的提醒、反对、抗争，事后的反思、分析、批评，所有这些都在和以政治手段管理经济的"政治挂帅"唱反调，令实际上已经意识到自己失误的执政者老羞成怒。

此时多少人都已随着庐山的"雷霆之怒"，随着国家主席都受到申饬而噤若寒蝉了，他还是不闭嘴，成了离右派仅一步之遥的、该杀的报丧信使。

这就是1962年再一次走进经济所时顾准所面临的局面、老友、老上司和老朋友们。

他这次一进所，孙冶方就搬出所长的款儿，明令禁止他涉足会计研究以外的领域，是为"防患于未然"。孙所长太了解这位顾同志了——学术研究能力绝对一等一，惹祸的能力也是一等一，不压住他一点，不定什么时候就能把天戳一个窟窿，那时再补救就很麻烦了。经济所早就有"庙小妖风大，池浅王八多"的美誉在中央风传，现在自己又招降纳叛了这么一只"大王八"，可不能让他随随便便就上了人家的砧板。

刚刚经过三年大饥荒的中国眼下正处在短暂的"不折腾"时期。老实讲，也折腾不起了。

年初的"七千人大会"上，极峰无法回避责任，总算是道出"第一责任人应当是我"的话，看上去痛心疾首，实际上是"虚悬起真正的政治责任"[18]，并且，又一次提出类似1957年"百花齐放百家争鸣"式的——"让憋着气的人出气"的伟大号召，将民间的怨气一口气推向下面的省、地委。

下面，当然是"上有好者，下必甚之"。

各级干部争相效法极峰手笔，虚担起政治责任来，其结果是虚悬在先，推卸在后，不追实责，不究实责，不担实责，不分析，不反思，能淡化多少就淡化多少，政治伦理丧失到零。这一次以强行实现个人重构社会的政治抱负为目而上演的、以饿死三千多万人口为代价的政治游戏，无论从哪种意义上讲，都属于两千年前古罗马皇帝马可·奥勒留在那本流芳百世的《沉思录》中所定义的"被快乐所压倒，被冲动所驱使，更加放纵也更加怯懦"的罪愆。假如将马克思定义的"资本主义原始积累"阶段的"海外殖民，贩卖奴隶，驱逐杀戮土著和使用童工"等，以经济为目的行为称作"第一种罪愆"，这种行为就是"第二种罪愆"。

现在游戏结束了，游戏者却也束手无策到了极处，中国人最看重的是"面子"，这一次算是丢尽了。对国人好办，一句"三年自然灾害"就过去了，直到今天也还说得过去；可在西方人和俄国人面前怎么说得圆，尤其是在他们的政治哲学家面前？

在这样的环境中，孙冶方、顾准之类有了一些话语权，因为他们是那些在事先就看到和道出了这个游戏弊病的人，要想不重蹈覆辙，人们就不得不耐下心来听一听他们的声音。

"来所之初，正值所内农村调查、广州会议、包产到户、自由市场这股黑风弥漫之时，有关这类的传达和会议，组里往往不通知我参加，我警惕我是摘帽右派，决不可再犯错误，这类活动也一概回避。

---

18 王聿文《"七千人大会"五十周年的反思》

我抱着 1957 年划为右派时的信念，不想翻案，埋头工作，决心在会计研究上作出应有的'贡献'。"[19]

　　他这次真的下决心要学"乖"。游戏虽然结束了，可游戏者还在，谁知什么时候会有新的游戏开场、什么新的游戏规则出台？

　　集经验和教训在胸，早在 1960 年，孙冶方就打算按《资本论》的程式编写出一部结构严密，逻辑一贯的《社会主义经济论》。眼看着苏联那一套搞不下去，中国又没有自己的社会主义经济学理论，而一个没有经济学的国家能维持自然经济（也就是顾准所说的"餬口经济"）就不错了，什么兴盛，什么强大，都是痴人说梦。

　　1958 年的"发昏"，1959 年的疯狂以及紧随其后惨绝人寰的大饥荒，不就是在毫无经济理论指导的情况下发生的吗？他也早就看出来，各地在无理论指导下劳民伤财作出来的、堆山填海般造出、毫无可信性的"赵姨娘"式假数据孙冶方语，误导了不懂、不甚懂或稍懂经济学的当权者，令他们生出盲目和不正常的激情，然后又反过来作用于各地，如此这般，恶性循环，糟践国计，荼毒民生，贻害无穷。

　　他也曾试着去理解这个体制，但很快就认识到它与人的天性，普世性、普适性以及基本的经济规律都是相悖的。

　　亡羊补牢，犹未为晚。

　　眼下的孙冶方急需各路经济学家——宏观、微观、金融、货币、银行，会计，管理，数理，计量，统计、国际，市场……协同作战，制定体制，构建操作系统，把中国经济羊圈的这个大窟窿补起来。

　　作为曾经的国家统计局副局长，面对全国一团糟的"政治挂帅"后果，他发誓要纠正国家这种"所有事务都无法在数目字上管理"的现状。会计学，管他是资本的奴隶也好，是资本家的奴婢也好，反正无产阶级，社会主义中国眼下急需建立自己的会计体系，包括理论和操作方法，那一套仿苏的斯大林体制下的统计、会计制度害死人，再也不能继续下去了。

　　顾准这样出色的会计专业人才当然是最理想的精兵强将。

---

[19]《自述》P275

就这样，他成了孙冶方"招降纳叛"的降将叛卒，用他自己的话说叫做"我地地道道地充当了张孙反革命集团的马前卒和打手"[20]。顾先生很难得地谦虚了一次，将自己投名到别人的麾下，且担任的是贱役——"马前卒"和"打手"。真可谓"士为知己者死"。

孙冶方，顾准加上张闻天上演的这场"全武行"眼下还没有正式响起开场锣，离重头戏的上演还有好几年呢。所谓"马前卒""打手"什么的，都是他在七年后的1969年"历史交代"中写下的，彼时张闻天早已被"彻底打倒"，老哥孙冶方正坐在北京秦城监狱的大牢里，什么帮凶，马前卒，打手，一丘之貉等等，都是那时流行语，当不得真的。

眼下，1962年刚刚回到经济所的研究员顾准先生，绝不是想当什么劳什子马前卒和打手，除了那个终极追求，他的当务之急是——"还债"。

3. 在还债中丰收

他确实需要还债，且刻不容缓——

"1958年以后我积欠了家庭一大笔债，此后我要想法还债。我的工资从五十元增加到一百五十元，去沪调查，耗费较大，从此以后，力事撙节。按照我的资产阶级知识分子的标准，我认为每月一百五十元不够还债。我把我自己在30年代的经验搬到60年代，要设法用'笔耕'来还债。"[21]

还债过程本身就是债务人热爱、热衷之事，当然会造就一位幸福、快乐、心甘情愿的还债人。他又一次感到了幸福。

会计研究，这是顾准"拿了俸禄就得干活"的本职工作。孙所长

20　《自述》P277
21　同上 P276

第三部　天才之为责任（1962—1972）

可不是潘序伦，人家可不听你什么"志"在不在此的废话，你得老老实实做好本职工作。有成果，那是"职务发明"，孙所长会表扬，没成果那就不大好看了。不过孙所长百分之百知道只要你用心做，一定能做出成果，万一做不好，那一定是分了心。孙所长最怕的就是顾研究员"分心"，那可就不仅仅是"工作上的损失"了，那会是巨大的危险。

　　至于业余时间嘛，我们可以商量着办。老孙知道顾家孩子多，顾准被停发工资整整4年，生活上的拮据可想而知。彼时每个单位都是可以"民主评议"申请补助金的，可你让顾准这样的人去申请补助，无疑是一种远超经济拮据的痛苦，他也不可能去做。细心体贴的孙冶方立刻着手帮助他联系商务印书馆，约好翻译奥地利政治经济学家约瑟夫·熊彼得的《资本主义、社会主义与民主》。出版社是老孙帮着联系的，起念翻译这本书可是顾准自己的主意：

　　"我还埋头读了几本这里那里借来的、前所未见的经济、历史著作，译熊彼得的书，就是这最初的一二个月中动的念头。"[22]

　　读者，您现在知道了吧？这本世界名著的第一个中译者是顾准呢。

　　是时顾准的英文程度，远没有达到像他后来那样能在各个学科之间自由地穿梭、欣赏、驻足流连或抽身就走的程度，还只是熟悉于会计学和经济学类术语，哲学、政治学、历史学、社会学对于他还是艰涩的。就是在翻译《资本主义、社会主义与民主》的过程中，他下了笨功夫，英语程度有了长足的进步。

　　首先他找来熊彼得最有代表性的书来读——关于景气循环（亦称商业周期）理论的《景气循环论》，关于企业创新理论的《经济发展论》（"企业"和"企业家"两个名词即由熊氏首创）以及他将要翻译的关于菁英和议会制民主理论的《资本主义、社会主义与民主》。

　　动手前，顾准先把他初步掌握的关于熊彼得的知识写成一篇文

---

22 《自述》P275

章，刊登在社会科学部的《动态》杂志上，介绍作者的生平和著作，然后用了一年的业余时间译完了全书并交给商务印书馆。其间，他的译稿曾被出版社退稿，这令他"不胜汗颜"，也促使他发奋攻克语言关隘，不仅仅是一遍遍深读熊氏原著，连带着把世界上唯一一位能和男性经济学家们抗衡的女经济学家——琼·罗宾逊夫人以及自由派经济学家约翰·穆勒的主要著作也读了、译了。

除此之外老孙还四处为他联系笔耕，并亲自出马，放下翰林院分院长的面子，为千字多少元和出版社讨价还价。这真是雪中送炭。

这种"八小时以外"的、还债式的工作对于顾准不啻为一次巨量的充电加享受：

第一，使他从西方政治学，经济学，哲学和经济历史学各个方面获得了大量新知，新观点，新概念，新观念；

第二，令他的英文水平稳稳地、足足地跨上了一个新台阶，为日后顺畅翻译、理解和吸收琼·罗宾逊夫人和约翰·穆勒的著作打下了坚实的基础。这二位是他新结识的朋友，"一个人"的探索、攀登路上的旅伴、山友。

"至于译书之后，阅读外文文献的速度大大提高，当然更为明显"[23]。那是当然，用心地翻译好一本书相等于一次再创作，更何况是这么好的书。翻译好一本好书像是在巴别塔上遇故知，何等有幸。

第三，拿到一笔可观的译稿费，可观到老孙都眼红——"嘿，你这得有多少稿费啊？""有多少我也不能送你一毛钱呵，老哥——多少我都得交给掌柜的秀，你又不是不知道。"

熊彼得、罗宾逊夫人和约翰·穆勒，还有英国经济学大家约翰·梅纳德·凯恩斯和德国政治经济学家和社会学家马克斯·韦伯以及美国哲学家约翰·杜威，对顾准日后思想形成的影响至关重大。

还有一个西方"资产阶级作家"的著作，这里不能确定顾准是否读过他，因为在他所有面世的文字里对此人一字未提。但他不知道、不认识此人以及他的经济、政治、哲学观点、思想的可能性非常非常

---

[23] 《自述》P277

第三部 天才之为责任（1962—1972）

小。此人就是奥地利裔英国政治哲学家弗里德里希·奥古斯特·冯·哈耶克。

哈耶克先生最著名的《通往奴役之路》，1962年4月首次在中国出版了由滕文藻、朱宗风翻译的中文本，封面标明是"内部读物"，但并没有"绝密"或"秘密"的字样，它的保密程度甚至连有名的"中国灰皮书"见百度注解的程度都没有达到（德热拉斯的《新阶级》就是灰皮书中一本）。摘帽右派顾准肯定没有资格读到它，但孙冶方却有足够的资格和身份，不但能够读它，而且能够拥有它。此书和五年前的《新阶级》一样，是印数很少的高级干部读物（眼下已成文物，一本"按计划免费分配"的《通往奴役之路》在"自由经济市场"上的叫价已经高达数千元）。顾准没有读过哈耶克的可能性很小、很小：

第一，中国最早的两位市场经济倡导人——顾准、孙冶方都是经济学家，彼时既然出版哈耶克，不准顾准看还说得过去，不准孙冶方看怎么可能？巴巴地用公帑译出来、印出来，不给经济学家们看难不成要给梅兰芳、庄则栋们看？

第二，按照孙冶方的性格，他看过后当做党和国家的头等机密，双唇紧闭，滴水不漏给挚友——摘帽右派顾准，同样是不可能的。这两人因为政治和经济理念的一致，在所有知识上"分享"的欲望比和其他什么人都大，交流和沟通也比和其他什么人都多。文革中连一起扫厕所的时间都不肯放过交谈的这两位，说一方读过哈耶克而另一方一字不知，或者两人都没有读过，逻辑上不通。

第三，顾准自己的文字中有些"马脚"不慎露了出来：

"既然在堕落的深渊中激发起来了新生之念，读书所得的结果了必以前不同了。从前，不论读什么，都是愈读愈'修'，此后，不论读什么，哪怕读最反动的资产阶级作家的著作，总多多少少引起了趋向改悔的'重新检查自己立场'的那种效果。"[24]

---

24 《自述》P307

谁是"最反动的资产阶级作家"？熊彼得？罗宾逊夫人？约翰·穆勒？还是约瑟夫·汤因比？沃尔特·罗斯托？都不是！"最反动的资产阶级作家"就是——哈耶克。顾准读过哈耶克，但是他不能说起，甚至不能记录在不示人的文字里，怕的，就是给借这本书给他看的人惹事。

日后很多人将顾准誉为中国的哈耶克，就因为1957年那一篇让他成为右派、极右派的《试论社会主义制度下的市场经济》。实际上1957年的《试论》比哈耶克的《通往奴役之路》温柔十二万分。

哈耶克的《之路》对中央计划经济体制投出的都是直指命门的飞镖——计划经济吗？那是个会把你的一生，从孕育、出生、教育、职业、体格到娱乐、婚姻、爱好、交往、思维（假如还有的话）、衰老、死亡都一手操控起来的"利维坦"怪物，它是你的上帝，你只能是它的奴隶；而顾准的《试论》则是小心翼翼，苦口婆心的"劝喻篇"——同志们哪，中国不是桃花源，商品、商品生产、货币交换、经济核算、价值、价格、价值规律……这一切的一切都事关民生，你现在就废了它，国家怎生管理，苍生怎生活命，兀的不苦杀人也么哥！

《试论》和《奴役》相比真是太温柔了。可即使这样也没有影响他成为极右分子。

先放下哈耶克，有一位哲学和经济学先哲对顾准的影响不容忽视，他就是德国政治哲学家马克斯·韦伯。

从顾准去世前一年写出的《关于原始积累和资本主义的发展》一文，提出对"中国为什么不能发展出资本主义"的追问看，两人在政治、哲学、历史和经济观点上都有明显相似的推理轨迹和相同的渊源。但是遍寻顾准文字，都没有发现这位德国人的踪影。

一位最早探索顾准的学者推断，顾准是在翻译熊彼得的《资本主义、社会主义与民主》过程中，抓住了熊彼得引了的马克斯·韦伯的思想（指该书第二章《社会学家马克思》中的一个注释——韦伯对宗教社会学的研究，特别是他的著名著作《新教伦理和资本主义精神》），顺藤摸瓜，紧紧抓住不放，往前推，推到了和韦伯距离不远的地方。果真如此，那顾准顺藤摸瓜，举一反三的求知功夫真是太神了。不过还有另一种更大的可能——他无权看这些"真神"们的中译本,可是他能看到"真神"们的"真身"——原文本,因为他紧挨着一口"沙漠之井",这口井对他精神的滋养堪比商城时候胡萝卜对他生命的保全。这个将在下一节详细讲述。

在回到经济所的几年中,他阅读了大量这些人们的著作,它们有些已经被译成中文,但大部分他可能是读的英文原文,有些他顺手就译了出来。这些人有些在党校时期他就结识了,有些则是在经济所这块绿洲中新结识的,不过说到稔熟,说到深入,说到融会贯通,则肯定是在经济所才做到的。

在这个过程中,顾准的精神和思想发生了极大的飞跃,他们给他的冲击太大了,从前思考过却无法形成观念,观点和系统的东西,在他们却是捋得一清二楚,这给了顾准极大的自信和慰藉——在跨过了雪线的攀登上,我不是孤独的,前驱们留下的绳索和冰镐触手可及,只可惜他们的目光从未注视过东方这座最险峻,最高耸的处女峰,那就让我来吧。

那么好,马克斯·韦伯已经一劳永逸地为所有和顾准一样想要攀登政治哲学高峰的人们确立了一项严格的要求——

"任何人,要想成为社会科学和政治科学领域的学者,范围广泛的比较知识是不可或缺的,那就意味着去获得对文明进行比较的知识,不仅要知道现代文明,还要知道中世纪和古代文明,不仅要知道西方文明,还要知道近东文明和远东文明。那还意味着,通过保持与种种领域的专门科学的接触,而不断更新那种知识。在他看来,要是不这么做,就没有权力称自己是个经验主义者。"[25]

而顾准,在生命近五十年的长度上已经以非线性的进程从一名理想主义者变为了一名经验主义者。变化从 1952 年接触数学和逻辑学开始,拐点在 1956 年党校时期。当他正式接触马克斯·韦伯之时,已经把自己定位于一个经验主义者了。

25　马克斯·韦伯《论理解社会学的基本范畴》

既然如此，他就不得不达到韦伯的这项看上去那么高不可攀的标准。

他是没有任何学历的，所有知识的获取都是靠的自学，没有导师告诉他哪条路是捷径，哪些书该读，哪些书不必去浪费时间。然而他如有天助神引，在那样的年代和那样的条件下接触、读到了许许多多有志于此的人几十年后才可能知道、读到的东西，在这片中西方文明交汇、化融通差不多为零的土地上向马克斯·韦伯定下的那条几乎不可能达到的高度目标发起了冲锋。

这也是他除了"摘帽大右派"的身份之外，另一处在经济所特别引人注目之处。

经济所藏龙卧虎，老、中、青几乎全是科班且是名科班出身。比如日后成为"张闻天、孙冶方、顾准反党三家村"的村民中，张、孙二位都出身于赫赫有名的莫斯科中山大学，张村民在进入中大前就曾是如今的上海海洋大学和南京海河大学的学生，并曾到日本东京和美国旧金山游学，从苏联回国前就是莫斯科红色教授学院的助理教授、翻译以及共产国际东方部报道员；孙村民则十七岁就赴莫斯科中大深造，和著名的陈绍禹（王明）同学同级同班，因为俄文好，没毕业就做了教员，还作过由法国旅欧支部转来莫斯科旅莫支部的邓小平同学的俄文辅导员，几十年后仍被大他四岁的邓同学唤作"老师"。

经济所的小辈们也一个个出身名门，吴敬琏、周叔莲——复旦本科生，赵人伟——北大本科生，张纯音——上海交大本科生，张曙光——中科院研究生……他们个个都有"响当当硬邦邦"的文聘在手，这个形容词在 1960 年代的中国非常流行，一般是用来形容"血属"——你出生在什么样人家。经济所更看重的是"地属"——你出身在什么地方。只有顾准，两"属"都既不响当当也不硬邦邦，"血属"就甭提了，"地属"更没法说——没有任何学历，没有任何文聘。

可这却成了他在经济所备受尊敬的要因——一位自学成才者，其知识的渊博和专业的精准能达到这样的地步，至少在经济所，找不

第三部 天才之为责任（1962—1972）

到第二个。

1956年初进经济所，顾准曾对这座翰林院心存敬畏之念，他还"怕教授"，全然忘记了自己19岁就曾站在3所大学的讲台上执鞭作过教授，不免有些"鲁智深怕蟑螂"式的滑稽。

"1956年初进经济所时对于'神圣殿堂'的敬畏之念和'怕教授'的想法，1962年以后也在逐步减少，因为这几年，即使在农村劳动时期我也在积累文献知识，而1962年再度进所以后，即使大部分时间埋头专搞会计，我也以相当时间来积累文献知识和提高外文水平。就在这个过程中，我逐渐懂得'教授们'唯一可以炫耀自己的也不过是这些东西，至于把这些东西作为工具，运用这些工具来解决当前的和当代的问题，那他们不过是'书生'。"[26]

在和西方政治学、哲学、经济学泰斗们结识和稔熟后，顾准自信心大增，以致他又开始"睥睨"了。有泰斗们站在身后，这一次他睥睨的是神圣殿堂的教授们。结识和稔熟泰斗，他可全靠的是阅读和翻译、理解和融汇他们，这个过程不但使他获得极大的精神享受，顺便还拿到一笔不菲的稿费，可以用于"还债"——还四年来他对家庭亏欠的债，还他大量买书拉下亏空的债，还可以用于他将来无尽的"买书欲"以及"按照我的资产阶级知识分子的标准"安排生活所需要的预支或者透支，比如手头宽裕一点就想喝点咖啡之类的小毛病。

职业即兴趣，人生最大乐事也。

老孙的苦心、善意、善解人意他都接受了，情都领了，无以为报，只有做好他交下的革命工作——会计研究，译好大师们的著作，给经济所争光，给孙所长争脸。

他同时翻译《美国总会计师制度》。

这个东西可不是孙所长交下来的任务而是从人民大学图书馆借来的英文会计学书籍中偶然发现的，他如获至宝，立刻动手翻译，谁也不请示，谁也不汇报。

---

26 《自述》P277

其实老孙早就知道这个东西，却也早就知道它是个雷。1961年10月，孙冶方在上海和南京作的《对社会主义政治经济学若干理论问题的感想》学术报告就提到了它，并依此公开肯定美国的会计制度优于苏联会计制度。

美国的总会计师制度截然不同于中国眼下沿用的苏式会计制度，从政治挂帅的角度说更是水火不容——一个是参与企业经营全过程，包括决策和战略目标制定的总会计师责任制度，一个是全盘秉承苏联1940-50年代那一套"服务于国家财政系统监督控制企业流动资金的要求，因而大大地限制了企业会计本来可以发挥的多方面的作用，并在很大程度上不能满足企业经济管理和会计实践上的要求"的简单资金核算制度。二者从术语、概念、定义、涵义都大相径庭，说白了，一个为资本和资本家、为经济服务，一个为政治和统治服务，假如把前者比作"管家"，后者则是"奴婢"，且各为其主。

到了疯狂大跃进的1958-59年，这套苏式制度也跟不上趟，也要大跃进了——数据造假，统计造假，账目造假，"花账"翻新，全中国的账务乱作一团。疯狂过去，1961-62年又要全面复归，回到苏联的老套路上来。和所有的中国式"翻烧饼"一样，好不容易刚刚翻过来的"烧饼"谁要是在这档口说"糊了，不好，扔掉吧！"，那百分之百是自找没趣，自讨苦吃。是时的财政部会计制度司副司长杨纪琬就说过，"谁要在根本上反对这套现行制度的话，谁就得准备戴上右派帽子"。

这个当口提美国总会计师制度，老孙稍稍碰了碰，就听到了不详的雷声，顾准怎么可能不知道分寸利害？

他的翻译工作绝大部分用的是业余时间，所以虽是"未经领导同意，直接向出版投稿"却也无"利用职务发明"之嫌，再说彼时对此也没有很明确的概念。但这不是他"越过"孙冶方的原因。恰恰是他明知这件事的风险，也明知老孙在这上面趟过"雷"，触过"霉头"，否则他拿到这个东西的当天就会兴高采烈地跑去要求和老朋友孙冶方分享，就像1957年拿他的《试论》去"惊蛰"他一样。他清楚地知道风险却不愿让老孙分担，情愿所有的雷都炸在自己头上，反正

"死猪不怕开水烫"。

其实老孙"政治"上的成熟度也很差。从莫斯科中山大学起,到上海工运,到流亡日本,到孤岛时期,新四军时期,到新政权时期,也是磕磕绊绊,跟跟跄跄,九死一生——莫斯科时期,年仅十九岁的孙冶方曾因莫须有的"江浙同乡会"事件被他的中国同学要求联共中央处决,只因为联共中央也厌恶了中国人的这一套内斗,加上格伯乌忙于自己的"肃托",根本顾不上中国同志的"锄奸"热情,他才留下性命,背着个"严重警告"回了国。

孙冶方也是个率性书生,稍微比顾准"成熟"一点,不多,将将够不主动去碰《美国总会计师制度》这类地雷的水平。可这也正是老孙和老顾不同之处,一个是知道不能为,至少暂时不去为,绕道而行,伺机而为(但也不一定,后面再讲);一个是明知不能为,只要合上了内心呼唤着的那个拍节就一定要为,死不足惜,不可不为,就像他日后在自己文稿中引用的、他推崇的熊彼得次引的欧洲航海世家门侧的题词:"航海是必要的,生命是其次的"[27]一模一样。

"我确是日以继夜地干——8月份在海拉尔休假,我也每天工作8小时以上。我的外文水平本来不够译这本书(指熊彼得的《资本主义、社会主义和民主》-著者注),译稿反复修改了二三次,可是我硬着头皮干下去……《美国总会计师制度》和熊彼得书译稿都曾退回修改,修改中看到自己误译之处,不胜汗颜。"[28]

可是他哪里知道,《美国总会计师制度》一书的退稿何止是因为"误译"被退稿。此译稿被不知深浅的顾准绕过孙所长莽撞地直接投稿给《译丛》杂志后,立刻被革命警惕性很高的杂志编辑部看出端倪,抵制不发,并迅速反馈、退稿到经济所。全靠孙冶方事后的"直接干涉"和"全力包庇",搬出他身份、地位、名望、权威等等诸般兵器,此文才得以在这份最有影响力的译文刊物上发表。当然所有的

---

27 《文稿》P345
28 《自述》P277

政治责任老孙都得担下，还得悄悄的，不能让这个难缠的译者知道，怕他不依不饶打上编辑部的门（他可真做得出来），惹上更大的麻烦。

此事全部过节，顾准竟全然不知，直到好几年后的文革中被革命群众揭发出来。

"《美国总会计师制度》一文译稿是我直接交给《译丛》编辑部的，事前事后都未告诉孙冶方。文化大革命大字报揭露，《译丛》编辑部抵制了这篇译稿，只在孙冶方直接干涉下才刊载出来，此事我完全不知道。"[29]

你看这就是孙冶方，这就是顾准——男人的肩膀，男人的性格，男人的作为。这才是真正能够称得上浪漫、友谊和忠诚的故事。

顾准在"还债"中获得了大丰收，首先是经济上的，重要的是精神上的。他这位"被历史太青睐者"[30]在不可能的时间、不可能的地点、不可能的环境下做了一件别人不可能做到的事情，一件正确的、有意义的事情。

从目前搜集到的资料，他在经济所的几年中至少翻译和阅读了上世纪初英国"剑桥圈"的政治、哲学、经济学大师们，例如罗素、凯恩斯、维特根斯坦、罗宾逊夫人、哈耶克的大量著作。

顾准这位幸运的债务人，拾穗者，他可真是心满意足。怪不得文革初起，少不更事的年轻人贴他的大字报——"顾准为什么心情舒畅？"

他的舒畅你们不懂啊，年青人。

4. 沙漠之井——宗井滔

现在要来讲讲顾准身边那口"沙漠之井"的故事了。

29　同上 P279
30　易中天语

中国有顾准，有一个人不能不提到。如果说商城时期，在人人都饿得死去活来之际，是一位名叫蔡璋的年轻人使顾准免于成为饿殍，那么他二进经济所时期遇见的这个人则是给他提供精神食粮的"蔡璋"，他不仅维持他没有"饿"死——因为没有新知识而无法为新思想的产生提供熵量，还使他的精神机体营养充足，比起彼时绝大多数的人们都健康和强壮不知多少倍。

"这里可以读到外面无法买到的期刊《译丛》《动态》，可以读到学部的《外国学术资料》，可以读到哲学、历史、国际经济方面的各种期刊和资料，还可以读到外文期刊……"[31]

二进经济所的顾准兴奋得几乎要跳起脚来欢呼。

"这里"，当然是中国科学院——社会哲学部——经济研究所，顾准的理想国，这是可以确认的。不过假如能再聚焦一点就更清楚了：你会看到一片净土，一座小楼，一阁书香，这才是他理想国中的理想国。这里就是经济所图书馆，那时是、迄今依然是全中国收藏中外经济类图书最多，最丰富的图书馆。

如果把经济所比作沙漠中的驿站，把孙冶方比作驿站长，那么这个人就是沙漠绿洲中一口甘水井。这口井默默地、汩汩不绝地把所有方向落下的、淌来的，渗出的，比金子还要宝贵的水源收集、积攒起来。撒哈拉沙漠中这一泓甘水滋润了旅人干涸的双唇，令他从心到身倍感安慰。

这口沙漠之井就是经济所图书馆馆长，宗井滔先生。

宗井滔，1909年生于察哈尔（张家口）一个书香门第，父亲是怀安县劝学所所长。劝学所始设于清光绪32年，为废科举开新学后各厅、州、县全境学务之总汇。所以宗老先生实际上就是怀安县的教育局长。老先生善风琴，喜藏书，唯一的儿子宗井滔在父风熏陶下将这两样都继承了下来，只是条件有限————风琴改作了口琴，为自己藏书改作了为别人藏书。

---

31 《自述》P274

1920年代中期，只有初中毕业学历的少年宗井滔不甘心在家乡闭塞的环境下终其一生，来到北京作了"北漂"。九十年前的"北漂"和眼下北京的"北漂"们想来境况相似，也许生活上的艰苦可能还要严酷一些——没有来自家庭的任何资助不说，还多是被家庭责难和阻拦的。

多年后宗井滔的第三子，年近70的宗丕钊先生还记得幼年时有一天爸爸在街上碰见的一位伯伯，两人都激动得不得了。事后爸爸告诉丕钊，他当年到了北平没钱租房子住，这个伯伯就让他住在自己新婚的蜗居里，小夫妻俩睡在床上，他就在一旁打地铺。你想这得多么深的情谊才做得到。

宗井滔完全靠自学达到了大学水准，这和顾准有得一比。有时穷得实在连饭都吃不上了，他就去给人"替考"。那时的大学都是"自主招生"，有的监考也不严格，结果是人家上了名牌大学，他还是个穷"北漂"。他不羡慕，拿到钱吃饱了饭，心里很平衡。少年井滔追求的是能在北京不间断地学到新知识，有真本事报效这个又穷又苦却生养了自己的国家。文凭不文凭的就不是个事儿，他一辈子的学历就是个初中毕业生。

1928年，国立中央研究院成立，首任院长蔡元培。中研院陆续在南京、上海、北平设立了十个研究所，其中就包括设在北平，由陶孟和任所长的社会科学研究所。1930年初，宗井滔被社科所录用为办事员。再也没有哪个职业比它更对他胃口的了。他在社科所先后作过资料员、管理员、打字员以及陶孟和先生的秘书。

毕竟因为没有一份高等学历，宗井滔始终没有被任命为研究员。但是他靠自学掌握了足够的知识，加上足够的勤奋，在大学者——胡适、傅斯年、陶孟和、汤象龙、巫宝三……成群的中研院，他毫无局促，游刃有余。单单外语一项，他就懂得好几门，英语就不用说了，还能操德、法、日语。到了新政权的1950年代中他还自学了俄语。至于图书馆学一门学问，他几乎粗通所有能够对中国输出图书国家的语言。

1937年国民党政府迁都重庆。作为直属总统府的中央研究院早

第三部 天才之为责任（1962—1972）

在 9.18 事变后就已经开始应变，化整为零，以所为建制，陆续迁徙大西南。社会科学院辗转武汉、桂林、越南海防、昆明、重庆，最后在距离重庆三百公里的宜宾古镇李庄与史语所、体质人类学所、中央博物院、中国营造学社汇合。1940 年 11 月，"中央研究院"的大牌子在李庄又堂堂正正挂了起来。

宗井滔不爱说话，是个茶壶型性格的人——对生活的所有热情都埋在肚子里。社会所当时设在李庄石崖湾一户大宅院里，主人名叫张迎恭，后来成了井滔的岳父大人。那时李庄的姑娘们嫁给中研院的青年先生"些"（四川话——们）是件很时髦的事情，中研院和后来的中科院也因此有了一群"李庄姑爷"，这帮姑爷们日后许多都成了学界泰斗。

"我父亲有两兄弟，六个姊妹。宗井滔是我六姑爷，是察哈尔人，当时三十五六岁，在社会所打字，把白纸塞进去字就出来了。"[32]

这是宗井滔夫人张润晖的侄儿张执中老人的回忆。他还记得爷爷的院子西边是一溜厢房，姑父就坐在那里打字，和姑妈谈恋爱，然后结婚生子。到抗战胜利，中研院离开李庄的 1946 年，他们已经生下了第三个孩子，就是如今将近 70 的宗丕钊。丕钊刚刚 40 天，宗家一家 5 口就从重庆坐飞机回到了南京。这一次不是迁徙而是凯旋。

再后来就是南渡北归、大江大海的 1949。中研院只有史语所与数学所成建制地去了台湾，却挟走了凌鸿勋、林可胜、傅斯年、董作宾、李济、王世杰、吴稚晖、朱家骅、李先闻九位院士，另外陈省身、李书华、赵元任、汪敬熙、胡适、吴大猷等十二位院士去了美国，其余五十多位留在大陆，其中就有陶孟和先生。陶所长没有走，宗管员当然不会走。1952 年社会所由南京迁往北京，第二年更名为经济所。陶孟和做了新政权的中国科学院副院长，宗井滔做了新成立的经济所图书馆的馆长。

中研院运走了中央图书馆的大部分古本、孤本、善本精品书籍，

32　岱峻《发现李庄》

史语所和社科所的书没有带走，但已杯盘狼藉。百废待兴的经济所图书馆，人员编制却只有3个，除了馆长宗井滔，只有一个搞外文分编的年青姑娘，一个搞借、还整理的小伙子。可到了顾准二进经济所的1962年，也就是10年出点头的时间，这个图书馆已经成了中国经济类图书藏书量的翘楚。到宗井滔退休的1987年，馆藏图书已达75万余册，其中善本1万余册，特藏1500余卷，珍贵档案资料数千册，是国内毫无争议最大、最全的经济科学专业图书馆。

宗井滔在经济所图书馆馆长的位置上坐了整整38年。假如不拿政权的兴替去切割学者的学术生涯，那么加上他在中研院做资料员、管理员的年头，还要远远超过这个数字。

一辈子和书打交道，以书为业的他十分热爱图书馆事业，尤其迷恋经济类图书。他不但能阅读而且读得懂它们，不但熟悉图书，也熟悉需要这些图书的人，不但熟悉这些人，还知道他们的研究将会向什么方向发展。总而言之，他了解学术的发展方向和历史的延续过程，提前就为研究人员准备好"嫁衣裳"，让他们顺顺利利，体体面面地"嫁"过去。

这就太难能可贵了。

比如张闻天正在研究什么，可能会向他借什么书，严中平、孙冶方正在研究什么，会向他借什么书，巫宝三，顾准正在研究什么，会向他借什么书……他都胸有成竹。等到他们来到图书馆，往往大吃一惊——"老伙计，你怎么会知道我需要的正是这本书？"

张闻天和宗井滔的关系特别好，他的夫人刘英也因此认识了当年的李庄姑娘张润晖。小丕钊就是从父母交谈中知道了"张闻天"和"刘英"两个名字，但直到很久以后，十四五岁的他从收音机里听到"庐山会议""彭德怀、张闻天"的字眼，才知道这位老伯伯是什么人。

宗井滔对待顾准也是一样，他要什么书，想什么书他都知道。井滔知道此人嗜书如命，对书的需求度比任何人都高，他不能让他"饿"着。只要有一丝办法，他就要上天入地给他弄回来。只可惜他从未在孩子们面前提到过顾准，即使文革前，在顾准与张闻天、孙冶方已经

第三部　天才之为责任（1962—1972）

被定性为中国经济界"三家村"的时候，他也没有跟孩子们提到过他，所以直到1990年代，宗家兄妹才知道爸爸的工作单位还出了这么个奇人。

学人们管他们的这位图书馆长叫"活字典"。宗井滔的记忆力特别好，只要你叫得出大概的书名，他根本不用看馆目手册，马上就能告诉你在哪个室，什么方位，哪一架，哪一排，整个就是一个活目录。你想要的外文书籍，只要能把著者、年份、内容大致说出个一二三，他就知道此书的全部精确信息，哪个国家，哪个语种，那里可以采购，哪里可以订阅，清清楚楚，明明白白，且马上就千方百计给你弄回来。六十多年后，那位当年管外文分编的姑娘也已垂垂老矣，说到宗馆长的"治馆"之道，她说他"不靠制度"靠的是"记忆"和"厚道"。了不起呵，一个"国民政府中研院"留用人员，哪敢谈什么建立"制度"，有对知识和知识人的尊重、厚道，加上超强的记忆，他已经太了不起了。可是除了家人，有谁知道为了做到这一切他花了多么大的功夫？

小丕钊记得最清楚的事情，就是爸爸每天晚上都要长时间地阅读中国图书中心的书单、书目和价格表。再就是算账，盘算过来，盘算过去，常常还需要打算盘——分配给每个研究所图书馆的经费非常有限，尤其是外汇，说它贵过金子一点都不过分。可订阅西方的经济学期刊是必须的呀，经济学是世界性的学问，怎么能让中国的经济学家们做井底之蛙呢？

他看呀，算呀，琢磨呀，抠唆呀，谋划着怎样才能用这点有限的经费满足学人们最大的需要，用最少的陪嫁银子做出最多、最漂亮的嫁衣裳。有时丕钊被爸爸的算盘声吵醒了，不高兴，爸爸就在妈妈的命令下躺到儿子身边，哼着西班牙味道的"鸽子"哄他入睡：

"当我远远离开哈瓦那去远方，

唯有你才能猜透为何我要悲伤……"

爸爸特别不爱说话，可歌却哼得特别好听，不是唱而是哼，他从不大声地唱，口琴也吹得特别好，贝多芬、莫扎特、海顿、肖邦……孩子们都是从爸爸那里学到的。爸爸爱书，除了那些让人头大的经济学书,爸爸最喜欢的是《红楼梦》。每一次《红楼梦研究》出了新刊,爸爸都要支使小三、小四跑到恭王府后面的红研所去买。寒暑假爸爸是要过问他们的读书生活的,书架上的《战争与和平》《猎人日记》《悲惨世界》《双城记》《九三年》《人间喜剧》……是他们兄弟姐妹的必读书。至今丕钊还记得那本《双城记》是双语的,还记得那本曹禺伯伯的《雷雨》扉页上题着"井滔兄校正"的字样。

对于宗井滔,人们除了"活字典""活书目"的诙谐称呼,最众口一词的两个字评价是:厚道。这位少言寡语的图书馆长赢得了全经济所学人的尊重。有这样的一口沙漠之井,顾准怎么会干渴!

顾准大量的经济学文字,尤其是他的《试论》《粮价问题初探》《会计学原理》等,是需要参考大量国外文献,尤其是西方政治经济学方面的书籍和文章的。宗井滔根据原来在中央研究院时的经验,坚持订购《美国经济评论》一类的原文西方期刊和《译丛》《动态》《外国学术资料》一类的中译期刊。这类期刊他从1930-40年代就开始为陶孟和的社会所订阅,熟悉它们的所有风格和订购程序。

即使在文化大革命的腥风膻浪中,中科院其他研究所的图书馆都已断订国外期刊了,他却不放弃,只要还有一丝希望就要千方百计去续订。例如《美国经济评论》,文革中仅仅断订了两年,就是阶级斗争最残酷的1966和1967年。

这近乎奇迹。

顾准从第二次回到经济所一直到去世,除了劳改和干校时期,就一直没有和宗井滔的书们离开过。他有本事从极细小的信息入手,顺藤摸瓜找到本源的文字,比如抓住某本书一条小小的注脚,追根寻源找到含有新思路,新观念,新思想的另一本书,而搞到这本书就要凭老伙计宗井滔的本事啦。

顾准大量和最精彩的文字是文革期间写下的,需要参考的书目实在是太多了。当时这些书只有两个来源:经济所图书馆和北京图书馆。

"顾伯伯最后两年读的书当中,历史学文献大部分来自北图,而

第三部 天才之为责任（1962—1972）

经济学文献则大部分来自经济所图书馆。宗先生不断地进书，顾不断地读书，你可以从《顾准日记》上看到，顾伯伯借书，读书速度之快绝非常人可比。可以说，顾伯伯当年能够及时了解并吸收六、七十年代西方经济学，宗井滔先生功不可没"[33]。这是咪咪对井滔先生的回忆。

"文革"期间，中国学术界与国际同业"鸡犬不相闻"，完全断绝了来往，倒是这个宗管理员，每年用上级分配给他的一点外汇，订阅了国外的经济学学术期刊，譬如《美国经济评论》等等，这好比在铁墙上意外地凿出了一个不起眼儿的小洞洞。20世纪70年代初期，受石油危机的影响，西方经济异常波动，学术思想也变化激烈，经济所内一些敏锐的学者从刊物上已经察觉到了这一景象。我很感谢宗井滔先生。"[34]

这是老年吴敬琏先生的回忆。

宗井滔先生一生忙于、乐于为他人家做嫁衣裳，而自己在人间留下痕迹的，只有这样一点点东西：

"姓名：宗井滔；

工作单位：经济研究所；

工作部门：待分配；

主要代表作：大型图书馆分类法经济类草稿（内部资料）1959年9月，本所图书馆工作同志集体编写；

学术简历：1980年任经济所图书馆顾问；

研究专长：图书馆学；

相关成果：雅可柴夫斯基：封建农奴制时期俄国的商人资本（1958年）、《伪满的农业专卖统制》John R.Stewart 作，宗井滔译"[35]

仅此而已。

---

33 徐方《两代人的良师益友》
34 吴晓波《吴敬琏传》
35 宗井滔档案

第十四章　珀里斯与政治

1. 珀里斯、政治与刍荛之献

所有读过顾准的人大概都会记住一个四字短语——刍荛之献，它被我的传主多次使用，令人印象深刻。这是个古语谦辞，出自《诗经·大雅·板》——"先民有言，询于刍荛"，是以"君"为主体，谦恭地"垂询于民"；而"刍荛之献"则是以"民"为主体，向君主献计献策，哪怕是刍荛（割草打柴之人）献上"晒太阳能取暖"的常识，贤明的君主也会侧耳倾听。

生性就不大会谦虚的顾准，很有趣地频繁使用这个谦辞。

中国历来是个轻"商"轻"工"，重"士"重"文"的国家。除了这最近的三十来年，在权力、市场的支撑下，经济学人渐入佳境，成了时代宠儿之外，"经济家"和"经济学家"历来都是相当贬义的头衔。从"士、农、工、商"的亘古排列，到《红楼梦》对"经济文章"，"仕途经济"的刻薄嘲讽，殊轻殊重，一目了然。"会计学"，"会计学家"不过是汲汲于锱铢，名人雅士羞于提起的的"禄蠹"和"禄蠹生计"。顾准对会计学一辈子不待见，一辈子"志不在此"，爱又爱不起来，甩又甩不开手，一直到生命的最后几年都还在嘟囔"会计一道，不想再碰。二十年前旧业，也不想再操了"[1]，不能说没有受这种中国式思维的影响。

纵观中国大历史，从商鞅、李斯到康有为、梁启超，再到眼下各种各样令人眼花缭乱的经济学专家大师，有哪个不想"为王者师"，

---

1 《日记》1971.7.17

第三部　天才之为责任（1962—1972）

又有哪个王朝或政权不是应验了约翰·凯恩斯先生令他们无限沮丧的谶语——"当了某个已故经济学家之奴隶"？"好为王者师"，与其说是中国历朝历代经济学家的通病，倒不如说是他们的宿命。桑弘羊之于《盐铁论》，商鞅之于《商君书》，孙冶方之于《社会主义经济论》，顾准之于《试论社会主义制度下的商品经济和价值规律》，莫不如是。

可是历来中国士大夫口中的"经世济民"或"经邦济世"和现代意义上外来语的"经济学"一词，在词意上有着巨大差别。前者是"学得屠龙术，货予帝王家"中的"术"，后者则是作为研究人类生产，交换以及社会财富分配行为的学问。与西语中"经济"主要指称"个人行为"不同，汉语中"经济"常常是"当朝者"或者是"当权者"的行政行为。经济这个东西在东方这片土地上，一般情况下只能由不懂或者不甚懂经济的当权者们才能去实践，但可怜几乎所有的经济学家都做不了"王者"，他们只能"为王者师"，却往往没有好下场。

孙冶方和顾准都没有逃脱这样的宿命。

孙冶方因他的"社会主义制度下也要尊重价值规律"的经济思想而入狱七年，却在大受尊敬的中国改革开放后，怎么也写不出一部结构严密、逻辑一贯的《社会主义经济论》。这种致命的痛苦对于生命尽头的孙冶方，其精神上的折磨远远超过病痛的摧残。用他的学生吴敬琏先生的话说，"在中国当代经济学术史上，孙冶方是一个比顾准更大的悲剧。"20几个字的评介可谓力透纸背，悲凉之至。

而顾准，少年时代即接受西方资本主义的经济思想，在会计学一道上堪称神童。可惜他"志不在此"，虽然曾经靠它救家养家，成名成家，却无论如何不能满足于在这门被他称作是"经济学奴婢"的学问里终其一生。他有兴趣的是此奴婢的主子小姐——经济学，是"经济的集中体现和最高形态"——政治学和同体不可分的历史学，而政治、经济学、历史学的立脚之本——哲学则是他的最爱。

"我自己的愿望是搞经济研究。早在1940年前，我对会计就是'瞧不起'的，这是一门技术，不过是我谋生的工具。那时我也想搞研究，我选定的方向是经济学，而且要在广泛涉猎历史和哲学的基础上搞经济研究。"[2]

到了1959年，他对这些学问作出了如下排序，也是他心目中最后的排序：

"第一个问题是政治-哲学问题……第二个问题是历史问题……第三个问题，最不重要的问题才是社会主义经济问题。"[3]

他公开宣称自己"十分关心政治"。无论际遇如何，他从未停止过对全球和中国政治信息的攫取，即使这些信息极为有限且通常因为经过了层层过滤，重重屏蔽，获取之时已经变形、虚假甚至相反，却往往被他罕见的政治灵敏度和选择性——海量接收信息和依据逻辑迅速去伪存真的能力化解了。这种能力令他具有某些先知的特征，提前预知各种政治势力制衡的趋势，全球政局格局的变幻，各国政治结构的变化，政治范畴的缩涨，本国政治上微妙的取舍，邻国政治的突变或微变……等等。

一句话，顾准热衷于政治。

一个下台官员，一个右派，一个被开除了党籍的、"政治"场上彻底的失败者，有什么必要、什么能力、什么资格去关心、热衷政治？这不是让人笑话吗？然而有多少人注意到，顾准关心和热衷的政治和一般中国人理解的政治大不相同，或者根本就不是一码事。

中文"政治"一词最早出现在先秦诸子时期——"政"归政，"治"归治，前者指国家的权力、制度、秩序和法令，后者指管理和教化人民，实现安定的状态。这和辞源意义上的"政治"——西方古希腊"政治"一词的含义完全不同。

"政治"一词来源于希腊语 πολιS（珀里斯），意为城堡或卫城。古希腊雅典人将修建在山顶的卫城称为"阿克罗珀里斯"，简称为珀里斯。城邦制度形成后，"珀里斯"就成了具有更高意义上城邦、

---

[2]《自述》P358
[3]《日记》1959.2.23

民众以及公共生活的代名词,同时衍生出政治、政治制度、政治家、公民等名词。因此希腊语"政治"一词,从诞生那天起就是指城邦中的公民参与统治、管理、斗争、战争等各种公共生活行为的总和。由"珀里斯"变形而来的法语 Politique、德语 Politik、英语 Politics,才是真正希腊语"珀里斯"意义上的政治。

顾准在他最著名的史学文章——《希腊城邦制度》的代序"多中心的希腊史"中首先就考查了希腊语中关于城市、城邦、政治、政治学等名词的变化,依据是吴寿彭中译的亚里士多德《政治学》。在下笔之前,他先将"珀里斯(Polis-政治)、阿克罗珀里斯(Acropolis-雅典的山巅卫城)、珀里德斯(Polites-公民)、珀里德亚(Politeia-公民与城邦的关系、政治生活、宪法及政府政治生活)、珀里德俄马(Politeoma-公民团体、公务团体或与波里德亚同义),"以及从珀里斯衍生出来的珀里提克斯(Politikos-治理城邦的人-政治家)区分得清清楚楚,尤其是珀里德亚——城邦国家的政制,她和僭主政体的水火不容,那将是《希腊城邦制度》以及他一系列"读希腊史笔记"最耀眼的亮点。

再看中国。

当波里斯这一希腊名词由英文的 Politics 从日本传到中国时,是孙中山第一个对译为"政治",并定义为"政就是众人之事,治就是管理,政治就是管理众人之事"。可是谁来"治人",谁被"治于人",谁管理谁,依然含混不清,尤其是没有"公民"与"参与"的含义在内。而中山先生其后更为传神和准确的"民有,民治,民享"之译,则早已被抛之脑后,"治人者"和"治于人者"携手共退,大家一起重新回到了先秦诸子年代对"政治"的理解。

可见在中国也就出现了一百多年的"政治"一词,和三千年前从《荷马史诗》中诞生的"珀里斯"一词的距离,大概与苹果和梨的差别不相上下,也和老国父的原意相去甚远。时至今日,广为人知和人用的百度百科上对"政治"的词释和"珀里斯"依然是鸡同鸭讲:

"政治,指对社会治理的行为,亦指维护统治的行为。政治是各种团体进行集体决策的一个过程，尤指对于某一政治实体的统治，例如统治一个国家，亦指对于一国内外事务之监督与管制。"百度百科；而维基百科则毅然去掉了第一句，并竭力按照"珀里斯"原来的模样改写了第二句："政治是各种团体进行集体决策的一个过程，也是各种团体或个人为了各自的利益所结成的特定关系，尤指对于某一政治实体的统治，例如统治一个国家，亦指对于一国内外事务之监督与管制。"[4]

可见顾准关于语言逻各斯的焦虑不是杞人忧天：

"希腊人好辩，大概也好打官司，诡辩盛行。诡辩要修辞，由此发展出一整套文法学。我们小时候读英语，一开始就学文法，老来重翻一些文法书，发现其中一些概念都十分抽象而又严谨。回过头来看看我们的传统，我们文字很美，但是文法学直到《马氏文通》(清·马建忠著)才有专著。数学神秘主义和文法学，其实都是思考宇宙问题的一种方式。数学是想用数学来解释宇宙的秘密；文法学，考究的是语言结构和规律。人总要有了语言才能有思想，语言就是'道'，就是说明宇宙奥秘的工具。"[5]

正因为这种苹果和梨、鸡同鸭讲的差别，"政治"一词在现代中国总有一重暧昧和晦涩的意味——"对政治感兴趣"是一种低下的品味，是"有野心"的代名词；"政治"是肮脏的，"政治学"即厚黑学。但是却人人都以为这就是政治。

顾准是个例外，且是个例外中的例外。

第一个例外，他观念中的"政治"非常接近"珀里斯"——重在参与而不是弄权，这和中国式政治——权谋截然不同，是一种光明磊落的兴趣与爱好；也因此有了第二个例外，那就是他公开和私下都宣称自己热衷"政治"，绝不遮遮掩掩。

顾准很早，最晚从1955年党校时期就在"读亚书（亚里士多德

---

4 《百科百度》"政治"词条
5 《文稿》P238

第三部 天才之为责任（1962—1972）

之书）"⁶。亚里士多德认为政治、政体对于人们的生活具有重要的意义——"最优良的生活应当寓于各邦在现实情况下所可达到的最优良政体中"⁷。亚里士多德提倡人民积极参加政治生活，因为人生一定要有"善行"而后才可以获致"幸福"，实践（有为）就是幸福。最优良的善德就是幸福，幸福是善德的实现，也是善德的极致。应该"依从理性，把理性作为行为的准则"⁸。他记录了古希腊伟大的政治家伯里克理斯下面一段话——

"我们的公职人员，除了政治之外，也有自己的事务要处理；我们的普通公民，尽管自己琐事缠身，但还是公共问题的公平法官。只有我们认为，一个对公共事务毫无兴趣的人不是无害的，而是一种没用的品格。"⁹

顾准不幸恰好缺了这种"没用的品格"。

在《希腊城邦制度》中，顾准详述了希腊政治的起源、演变以及她最不可思议的偶然与独一性。虽然这是他一生最后一篇文稿，却不是临终前的顿悟，而是他整个后半生都在全力思考并加以区别的东西——"政治与权谋""人性与奴性"。

"蛮族王制是僭主性质（即东方专制主义式）的王制……因为因为野蛮民族比希腊民族富于奴性，亚洲蛮族又比欧洲蛮族为富于奴性，所以他们常常忍受专制统治而不起来叛乱。"¹⁰

顾准在摘录了上述亚里士多德《政治学》中的一段话后，虽表达了"在感情上接受不了这样侮辱性的解释"，但又无奈地叹道"如果历史事实确实如此，感情上接受不了又有什么办法？"¹¹

6　《日记》1955.9.24
7　亚里士多德《政治学》
8　同上
9　公元前437年冬季伯里克理斯在雅典阵亡将士纪念仪式上的演讲
10　《文稿》P482
11　同上

如果拿"马克思最不能容忍的人的缺点是'嫉妒'"做范句（这个句子在文革中曾非常流行），那么顾准最不能容忍的人的缺陷是"奴性"，一个人只有具有奴隶、奴才的奴性，尤其是后者，才会不关心政治，不关心自己的生态。他也绝不"轻信"。

自幼年即接受基督教教育的顾准很早就开始了无师从、不自觉的思辨能力训练，对哲学有着不完整的基础和热烈的兴趣爱好。过早开始的"社会职业生涯"又强化了这种训练和兴趣，加上少年时代就接触无政府主义，历史唯物主义，辩证法这些肯定属于政治-哲学范畴的东西，到了十五六岁，他甚至已经把研究哲学和政治当做了使命和责任并在一生中都保持了这种使命感和责任感。它促使他竭力掌握历史和当代的事实，同时如饥似渴地阅读与他有着共同使命和责任感的前辈们留下的文献和著作。这一切形成了他的人格、品格、性格以及他的命运。

这一点，从他留下的文字里看得最清楚。无论是日记"、自述、还是笔记、文稿，与哲学和政治相关内容占去了绝大、绝大部分的篇幅，无需引述，也引述不过来。在他的观念里，政治是人人都可以觊觎的，既不下流，更不是罪过，而是一种公民的正当权力，关心政治是人类磊落的行为。

"不要奢求人民当家作主，而来考虑，怎样才能使人民对于作为经济集中表现的政治的影响力量发展到最可能充分的程度。既然权威是不可少的，行政权是必要的。问题在于防止行政权发展成为皇权。唯一行得通的办法，是使行政权不得成为独占的，是有人在旁边觊觎的，而且这种觊觎是合法的，决定觊觎者能否达到取而代之的，并不是谁掌握的武装力量比谁大，而让人民群众在竞相贩卖他的政纲的两个政党之间有表达其选择的意志的机会，并且以这种意志来决定谁该在台上。"[12]

虽然他呆在"模子"里呆的时间不算太短，却依然没有像绝大

---

[12]《文稿》P389

数"模中人"那样学会顺应模子内"统一思维"或"不思维"的人格，他不但要思维，还要表达。在以言定罪，以文定罪的模子中他为此屡吃大亏，受大罪。譬如 1952 年"3 年当市长，5 年当总理"的酒后之言[13]，譬如 1957 年逆了龙鳞的《试论》，再譬如 1963 年沦落为"反党的马前卒与打手"的"刍荛之献"——《粮价问题初探》和《会计学原理》。

"回顾我的全部政治经历和思想历史，应该承认，其间贯穿着一种十分强烈的个人主义——对事情有所主张，要实现这种主张，并且把它看做'自我实现'的那种个人主义。这种个人主义，和追求名利的个人主义有些不一样，因为为了实现什么'主张'，它可以在个人利益的其他方面作出牺牲。它甚至和'个人奋斗，成名家家'的个人主义也有某些区别，因为它要实现的所谓'主张'，必须可以吹嘘为'为劳动人民的''符合历史进步方向的'，虽然按其实质来说可以恰恰相反。为了实现这种主张，它也可以甘做'无名英雄'，甚至还得不怕戴上什么'帽子'——1949-1952 年的上海工作确实大大加强了我的上述性质的个人主义，并通过它，复活了并恶性发展了民主个人主义的那种反动世界观。"[14]

顾准在日后的"交代"中直言不讳地解释了他的这种个人主义的特质。除了充满时代感的"贱己"惯用语（到了 1969 年，任何人写"交代"而不用它们是不行的，那叫"过不了关"），你根本看不出真正意义上的批判，何况他紧接着又说——

"三反撤职以后，尤其 1955 年以后，我要'扩大思路、独立思考'，在总的政治问题上进行个人'探索'，于是愈来愈深地陷入个人主义的泥坑……狄超白说，1952 年以来顾准愈来愈狂妄，错误愈

13　关于此话，顾准在商城劳改队时和小右派蔡章谈到过。他说他不能肯定自己有没有说过这样的话，如果说过，也一定是酒后之言。对此他一生百口莫辩，除了他的时代"以言定罪"和"疑罪从有"的特色，"酒后吐真言"一关他也是跑不脱的。

14　《自述》P345

犯愈大，这在某种意义上确实是说对了的。"[15]

你看他像是在"忏悔"吗？

我的传主有个至死都放不下的世俗抱负，就是要为他的国和民做"刍荛之献"，这是他一生的夙愿和志向，是他"自我实现"的具体表现。可是在东方专制制度下，要实现自身价值，舍做官别无他途。在这一母体内，做官就是服从，独立思考绝无可能，特立独行不啻自毁，洁身自好一事无成，同流合污理想又成泡影。这种进退维谷的两难，对于顾准，孙冶方这样的知识分子最是无法逃脱的宿命。纵有顾准在生命的最后一程，以鱼死网破的勇气向这可憎的宿命一头撞了过去，但从他们留下的文字里你仍处处可见他们的无奈和妥协。

1962年刚刚摘掉右派帽子的顾准，实现这个世俗抱负的激情并未随着信仰（意识形态）的崩溃而崩溃，在强烈的哲学意识支持下，到他第二次进入经济所，它又重新炙热了起来。然而哲学不可避免是政治的，哪怕仅仅因为哲人是生活在政治共同体内。他因此不得不把这种热情与"革命斗争"严格隔离开来。他不再浪漫，对"革命斗争""阶级斗争""无产阶级专政"之类的东西充满了警惕和防备，对人与人之间无休止的斗争厌恶至极。他只想为国为民做些实事，哪怕是道出"晒太阳能使身体暖和一点"这样的渔樵之见、刍荛之献。

"我幻想在这个刘少奇控制下的经济所中，重新走1940年以前那种个人奋斗的白专道路。我说我要做好'工作'，即做好规定要我完成的会计研究任务，那是因为吃了人民供给的粮食，理当有所报偿。可是我的这种报偿，其实是雇佣功能下的报偿，而不是无条件把自己的一切贡献给革命事业。"[16]

正是在这种热情和冷静中，他撰写了《会计学原理》和《粮价问题初探》。

---

15 《自述》P347
16 同上 P277

2.《会计原理》

经济所交给顾准的第一个课题，就是纯粹的会计学研究。按照所长孙冶方的安排，他得拿出看家的本事，按照中国社会主义的经济规律搞出一套中国的会计制度，作为"社会主义经济论"的组成部分，既大国策的组成部分，向执政者提供。

老孙一早就明确指示老顾，只能搞纯会计研究，不可涉及其他经济学科目。

孙冶方也算是个老"运动员"了，岂有不知经济所是个是非窝的理？这里的"是非"可不是人与人之间大酱缸式的小是小非，都是所谓"大是大非"，事关国计、国方、国策，牵一发而动全身。本来"上头"就有多少双眼睛盯着这座"小庙""浅池"，什么事弄不好都会成个"由头""口实"，到头来事情没做成还惹祸上身。顾准二进经济所，老孙先就拿出所长这根金箍棒画地为牢——"你不要出会计研究这个圈一步，外面的牛魔王、白骨精你对付不了，别弄得壮志未酬身先死，你不在乎我还在乎呢。"

这次老顾很听话，乖乖呆在"圈"里，开始"打坐"。他首先拜访财政部官员，了解中国现行会计制度，会计制度司副司长杨纪琬接待了他。

1949年新政权彻底废除了徐永祚、潘序伦们的那一套作为"地主资本家奴婢"的会计制度，无论"中式"的还是"西式"的。消灭了私有制的中国即刻全套照搬了苏联40-50年代簿记模式——按照计划经济、全民公有制的框架建立起基本的会计制度。这套制度从簿记的目的到方法，从术语到定义，从规则到标准，全盘照抄苏联，毫无中国色彩，连"中国旧式会计制度翻版"都谈不上，更谈不上和世界会计制度衔接。

1958年这套制度受到冲击，但是冲击得很没有"名堂"，毫无理论根基和学术支持，无非大跃进的一套——强调阶级斗争、政治挂帅，强调核算制度的通俗化、简单化，废除复杂报表，砍掉复杂科目。

结果是原有的苏式会计秩序严重混乱，自己的东西还是没有，会计的监督职能大大削弱，直至整个会计制度实际上已经被废除了。

一时间数据大乱、统计大乱、财物大乱、计划大乱，搞经济不要簿记和种庄稼不论时令一样，不乱才怪。1958 的大跃进直接导致了 1959-1961 的大饥荒，簿记的混乱和废除是重要推手。

1961-1962 年，吃尽了苦头的中央政府又竭力复归这套苏式会计制度，到顾准会计研究开始时，已经绝大部分修复了。然而，当权者从接受前边骇人教训的极端又走向了另一个极端——这套制度被严格地保护了起来，在"政治"上竟然被提高到"谁要在根本上反对这套现行制度的话，谁得准备戴上右派帽子"[17]的骇人高度。

顾准压根就没有把这张好不容易刚刚才又翻回来的烧饼奉为圣物的打算，一开始他就认定"现行会计制度必须改革"[18]。

作为曾经身为中国最早期和最杰出的现代会计业从业者的顾准，他对会计学有个最基本的是非判断标准——是促进，还是阻滞生产力的发展。至于其他的罗里吧嗦，老孙不是一再交代"那不是我的事"吗？我也乐得事不关己高高挂起。

虽然杨纪琬副司长那番话"此语对我刺激很深……已经看得很清楚，我的会计研究干下去，势必要'反对现行的会计制度'，所以我对这项研究顾虑重重"[19]，他却没有退缩的念头。

对于把一切的日常生活，从百姓的吃喝拉撒到学人的学术研究和出现多元的观点都纳入"政治"和阶级斗争的范畴，顾准早已从不解到厌恶，从厌恶到睥睨。经济问题不从经济上论证，会计问题不从会计上论证，其反常识、反科学和反知识是彻头彻尾的愚不可及，他情愿被"政治"这头怪兽吃掉，也不愿被愚昧的粪秽淹没。

在孙冶方的支持下，他把自己最辉煌也最黯然的地方，老家上海作为调研的第一站，开始了他"明知山有虎，偏向虎山行"的行程。

---

17 《自述》P278
18 同上 P279
19 《自述》P281

第三部 天才之为责任（1962—1972）

3个月的调研艰难而尴尬，但收获颇丰。"自知是摘帽右派，竭力避免接触熟人……调查内容，仅以会计统计制度有关事项为限，凡经济-财政数字资料，一概回避接触"[20]。

做"会计研究"却不准许接触数字、数据，如此调研不啻戴着镣铐跳舞。他也不能对现行制度和改革建议做任何评价和表态。当年立信的老学生，眼下的上海财经干部向旧日老师征求"关于折旧基金下放"的意见时，纵使他十分同意，也碍于身份不发一言，怕的是适得其反，给对方造成麻烦。不仅如此，连赴沪调查的一部分经费也得由他自己负担，"去沪调查，耗费较大"[21]。住宿是在大姐陈秉真家，绝不探访当年老友、部下，除了不想惹祸，他也不想看冷眼。和十年前做大上海总税吏时相比，他顾准现在是冰火两重天。

别人可以不去看望，庆志小姑母的家他却一定要去。周末，他专门去了一趟苏州探访小姑母。从倒在"三、五反"的狂涛中下台离开上海，姑侄俩已十年不见。耄耋老媪的姑母和年近知天命的侄儿，执手相看泪眼，竟无语凝噎。十年坎坷，十年苦难，尤其是无法道与人知的商城经历，他都说给了姑母，那句大逆不道的"老和尚不出来做检讨不足以平民愤啊"[22]的怒吼，就是在姑母家中喊出来的，也只有在姑母面前他才能喊得出来。他知道她会相信、接受和理解。

"戴着镣铐跳舞"的三个月调研，令他对苏式会计制度心中有了底——最初的判断没有错，这个制度是阻滞生产力发展的，"这一套会计制度的根本用意是服务于国家财政系统监督控制企业流动资金的要求，因而大大限制了企业会计本来可以发挥的多方面的作用，并在很大程度上不能满足企业会计经济管理和会计实践上的要求"[23]。

回到北京，他很快写出了调查报告。

"我坚决反对把企业会计仅仅限制为'资金会计'……直率提出

---

20 同上 P280
21 同上 P276
22 高建国《拆下肋骨当火把》
23 《自述》P280

社会主义的企业会计即是经营资金循环的计算体系，也是成本-利润计算体系。"[24]

他毫不隐瞒这个观点，不惜在年底的会计研究讨论会上和杨纪琬等人发生了激烈的争论，一步就跨出了老孙为他划下的保护圈，"公开表明了我的会计研究是为刘少奇-孙冶方的'利润挂帅'服务的"[25]。

从商城起，他就已经不把什么摘帽不摘帽的劳什子放在眼里了。这些东西本来就是政治勒索，他鄙视得很，也从未起过什么"回到怀抱、队伍"之类的心思。不过他感到掌握的资料还不够，还无法在企业管理制度的实践上说明自己的主张。在孙冶方的鼓励下他又去了东北，分别在吉林化工公司、长春汽车厂、鞍山钢铁公司和大连化工厂调查研究。

东北之行的世态凉炎比之上海更甚，除了依然不能接触数字、数据和应该面见了解情况的人，就算有孙冶方的介绍信人家还是不接见——你一个摘帽右派，有啥资格指手画脚的，现行制度就很好，我凭什么理睬你？

还是立信的老学生们热情地接待了从前的老师。立信的学生们早已桃李天下，走到哪里的财会部门都能找到他们的身影，而当年的小顾老师和他们是同辈，同龄人，沟通也因此更加顺畅。

"东北调查虽然不顺利，因为已经经过上海调查……我自己的观点已经初步形成……从'利润挂帅'这一原则出发，无论在理论上还是在实践上都不能同意苏联这一套制度，于是就动手写《社会主义会计中的几个理论问题》……《理论问题》一书的主旨，表明了它要求把社会主义企业的会计改革成为成本——利润计算体系。"[26]

一开始，顾准就力图把20多年前学到的资本主义会计方法接种

24　《自述》P281-282
25　同上 P281
26　同上 P283-285

到《工业七十条》"拟议"的中国总会计师制度上去，所以他最初向之"请教"的会计文献就是美国文献。在如获至宝地阅读和翻译了《美国总会计师制度》后，1963年他写出《理论问题》初稿，1964年二稿，终稿，每一稿他都在第一时间寄给往日的师傅潘序伦先生，口称"秩师"，请他批评。

在上海调研时，顾准多次去拜访了他，希望能向他要些参考书。此时的师傅和徒弟一样是个摘帽右派，对会计一业早已心灰意冷。除了让旧日徒弟随便挑选，曰反正"现在根本什么书也用不着了"，师傅更感叹"回忆我等共事之初，我弟（指顾准）方幼年我已壮年，今我已暮年，我弟亦垂垂老矣"。他又哪里想得到这位"我弟之才，十倍于我"[27]的小老弟12年后会死在自己前边。温厚敦良的潘序伦以九十二岁的高龄仙逝于中国开放年代，激情刚烈的顾准59岁死在文革最后的腥风膻雨中。这是后话。

有了上海、东北的调研和"秩师"潘序伦的肯定，有了《美国总会计师制度》和《工业七十条》垫底，顾准心中底气更足了。

"在这段开始会计研究的时期内，工业七十条的总会计师制度成了我的研究出发点，《美国总会计师制度》一文译稿是我直接交给《译丛》编辑部的，事前事后都未告诉孙冶方。文化大革命大字报揭露，《译丛》编辑部抵制了这篇译稿，只在孙冶方直接干涉下才刊载出来，此事我完全不知道。"[28]

这也是前面章节讲过的故事。

在写作《理论问题》的同时，他开始撰写《会计原理》一书，根本没有理会中国的总会计师制度刚刚只是在"拟议中"这个指示。

写书，对于顾准早就是驾轻就熟的事情。15岁上他就开始写书、出书。《中华银行会计》《中央政府会计》，名头响亮，内容充实，一版再版。有些还不仅仅是"书"而是"教科书"。它们是中国史上第

27　均摘自《自述》P283-285
28　同上 P279

一批会计专业书籍。

在陈云、于光远和孙冶方的支持下,《会计原理》被列入经济所重点完成的书目。

却可悲,这本书和它的作者的命运一样,在本该最灿烂的时刻凋谢了——计划写 7 篇的它仅仅成就了一篇,就因作者第二次被打成右派而夭折。这是顾准又一本"写给抽屉"的书,其手稿和《社会主义会计中的几个理论问题》打印稿,是在他死后才被六弟陈敏之整理遗物时发现的。但仅仅这第一篇的残卷就足以成书,它就是多年后在中国会计界广受赞誉的《顾准会计文集 会计原理》一书,总共 20 章,用顾准自己的话说,"初稿有十几万字,占原计划的 1/3 或 1/4"[29]。

《会计原理》——又一个完整的顾准故事,却只能留待他死后才讲得完整,那就先放一放吧,本书最后的章节会讲完它。

1963 年下半年,经济所政治经济研究室在室主任骆耕漠的召集下开会讨论顾准的《社会主义会计的几个理论问题》,既有热烈赞成的,也有坚决反对的,争议轰然而起。

先来看《理论问题》主旨(A)和彼时主旋律(B)的冲突:

1A. 现行会计制度以国家财政系统监督控制企业的流动资金运用为中心,从而大大限制企业会计发挥其多方面的作用。

1B. 现行苏式会计制度是唯一适用于社会主义中国的最好制度;

2A. 企业会计应是企业全部经济计算的中心,而就再生产过程的价值补偿方面而论,它不能不同时是经营基金循环的计算体系,和成本—利润计算体系。

2B. 社会主义企业生产不可以涉及利润;

3A. 现行企业内的经济计算结构令企业内没有单一的经济情报和计算体系,结果是机构臃肿,表报泛滥,工作效率低下。应合并计划、统计、财会三个部门,组织总会计师工作机构。凡年度计划各项指标的制订、计算和考核,就应归总会计师统一负责;

29　同上 P287

3B. 可以推行苏联"四师一长（总工艺师、总设计师、总机动师、总会计师和生产长）"制度，但任何"总"都不允许凌驾在党委之上，生产的"指挥和计划"只能由党说了算。

4A. 会计这一工具按其性质本来能够完成计划、统计、财会的大部分任务，凡会计不能完成之处才需要用会计以外的统计资料来补充。这样做，比现在会计、统计两个系统同时并存，并在理论上把会计从属于"国民经济计算"工具的统计，要妥当得多。

4B. 现行制度已很完善，会计权限不可以太大，理由同 3B。任何涉及体制改动的企图都是居心叵测的。

"以上是《理论问题》一书的基本主张，在辩护这一主张中，说到会计技术的细节，也涉及一些经济理论问题。后者，当然是以我的反动经济思想体系为依据的。"[30]

在"反动经济思想"的强力支撑下，顾准又一次昏了头，面对反对派"你就不怕再戴上右派帽子"的暗示，毫无收敛之意。在讨论会上，他"大发牢骚，说什么'（我就是）不怕再戴一次右派帽子'，又犯了一次严重的右派罪行"[31]。

他始终没有明白一个中国道理——任何一件事情都不可能不与"政治"紧密相关，别说会计学了，数理化学、天文地理也一样。

3. 《粮价问题初探》[32]

粮价。

又一个看似经济，实为"政治"的大问题。这是顾准到经济所后

---

30 《自述》P285
31 同上 P282
32 本节有关匈牙利经济学家雅诺什·科耐尔"短缺经济学"、阿玛蒂亚·森与顾准"糊口经济"、"白薯共产主义"的类比，得自于北京学者卢耀刚先生、老经济学家张曙光先生的启发和指点。

的第二个研究课题。从顾准已经面世的文字看，他首次提到"粮价"问题，是在匪夷所思的1959年年底。

说"匪夷所思"，是因为此时的他正身处已经饿死了人的商城铁佛寺水库右派劳改队，人们面对着致命的饥饿，恐怖到极处的饥饿，别说"粮价"，连"粮食"两个字都无从谈起的1959年12月底。12月22日，这一天的日记他写了将近四千字。

农村从11月份已经开始饿死人，比劳动队早差不多一个月。此刻劳动队也断了粮，靠胡萝卜、红薯苦撑，已经死了两个，除了劳动队的"统治阶层"，人人饥寒交迫。

很难想象在腹中没有一粒真正的粮食，饿到需要"偷东西吃"境况中的顾准，是怎样挣扎着写下这些文字的。

一连几天他都在发烧，37°5左右的低烧，仍被要求担粪水，捡粪，锄地和看菜棚——菜棚不看着，会被民工和村民偷光。劳动队的右派们再卑贱，在真正的农民面前还是地位稍稍高一点，他们怕他们，一种出于几千年传统的、对读书人的敬畏，善良而卑微。否则半老头顾准哪里看得住菜棚。

前一天，医生刘复生给他开了半天一夜的病假条，今早已经用完了，他被要求按时上岗。此时的他已经开始"肿"了，什么"评级"，什么"摘帽"，都无足轻重，重要的是"我还要留得一条老命回去"[33]，这几乎成了他的"终极目的"。

连思考的体力也快要丧失殆尽了，可"终极目的"之外，他还是要想，要写。

从凌晨被唤起看菜棚，接着又担了一整天的粪水，他疲惫不堪。夜已深，饥寒交迫弄得他头晕目眩，手中的笔打着哆嗦——

"疲劳万状。晚间咳甚，昨晚尤甚。右胸肋骨因剧咳大痛，至睡眠不能反侧。痰多极，都是脓状。发展下去，变成肺炎，完全可能……权少珍肿得脸像大阿福，依旧出去拉树。彭楚南体力不胜，并且有

---

33 《日记》1959.12.22.

病,与权少珍一起抬树,连掉五六交,起来热泪盈眶,回家即睡倒了。"[34]

好不容易弄到手,能救一时之命的"果汁鱼肝油丸"已经剩不下几粒,快吃完了。他忍了忍,把已经摸到瓶盖的手缩了回来,转过头摸出那瓶虎骨酒喝了一小口。这酒是商城县城货架上最后一种可以倒进口中,咽下肚里的东西。因为贵,它比所有可以吃的东西,例如咸菜、盐,胡椒八角等在货架上多留了几日。他千方百计,花了大价钱托人买下,不到万不得已,绝不喝一口。稳了稳神,他写下去:

"人相食。除民间大批肿——死而外,商城发生人相食的事二起,19日城内公审,据说20日要宣判。二起人相食,一是丈夫杀妻子,一是姑母吃侄女。20日进城买痰盂,遇蔡璋,蔡告我这个消息。既是公审,自然满城风雨,但在劳动队内是传播不得的。"[35]

劳动队内传播不得,他却写信告诉了秀。他已经看到、听到许许多多"一窝一窝"饿死人的情况了。别处不说,劳动队右派的家属昨天死几个,今天死几个,明天死几个已成常态,还有全家死得就剩下一个孩子,被亲戚给送到劳动队来的,比如彭仁鑫。

开始还有人流泪,后来就麻木了。村村如此,家家如此,到了12月底,连叹息声都没有了,叹息原也是需要体力的呀。他早已见怪不怪。可是秀没有回信令他惶惑,不知她会不会根本不相信如此骇人听闻的事情。假如不是亲历,他也是不会、不肯相信的。

晚饭是红薯和胡萝卜,腹中没有一粒正经粮食的他开始考虑粮价问题:

"真正的改弦易辙,必待农村财富积累,可以从生产资料这个盆边溢到消费资料;必待餬口经济的强力改组已消耗完了它的生命力,放宽,有利于生产发展之时才行。"[36]

---

34 同上
35 同上
36 《日记》1959.12.22

也许是那一小口虎骨酒起了点作用,握笔的手竟不打颤了,他写下去:

"在中国,这意味着粮价提高,农村粮食供应尺度放宽,公共食堂方向取消而代之以严格的工资制,公社有力量为农民营缮新宿舍等等的时候才行。新制度是工资制度,新制度不仅不是吃饭不要钱,而是吃饭很贵,少一张嘴,生活水平提高很多的制度。"[37]

打着寒颤写完了这一天的日记,整整3729字。从自己一天的劳作写到饥饿的众生相,从政治勒索——"摘帽子"的逼良为娼写到人相食的的真相和谎言,从人民公社的餬口经济写到自然环境的惨遭毁损,从宪法的"居住自由条目却又有流窜犯一项"写到"政治的取舍",写到"体制自下而上崩溃"的不可能性……。

就是在此处,他首次提到了粮价问题。

4天后,烧退了,并没有发展到肺炎。4天里他吃到些破米(碎米)糊,这才知道饿,也是能令人的躯体发烧的,在迅速地"肿",在逐渐地冰冷之前。

腹中有了几粒破米的他,在那天的日记里又写到:

"饿死人究竟是可怕的,然则57年前的局面不会再有了,直到实行下列的根本改革为止:提高粮价,农村全面实行工资制度,粮食自由供应,公共食堂自由化。"[38]

看来,1959年的顾准就把粮价问题提到了一个很高的高度——一个能"回到1957年前局面"的条件、前提。紧接着,他写道:

"如果1960丰收怎样?如果1960丰收,1957年前的局面也永远不会再来了。"[39]

顾准的文字,尤其是日记,多处有"回到 1957""Return to

---

37 同上
38 同上 59.12.26
39 同上

1957"的字样。在他的观念中,1957 是中国政治上的一道分水岭,极为重要。何为"1957 年前的局面"?

假如能用简单的一句话概括,那就是——中国还有建立宪政制度可能性的局面。正是 1957 的反右运动,终结了自 1907 年秋瑾为武装创立共和牺牲,各省开始筹备选举成立咨议局始的、中国五十年宪政民主追求的进步历史。这是他最为痛心和惋惜的历史停滞和倒退。宪政是绝无可能了,议会制是绝无可能了,可"民"总还是要"生",民生总得有人管吧?

作为一名经济学家,"国家粮价"是顾准一生都在摸索、探索的重大民生问题,尤其是在亲身经历了"粮食问题"的残酷和恐怖性后,他认为自己有资格,有能力去论证它,为国为民献上正确的国家粮食政策。如今到了经济所,可以踏踏实实考虑和研究中国的粮价问题了,这是为他的国家做"刍荛之献"的机会。有了商城的经历和临在(presence)的思考,他满怀自信和激情,一头扎了进去。

现在已经不再饥饿,可是新的疑问又来了——从 1959 年的恐怖到 1962 年的恢复,是什么因素使得经济复苏如此迅速?饥饿到极点时他尚在思考,现在腹中有了粮食,脑熵量更大了,他如何可能停止思考!

早在 1956 年党校时期,在密集思考了人口与经济、政治的关系之后,他就大篇幅写下了有关人口问题的思考,可惜很多被删除或隐匿了。比如下面这篇日记,可惜在最关键处都被腰斩了——

"现有耕地面积十五亿亩,十二年准备垦荒四亿亩,加上工业化,能够吸收的劳动力不过六七千万人,恐怕只能抵这些年头上自然增殖的人口数字。旧的精耕农业产量认真提高一倍半以上是很费劲的,即使做到,收入增加还是有限。而十二十年以后又是如何呢?孙冶方是个标准的教条主义者,硬不承认这个道理,且以为马尔萨斯理论在中国不应有地位,这恐怕是不对的吧……1954 年征购过多,农村不安,强调工农联盟,抑制基本建设……资本家俯首听命,大规模基本建设开始,原有国营工业的生产恢复大体上达到饱和点……。但这时候的经济方略是集中重工业,加强后备,对农村采取强力的手段来征集粮食,更由于二年歉收,而对轻工业的发展采取缩手缩脚的办法。这期间,不仅机关精简,教育发展也压制,私营工业则几乎是任其破烂。对外贸易方面的情况如何不知道,有购买埃及棉花之举,但扩张亚非国家的出口,恐已是1955年亚非会议之后的事情。这一套办法,完全是抄袭当年苏联的办法,而在对外关系方面,则是把自己束缚在苏新国家这条链子上。

"结果就是生产增长速度迟缓,沉睡一百多年的广大人民要求振翼高飞的情绪位能满足,党内生活的唯唯诺诺,活泼泼的生机是几乎在逐渐泯灭下去的。如果说积极作用,就是完成了高度统一。(此处缺页——编者)"[40]

再例如:

"从国家的数目与人口的数目来说,社会主义类型的革命的胜利,与资本主义类型的革命的胜……。(此处缺页——编者)"[41]

这些被编者或他自己删除或隐匿了的文字,必是关于人口——经济——政治三者关系的分析和推断。从那时起到1960年代中期他写《粮价问题初探》,人口问题、马尔萨斯人口论以及他自己生造的一个词汇——"餬口经济"一直是他的思考重点,是一整套的推理过程。在亲历了商城劳改营极度饥饿的恐怖之后,他的分析愈加深刻,推断更加趋于真实。

现在大饥荒刚刚过去,虽然"58年起迄于今日,除59-62年剧变后又恢复而外,首尾相比,变化实在不大"[42],但毕竟恢复到"大跃进"前的水平了。又一个问题立时浮了出来——是天降丰年吗?不是。本来大饥荒发生那年以及前一年,在全中国都几乎可以算作是个"丰年",你看他1959年3月的日记不是还写道"地土多润湿!丰收有希望"吗?。而大饥荒(官方统一口径为"三年自然灾害")

---

40 《日记》1956.6.15
41 《日记》1956.9.17
42 同上 1971.4.1

发生后的年份也并非特别的丰年，该旱的照旱，该涝的照涝。是政治挂帅起作用了？更是扯淡得紧。这难道不是人口的大量减少带来的结果？不是马尔萨斯人口论的一个大规模实证？

学者卢耀刚曾用顾准理性的"党校日记"加上感性、理性并存的"商城日记"与匈牙利经济学家科尔奈首创的著名经济学概念——"短缺经济学"相类比，得出的结论是——顾准和雅诺什·科尔奈同时道出了一个可怖的真实——"'短缺'是社会主义计划经济体系特有的痼疾，是常态，'短缺'有利于统治"[43]。

科氏与顾氏的一致在于——资本主义经济基本上是需求限制型（即需求有限）的，经常"供过于求"，而社会主义经济基本上是资源限制型的，生产者和消费者的行为都必然受到物资短缺的制约，"求过于供"。"短缺"不仅影响社会生活质量的提高，还造就了一种"卖者"支配"买者"的社会关系。这种被科尔奈称作"短缺经济"、被顾准称作"连糊口经济都不能相容"的大一统计划经济，它们都极其有利于集权和独裁体制的存在和发展。

但是"短缺经济"毕竟是在国民持有货币并"有商品可购买"情况下的经济现象，彼时只能作为中国城市中巨型通胀的经济学解释。顾准在商城的惨境中不也憧憬着回到北京找个地方"大吃一顿"，甚至准备动用孙冶方与外宾（实际上是外宾饭店）有关系的关系来完成这个心愿（实际上是"胃愿"），以致连 50 大元吃 10 天的预算都作了出来吗？彼时中国工资人口的平均年工资，以百度文库中吉林省为例（取全国水平中间值）是 602 元，也就是说月薪恰好 50 元。换句话说，顾准的预算是准备动用人均月工资供自己一个人吃 10 天。反观占全国人口 80%以上的农村人口——农民，却是几无一厘货币收入的。科尔奈的"短缺论"完全无法适用在他们身上。他们没有 50 大元，连 50 大毛，50 大分也没有，那是"赤贫"（零）而非"短缺"（少）。能够解释这种赤贫经济学的大概也只有整整 20 年后印度经济学家阿玛蒂亚·森首创的"饥荒理论"了。

43　亚诺什·科尔奈《短缺经济学》主要观点

顾准亲历所谓"三年自然灾害"一样,阿玛蒂亚·森9岁时亲历了印度1943年大饥荒——印度至今为止最后一次饥荒。而自这个国家1947年独立,在有了多党制和新闻自由之后,便和其他民主国家一样,再也没有出现过某些专制社会、殖民地、一党制或军事独裁国家一再出现的大饥荒。事实是显著的:在骇人听闻的世界饥荒史上,从来没有一个独立、民主而又保障新闻自由的国家发生过真正的饥荒。无论怎样寻找,人们都找不到这一规律的例外。这就是森的"饥荒理论"基础。

无论"短缺"还是"饥荒",科尔奈和森都认为不是"天谴"而是"人造",是集权和独裁衍生的"人祸"。顾准1959年的《商城日记》发出了和他们高度相似的声音。科尔奈与森的学说十分系统、学术,但前者被某些西方学者批评为"实证非实证";顾准百分百"实证既实证",那"实证"是真正从火山口里舀出的岩浆样本,却可惜因为文字的凌乱而不系统、不学术,还来不及送进实验室就连人带样本一起被火山灰吞噬了。

"上帝明鉴,若四年五年之内,农村人口减至三亿,再加上扎扎实实的提高一些产量,全国平均商品率达到40%,毛先生就大功告成了。"[44]

这是样本还未经送入实验室,舀浆人就测度出的部分结论。多么残酷的游戏!虽然看上去那么匪夷所思——就在短短的几年前毛先生还在学苏俄斯大林,评选多育多生的"英雄母亲""功勋母亲",此刻却突然地"翻云覆雨""匠心巨手"地要消灭人口,提高商品率。"叹观止矣"之余,顾准下决心要看个透、想个透,就算是葬身火山岩浆也值得。

重回经济所的顾准亢奋不已。他决心放下一切"革命工作"去剥洋葱——

"我的全部生活,不再以革命斗争为中心,而以个人、家庭为中

---

[44] 《日记》1960.1.16

心了。我幻想在这个刘少奇控制的经济所中,重新走 1940 年以前那种个人奋斗的白专道路。"[45]

这是顾准 1969 年写下的"坦白交代",交代的就是他重回经济所时的"活思想"。作一个不讨好的猜想:假如他的《铁佛寺水库记录》还在世并能面世,说不定就是同时于科尔奈、早于森 20 年的"顾氏短缺经济学""顾氏饥荒理论"。这一点只要去细读他的《商城日记》和 1960 年代的经济学文章例如《粮价问题初探》,就会给人留下深刻的印象。可同时也留下深深的遗憾——为什么就不是中国的顾准呢?

"在经济所,我恢复了和实际经济的接触,恢复了和经济学界的接触,尤其在后期即 1964 年内,我又搞起经济研究,写了价格讨论会的两次发言稿,写了'内部研究报告'——《粮价问题初探》,积极充当起张孙反革命集团的马前卒和打手来了。"[46]

来看看《粮价问题初探》都写了些什么,令顾准再一次成了反革命集团成员,且担当起"贱役"之职——马前卒与打手?

1. 经济形势和现行粮价政策不相适应,粮价问题需要执政者再考虑,眼下的低粮价政策不宜长此继续下去。原因一二三四,后果甲乙丙丁;
2. 长期低粮价衍生的诸多问题。原因一二三四,恶果甲乙丙丁;
3. 调高粮价的可能性和可行性。方法一二三四,良效甲乙丙丁;
4. 两个方案(粮价不动和提高粮价)的比较。一二三四,甲乙丙丁。《初探》的全部立论,是把需求看做价格决定的主因。从这个命题出发,顾准认为粮价偏低不利于它的迅速增产,不利于缩小工农差别,不利于国家的农业积累。粮价偏低也是也是造成苏联农业长期停滞的原因,中国不能蹈其覆辙。在"中国历史"上也下了狠功夫,熟读《汉书》的他深知历朝历代都有"谷贱伤农"的问题,就算是"社

---

45 《自述》P277
46 《自述》P274

会主义国家人民地位高",那也是必得有经济基础才垫得起来的。他鼓吹提高粮价,提高粮价销售价格,建立一个较高的农业产品价格体系,同时提高低工资,高工资则不予调整,借以缩小工资差别。他竭力反对以降低工业品价格,保持低粮价和低农产品价格的手段来改变工农产品比价,和当时的主流意识——"提高粮价,百物飞涨,粮价一涨,万物飞腾,国家财政将不堪负担"大唱反调,竟至提出以提高粮价促进城乡计划生育的建议。这一系列观点他并不是盲目提出的,在《初探》的后一部分,他强调提高粮价必须先作"厚集"准备,假如粮价提高的时机、幅度掌握得好,操作得好,是完全能够保持财政平衡的,但也预测"在一个短时期内也许会要求降低基本建设投资",而这不幸正是激情燃烧、旋兴旋废的最高决策者最不愿意看到的财政局面。

写作《粮价问题初探》时所有需要用到的数字、数据,顾准都无法从正当渠道获得,只能通过一位财政部领导到家里探望因患胸膜炎而长期在家养病的妻子时的慷慨相告。"就这样,我心中大概有了一个'数',这也是我写初探的唯一资料根据。"[47]

顾某人,就算是"戴着镣铐的跳舞",也跳得比别人精彩。1964年8月,该文以"绛枫"署名被作者郑重地交到所长孙冶方手里。

4. 迷失在"群星灿烂"中

为叙事方便计,先倒回至1963年,这一年中国学术界有件盛事。

假如用果树结实有大小年之分来譬喻1949-1976年的中国,将肃反镇反、公私合营、三反五反、反右、郑州会议、庐山会议、七千人大会、四清、文革算作夏花烁烁的大年,那么1963年应该算是个难得的小年,这棵果树得以稍作喘息,将息。

1963年,中国科学院哲学社会科学部第四次扩大会议召开。中

---

47 同上 P295

共中央宣传部副部长兼中国文化部副部长周扬先生代表中共中央做了《哲学、社会科学工作者的战斗任务》报告，再一次号召知识分子"出笼"，希图改变因 6 年前的反右造成的万马齐喑局面。他这样说道：

"伟大的社会主义的时代，是人民的英雄辈出的时代，在学术上也应当是群星灿烂的时代。不论是资产阶级社会或者封建社会，都出现过学术上的繁荣昌盛的时期，产生了一批又一批杰出的思想家和文学家。马克思以前的德国，哲学方面出了康德和黑格尔，文学方面出了莱辛和哥德。列宁以前的俄国，出了像普希金、赫尔岑、别林斯基、车尔尼雪夫斯基、托尔斯泰这样一批卓越的革命思想家和语言艺术家。我国近一百多年的历史中，先后出现了龚定庵、康有为、谭嗣同、邹容、章太炎、李大钊这样一些人物，出现了伟大革命家孙中山和伟大作家鲁迅。历史上的优秀人物，常常是在社会发生剧烈变动的年代，在尖锐的阶级斗争中成长起来的。不论是我国春秋战国时代，古希腊时代，欧洲文艺复兴时代，剧烈的社会变革和阶级斗争，都把很多卓越的思想家，文学家、艺术家推上历史舞台。这些人的有声有色的活动和高度的成就，至今还使我们感到钦佩。恩格斯曾经这样称赞文艺复兴，说'这是一个人类前所未有的最伟大的进步的革命，是一个需要而且产生了巨人——在思想能力上、热情上和性格上，在多才多艺上和学识广博上的巨人的时代。'"

中国读书人最扛不住的，就是这样的"号召"——集激情、华彩、浪漫于一身，借古喻今，旁引博证，尤其是先哲、先贤们的光荣殉道，"政治要求的是动人心魄的动员口号，而不是'烦琐哲学'"[48]——顾准后来悟到，它们是宣传，是诱惑，唯独不是'烦琐哲学'，也就是说不需要繁杂的理论，尤其是数字化理论的支持。

有后人形容这样的一次次宣传、诱惑是"引蛇出洞"，未免刻薄，也不符实情。不如说它是每一次"治大国如烹小鲜"前的炝锅——先

---

48 《笔记》P22

炒起来再说，先折腾起来再说，后面的章法大厨不知道，助手也不知道。所以助手们常常就成了替罪羊，也被扔进锅里烩了。

但中国读书人又有"慎独"的传统，十几年的惨痛教训很多人是不会轻易忘记的。这是一次盛大而小心翼翼、谨慎乐观的集会，从会后毛泽东先生率几乎全体中共和国家领导人对与会者的接见，合影可见一斑。6百多人的照片中没有顾准，他非常识趣地根本就没有到场。到会者，包括孙冶方、徐雪寒、骆耕漠脸上的笑容是拘谨、小心翼翼和谨慎乐观的，却谁也没把这次盛会与1957年"双百"盛会的相似之处看出来，连顾准也没有。

"这次会议我并未参加，只听了周扬的"群星灿烂"报告的录音传达。我积极响应了这次'出笼号召'，第一次积极的表现是政经组讨论这个报告时我的极其激动的发言，又一次犯下了严重的右派罪行，见罪行交代（四）。"[49]

在"群星灿烂"的号召下，顾准无可救药地又一次迷失了。

此前他还是非常谨慎的。顾忌自己的右派身份是一方面，另一方面所长孙冶方也处处提防和压着他回避经济所一切有关经济问题的争论，以免他再一次陷入残酷无聊的"政治"泥淖。从1962年回到经济所到1963年底的"群星灿烂"，短短一年多的时间里他也曾心满意足于埋头"一个人的探索"。

先来看看他"一个人的探索"的过程：

"翻译熊彼得，就是这项'探索'的主要途径……熊彼得的反动政治思想和经济思想都对我起了某种程度的恶性启发作用，我的反动的'共产主义两党制'就是这种启发的结果"[50]。

翻译熊彼得的《资本主义、社会主义与民主》，阅读熊氏《经济发展理论 财富创新的秘密》《景气循环论》《经济分析史》等主要著作，是顾准成为一位思想者、思想家进程中一次重要的飞跃。此间，

---

49 《自述》P290
50 同上

受到"恶性启发"的顾准还绝无去影响别人的意愿，也惧怕别人来干扰他，他要坚持"一个人的探索"。

此前，他对现代资产阶级经济学是不熟悉的，翻译熊彼得成了他学习这门学问的入门课。他对这次翻译极其认真，为了尽可能准确，他同时用英、日两个版本做母本进行中译。在此过程中，他惊喜地发现"熊说"和"顾想"有许多不谋而合之处，但熊比顾的表达要明白透彻得多。"学习这门功课……助长了我反动经济思想的发展"[51]，他说。

顾准上述这样的文革文字数量很多，被后人称作"猩红热"。但假如你能耐住性子把这些文字仔细看几遍，将同时间的文字挑出来并行、对照看，把事件捋顺了看，就会发现这些"猩红热"文字中的破绽（也可能是故意"卖"的破绽）很多。如此读来，除了有助于你深探顾准，还有助于你了解文革文字的奥妙，是有趣和值得的。挑出其中的一个说说——

在谈完熊彼得对自己的"反动"助力后，顾准紧接着画蛇添足写道：

"学习这门功课在 1964 年前助长了我反动经济思想的发展。1967—1968 年间，反动世界观开始有所动摇，它有助于我面前展示出一幅资本主义（与）社会主义对比的图画，从而促成了这种动摇。"[52]

话中的"它"当然是指熊彼得的一系列著作，开始动摇的"反动世界观"当然是指他自己"民主社会主义"的世界观。"熊说"中的资本主义、社会主义对比图促成了顾准先生"反动的世界观开始动摇"？这岂不是以己之矛攻己之盾，就连小孩子也看得出其中的逻辑荒谬。顾准真是有点欺负命令他写坦白交代的人们，侮辱他们的智商。

51　同上 P291
52　《自述》P291

再看他写于 1967-1968 年，也就是他"反动的世界观开始有所动摇"那两年的几则读书笔记——

"可惜，十月革命以后，一切社会主义国家的经验，都是这个官僚的和军事机器（指列宁《国家与革命》中法国革命打碎的官僚和国家机器）的更进一步发展。十月革命废除过一阵，为时极短。1949 年的中国，在二十年的干部准备基础上，又接收了以前的国家机器……1949 年，人们再三背诵《国家与革命》中打碎国家机器的话，可惜不过是把它的意思引到（1）废除旧法统；（2）清理中层这二种意义上去，对于"打碎机器"的真正意思是完全不了解的。——打碎机器其实是浪漫主义，现实主义者是无法了解的。（参见另片）。"笔记 P624

"五十年的经验，证明这全属于空想（指列宁《国家与革命》中有关'打碎国家机器建立社会主义'）。熊彼得比列宁要实事求是得多。"[53]

你看他"反动世界观"动摇了吗？改了吗？

当年 11 月底，在讨论周杨先生"群星灿烂"报告的政治经济组会议上，顾准积极响应了这次"出笼"号召，做了一次"极其激动"的发言。他在发言中谈到中国的经济状况，谈到熊彼得，谈到共产主义两党制，谈到自己的商城经历，谈到三面红旗，谈到建成不久的人民大会堂，最后失控地喊出"我不怕再戴一次右派帽子"和"我永远也不会进这个人民大会堂"两句十恶不赦的话语，就此迈出了再次沦陷且"永世不得翻身"的第一步。

第二步，转年 2 月，在讨论张闻天的"新价值规律""集贸市场""自由竞争"的论文时，顾准很快从"三岔口"的黑暗中走出来，看清了身边的张闻天、孙冶方是自己的思想盟友，"当我'出笼'参与经济问题的讨论时，我就地地道道地成了他们的马前卒和打手了"。

---

[53]《笔记》P626

第三部　天才之为责任（1962—1972）

第三步，紧接着5月，在学习毛著的学习会上，顾准事先写了一篇《体会》，照本宣科，读完稿子拍屁股走人，绝不发挥。要义如下：当前的重要任务是反对教条主义而不是修正主义；要学习德、日、法、意诸资本主义国家迅速发展经济的经验；不要再搞阶级斗争了，和平主义发展经济才是正路。此时全中国正处在"千万不要忘记阶级斗争，阶级斗争必须年年讲，月月讲，天天讲"[54]的日月里，如此刺耳的反调，估计他真要是念完稿子还坐着不走，后果不堪设想。

这篇《体会》被孙冶方拿去"参考"，至死未还，弄得老顾好长一段时间耿耿于怀。

第四步，在讨论会上为南斯拉夫修正主义辩护，反对斯大林的《苏联社会主义经济问题》观点。会议当场就受到革命群众赠送一顶"修正主义者"大帽子，只有孙冶方为他辩护——"嘿，嘿我说同志们，讨论归讨论，有意见也不要随便给人扣大帽子好不好？"。

第五步，在讨论价格问题的会议上鼓吹市场经济，强调需求在价格决定中的重要。提议执政者提高粮价，降低人民币对外币的汇率。

第六步，写出了《粮价问题初探》，提出执政者必须重视工农产品比价问题。

第七步，交出了《会计学原理》第一篇，坚称"现行会计制度必须改革"，"为此不惜再戴一次右派帽子"。好在这一步不大要紧，因为《会计学原理》根本就没有被允许面世，它的故事在后面，在他死后——看一本纯工科，纯管理学书籍（并且还是残卷）怎样对社会构成威胁。

第八步，在学习九评（一、二、三、四、五、六、七、八、九评苏共中央的公开信，共9篇）的讨论会上极力鼓吹世界共产主义运动的多中心论，这也是他日后多元化论的一个分支。他反对无限制的对外援助，认为在和平建设的路线下，援外要有限度。

第九步，"对阶级斗争的伟大学说充耳不闻，成为彻底的阶级斗

54　1962年9月24日毛泽东在中共八届十中全会上的讲话

争熄灭论者"[55]，但又认为必须制约党内的干部特殊化现象，"本着'民主社会主义'这种一项存在的思想，在熊彼得反动著作的'启发'之下，形成了罪恶的'共产主义两党制'的思想……通过'共产主义两党制'这种'民主'的方法，可以代替革命来解决问题。"[56]

在非正式场合，他甚至议论自己的老上级——陈毅先生在日内瓦会议上所受超规格待遇一事——"陈毅就说过，日内瓦会议时他受到各国外长的特殊的尊敬，因为那些外长，只当一任，下台就是平民，哪里有一个元帅的威风"[57]。他认为这正是民主国家与专制国家的区别所在，正是最不值得、不应该夸耀之处。

这些都是他日后形成"鼙鼓无声，理性争鸣"观点的初始。

"我所梦想的，正是这种资产阶级专政下少数精神贵族的知识分子之间的'理性争鸣'。'理性争鸣'这种资产阶级自由化，又要以和平主义为前提，所以我对雨果的'鼙鼓无声，理性争鸣'击节叹赏。"[58]

有了这几步，尤其是最后一步——推崇两党制，顾准已是"万恶"俱全，可他全不放在眼里，"至于我的反动政治——经济思想体系本身，这两年通过'探索'还有恶性发展"[59]。

好家伙，他竟已经有了"思想体系"！这段时期，顾准常把"不怕再戴一次右派帽子"的话挂在嘴边，动不动就摆出一副死猪不怕开水烫的派头，右派帽子好像成了他手里的耍猴棍，弄得手拿帽子的人倒像个猴儿似的被动难堪。

"群星"果然没有灿烂几天。1963年11月的盛会绝非一次鼙鼓无声，理性争鸣的盛会，而是又一次"大年"的前奏。周扬先生诗一样的话语还未落地，这边"极峰极笔"已经开口、落笔。1963年12

---

55 《自述》P296
56 同上
57 《文稿》P386
58 《自述》P296
59 同上

第三部 天才之为责任（1962—1972）

月和 1964 年 6 月，毛泽东先生就对文艺工作作出了两次批示：

第一次，12 月 2 日批示在本月的《文汇》杂志上——"各种艺术都是死人统治着。戏剧部门的问题就更大了……许多共产党人热心提倡封建主义和资本主义的艺术，却不热心提倡社会主义的艺术，岂非咄咄怪事！"

此时距他率众接见 6 百多名社会科学工作者的盛会仅仅 20 多天。怪不得照片上老人家面相已甚是不悦，一旁的刘少奇先生则是呆若木鸡，和周恩来、朱德二位先生的笑容可掬形成强烈反差。

第二次，1964 年 6 月 27 日，老人家直指周扬领导下的各个文艺协会——"这些协会和他们掌握的刊物的大多数……15 年来，基本上……不执行党的政策，做官当老爷，不去接近工农兵，不去反映社会主义的革命和建设。最近几年，竟然跌到了修正主义的边缘。"

他老人家好像总是处在不高兴的状态，中国这棵果树要是哪一年没有革命的"夏花烁烁""秋实累累"都会惹他不快，至于树会不会因此而累死则不在考虑之内。于是史学界开始批判范文澜的"让步政策"和翦伯赞的"历史主义"，哲学界开始批判杨献珍的"合二而一"，文学界开始批判林默涵的写真实论，经济学界开始批判孙冶方的"价值论"。

我的主人公终于没有经受住"召唤"的诱惑，一头迷失在"群星灿烂"中，再次宿命般沦陷了。

第十五章 永不"成熟"

1. 三岔口、马前卒与打手

1964年8月,刚结束青岛的疗养回到北京的顾准手捧杀青的《粮价问题初探》,兴冲冲地站在所长孙冶方面前。

这已经是孙所长第二次安排他疗养,第一次是他刚结束在清河和宁河的劳改回到经济所的1962年,地点是东北的海拉尔。

疗养制度也是中共从北方老大哥那里学来的,但绝非每个共产党员都能享受。孙所长连续为被开除了党籍的摘帽右派顾准安排疗养,是冒了很大风险的。虽然老孙的初衷是想要吃尽苦头的老顾有个地方好好将息,可每次疗养后收获的副产品。

上一次,从海拉尔回来的疗养员顾准交出了熊彼得《资本主义、社会主义与民主》的译稿。两个人都被熊彼得所言——"但我们使用的名词——社会主义,并不是意指中央当局必然是专制独裁的中央集权主义,这个当局我们不是叫它中央局就是叫它生产部,并不是意指企业高级人员的积极性完全来自中央当局的中央集权主义。关于第一点,中央局或生产部可能必须向国会或议会提出他的计划,也可能有一个监督和检查的权力机关——一种审计机关,可以想象它甚至有权否决特定决议"震撼不已,对"成熟性状态下的社会主义化"[1]充满了理解的兴奋,这不就是你我梦寐以求的民主社会主义吗?

---

1 顾准译《资本主义、社会主义与民主》

这一次,从青岛回来的顾疗养员又交出了《粮价问题初探》,对两人都深恶痛绝的"白薯共产主义"[2]"餬口经济"[3]作了颠覆性批判,提出了创造性的改革意见。

可是这一次,老孙却不像上一次那样兴高采烈如获至宝,反倒是眉头紧锁,忧心忡忡。他当即找来青年研究员乌家培,把标有"内部研究报告"的顾准的文稿交给他,同时交代了关于粮价改革研究的下一步部署。转过脸来的冶方迟疑着对顾准说:"今后你就不要参与这项工作了"。

顾准气坏了。他不能理解,更不能原谅老朋友如此的"过河拆桥",当场就翻了脸——"你认为我不合适,我走人好了",拂袖而去。老孙苦于无法解释,就干脆不解释。

顾准怎么会知道,就在他惬意地沐浴在青岛海滨灿烂阳光下,享受着疗养的闲暇和从容,一蹴而就写成《粮价问题初探》时,嚷嚷了多年"价值论""价值规律"和"利润挂帅"的孙冶方已经"进入视线",眼看着泥菩萨过河,自身难保了。

1963年6月,即"星光灿烂"盛事前5个月,在中共中央"清政治、清思想、清组织、清经济"的"四清"会议上,"极峰"老人家向党的高级干部们厉声提问:"国家有1/3的权力不拿在我们手中……中央出修正主义怎么办?"

正是此声色俱厉的提问后不久,经济所所长孙冶方就已经被策划、密商和内定为掌握着这1/3权力的修正主义分子之一,而且是中国学术界暨思想界头号的修正主义分子。将来他的批判大会将会连续数日在当时世界最大的广场——天安门广场召开,他将为了他的经济思想付出七年牢狱之灾的代价。不过此刻,一切都还在事前的策划中,在风暴前恐怖的静寂中。孙冶方再愚钝,也不至于对这种寒意和恐怖毫无知觉,所以才一把推开顾准并"置于千里之外",不声明也不解释,倒也符合他的性格和行为方式。

---

2 《笔记》P273
3 同上 P280

在一个很短的时期内，顾准完全不能明白这位老哥是怎么了，他也不能原谅他。让他无法明白的还有一个人。

1963年春节，经济所政治经济组在北海仿膳菜馆聚餐。聚餐会上，顾准第一次和张闻天见面，这也是一年后的"三家村"——张闻天、孙冶方、顾准三位村民的第一次聚首，比起1966年文革初起时国人皆知的邓拓、吴晗、廖沫沙"三家村"，此村比彼村早了一个时辰。

不过1963年的张闻天和顾准并不熟悉，不光是不熟悉，两人在年龄、际遇和"政治待遇"都差别甚巨。是年张闻天63岁，顾准48岁，小了一轮还多；张闻天是中共初创期领导人，做过毛泽东的上级；顾准是1935年的"白区"地下党，况且1958年就被开除了党籍，在党时间总共才20来年；张闻天轰轰烈烈折戟于庐山会议，顾准懵懵懂懂沉戈在三五反中；张闻天拜"惩前毖后"所赐，到1962年还有坐大吉普带警卫员上下班的待遇，顾准托"大跃进"之福，1959年险些成为饿殍；张闻天此时头上有个天大的帽子——中国头号反党分子，但却是隐形的，顾准眼下只是个"只许老老实实，不许乱说乱动"的摘帽右派。

两人只有一点是共通的，那就是倒霉都倒在中国的经济问题上——前者作为国家外交部副部长，庐山会议上却置喙中国经济问题；后者1957年肇祸的《试论》捅的也是中国经济问题马蜂窝；前者7月庐山发言，8月就成了"全党共讨之，全国共诛之""里通外国"的人民公敌，后者的遭遇已经讲了很多，就不重复了。

先看一篇"讨张檄文"：

"怎么搞的？你陷于那个军事俱乐部里去了。真是物以类聚，人以群分。你这次是安的什么主意？那样四面八方，勤劳艰苦，找出那些漆黑一团的材料。真是好宝贝！你是不是跑到东海龙王敖广那里取来的？不然，何其多也！然而一展览，尽是假的。讲完没两天，你就心烦意乱。十五个吊桶打水，七上八下，被人们缠住脱不了身。自作自受，怨得谁人？我认为你是旧病复发，你的老而又老的疟疾原虫远

第三部 天才之为责任（1962—1972）

未去掉，现在又发寒热了。昔人咏疟疾词云：'冷来时冷得冰凌上卧，热来时热得蒸笼里坐，疼时节疼得天灵儿破，颤时节颤得牙关挫。只被你害杀人也么哥，只被你害杀人也么哥，真是个寒来暑往人难过。'同志，是不是？如果是，那就好了。你这个人很需要大病一场。昭明文选第三十四卷，枚乘《七发》末云：此亦天下之要言妙道也，太子岂欲闻之乎？于是太子据几而起，曰：涣乎若一听圣人辩士之言。涩然汗出，霍然病已。你害的病，与楚太子相似。如有兴趣，可以一读枚乘的《七发》，真是一篇妙文。你把马克思主义的要言妙道通通忘记了，于是乎跑进军事俱乐部，真是文武璧合，相得益彰。现在有什么办法呢？愿借你同志之笔，为你同志筹之，两个字，曰：'痛改'。承你看得起我，打来几次电话，想到我处一谈。我愿意谈，近日有忙，请待来日，先用此信，达我悃忱。"[4]

聊聊五百字，精彩至极，仅仅"漆黑一团，尽是假的"8个字，就此断送了张闻天的后半生。须知张闻天也是搞经济学出身，在日本、美国和苏联莫斯科中山大学、红色教授学院都是学经济学的。除了经济还是个多才多艺的主儿，精通俄语、英语、日语，粗通法语德语，中国第一个王尔德翻译者。可这有何用？在没有任何数字、数据、论证支撑的"漆黑一团""尽是假的"铁踵下，再深厚的经济学功底，再中西通吃，再详尽的数字、数据都不堪一击。"学问"在"政治"面前，"经济"在"威权"面前，"数据"在"华章"面前向来是"蚍蜉撼树"，鸡同鸭讲，秀才遇见兵，落花流水的肯定是秀才。

1960年11月，和顾准一样，张闻天以待罪之身来到经济所，干起了经济学的老本行。

庐山会议的沉重打击并未使他在经济研究上"改邪归正"。进所伊始，他就参加了孙冶方主持的"社会主义经济论"的讨论和写作，到了1962年1-2月间的七千人大会，他被罢黜后又一次坐上大会的主席台时，已经丝毫不怀疑自己在庐山做了正确的事情。

和顾准反对"反阶级斗争熄灭论"并将其等同于杀戮一样，张闻

---

4 毛泽东在庐山给张闻天的亲笔信

天也是明确、始终反对"社会主义的基本矛盾是两个阶级的阶级斗争",主张"经济问题首先要从经济上,而不是从政治上论证"[5]。他的目光专注于农村经济与市场、物价,这和他在庐山会议上被劈头盖脸地斥责"尽是假的"不无关系,他还是希望能拿出更有说服力的实例、实证来证明"尽是假的"才是假的。

可他又错了。七千人大会不仅没有可能翻了庐山会议的案,还动了把"面子"看得比天大的中国传统文化基因的"奶酪",因而埋下了更大的祸根。愤怒、嫉妒、虚荣、骄傲,四方戾气合股,祭出一袭血红的"阶级仇恨"之袍,四年后它将牢牢地套在全体中国人头上,七千人大会的组织者,发言者,主席台上、下的人们,刘少奇、张闻天、孙冶方、顾准,你、我、他,一个也跑不了。狂飙般被挑起的"无缘无故"的仇恨,给全中国造成了长达十年的巨大灾难,令国家和民族的凝聚力骤失。

但是在1962年,还没有多少人能看到这一点。七千人大会2月结束,张闻天4月就兴冲冲踏上了集市贸易调研之旅。在对苏、浙、湘、沪三省一市作过调查后,当年7月他就向中共中央和毛泽东先生提交了一份《集市贸易意见书》。

当详尽的、"尽是真的"的数字、数据再一次摆在当权者面前时,连他自己都不知道自己又重演了一次"辱君之戏"——数字与实情愈相符,羞辱愈甚,仇恨愈深。张闻天再一次捋了龙须,逆了龙鳞,旋即在9月召开的中共八届十中全会上,以"千万不要忘记阶级斗争"之名,他被褫夺一切中央政治局候补委员的政治权利。

在这一点上,他"政治"上的不成熟倒是和顾准有得一比。

张闻天的集市贸易调查和顾准的会计研究调查发生在前后脚,等顾准东北调研结束回到经济所,对张闻天的大批判都已经开始了。顾准也投入了批判,可你看他批判的是什么就知道他对"政治"是多么的一窍不通——

"1964年2月,政经组讨论张闻天的名为读书笔记的一篇经济

---

5 张闻天《香山会议中所涉及的一些问题的感想》

论文,张闻天在这篇论文中鼓吹什么'新价值规律'——其实是社会主义社会中搞自由竞争的遮羞布。我在 1964 年春节假期内赶写了一篇发言稿,批驳他的社会主义生产计划天然适合需要论,在鼓吹市场经济方面比他走得更远。"[6]

你看这一场精彩的"三岔口"——张闻天、孙冶方、顾准——焦赞,任堂惠,刘利华,尤其是顾准,黑灯瞎火就开了打。还好,舞台灯很快亮了:

"我那时还不知道他是 1962 年的集市贸易的积极鼓吹者,把他当做我所谓的'教条主义者'。其实他的那篇论文和我的批驳发言,在复辟资本主义方面是一致的,而这次讨论会也就成了实质一致表面不同的修正主义者间的一唱一和的舞台。"[7]

除了明白了张闻天,顾同志也明白了孙冶方:

"当时孙冶方之所以特别表明经济研究不是我的任务,是因为他已经有'灭顶'的预感……我认为孙冶方在经济问题上发表了的一系列意见并没有什么错误,我一向自承,如果我关于经济问题的见解是修正主义的,那我比孙冶方更为彻底,如果孙冶方因持有并发表这些意见,所以有罪,那我的罪更大于孙冶方。"[8]

弄了半天三岔口上都是自己人。

明白过来的顾准有些又惊又喜。初来经济所,原是"我想利用这个环境里继续我的'探索',但是这是我一个人(?!)进行的探索,探索不成熟,不想去影响别人(?!)。"[9] 而此时他有点不大能确定这还是不是他"一个人"的探索了,还有那么多人在探索——农村调查、广州会议、包产到户、自由市场、人民公社大食堂、头脑发昏的大跃进,毫无逻辑可言的总路线、政治挂帅、价值规律、市场经济……

6　《自述》P291
7　同上 P300
8　同上 P276

用他七年后的形容词叫做"黑风弥漫",他不窃喜是不可能的。不过要按捺住自己的情绪,"不去影响别人(?!)",还真不是件容易的事情。这需要极大的"定力",这定力就是自己头上那顶"摘帽右派"的帽子:

"我抱着1957年划为右派时的信念,不想翻案,埋头工作,决心在科技研究上作出应有的'贡献'。"[10]

"不想翻案"是一回事,还要不要"继续作案"是另一回事。最把逻辑当回事的顾准绝不会混淆这两者。再说摘帽不摘帽在他眼里根本就不是个事儿,要不是为了秀,就一辈子戴着也无妨。至于"重新入党",他就更没兴趣了:

"读到报纸上揭发孙曾企图把我再度拉入党内,此事就发生在为粮价问题和他的一次谈话中。记得那次他用上级的口吻说:'你这样关心国事很好,可以争取重新入党。'应该坦白交代,那时我虽然热烈地想作'刍荛之献',可是,1952、1957年两次旧案尚未解决,并不热切盼望'重新入党',而且孙的口吻也使我反感,所以顶撞地说了句'我关心粮价问题,不是为了重新入党',也就没有再谈下去了。"[11]

不识好歹,太不识好歹啦,也就是好人孙冶方能容忍这样"不知好歹"的人。受到这么无礼的冒犯和顶撞,孙所长也只好自认倒霉,却不妨碍他继续以各种其他理由或者"钓饵"来动员他加入"集体探索",最大的"钓饵"是——你可以在集体的探索中继续并深入你自己的探索啊。

"1963年下半年开始的,在经济研究上作'刍荛之献',在政经组讨论会上大肆放毒等等,还是刘少奇的资产阶级司令部及其在经济所的代理人费去一年多时间的潜移默化和号召'出笼'之后才

---

10 《自述》P276
11 同上 276

转变过来的哩。"[12]

顾准终于"上钩"啦，在刘少奇和孙冶方的"潜移默化"和"出笼号召"下。

要说嘛，刘少奇、孙冶方是不好相提并论的——一个是国家主席，再小也得算是个"副帝"；一个仅仅是个翰林分院的院长，至多算个首席宫廷经济师。可是且慢，来看看美国斯坦福大学东亚图书馆的一本藏书，你就不会这么想当然了。

这是一本典型的"东亚图书馆"型藏书，外皮是东亚标准的稀有书籍精致装帧——绿色硬壳、金色烫字，书目是《对孙冶方的批判和经济战线的斗批改》。打开第一页是毛主席语录：

"政治工作是一切经济工作的生命线"。

"我们现在思想战线上的一个重要任务，就是要开展对于修正主义的批判"。

这是一本如今只有60岁以上的人才看得懂的书，不是因为它的深奥而是因为它的浅薄和毫无时效性。这本书将孙冶方定义为"中国走资本主义道路的罪魁祸首，领头黑羊"，"刘少奇的代言人"。这倒是个新奇的说法。

实际上这个说法一点都不新奇——"康生、陈伯达等在60年代初已在暗中策划把孙冶方同志定为'中国最大的修正主义分子'，在'四清'时正式定出了这个调子，并在报刊上大肆宣扬。"[13]

话说回来，"动员"和"号召"顾准加入到弥漫的黑风中去的，可不就是"副帝"刘少奇和"首席宫廷经济师"孙冶方大人吗？他们不但把他卷入"弥漫的黑风"，还令他自觉地成为了马前卒和打手。

"这两年半的工作中，我地地道道地充当了张孙反革命集团的马前卒和打手，在所内大量放毒，在所外犯下了严重的右派

12　同上
13　陈修良《孙冶方革命生涯六十年》

罪行。"[14]

"我对他（张闻天）在他的论文中反对毛主席的言论不仅没有警惕，而且臭味相投，所以，我还是在讨论会上和他合唱了反党反对毛主席的一场双簧。"[15]

好一出《三岔口》，好一个马前卒和打手！

2. 一对荆棘鸟，两个苦命人

覆巢之下无完卵。

1964年8月，面对手捧《粮价问题初探》，身体和精神状态都十分良好的顾准，已有"灭顶预感"的孙冶方毅然下了"疏离"顾准、推他上岸的决心。这在他是痛苦的——被他误会事小，失去学术上这个唯一的知音，今后在精神上将更加孤独事大。可他下决心绝不能再连累上他——顾老弟已是满身满心的伤痛，不能再让他新伤摞旧伤。眼下山雨欲来，黑云压城，除了知道肯定要出事，其他什么都不明朗，解释都无从解释。不是现在就有人揭发说他孙冶方之所以敢如此大喊大叫"价值，价值"的，是因为被顾某人"启了蒙"吗？

他太了解他了，越解释越会害了他。他情愿被他误解，也不愿让他牵连进来。《粮价问题初探》到底是乌荛，是和氏璧，还是"臭狗屎"，眼下我俩什么都不说好不好？已经闹出来的事我都兜着，还没出的事就先不要让它出，好不好？

可顾准他不明白啊。再说，他也不是第一次误会冶方了。他们生命的交叉点有那么多，几乎每次都要从"误会"开始，只是冶方从未和他计较过。耿直倔强的孙冶方最能容忍的人，可能就是自己这位永远都无法"成熟"的顾准老弟。

说到顾准和孙冶方的生命交叉，前人已经有过无数篇文章书籍

14　《自述》P277
15　同上 P292

谈及。多少学生，亲属，后辈，仰慕者对这一对中国政坛上的荆棘鸟，经济理论界的苦命人充满了敬意和感佩，多少人至今还在对这一场不凡的友谊津津乐道。

孙冶方一生有很多朋友，他是个很纯粹的人，有学问无机谋，有性格不狂妄，有风骨无怪癖，有脾气无傲慢，老老少少的人们都愿和他交朋友，与顾准的狷介孤傲大相径庭。但纵观他的一生，能被他视为知己、无话不谈的只有两个人，一个是莫斯科中山大学的学友陈修良，他们是终身的挚友，直到耄耋之年他们依然直呼"萼果"，"阿纳"，从莫斯科中大开始的同志友谊一直延续到冶方生命的终点。另一个就是顾准——唯一能从精神，思想和学术上启发、影响孙冶方，同时能在这三个方面给他强力支持的人。

顾准和孙冶方际遇不同，但他们永远是平视的，也只有两个互相平视的人，才有可能成为真正意义上的朋友。

1969年，顾准专门写了一篇题目超长且超级拗口的"坦白交代"材料——《1956--1964年的孙顾关系实质上是一种"反革命思想联盟"，（副题）我和孙冶方关系的补充交代以及我对这一关系的政治性质的认识》，题目吓人，内容杂陈，却足够令有心人理解两人的"高山流水"之交。那就顺着这篇"坦白交代"慢慢道来。

从1930年代末两人在"孤岛"文委共事时期起，到眼下张、孙、顾三家村的名号都叫到中南海党中央里了为止，两人已经相识相知整整25载。从"拂袖而去"到"恍然大悟"并没有用去多长时间，顾准很快理解了孙冶方的苦心。

"当时孙冶方之所以特别表明经济研究不是我的任务，是因为他已经有'灭顶'的预感，要和我这个摘帽右派划清界限。我因为不理解当时的局面，对于我这位'老朋友'的这种态度很生气"[16]。

但是——

"虽然孙冶方不要我卷入他的经济研究，我要搞的又是自己的

---

16 《自述》P300

'体系'，孙在报告会上不提'非会计'的部分，当然是不让我卷入他的经济研究的意思。不过就在同一天，他自己动手破坏了这一'不卷入主义'。"[17]

这又是怎么回事？

事情始于孙冶方1963年做的一份"折旧问题内部研究报告"。这份报告出台后被扣上了"修正主义"大帽子，冶方十分压抑。顾准刚刚研究过美国托拉斯对下属工厂财务控制制度，认为折旧基金全交国库或全数留给基层工厂，都十分不利于生产和技术的创新和改造，所以全力支持冶方关于折旧基金的控制使用，部、局、托拉斯和基层工厂间的责权划分要因地制宜，分别制定的观点。

"折旧基金"问题肯定不属于"会计研究"范畴，孙冶方原是不准许他"卷入"的，但现在他双手欢迎他的"不请自来"，办公室讨论不完，晚上、周末还要互相到对方家里接着谈。除了谈折旧，他们还谈生产价格，资金利息以及资金税，而这些都是些更加敏感的雷区。碰上观点不同，例如顾准就不同意孙冶方的生产价格论证方法，他们还会从家里争论到公共汽车站，走一路争一路。顾准日后在"坦白交代"中说到有一次"送他上电车时，（他）说我'不民主'，他是'彻底的民主'"[18]。

就是说在顾家还没吵清楚，送人家老孙回家的路上还在吵。

把这一段"坦白交代"反反复复地看了好几遍，著者我差点笑出声：顾准先生和孙冶方先生之间有竞争，何止有，其激烈的程度还不低呢。

孙先生很想搞一个"社会主义经济论"的个人体系，顾先生又何尝不是？

顾准有一个比"社会主义经济论"庞大得多的研究计划——花10年功夫对东、西方历史作一个彻底的比较，并以此为基础探索人类未来的发展方向。他甚至已经想好了将要写成的那本书的书名——《东

17　同上 P359
18　《自述》P361

西方哲学思想史》。除此之外，在经济学上他也有一个"自成体系"的研究计划。可他是"会计学"出身，就算会计学不像他那样刻薄地形容为经济学的"奴婢"，可在经济学大观园中至多能算上个庶出的探春，再优秀也有点"出身"上的自卑。可"心比天高，身为下贱"的会计学大师顾准又不大瞧得起经济学大宅门正出的孙冶方，你看他说："由于我对孙的理论能力估计不高和文人相轻的习惯，我并不认为孙能写出好书来，所以我对它（孙冶方的《社会主义经济论》）毫不关心"[19]。

顾准又是最怕碌碌无为的。再瞧不起会计一行，他也必得把它做好，至少对得起自己那份俸禄：

"1962年我再度进所以后，作为刘少奇实行其反革命阴谋的社会基础，我并不是无所作为的。孙冶方要我研究会计，很明显，他不仅把会计当作利润挂帅的工具，而且也企图把会计中的成本利润计算理念经移植到他的'最大、最小'的经济理论体系中去，所以他再三坚持会计研究应该放在政经组内。孙冶方没有来得及用上我《社会主义会计理论中的若干问题》就被打倒了，我的《若干问题》和他的反动经济观点是一致的，这是无可否认的。"[20]

连孙冶方长期借去他的《社会主义会计理论的若干问题》不还他都记下了。这篇文章的中心议题是大肆宣扬要学习资本主义的日本和西德高速发展经济的经验，却只字不提反对修正主义，反倒是一再强调要反对教条主义，"因为这十分投合了孙冶方的心意，被他要去'参考'，长期不还"——"这可是我'稿库'中的宝贝，又没留拷贝。你长期借用不还可不大好，我可记着呢。"

可同时他又强调他们之间的区别，非常有趣：

"如果说我和他们有区别的话，区别只在于他们积极贩运苏修的货色，我则认为苏修的货色也是贩来的，与其贩运索包里和涅姆钦

19　同上 P359
20　同上 P329

诺夫，还不如直接贩运乔安·罗滨逊、兰格、利昂节夫和斯通。"[21]

"他们"者，孙冶方、张闻天也——"二位，让我说你们什么好？与其贩运二流货色干嘛不直接去拿一流的东西？乔安·罗宾逊夫人的《经济哲学》《现代经济学导论》和她的垄断竞争理论，奥斯卡·兰格的《经济计量学导论》《社会主义经济理论》和他的均衡理论，瓦西里·列昂节夫的《世界经济的未来》和他的产品周期理论，约翰·理查德·尼古拉·斯通的《国民经济核算体系》和他的国民经济统计理论……，哪个不比索包里、涅姆钦诺夫那等没有个人建树和独特体系的二、三流货色高明百倍？"

尤其对侮辱和告密过自己的涅姆钦诺夫，除了鄙视，不排除顾准还有几分泄愤的成分。

别看他死活看不上留苏海归孙冶方对俄国人的迷信，可到了关键时刻，就是到了两人认识到捍卫价值论就是捍卫民生，捍卫一种普世价值观念的时刻，二位老先生的"门户之见"，"文人相轻"一瞬间就收敛了——一个马上敞开"庶出不得入内"的大门，双手欢迎"探春"参与管理"大观园"理论的探讨，一个欣然加盟，立即就折旧，财务控制，价格论的论证方法，资本利息等等等等，肯定属于"非会计"领域的问题高谈阔论，纵横捭阖，淋漓尽致，弄得正出的李纨，薛宝钗落得只有听这位探春小姐口若悬河，滔滔不绝的份，到头来反倒是孙冶方埋怨顾准"不民主"，并且自我表扬一番自己"是彻底的民主"了事。

"我一向自承，如果我关于经济问题的见解是修正主义的，那我比孙冶方更为彻底。如果孙冶方因持有并发表这些意见所以有罪，那我的罪更大于孙冶方。既然孙冶方是运动中的重点，我也跑不了。"[22]

你可以说顾准是在为自己的"难兄"开脱，但你也可以说是这位"难弟"在"争功"呢。

---

21 《自述》P329
22 同上 P300

第三部 天才之为责任（1962—1972）

"1964年2月讨论张闻天'笔记'会上孙和我互相支持，以及孙把我的学习主席著作的《体会》长期参考不还，都是孙顾间思想交流的具体环节。"[23]

你听，1964年2月张、孙、顾三家村的三声部合唱就开始了，他们一唱两和或两唱一和，此"三家村"可比邓拓，吴晗，廖沫沙的彼"三家村"早了两年多呢。

"他对于我的会计'理论'和他的反革命修正主义经济理论完全合拍一点，绝对不会有所怀疑。"[24]

他老孙当然不会怀疑，他要的就是这种"完全的合拍"嘛！再看一张1967年顾准读《马恩全集》所作的读书卡片：

"其实，马克思的价值论整个可以证实的部分，不过是'价值总量=价格总量'这一点，他是从这个统计平均出发来论证全部资本主义的分配（Joan Robinson 琼·罗宾逊夫人）的，至于价格运动的机制则谈得很少（vol. III, part. I《资本论》第三卷 第一部），并且认为价格运动的机制说明不了价值规律，相反倒是这种机制（Marx称之为竞争）还有待于说明。如果着重点是这样，这一切论断是无可非议的。现在，所论的社会主义经济，这种经济同样必须有某种'自发的规律'（《法兰西内战》）才得以运行得了，可是，在这里却坚持反对迂回曲折的表现了。

真正的问题所在是在于，Marx认为共产主义是古代社会在更高形式上的复归（《复查苏利奇》）。Engels这里推出来了印度的公社和南斯拉夫的家庭公社，这正是Marx本人一生以极大的注意去用力发现的。（不说1844年的手稿，只要说1858—1859年批判大纲中的《所有制形态》《导言》，一直到晚年的斯拉夫公社就够了）

可惜，在这个问题上被迁就了一点：废除货币以杜绝'资本主义的复辟'，其余概不顾及了。

---

[23] 同上 P301
[24] 《自述》P362

A. 用劳动时间来计算并不简单，而且，即使用'时间'，结果一定要否定时间；

　　B. 消费者选择无法不顾到；

　　C. 分工的消灭做不到；

　　D. 没有市场机制的经济核算，和'价值规律'的指导生产是不可能的；

　　4. 确实应该承认"复辟"的可能性是存在着的。如何对待这个复辟，见前卡。

　　5. 最有趣的是 Engels 回顾了他的'效果'论。对不起，如果没有市场机制，效果又如何测量呢？

　　即使抛弃这一点不谈，提到'效果论'，Engels 在前面所强调过的全部东西，瞬间全部瓦解了。"[25]

　　他又找到了价值论立得住脚的论据！紧接着他写下"Refer 孙（参考孙冶方-著者注）。"[26]

　　1967年正是孙、顾两个人最狼狈不堪的年份，一个是新科"中国学术界最大的修正主义分子"，已经在天安门广场被批斗了无数场；一个是早已打翻在地的"死老虎"，妻离子散，无家可归，可两人却有天赐的学术和精神交流场所——厕所。学部若干茅厕，可能还包括一些女厕，都由这两个反革命分子清扫了。每间厕所都是他们的会客室、会议室、讲堂、论坛，顾 Refer 孙和孙 Refer 顾的，肯定还有许多许多。

　　顾准非常讨厌有人侧目他俩的"厕所论坛"。每逢这种情况出现，他就故意横戳着湿淋淋的墩布甩来甩去，赶走狐疑或骚扰的眼光，屡屡奏效。书和知识的馨香，友情、人性和人格的馨香，就这样在污秽和混浊中升华。

　　还有一段顾准对自己"坦白交代"的注释，尤其令人钦叹：

25　《笔记》P717
26　同上

"有的同志把我说成是孙冶方的'启蒙者',我觉得并不确切。因为孙搞经济学比我早得多,这种反动经济思想在他脑子里恐怕早已存在,无待我来启蒙,充其量我不过通过请教《资本论》那段引文对他起了'惊蛰'的作用。至于我自己,我完全清楚我的反动经济思想和我的反动世界观的关系,我绝不是如所内许多同志那样,不自觉地受了他的影响,受了他的蒙蔽不自觉地犯了错误。孙顾二人,是分别在自己早已形成的世界观的基础上,共同酝酿了反动经济思想,这两个人的经济思想基本相同,然而大同小异,两个人彼此独立地想搞自己的'体系',谁也不是谁的助手。所以我说,孙顾关系是'反革命思想联盟'。"[27]

真不愧是"顾准",写个坦白交代也这么咄咄逼人——你们甭说是我给孙冶方"启"了"蒙",可也甭打算说我是孙的助手,我俩之间的"官司"哪里是尔等人物能够理解的?我也犯不着跟你们解释。既然你们非要给我俩套上一个"名头"不可,好嘛,"反革命思想联盟"老子还算勉强能接受!

这样的"坦白交代"你要他们写它有什么意义?说他俩是"反革命联盟"还用得着绕这么大的圈子吗?从顾准 1957 年开叫"老和尚"到孙冶方 1976 年怒吼"老匹夫",他们何止是"思想联盟",就是一个"派"——反动派嘛!但今天可得好好谢谢"当局",没有这些绕来绕去的"揭发批判"、"坦白交代",后人怎么得看懂这一场华丽的"高山流水"?

因冶方毫无征兆的突然入狱,"伯牙""子期"失了"相揖而别"的尾声,被后人视为憾事。那年头,连冶方最信任的学生们也担心老师会不会在残酷的单人监禁中疯掉,只有顾准大不以为然地嫌他们不了解自己的老师——"老孙是个有思想的人,有思想的人就不会发疯,你们太不了解你们老师了"。他还把握十足地告诉这帮年轻人——"老孙只要出狱,第一个要找的人就是我"[28]。

27　《自述》P300
28　吴敬琏口述

老孙出狱，顾准却已经蘧尔长行，两人失之交臂，阴阳两隔，时间只差 4 个月。尚是"待罪之身"的冶方，日日徘徊在接纳了顾准骨灰的小小三里河旁，他的惆怅和心伤之痛，大概也只有顾准才能懂得。

人们，你不妨夜深人静时驻足一会儿今天还静静流淌在京城闹市的三里河，兴许你还能听到那一场"高山流水"的依依余韵。

我为顾准，冶方羡叹一声——人生得一知己如此，足以。

3. 死念

1964 年 10 月，中央工作组进驻经济所，名曰"四清"。

"四清"更正式的大名叫做"社会主义教育运动"，是一段至今都很"不清"的小历史。不但顾准文字中多次提到的"四清"和"假四清"很难定义，"农村四清"和"城市四清"也是两件内容完全不同却又在同一个名头下、很难定义的东西——前者曰"清工分，清账目，清财产，请仓库"，后者曰"清政治，请经济，清思想，清组织"，以致搞农村"四清"搞出了名满天下"桃园经验"的人又成了城市"四清"的对象。一时间好像大家比着看谁更左，谁对阶级敌人更狠，谁整人整得更多，更凶。

"四清"既像是导致了文革的一个前奏，又像是企图阻止文革的一个矫枉过正，至今公说公有理婆说婆有理，无人说得明白，也就鲜有人去研究了。顾准写于文革中的"历史交代"口口声声称"假四清"，就是因为"四清"早已被彻底否定，"桃园经验"的经验者早已被彻底否定了。在中国最不被待见的辩证法三大定律之第三定律——"否定之否定"，在这 30 年的中国倒是展示得淋漓尽致。

"四清"先从农村下手，几与"群星灿烂"同时开始，人们都以为那仅仅是农村的事情。不料城市"四清"紧接其后，与"群星灿烂"相隔没有几个月的功夫，且又是一场大规模的压制行为，"群星们"别说灿烂，连收敛已经发出的微光都来不及。

是月，孙冶方和顾准被通知"停止一切写作，全部时间投入学习"[29]，经济所的"四清"至此开始。

此刻，顾准已经"明确知道孙冶方是这次运动的重点"，却"出于我反动阶级的本能，不能想象孙冶方是反革命修正主义分子"[30]。

在"阶级觉悟"这一点上，他永远处于"不成熟"的状态，到死都没有"成熟"过。

经济所在四清工作组的带领下开始"迎头痛击"孙冶方。

革命群众揭发孙冶方的反革命经济理论的来源有两个：索包里和吴绛枫。前者是苏联的大经济学家，眼下正慢慢地"修正"着苏联斯大林的经济思想和经济政策；后者正是顾准老弟的笔名。老弟成了老哥"反革命"的唆使者，罪莫大焉。也就是3个月前，顾准还因为不理解孙冶方为什么不要他再参与经济研究，不许他再对粮价问题"初探"下去而对孙所长大发雷霆，大甩脸子，现在他终于明白孙老哥为什么要这样作了——他要在自己灭顶前先把顾老弟推上岸，保住一个算一个。

明白过来的顾准却丝毫没有上岸的意思，反倒顺势翻上孙冶方的"贼船"赖着不走了。

"我认为孙冶方在经济问题上发表了的一系列意见并没有什么错误，我一向自承如果我关于经济问题的见解是修正主义的，那我比孙冶方更为彻底，如果孙冶方因持有并发表这些意见所以有罪，那我的罪更大于孙冶方……既然孙冶方是运动中的重点，我也跑不了。我就等着挨整……孙冶方的问题是任用我这个右派分子而引起的。我这个人到哪里都要害人，这回又害了这个老朋友。"[31]

他要和孙冶方一起"顶罪"。不过话说回来，此刻他即使想要上岸也上不了了。这是另一个故事：

---

29 《自述》P300
30 同上
31 《自述》P301

1962年他去上海调研会计制度问题住在大姐陈秉真家里时，一口答应了大姐请他在北京照顾正在清华大学水利系读书的外甥宋德楠的请求。德楠1959年就考上了清华，可那会儿舅舅正在河南商城劳改，无力提供任何帮助，现在舅舅正常工作了，可以拜托了。德楠还有个哥哥德藩也曾是清华大学水利系学生，1956年就毕业了，1957年在留苏预备班被打成了右派，和舅舅站在了同一条"起跑线"上。

舅舅顾准十分器重和喜欢这两个外甥，认为他们不但聪明而且有思想。常言道"外甥像舅"，此话放在这甥舅仨身上很是不缪。可论到"不安分"，这仨人也差不多。德藩已经是右派，德楠也不安分。

1960年代初，清华、北大一帮学生秘密组织了一个"现代马列主义研究会"，宋德楠是发起者之一。这帮初生牛犊不明白仅仅这个名称就足够要了他们小命——你们要研究什么？什么叫"现代马列"？我们有现成的研究、编译机关，难道你们认为我们的"马列"是过时货、冒牌货？

这些孩子们哪里懂得无产阶级专政意味着什么，红色恐怖意味着什么。从1962年开始，德楠经常在节假日去二里沟的舅舅、舅妈家，和舅舅谈读书，谈思想，谈学问，有时还带着"研究会"的好朋友一起去。二十刚出头的德楠以及他的同学们和舅舅非常投机。"你们与其研究共产主义，不如研究人本主义、人道主义，共产主义就是人本、人道主义"[32]就是那时候舅舅对外甥和他的伙伴们郑重道出的。

到了1964年10月顾准又一次"陷落"之时，德楠的"研究会"也被无产阶级专政机关死死盯上了。研究会的头头决定向专政机关投案自首，成员们慌得乱成一团，束手无策，幼稚的德楠竟带着另一名研究会同学来向舅舅求救。

他们都没有逃脱。一个曾经是三反分子、右派分子的舅舅，一个反革命小集团成员的外甥，结果怎样，可想而知。

"研究会"案一直弄到康生先生手里。正发愁要打一个孙治方，

32　宋德楠口述

连上张闻天,揪一个反革命修正主义团伙却找不到下嘴的地方、凑不够数目呢,你们倒自己送上门来了。延安整风中被苏俄观察员叫做"刑官"的康先生此刻喜不自胜,顺藤摸瓜,乘胜追击,宋德楠——顾准——孙冶方——张闻天——刘少奇,一个也不能少,一个也跑不了。宋德楠被隔离,孙冶方、张闻天被批判,连带骆耕漠、林里夫、狄超白都吃了挂落,顾准当然更跑不掉。

康生先生的"三家村"至此就完美了——张、孙、顾三家村集团,色、香、味俱全。

这一回妻子汪璧没有说话。刚刚从一场大病中恢复的她非常虚弱,也许她该说的话都说尽了,面对又一次闯了祸的丈夫,她已无话可说。可这一次年近八旬的老母亲爆发了——"你不管不顾自己可以,怎么能连累上我的小外孙,你怎么对得起你大姐!"

面对颤颤微微的老母亲,顾准痛苦极了。这一次和以往的任何一次都不同。单枪匹马地面对你们,我死都不足惜,还怕你什么帽子不帽子的?可这一次,你们拿德楠和冶方放在中间做人质,我如何面对?

一时间顾准真的认为是自己连累了外甥德楠,拖累了好友孙冶方。平生第一次,他起了死念。

"十二月中旬,死念不止一次袭击过我……假如我能够免除宋德楠的处分,无论怎样加重对我的处分,我也心甘情愿。"[33]

情愿被你们枪毙掉,只要能放过德楠,或者我自己了断了自己,事情到此为止也行。他开始认认真真考虑各种死法。

"我还无回头之意,径直往死不改悔的路上走,竟然羡慕起法捷耶夫来了。"[34]

亚历山大·亚历山大洛维奇·法捷耶夫,苏联作家协会主席,最著名的作品是《毁灭》,最著名的行为是毁灭自己——1956年在克里

---

[33] 《自述》P302
[34] 同上 P348

姆林宫医院自杀。

可时间不等人，也可能是上帝不允许他在使命未完成之际就匆匆抽身，1965年2月的一天，在没有任何法律程序和文件的状态下顾准被捕。执行的人们直接从家中把人带走，汽车绝尘而去，一家人谁也不知道他被抓去了哪里。这一回，死是肯定死不成了。

顾准是由康生亲自批捕的。先是关押在公安部，然后转移到一处他自己也不知道的地点，出来后仍然不知道，至死也不知道的地点。好在被捕前他警告外甥德楠"清理"东西时自己也彻底"清理"了，母亲和妻子刀砍斧剁，火烧水冲，令抄家的人一无所获。至于都有些怎样的精彩文字，何等的菁华思想顺着马桶流入化粪井，人们将远无法知晓了。受尽苦难和屈辱的汪璧在三年后的文革中自杀，人们最后一次对她的侮辱，拿的就是这件事。可怜她死前留下的仅有一句话的遗书就是"帮助反革命分子顾准销毁罪证罪该万死"。多少残酷、残忍、遗恨、怨怼、无奈、软弱、哀痛都在这一句话中了。

中央工作组对顾准实行的是"监护"，不许回家，不需外出，不许见人，不许通信，二十四小时监视（是为"监"）以防自杀（是为"护"），从2月中旬持续到6月下旬。

"监护中我的态度异常顽固，甚至达到死不悔改的程度。"[35]

到了"监护"后期，被监护者疲了，监护者也疲了。有一天他竟忽然异想天开提出想要写一篇关于财政制度和会计制度的文章，弄得监护者哭笑不得，气恼不得，匆匆结束了监护，恳请他出去后再写且礼送出他"监"。

"监护结束于6月下旬。6月下旬至9月中旬是我家庭生活的最后八十天，其间把老母送到太原妹妹家，又值汪璧出差，照料了孩子们的暑假生活。"[36]

深知监护的结束绝不可能是灾难的结束而是刚刚开始，他将老

---

35 《自述》P348
36 同上 P302

母亲送去山西的妹妹家,做好了破釜沉舟的准备。大不了就是再去劳改而已,有商城垫底,什么样的劳改我不能对付?

就是这样的当口他也不能闲着,重读了《粮价问题初探》手稿,深感不满——有了新的经历,新的体验,当然有了新的不满,新的想法。"拟了一个改写提纲。那时候反动立场没有丝毫触动,还想以我的反动思想体系来'影响'(!)领导,还想做什么刍荛之献哩"[37]。

身处如此环境还丢不掉他的"刍荛之献","政治上的不成熟"已经不可救药。

1965 年 9 月 17 日,顾准被第二次戴上右派分子的帽子,两天后被送往周口店农村强迫劳动改造。他成了全中国唯一一个由正式官方文件下达处罚令的"二次右派"。

4. 人活着,而且是健康的

这是他第四次被送去劳改。

第一次,1958 年 5 月到 12 月,河北省赞皇县;第二次,1959 年 3 月到 1960 年 2 月,河南省商城县;第三次,1960 年 3 月到 1962 年 3 月,北京郊区清河;第四次,1965 年 9 月到 1966 年 9 月,北京郊区周口店。

以后他还要被去劳动,但是不叫劳改,也不叫监护,甚至也不叫监管而是叫五七干校,叫战天斗地。"地"是河南息县,离他差点成为饿殍的"地"——商城县相距不远,时间是 1969 年 10 月到 1971 年 9 月。和劳改相比,五七干校规模要大得多,但实质上还是"以体力劳动对知识分子进行改造",不过因为人众,大部分所谓知识分子都被送来了,符合了"摩肩接踵"的热闹感和"十万人家"的扎堆感,就显得惩罚的成分要小得多,甚至能让人产生"光荣"的幻觉。这也是人多的好处。顾准在息县是另一个故事,后面慢慢讲。

37　同上

准确数算，顾准59年的生命，有6年多的时间在劳改、"监护"和监管中，比起孙冶方的7年囹圄还差上一年，在中国确实也算不得个什么。到顾准最后一次回到北京不再劳改，也不再被"监护"、监视、监管，距离生命的结束也只剩下3年的时间了。

"到周口店割谷二天，竟至下肢肿胀，走路困难……一个多月后去理发，看镜中容貌憔悴，竟然不认识自己了……心情异常阴沉。"[38]

这是顾准生命中的又一次低谷。

第二次成为右派，他非常清楚地知道将会失去什么，这是早就讲好了的——"再度戴上右派帽子的时候，我就不得不完全离开这个家庭"[39]，只不过和他事先就约法三章的妻子无论如何也想不到"再度戴帽"竟会一语成谶，他的丈夫会中这样一个全国唯一的"头彩"。

就要失去妻子、家庭和亲情的男人顾准，一时心如死灰。

就在顾准精疲力竭，憔悴不堪地跪在秋日的谷子地里收割之际，头上戴着"修正主义者"帽子的孙冶方也被送来了。他又惊又喜。惊的是孙老兄虽说是个老"右倾"但却从未被弄成右派，我为了不牵连他连自杀的心都起过了，细想也确实没有实质性地牵连到他，怎么会把他也搞到劳改营来，按说他还不够"资格"呢；喜的是"他乡遇故知"，人生一大乐也，何况在如此黯淡、寂寥和愁惨的"他乡"。

一时间他的抑郁至少去了一半。

顾准身上有一种很罕见的特质，就是每一种向上的、进步的、远大的事务或者事物都能激发出他身上人性的新能量。这种能量只需一点点就足以战胜诸如厌世、颓丧、愤世嫉俗、忧郁、怨愤、仇恨等等负面阴性的情绪，能刺激他不断向生命的高峰攀登，于无声处，无人迹处领略常人很难领略的生命之美。

这种能量的来源，明处有二：书和友——知识和友情，暗中有二，

---

38 《自述》P303
39 同上 P273

一个是天赋,另一个,不得不让人猜测,可能就是那簇一直没有熄灭的"蓝焰"。

而这二者也可以说是同一种能源。

书,他又带来周口店不少,都是公开出版物。我读的是史,且是你们钦定的史,总可以吧?从再一次失去自由的1965下半年到1966年上半年,顾准阅读了大量历史书籍,主要是中国史学家们的著作,计有郭沫若的《古代研究自我批判》《古代奴隶制》《十批判书》,李亚农的《中国的奴隶制与封建制》,范文澜的《中国通史简编》,汪奠基的《老子朴素辩证的逻辑思想——无名论》,侯外庐的《中国早期启蒙思想史》,吕振羽的《简明中国通史》等等,还有日本史学家福泽谕吉的《文明论概略》。他带去劳改的书籍,在重量上肯定大大地超过了行装。除了阅读,他还做了海量的读书卡片。在紧接而来的文革红色恐怖中,他冒着丧命的危险保存了它们中间的一部分并带回了北京。而友,你看这不是来了吗?不单是友,且是挚友哩。

孙冶方是他此生唯一可以肝胆相照的朋友,而且是终身的朋友(Lifelong Friend)。纵观顾准一生,他肯定不是个内向之人,仪表堂堂,智商极高,渊博如魔王。但若是以中国标准衡量,他又显得情商平平,狷介桀骜,都是那"来得太早的成功"和来的也不算迟的各种打击和挫折造成的性格使然。敬佩他的人不少,尤其是年轻人,有些到了最后甚至是崇拜他,但和他接触频繁,能平等对话,有共同的精神始基,其思想的碰撞又能产生新思维、新思想的朋友,只有孙冶方一人。

此外,孙冶方也是他的保护者,有许多次假如没有孙冶方为他扛着,例如《试论》事件,例如《美国总会计师制度》事件,例如《粮价问题初探》事件,他都会陷入更大、更危险的境地。这才有1968年4月的一天,当孙冶方毫无先兆地被捕入狱第一次被顾准得知,据在场的当事人形容,他面色苍白,身体摇晃,几近虚脱的一幕。不过他的软弱时刻一如既往地短,不久,当冶方的学生、崇敬者们焦急地担心老师会不会在单独监禁中疯掉时,顾准又嘲笑他们根本不理解他们的老师——"一个有思想的人是绝不会疯掉的,老孙是有思想的人,你们真是杞人忧天"[40]。

眼下,老孙也被送到周口店,真是天不绝人。

然而他们被严格禁止交谈。两人在一块地里干活,一个锅里吃饭,却不许对话。焦阳下的大田里,他们只能用目光交换问候与关心,连打个招呼都是罪过。一个57岁,一个50岁肩不能挑,手不能提的老头,居然还被这样防范,不是不自信到神经兮兮,就是恶意到淋漓尽致。两人眼下最急于交流的是观点和思想,都是充满着数字、数据的东西,又哪里是眉目能"传情"的。如此劳改、监护,真是一种肉体和精神的双重折磨。

和老孙交谈不了,我就和书交谈,我的幸运就在于此,在于思想的自由放飞。这是你们永远也理解不了的幸运。

从1930年代末始于上海孤岛,1958年正式实施的"系统读史"习惯,再次拯救了已经身处"沟底"的顾准。从他日后面世的大量读书笔记看,他的主要经济学观点成型于1950年代,尤其是《试论》问世前后,而许多政治哲学观点则是在1965年前后雏形和冷凝的。

最典型的例子,就是他史观的形成。在这个时期,他彻底跳出了"历史唯物主义五段论"铁模,断然宣称中国没有资本主义,甚至也没有封建主义社会,只有"普遍的奴隶制"和"绝对的专制",同时高度质疑"五段论"并非马克思的原意,而是被自称为马克思主义"传人""使徒"的人强加和篡改了的冒牌货。他用尖锐到几近刻薄、几近"恶毒"的言辞写到,就是这些人完成了"对马克思亦即对历史的强奸"[41]。

否弃"五阶段"论的要害并不在于就史论史和单纯的史论学术之争,而在于动摇了所谓"指导我们思想的理论基础"的基础——被"强奸"过了的马克思主义的基础。顺着中国几千年东方式、"亚细亚生产方式"造就了专制制度这条脉络,他质疑当前所谓的"社会主义社会"——"餬口经济"上的"餬口政治",为生存下去就必须具

---

40 吴敬琏口述
41 《文稿》P300

备某种低劣的不诚实,什么"收不了麦子收麦秸,收不了麦秸收思想"之类的愚昧,难道这就是五段论中共产主义社会的初级阶段——社会主义社会?连停留在、或者向着连资本主义社会都大大不如的这种四不像的"社会主义社会"发展,难道就应该是中国的方向?这种早就在政治哲学领域内被定义了东西——一种"与专制主义和腐败的人民有关,与衰落的社会有关的低级的政治生活",难道就应该是中国人的政治宿命?

"什么是正义?保持千年来不变化的餬口经济就是正义吗?"[42]

这个石破天惊的疑问贯穿着顾准整个政治哲学思维的过程,也是他抵死不低头的理论中坚。假如没有这个中坚的支撑,他的思维怕是早就崩溃了。

这一史观也直接导致他怀疑马克思主义源头的准确性,并看到和道出了几乎全体中国读书人都不能、不愿、不敢想到、看到更遑论"道出"的偶像们的各种问题——论据的缺略,论证的偏差,结论的谬误以及导致的后果。

非常可惜这一时期没有《顾准日记》面世。依然是那个老问题,是"没有写"还是"不方便面世"困扰着每一位顾准探索者。1957和1958年的"失踪"可以断定是后者,但1960年代中期的"失踪"就很难判断。没有蛛丝马迹显示这些年有他的日记体存世,只有大量"已经面世"和"不方便面世"的读书卡片,虽然也非常珍贵,可以循迹找到他思想形成的轨迹,但终是不如那有日记体存在的九年来得直接和真实。

这个话题很难驾驭,还是把话头拉回来,稍微提一下他的第三种能源——那簇"蓝焰"。

他把那年在东安市场上淘到的中英文双语《圣经 新约全书》也带来了。在劳改队的窝棚里,他把它和其他史书放在一起,对比着细读,思考和理解这本书,既当作西方历史——政治史、人类史、宗教

---

42 《笔记》P208

史和社会史,也当作中西哲学、思想史比较着读、理解和思考,这一过程在他的读书笔记、卡片以及和六弟陈敏之的通信中留下了明显的痕迹。特别是在"历史笔记"中,他多次、反覆地提到基督教以及对中国现代史学家宗教观的批判,责备他们不懂得基督教,不懂得马克思主义和共产主义其实也是基督教文明的产物,是另一种基督教意识,才有日后在《关于基督教的笔记》中嘲讽他们口中的"宗教狂会发生宗教战争,中国幸而没有宗教,所以没有宗教战争"是"数典忘祖,忘恩负义"[43]。

若不是通透地阅读和理解《圣经》,尤其是新约,无人敢说出这种话。

谷子收割完毕,天也很快冷了下来。1966——一个不祥的年份,在格外料峭的寒风中来到了。周口店里,山顶洞外,寒鸦长号,万木肃杀。中央人民广播电台的播音员正播送着一年一度的元旦社论,"不要忘记阶级和阶级斗争的教导……抓住阶级斗争这个纲……更加深入地开展文化革命……意气风发……斗志昂扬……欣欣向荣……打倒美帝……打倒苏修……乘风破浪……勇往直前……",慷慨激昂的男高音在呼啸的暴风中忽近忽远,令人心悸。

"春节假前,一方面幻想回家度假,能够得到一点家庭的温暖,另一方面也有最终离开这个家庭的思想准备。到家在下午,汪璧还未回来,在家的孩子没有一个理我的。晚上,汪璧提出离婚……"[44]

既然该来的都会来,那就让它们一起来吧,无须期待,无法躲避。

"想到1957年以来我欠下这个家庭这么多债,此后不应该再害亲人,忍受感情上的牵累,痛快地同意了。第二天是阴历除夕,按照1962年以来的惯例,整天忙于做饭,做出了节日的饭食,度过了四天的假日……"[45]。

---

43 《文稿》P300
44 《自述》P303
45 同上

这个不幸的男人用尽了全身的力量为即将破碎的家庭做了 4 天的年饭！

何等样的定力，能使这位满腹才华，本应"远庖厨"的君子，曾经被热爱被崇拜的丈夫和父亲，整整 4 天，躲闪着妻子和孩子们的冷眼，埋头于油盐酱醋、锅碗瓢勺、鸡毛蒜皮之间，沉默着用布满血泡破裂后结成老茧的双手殷勤劳作，以此与这个曾经令他感到无比温暖，无比骄傲的家庭告别。

本应是节日欢乐的天伦就这样成了心碎、煎熬的地狱，整整 4 天，他的力量都用尽了。

"阴历初五，到医院去检查身体，发现'心律不齐'……这样，假期结束回周口店的时候，带回去了两个包袱：离婚和心脏病。"[46]

6 天的假期结束了，背着两个包袱的他年初六要回周口店去。6 天前他还只是个劳改右派，现在成了无家可归的劳改右派。临出家门，实在是再也忍无可忍，他冲着正在拌嘴的五五和小弟大吼了一声："还吵什么？你们没爹啦！"

回到周口店他就病倒了，心悸，头晕，胸闷，气促，四肢发冷，有时甚至感觉就要死了。实在无法坚持下地劳动，他向劳改队请假，负责人动了恻隐之心，批准了。

他又一次想到了死，但是和一年前起过的"死念"完全不是一回事。那一次是他自认为连累了宋德楠和孙冶方，想以自己之死换取他们的解脱。那是他一生唯一的一次想要自杀；而这一次是他感到真的面对死亡了，除了十分真实的对死亡的恐惧，他更大的恐惧是突然的死亡可能会使他给这个世界什么东西也留不下来：

"想到自己不知什么时候心脏病猝发就会死去，想把已经写成，自觉不满意的《试论》和《初探》改写一下，曾拟定了改写的提纲。"[47]

46　《自述》P303
47　同上

在死亡，这个对人人都平等、被人人都惧怕的东西面前，顾准再次显示了他的不凡。你可以说他是死到临头还要"青史立言"，但也可以说他面对死亡也不过一如平常——人死并不如灯灭，该干嘛还要干嘛，只不过要抓点紧了。

他写信给汪璧，说到自己的"鳏、病、右"，可是没有回信。写信给唯一还能理解他的六弟陈敏之，说到一件十分诡异的事情——自己一个用了多年，带一面小镜子的剃须刀盒不小心掉在地上，竟被一匹走过的马踏碎了。他跟弟弟说这是镜破之谶，后面的潜台词却是，既有"镜破"，那就还有"破镜重圆"的盼望。

至死他都死心塌地地爱着妻子，他不相信妻子完全不理解他，只是为了他们的5个孩子，她只能这样，别无选择。

再后来，经过房山县医院和北京协和医院的检查排除了心脏病，对于顾准当然又是一次向上的能量补充，使得他"从'沟底'爬上了一层"，"人活着，而且是健康的"[48]，这几乎令他欢欣鼓舞。

是的，人活着，而且是健康的，从灵到肉。

他从未厌倦过生命，也从不抱怨生活。他热爱生命，热爱生活，也热爱自己。8年后，在得知自己必将很快死于不治之症后，他写下的遗书，第一句话就是"我热爱生活"[49]。我常常是忍不住地、不断重复地写下他临终遗言中的这第一句话。

在他死去近40年后，有位后人学者谈到他，说他"太被历史青睐"，虽有站着说话不腰疼之嫌，却也不无道理。比起许多既害怕死亡，又厌倦生活的人，尤其是"文革中人"，他确实是一位被历史拣选者、精选者——既触摸了过去，思考了未来，又热切地拥抱了当下，胸中同时装下了昨天的历史、今天的现世和明天的未来，心胸长阔深淳如此，怎会不热爱生活？也惟其如此，他不惧怕死亡。

越是热爱生活的人越是不惧怕死亡，这既是个悖论又是个常态，且屡屡在许多普通人和不大普通的人身上显现、证实。

---

48 同上 P304
49 《顾准遗书》

4月，劳改队移师大韩继村，离周口店镇大约一公里路。劳动不再是大田农活而是建造干打垒的民居，用途嘛，为的是苏修一旦对中国打起核战争时，经济所全部搬来大韩继搞经济学研究。那年头，这种思维和行为很正常，到处都在打洞挖坑，备战备荒，有意制造一种紧张的氛围以增加"人民"的凝聚力。用顾准日后使用的一个词，叫做"Dose"——一剂药。

能活下去，令顾准很快振作了起来。不过话说回来，他也从绝望过。

还不仅如此呢，在大韩继被监管劳动的环境比周口店宽松了许多，他居然争取到了一个单独属于自己的小窝棚，能有不少时间在里边读书，笔记，思考，还可以大大方方地看"那本书"，没有打扰、诘难和纠缠。一至如此，夫复何求？

"调到大韩继工地，正在证实没有心脏病之后不久，虽然基本上还没有脱离消沉情绪，究竟要振作得多。那时，反动世界观当然毫未触动，可是人活着，而且是健康的，总得工作。经过周口店的七个月，身体也更适应劳动了，所以，这四个多月的劳动是积极的，埋头劳动，也可以忘却一切。这四个多月，学会了推小车、打夯、安装窗玻璃、油漆门窗。"[50]

小孩子般地容易满足却又哲人般的深刻，一个深刻的灵魂，即使痛苦也是美的。

5. 一个自由而成熟的灵魂

1965年11月10日，姚文元先生的《评新编历史剧〈海瑞罢官〉》在上海《文汇报》发表，同日《人民日报》加上长篇编者按转载，说是转载还不如说是同期发表。顾准看到了这份报纸、这篇文章，并立

---

50 《自述》P304

刻嗅出了格外不祥的气味。

紧接着，无声的喧嚣在各种、各地的报纸上骤起——你转载，我不转载，你早一天转载，我晚一天转载，你发这样的编者按，我发那样的编者按，你一言不发，我原文转发——都是事儿，都是故事，都是事件，都是严重的、"发人深省"的和"错综复杂"的。泱泱大国，一切事关极峰脸色之事都是"政治"，都必须煞有介事。

对这一套东西顾准早已见怪不怪、厌恶透顶，原是不愿花太多的心思去测度，也明知道自己是只"死老虎"，是福不是祸，是祸躲不过。眼下只要能允许他"躲进窝棚成一统"，他才懒得管它外面的冬夏与春秋呢。

虽然在4年后的"坦白交代大全"中他一再表白"对此很少关心""对此多少是漠不关心的"，但从同时代人日后的叙述和他留下的文字中依然可以看出，出于一贯对"珀里斯"高度敏感的本能和"观察""探索"人类社会的高度兴趣，顾准早在风起于"青苹之末"时，就已预感到它将盛怒于"土囊之口"——《北京日报》转载如此迟缓，如此不情愿，畏缩和勉强，他说——"彭真要倒"，并且"彭真倒了，刘少奇也要到，这是又一次'罢官'"[51]。中国人，尤其是中国的知识阶层很可能已经再次面临大的灾变，和8年前的那次，和去年的那次相比，只会更加糟糕。

果然，半年后的1966年5月11日，姚氏的另一篇文章《评"三家村"——〈燕山夜话〉、〈三家村札记〉的反动本质》在人民日报上发表。顾准立即判断"少奇完了"。

天下不太平，未来一片诡谲。

"像不安分的猴子，总是拔起葡萄又种下，种下又拔起来，永远不消停"[52]，1957年他就把这话向综考会主任竺可桢先生说过，令竺先生深感不安。现在他又向一起劳改的"改友"哀叹："唉，为什么总跟小孩垒积木似的，摆摆好，弄弄乱，摆摆好，又弄弄乱。三年困

---

51 《自述》P305
52 《竺可桢日记》记录的顾准言论

难时期好不容易恢复过来，算中国命大，现在又要来给自己挖坑了。"[53]

彼时中国还不流行"折腾"这个词，顾准的"摆摆好，弄弄乱，摆摆好，又弄弄乱"显得啰嗦，可这种独裁者的特点他还是说准了——"摆好弄乱，再摆好再弄乱"，这是他们为保住独裁政权不得不为之的"特技"。

惊诧于极峰极力推崇"阶级斗争永不熄灭"论和"不断革命"论，却又不能容忍黑格尔辩证法三定律的第三条——否定之否定在中国被宣扬，顾准判断这将又是一次以"阶级斗争"之名，行"任性之为"的权术、权谋之争。

"事实上，听凭一个人任性而为，世界上就永远没有容忍这回事。如果要真正的阶级斗争，你就必得有一个英国式的议会。否则的话，不过是假阶级斗争之名，杀戮或迫害异端而已。"[54]

人与人在灵性上的差异和冲突最是无法调和。

和顾准同在大韩继劳改的有个经济所的小"改友"陈瑞铭——莫斯科大学经济系海归，1961年分配在经济所，因为写了《昌黎农村集市贸易调查报告》而被所长孙冶方看重，不但被推荐上了中央内部刊物，还写了封亲笔信表扬鼓励他。小伙子出于小虚荣，把所长的亲笔信向许多人"秀"过。当庞大到70人的中央工作组进驻经济所时，1957年还在莫斯科呆着，对国内的事情全不知道个天高地厚，从未见过如此阵仗的小海归惊慌失措，先是烧掉了它，后又推说是妻子收拾杂物时丢失了。工作组立即在控制他的同时紧急讯问妻子，妻子一口否定，他立时三刻就成了"销毁反革命罪证"的"现行反革命分子"。"现行"者，当场反革命当场被抓住者也。

一封"大修正主义分子"的手信就这么造就了一个"小现行反革命分子"，他成了人民外部矛盾，除了送去劳改营再没有什么别的好

53　陈瑞铭《追思顾准》
54　《笔记》P327

去处了。

在大韩继，"小反"陈瑞铭和"老反"顾准同病相怜，惺惺相惜，性格脾气又相近，遂成忘年之交。40年后，年近70的瑞铭先生感慨万端忆当年，一连串用了10个排比句形容51岁的顾准——性情中人、口无遮拦、爱发议论、锋芒毕露、会计专家、精通英语、学贯中西、敢讲真话、喜怒形于色、生气时也会骂娘，最后说自己当时"不具慧眼，难识真佛"，没有达到眼下学术界对他评价的高度——卓越的思想家、预言家、中国改革开放的启蒙者和理论先驱等等。但话锋一转他紧接着说，以上评价恰如其分，绝无溢美之嫌，当年之所以没有意识到，那是因为自己少不更事，见识太少，是为"草色遥看近却无"，"近人身边无伟人"。

下面摘录当年"老反"和"小反"之间一场有趣的对话。

一天工余，"小反"踱进"老反"蜗居，幽幽问道：

"搞会计呢？这活儿对右派合适。"

"会计是我混饭吃的工具，我的兴趣在于玄想。"

"想些什么？"

"海阔天空，古今中外。"

"具体点。"

"那就总而言之，言而总之对阁下说吧，我在想'一元主义'和'多元主义'。"

"？？？"

"前者是我年轻时不怕杀头也要坚持的理念，后者是我这些年一直在玄想的问题，并且我已经转向她了。"

"哦？本人也算学过些许西欧哲学史，大概知道您说的意思。像苏、中这类基本没有民主传统的国家，太多元了可能不行吧？"

"的确，夺取政权，'一元主义'有优势，但执政后不走'多元主义'的路就走不远了。高度集中的政治经济体制到头来一定干不过资本主义。"

"您可真敢想！如今连一说'利润'都被扣上资本主义大帽子，

连经济杠杆原理都不能提,您可倒好,敢想'一元''多元'这样的问题。"

"是。我不但想,还在拼命地写。将来我要是有个三长两短,就把它们留给你保存好不好?它们今天是'异端邪说',兴许几十年后人们会发现我的'一家之言'有些道理呢。"

"谢了谢了,您还是自己留着吧。我只想拜骆耕漠先生为师,做一部《资本论》的活字典,混口饭吃吃而已。"[55]

唉,年轻人,你拒绝了多么有价值的东西。

顾准在周口店、大韩继都没有中断他"拼命地写",他享受这个过程。只要在读、在想、在写,他就处于一种真正的自由——思想的自由中。

人的全部尊严在于能够自由地思想,顾准的"被历史青睐",他的全部的幸运,就在于思想的自由。这是彼时几乎全体八亿中国人都无法享受到的幸运,包括专制者——他们可以"任性",但是自由绝不是为所欲为的任性,任性是受偶然性支配的一种表现,而偶然性是必然性的一种表现,所以任性并未达到真正的自由。任性也可能确是一种自由,但它仅仅是个人的主观意图,所以这种自由还停留在奴隶的处境之内。熟读黑格尔的顾准深知自由是对必然的认识和把握,"世界历史无非是'自由'意识的进展,这一种进展是我们必须在它的必然性中加以认识的"黑格尔《历史哲学》。在对社会作了长期认真的观察后,他对这种"受偶然性支配的任性"有如下记录和评论:

"(号称)①'体现了人民的或无产阶级的最大利益'。②'时代的智慧与良心';(但是)③这可有问题:'希求'是未来式,'是'是现在式。那么这个自由意志究竟是实现了的自由意志呢?还是想望中的自由意志呢?(结论)④总之是夸大。"[56]

黑格尔的"自由史"观直接影响了顾准的史观。黑氏将他那个时

---

55 陈瑞铭《追思顾准》
56 《笔记》P369

代以降的"人类自由发展史"分为三种形态：

1. 东方君主专制主义；
2. 古希腊奴隶制发展出的雅典民主制；
3. 资产阶级民主制。

黑氏认为东方的君主专制主义根本无自由可言，而所谓君主一个人的自由不过是"任性"和"放纵"，并非真正的自由（"连马克思也说中国只有普遍奴隶制，中国的大官僚要受廷杖，所以他们不是封建贵族"[57]）。古希腊的自由是在少数奴隶主和自由民手里，只有资产阶级民主制才唤起了人们对自由的普遍的追求，并把这一点归结于基督教的影响。

这种史观令顾准彻底抛弃了被斯大林"强奸"了历史而生出的所谓"五段论"，推动他从"两希（希腊和希伯来）文化"入手，创建起三维（古今、东西、中外）的思维框架，在夜漫漫，路漫漫中上下求索。

关于"自由与任性"，"偶然性与必然性"，关于"从必然到自由的飞跃"，"普通经验的规律应该是普通经验的精神"，关于黑氏的"自由史"观和马氏的"五段史观"……这一系列马克思对黑格尔又继承又批判，有时却又显得是"故意曲解"的命题，在顾准日后读书、笔记和文章中有许多阐发，有些见解和提法即使今天看来也骇世惊俗。更奇异的是它们和与他同时代的某些西方政治哲学家的观点不谋而合，就像他1957年写作《试论》时与奥地利人弗里德里希·奥古斯特·哈耶克不谋而合一样。

顾准这些思考过程的显露出现于"文化大革命"中期——1960年代末和1970年代前半叶，主要的相关文字都在现在面世的日记、笔记以及和六弟陈敏之的通信集中，但思考却是从党校时期初识黑格尔就开始了。到了"文革"将起未起，全中国都浸沁在暴风雨前夜恐怖的静默中时，他的思考已经有了一个小高潮，至少从彼时年轻人陈

---

[57] 同上 P23

第三部 天才之为责任（1962—1972）

瑞铭的叙述中已经可以看出，他的"一元与多元"观念已经牢固形成——

"我自己也是这样相信过来的。然而，今天当人们以烈士的名义，把革命的理想主义转变成保守的反动的专制主义的时候，我坚决走上彻底经验主义、多元主义的立场，要为反对这种专制主义而奋斗到底！"[58]

这段写于1973年的读书笔记，是全部顾准文字中的一段高度概括、浅显易懂的精华，也是今天的人们最津津乐道的。假如根据陈瑞铭先生的记忆，早在1965年这个观念就已经成型，也一定有文字记录，你看他不是说自己一直在"拼命地写"吗？只不过因为迫害和摧残极剧的文革骤起，又无人有胆识认出这些文字的历史价值并担当起藏匿和保存它们的重任，在血腥的"武斗"到来之前，顾准选择了大部分销毁它们，他相信自己有朝一日完全能够仅凭记忆复制这些已经根植在胸的文字——

"一个人，用全生命写出来的东西，并非无聊文人的无病呻吟，那应该是铭刻在脑袋中，溶化在血液里的东西。我所要写的，没有书籍、卡片也可以写，丧失它们，又何所惧。"[59]

当年的青年人陈瑞铭见证了这一切。40年后，年过70的他写下《追思顾准》的回忆。在文章的最后，他写道——"（彼时）多少'雄狮'失去了自我，被名目繁多的牌牌改造成了驯服、扭曲、自我忏悔的'公驴'。反反复复挂到顾准脖子上的'牌子'可谓多矣，他一概斥之以鼻，至死高昂着不屈的头颅，愤然发出阵阵震撼国人心灵的狮吼，至今仍在神舟大地回响不绝。"[60]

一个多么独特、自由和成熟的心灵。

---

58 《笔记》P424
59 《日记》1970.1.1
60 陈瑞铭《追思顾准》

第十六章　狰狞岁月

1. 在兽性与血腥面前

　　许多过来人对"史无前例的无产阶级文化大革命"的最初记忆，差不多都起于由远而近锣、鼓、镲、钹的合成喧嚣。1966年，从仲夏到深冬，这铿锵的国粹大声就没有止息过。最初的锣鼓还是歌咏，快板，秧歌，朗诵的开场，但很快就升级为焚书的烈焰和被殴打人们哭号的伴奏。8月18日天安门广场第二次"大接见"，一句潇洒飘逸的"要武嘛"，令打杀的疯狂升级为狂飙，震天的锣鼓也成了招徕人群看几分钟内活活打死一个人的好戏开场。

　　戏，是有名堂的，曰"自下而上的群众运动"。一场东方式的杀人游戏至少持续了一个半月，从8月到9月。

　　大韩继地处京城远郊，锣鼓点响起得也晚一些，但恐怖的程度非但不亚于京城，反而因为地处偏远和教化程度更低而显得更加狰狞。喧天拔地的锣鼓响到顾准的蜗居前是9月1日。若在正常年头，正是孩子们开学的第一天。

　　前一天已经上演了一场杀人好戏——"人民"已经在八月的焦阳下由锣鼓伴奏着活活打死了一个本村地主。本来顾准这些人的身份（你是干什么的），成分（你父亲，祖父是干什么的），乡下的红卫兵小将们并不清楚，可是前一天就有"城里人"偷偷地告诉了他们，谁是右派，谁是反革命——"我与谁亲嘴，谁就是他。你们把他拿住，牢牢靠靠地带去"《新约　马可福音14：44》。这世界从来不缺犹大，他们甚至连那三十个银圆也可以不要，只是要满足骨子里那种类似蚂蟥或者饕蚊的、嗜血的爱好和本能，他们叫它作"阶级觉悟"。

"人民"和"群众"里,这样的人不算太少。

"在一封信中,他(顾准)告诉我,红卫兵将他一顿痛打之后,还把他打翻在地,在地上拖,弄得满头满脸全是血污。"[1]

目睹者的叙述就更现场化一些:他们将他从窝棚拖出,按在地上剃去半边头发,名曰"阴阳头"(可能算是传统五刑之首——"黥面"的简易变种,以示贱民与顺民的区别),然后当众毒打,再用砖头猛击头部,让鲜血喷出来,溅开去,然后将受刑人在黄土地上拖来拖去,一边继续拳打脚踢,让血渗进土里,再让裸露的肉体在血的泥泞中翻滚,以示场面的壮观。

程序化的杀戮和暴虐,程序化的兽性表演,技巧熟练。可本应在如此兽性与血腥面前呻吟和惨叫的人,居然笑了。

在被又打又拖,脑门血流如注的时候,受刑人先是一声不吭,无声地笑。在殴打暂停,他摇晃着从血泥中爬起来时,竟冷笑有声,呵呵作响,连施刑者都吓住了。

与其说这是极度愤怒后的冷笑,不如说是强者对弱者"不过如此"的鄙夷,加上"观察"又前进了一步,没准已经到达"火山口"或"震中"了,"探索"又有了新的取样,虽被岩浆重重灼伤,可人还活着,多好,为什么不笑?

"法国大革命在一般人中印象最深刻的名言,是罗兰夫人的'自由,自由,多少罪恶假汝之名以行',这种对恐怖主义的强烈的反应,是巴黎公社软弱的原因。正是巴黎公社的失败,正是白色恐怖的无比残暴,这才在后代'要革命的人们'中间留下了这样一个无可辩驳的命题:'对敌人的仁慈,就是对人民的残暴'。现在,1917 年有了充分的条件了:革命的专政,粉碎一切反革命的抵抗,革命的恐怖就是人道主义等等。1917 年的革命胜利了。而以上这些命题,到这次文化大革命,依然还是有力的鼓动口号。"[2]

---

1 陈敏之《顾准的最后十年》
2 《文稿》P394

1966年不过是把1793年"自由,自由……"翻版成"人民、人民……"罢了,专制和独裁依旧,暴行和恐怖依旧,软弱依旧,色厉内荏依旧。

"人民"是什么?"人民"原本不过是一个个渔父桑娘,贩夫田丁,是"驯服的家雀"[3],如今除了17年不断虚戴上的各种帽子,又加上一顶"人民民主专政"的冠冕,要他们"摘星星摘月亮"般搞什么无产阶级文化大革命,"还将他们放在能够改写历史进程的高度来虚无神化……将比'大跃进'还要可怕的大志"[4]——革文化的命,革文明的命——加在文明、文化水平十分低下的"人民"身上,令他们沐猴而冠般可笑,提线木偶般可怜。

"在这样的大国里,直接民主,到头来只能成为实施'仪仗壮丽、深宫隐居和神秘莫测'的君王权术的伪善借口。"[5]

熟读中国历史,顾准深知"人民"原是个很不国粹,很虚妄的名词,老祖宗们也很少使用它。如今的辞典却解释为:"以劳动群众为主体的社会基本成员"——又一个"以文害辞"[6],顾准摘孟子语、语乱天下的典例。无法明确定义和科学量化,也无法从普世的视角界定,却以最为密集的频率从1949年使用至今的"人民"这两个字,其爆炸式流行本身就是吊诡和无逻辑的。在数千年来只有"臣民","庶民"而无"公民"意识,"因为没有法权观念,所以,不仅没有人的基本权利、人民主权的概念,也没有国家主权观念"[7]的国度里,"人民民主专政(或者,如极峰极为坦率的说法——人民民主独裁)"岂不是又一个"真正是在调和无可调和的矛盾,极可笑的名辞"[8]吗?

以"人民当家做主人"之名而行的"直接民主",只有专制者的

---

3 《日记》1959.12.26
4 《文稿》P394
5 同上 P270
6 《笔记》P146
7 同上 P187
8 同上 P21

道德和意图伦理,没有行政者的责任和秩序伦理,令社会走向混沌和无序。"人民民主专政"之名发动这样一场"文化革命",只可能阻碍文明、窒息文化。

"专制主义国家是动员一个幅员庞大的国家人民的粗疏、有效的办法。然而因为它窒息创造,所以它产生不出来近代文明。"[9]

在兽性与血腥面前,顾准更加警醒了。那个他摸索了10多年的,类似"模子"一样的东西,如今有了一个病原性的追索方向和线索——东方专制主义。

2. 人,我是爱你们的,你们要警惕啊

跟跄着回到窝棚的顾准已经做好了被打死的准备——在得知大韩继有个奇货可居的全国唯一"二进宫"右派,"人民"一定会成群结队,呼啸往来,不看到鲜血和屈服,他们是不会罢手的。鲜血,他还有,而屈服,他实在一时无法提供。

村头的大喇叭里,"革——命!不是请客吃饭不是做文章!不是绘画绣花不能那样雅致,那样从容不迫,文——质——彬彬,那样温良恭俭让!革命是暴动!!是一个阶级推翻一个阶级的——暴烈的行——动!!!"的歌声从黎明响到深夜。

这是一支死亡之歌,多少鲜活的生命就在它慷慨激越的旋律中永远地丧失了。

几个月前孙冶方就已经被调回经济所接受批斗。如今他成了个"大人物",批斗会都是在号称世界第一的天安门广场,那可都是各方各界第一号资产阶级权威才有资格站上去(或者跪上去)的批斗台。老孙眼下的头衔是"中国学术界暨思想界头号的修正主义分子"。"小反"陈瑞铭则见势不妙,早早"逃窜"回了北京的家。瑞铭有家

---

9 《笔记》P146

可归,"老反"顾准没有,家的大门已对他紧闭,他是个无家可归者。

对于死他并不十分恐惧,对施暴者也不仇恨。一如前述,在"顾准辞典"中就没有"仇恨"二字。查阅他已经面世的四本文存,"仇恨"一词仅出现过一次,还是引用恩格斯的《政治经济学批判大纲》。在那个天天都要"忆苦思甜",天天都要培养仇恨情感的年代,他留下并面世的二百多万中国字(其中夹杂很少量的外国字)、竟无一处用到"仇恨"二字的文存,不能不说又是个大革命中的小奇迹。

他没有恨,只有怜悯。"因为他们所作的,他们不晓得"[10]。

潘多拉盒子一旦打开,开盒者也惊慌。就在顾准被狂殴的9月1日当天,经济所就把包括他在内的3名右派拉回了北京。在大韩继多呆一天,这些人被打死的可能性就增加十分,这个责任经济所负不起,把他们右派身份告密给红卫兵的"犹大"更负不起。

回到北京的顾准收到的第一道勒令是"不许回家"。

"我和汪璧已经离婚,本来已经没有家,也没有想回去。"[11] 他松了一口气。假如"人民"真是恩准他回家,那才是件棘手的事——没有能收留他的屋檐,岂不还得返回来乞求"人民"收回恩准?

年过半百的他还没有从被殴打的疼痛、屈辱和慌乱中缓过神来。最焦虑的是多年积攒下来的"财宝"——他的"稿库"怎样保存。他已经用各种办法销毁了其中的很大一部分,可有些东西他实在舍不得,即使冒着被打死的危险,即使都背下来了,即使已经给六弟陈敏之寄过了,他也下不了手毁掉它们。此刻,他也只剩下六弟还能通消息了——汪璧和孩子们决绝地不允许他进家门,孙冶方每天都在批斗中,家已被多次抄过。敏之眼下处境也十分凶险,一顶叛徒的帽子眼看就要压下来,朝不保夕。他决定暂时和他断绝通信。

此刻的五哥顾准并不知道,六弟敏之已经把他们兄弟间的信件严密地藏匿了起来。这些书信就是20多年后中国思想界名篇——《从理想主义到经验主义》的雏形。

---

10 《圣经 新约》路加福音 23:33
11 《自述》P312

第三部 天才之为责任（1962—1972）

他把拼着性命留下的一束手稿，一叠读书卡片从大韩继带了回来，夹杂在"人民"钦定准读的书中间，还有那本中英文对照的《新约全书》。多亏"人民"没有想到应该先抄查他的小窝棚，否则仅仅凭着这满纸的外国字和"民国版本"的字样，要说是特务的密电码你又能怎样？

收拾它们时，他还没有从被殴打的痛楚中完全清醒过来，沾满血污的手都还没有洗净，有些血迹就留在了上面。能带回这用血、用命换下的财宝，他知足。

9月的北京，打杀高潮依然没有过去，但经济所毕竟还是"斯文人"——读书人集中的地方，顾准不但在一段时间内没有再一次被往死里打，还被恩准住进了楼梯下一间临时搭建的三角形"亭子间"。可是踩躏和侮辱是不可少的，大韩继的殴伤还没完全结痂，他就开始在所内接受批斗。

早已成为"贱民"的他，人人可以唾骂和殴打，往身上扔甩脏物羞辱，为解闷而当众斥骂，全不在乎对一位51岁的老人这样做有多么伤天害理。每天例行的"喷气式"严重损伤了他的腰背和肩腿。可好歹大韩继那一套程序化的兽性表演这里还是有所顾忌，学部的这些"小玩闹"，他很快就习惯了它们。

在"历史反革命"的头衔下，"人民"又在他身上加上了一副重轭——应付"外调"。

"外调"者，到外省市、外单位调查某人某事缩略语。1966年也是个全国集中抓叛徒和特务的年份，因为国家主席首先被定性为"叛徒""特务"，各种叛徒、特务集团自然应"声"而生。既然有那么多的叛徒、特务需要抓，自然需要大批的"人民"上天入地搜集证据。这些人有个很专业的称呼叫"专案组"人员，就是一人一案，专人专搞。物证不大好搞，人证绝对不愁，顾准就是一个——1930年代就参加革命，同时又是"历史反革命"，这就是最好的"人证""专案对象"。

于是各种各样的"专案组"找上门来，顾准一时成了中国科学院哲学社会科学部（简称学部）奇货可居的热门人物。实际上"专案"

先生们并非真想向他做调查，而是要在他这里给许多人确罪——"疑罪从有"。比如：

"193X 年，XXX 和你同武卫会成员，他是个内奸，你必须证实一下！"

"194X 年，XXX 和你同是新四军的，他是个特务，你必须证实一下！"

"195X 年，XXX 和你同在上海搞财税，他是反对毛主席的，你必须证实一下！"

"196X 年，XXX 和你同是反党集团成员，你必须证实一下！"
……

面对毫无逻辑可言的专案先生们，他想掩都掩不住那点招牌式的睥睨。

"是的，这些人我全认识，有些非常熟悉，有些还有很深的嫌隙。可你要让我在这样的时候，以这样的方式泻点私愤，讨个小巧，卖个小乖，那阁下可就太不懂我顾某人了。"

许多学部的人算是见识了这个老右派一枝独秀的做派：面对"专案"们的狂吼乱骂，他要么翘着二郎腿，爱理不理——你们连问都问不到点上，要我怎么回答？要么热潮冷风——要不要我从头到尾和你们讲一遍？要么和他们对着乱吼——不清楚！不记得！！不知道！！！

拳头和耳光常常劈头盖脑就下来了。专案们大都是年轻气盛，半通不通的汉子，识些文，断些字，原就有些、或者正学着野蛮。一次一个这样的男人实在受不了他的眼光，一个大耳光扇向他的右脸。他没有躲闪，站稳后将左脸送了过去，任他一连打了十几个耳光，一直到这个男人心虚了，胆战了，住了手，他才抹去唇边的鲜血，蹒跚着走出门去，眼神由睥睨变成了怜悯。

"只是我告诉你们、不要与恶人作对. 有人打你的右脸、连左脸也转过来由他打。"[12]

---

12 《圣经 新约》马太福音 5:39

第三部 天才之为责任（1962—1972）

"外调""专案"，令身处北京的顾准经常被殴打和侮辱。在野蛮和学着野蛮的"文化人""读书人"面前，他眼中那种要命的，标准的"顾准式"眼神使他比别人吃了更多的苦头。比起大韩继的红卫兵，他们能读懂其中让人恼羞成怒直至绝望的内容。

他不出卖别人，却坦然接受了"人民"加在自己头上的一切"罪行"——反党、反社会主义、反毛主席、反毛泽东思想、反江青、反群众、反人民……这些概念不清，定义模糊，逻辑混乱的"罪状"，在他看来第一，承认或不承认毫无意义，第二，辩解或不辩解毫无意义，第三，为它们再受皮肉之苦毫无意义。总而言之这些东西毫无意义，一丝一毫也没有。而认下所有的"罪"，就可以回到"楼梯间"，可以想，可以读，可以写，这个意义可就大了。

顾准从不做没有意义的事情。

批斗之余，他被勒令去看大字报。

1966年岁末看大字报，可算得上是一件又时代又时尚的事。凡人群目视所能及的墙壁，统统被贴满了也不知道哪来的那么多的纸，好像自蔡伦造纸以来所有的纸都用上了——名曰大字报专用纸，就是大约三尺宽四尺长，主要色彩有浅黄，米白，鲜红，粉红，浅绿等，以浅黄为最多、写满了中国字的纸。大字报是文革的第一表达形式，按照极笔的说法，"中国自子产时就产生了大字报"毛泽东1958年3月成都会议讲话，只不知子产先生比造纸的蔡伦先生早生了几百年，无纸时代的他用何等介质写大字报，也许和咱们一样直接把字写在墙上，相当于标语？

唯一可以媲美1966中国大字报的，大概是约翰·里德著名文章《震撼世界的十天》中1917年1月17日前后的俄国——招贴画的数量非常大，在围墙上很难找到粘贴的地方，刚贴上去的很快被覆盖。他曾从墙上撕下很厚的一层，一张摞一张，共有16层，弄得他惊呼"看呀！我抓住了全部的革命和反革命！"

极笔老人家自己对大字报好生偏爱，以"随心所欲，不逾矩"的高龄在中南海书写了"炮打司令部——我的第一张大字报"，还亲自为"全国第一张马列主义大字报"捧场喝彩，摇旗呐喊。一时举国沸腾,鼓翻旗摇,状如凯旋。这阿物儿1975年还被堂堂皇皇地写进了《中华人民共和国宪法》,直到1982年才拿掉。

后来墙壁是肯定不够用了,人就搭起了一排排大字报栏,一般用材是竹竿和粗席,人流可以像盘桓在图书馆的书架中一样地浏览。大字报一层层地贴在席子上,直至无力支撑自重,剥落或坍塌下来。一层层贴上的纸厚度有时可达十厘米或者更多。顾准在后来的日记里很文雅地将此物称作"席屏"——

"XII/11 五一六动员大会;下午竖大字报席屏(运动开始)"[13]

"席屏"一竖,运动开始。席屏就是文革的烽火台。不用问,这道空前奇异的中国风景又成了我的传主观察、探索、取样的对象。他几乎热衷于读"报",只当是另类读史——社会史,革命史,中国史,民族史,人类史,人性史,人类行为史……,白天读,晚上纪录,夜里思考。

不久,他被勒令也得写、也得贴大字报——将自己的所有罪行用大字报公诸于世,尤其是"现行"的罪行。纸是不要钱的,公家无限量供给。于是有一天他领出一张白色大纸,先小心翼翼贴在大字报栏上,然后将手上的大毛笔饱蘸浓墨,端端正正写上了两个字——"读史"。

此处最是人群熙攘处。贴好写好了,他并没有离开的意思,端详这两个字也端详看字的人。人们也端详他——"什么意思?"

"读史"?

是的,我的"现行"就是读史。没有别的事情好做,你们仅仅安排我扫厕所,真是太轻的劳役,"每天的劳动量既如此之少,剩下来的时间如是之多……"。我现在的行动仅仅是在读史。没有,也不可能做别的,请人民,请大家放心。

但是,人,人民,你也来读一点点历史吧。

历史能告诉你太多东西。昨天就是今天的历史,今天将是明天的

---

13 《日记》70.12.11

历史。太阳底下无新事,不要轻易就说"史无前例",不要轻易就说"空前绝后",不要轻易就喊"万岁"、道"永远"。今天发生的,昨天都发生过,也"没有未来会出现的东西,而目前没有萌芽的"[14]。眼下的情状,不过是东方专制哲学与西方"直接民主"交媾孕育出的怪胎,从10年前的"反右"到今天的"文革",莫不如此,没有什么好大惊小怪的。东方式专制制度,先哲们——例如马克思同志——早就有了论述,而"直接民主是复古。事实证明,直接民主行不通"[15]。

人,请读一点法国史——

"法国大革命在一般人中印象最深刻的名言,是罗兰夫人的'自由,自由,多少罪恶假汝之名以行',这种对恐怖主义的强烈的反应,是巴黎公社软弱的原因。正是巴黎公社的失败,正是白色恐怖的无比残暴,这才在后代'要革命的人们'中间留下了这样一个无可辩驳的命题:'对敌人的仁慈,就是对人民的残暴。'现在,1917年有了充分的条件了:革命的专政,粉碎一切反革命的抵抗,革命的恐怖就是人道主义等等。1917年的革命胜利了。而以上这些命题,到这次文化大革命,依然还是有力的鼓动口号。"[16]

人,请读一点俄国史——

"列宁相信直接民主,他甚至有吹捧的勇气,在布列斯特和约订立以后,解散了全部军队,用赤卫队(亦即公民的民兵的军队)代替常备军。他说,'机关',不过是会计和打字员,可以无特权的雇员组成;他说,群众的统计监督可以代替企业管理和政府阁部。列宁的计划委员会是由技术专家组成的,它不是什么经济管理机构。

实行的结果是:

苏联的军队是全世界最大的一支职业军队。

它的官僚机构是中国以外最庞大的机构。Dzerzhinsky(捷尔任斯

---

14 《日记》1959.3.8
15 《文稿》P380
16 同上 P394

基 -著者注）的契卡成了贝利亚的内务部。"[17]

人，请读一点英国史——

"13世纪初期英国的大宪章，虽然不过是国王和诸侯间的一个协议，然而多种历史事变的凑合，使在其上长出来的议会制度始而是一株不牢靠的随时可以摧毁的幼芽，继而经过Cromwell（克伦威尔-著者注）确立了权威，但不免还是典型的贵族政治的装饰品（直到19世纪还是如此），然后发达起来成为一种复杂精巧的、适合广土众民国家实行民主政治的制度——迄今为止，还没有找到一种足以代替它的制度，虽然它极不完善。"[18]

人，请读一点美国史——

"所以美国独立战争时期大陆会议中的主要角色，都在政治舞台上露了一手。以此来比喻1917年，那就是Stalin（斯大林-著者注）、Bukharin（布哈林-著者注）、Trotsky（托洛斯基-著者注）轮流当了总统，并且，联共分成二个党，先后轮流了执政。设想一下，这么办，十月革命会被葬送掉吗？我不相信。吹嘘世界革命的Trotsky上了台，他还得搞五年计划，他还是不会冒什么险用武力输出革命。正向反，后来苏联发生的一切弊害，倒反而因为执政者总有反对派在旁边等着他失败，等着他失却群众的拥戴，等着下次选举时取而代之，随便什么事情不敢做得过分，更不用说把真理过头成为荒谬了，弊害的大半是可以避免掉的。

当然，唯有美国（这个新教徒移民组成的国家）才会有华盛顿。华盛顿其人，如果生在俄国（这个专制沙皇，又兼东正教教会首脑的野蛮落后的俄国），即使不成为Stalin，也不可能是华盛顿。"[19]

人，请读一读你自己国家的历史——

"自由与干涉对待，政治上干涉主义之利弊，在我国先秦时代，

17　《文稿》P382
18　同上 P270
19　同上 P383

实为学界诤论最剧之问题。结果不干涉主义，殆占全胜。……故秦汉以降，我国一般人民所享自由权，比诸法国大革命以前之欧洲人，殆远过之。事实具在，不可诬也。其间昏主淫威，墨吏做法，致自由失所保障者，史固不绝书。然吏之毒民，非法律所许，民本有控诉之余地。至对于暴君，则自昔圣贤，皆认革命为人民正当权利。在学理上未尝少为假借也。我国民惟数千年生活于此种比较的自由空气之中，故虽在乱离时，而其个性之自动的发展，尚不致大受戕贼，民族所以能永存而向上，盖此之由。"[20]

"惋惜历史是没有用的。问题在于，懂的中国历史局面之所以形成的原因，其长处，它所背着的沉重的历史包袱，懂的中国的现代化和中国革命所要克服的这个历史包袱如何沉重，这是革命斗争所必要。"[21]

你们读了史就会知道，马克思同志说历史总要出现两次，第二次是讽刺剧。而眼下不过是老戏码在上演，况且都不止第二次了哩。

人，我是爱你们的，你们要警惕啊。

3. 我的幸运在于思想的自由

"每天的劳动量既如是之少，剩下来的时间如是之多，9月下旬起，我又恢复了我的读书生活"。9月下旬，头上被砖头砍开的伤疤结的痂还没有脱落，满身被殴打的青紫还没有消退，顾准已经恢复了他的"读书生活"。

如今读书成了他生活的全部，批斗会，惩罚性的劳动——扫厕所反倒成了业余活动。"人民"关注的是新的、活的老虎，例如孙冶方，虽然是个老右倾，可从未被戴上个什么固定的帽子，眼下无疑是个大大的双料货——"走资本主义道路的当权派"和"反动的资产阶级学

---

20 《笔记》P196
21 同上 P21

术权威",批斗他要比批斗死老虎顾准有趣得多,技术、娱乐含量也高得多。

就在"偌大中国,无一张安静的书桌"之际,中科院学部的这间三尺楼梯间里却安安稳稳地摆放着一张书桌,桌旁坐着一位安安静静的读书人。

"从1966年9月起,到1968年8月监管开始为止,我

(一)把书架上从前读过的历史书从头复读一遍,又读了乾隆"御批"通鉴;

(二)系统地读了马恩全集二十余卷,资本论三卷,其他一些马恩著作,以及手头所有的马恩有关的其他作家的著作;

在以上两项工作中,摘抄了二三千张卡片。

(三)系统地读资产阶级经济学;

(四)因为要了解他们说的究竟是什么,需要补充数学知识,费四五个月时间,复习代数,读微积分,读线性代数,最后一项只开了一个头;

(五)过去有过经验,翻译是精读的好方法。于是,在读了一批资产阶级经济学著作以后,着手翻译乔安·罗滨逊的《经济论文集》第二卷,和约翰·密尔的《政治经济学原理——以及这在社会哲学上的若干应用》。前者已全文译完,后者译了第一卷的四分之三。两者合计,已成译稿约四十字。1968年8月监管开始搁笔。"[22]

1966年9月到1968年8月这两年的时间,是顾准面世史料比较少的年份,没有日记,也很少旁述,却是他留下读书笔记最多的年份。一本730页,23.5印张,500千字的《顾准笔记》,被编者苦心地编辑为"历史笔记""西方经济学笔记"和"马恩全集笔记"三个部分,是全部《顾准文存》中最厚的一本。在出版说明中,编者说道:

"顾准……是我国最早系统论证社会主义存在商品、货币的必

---

22 《自述》P307

然性，主张充分发挥价值规律作用的学者。这在当时是需要很大的勇气，他也因此付出了代价。尽管他后半生贯穿了惩罚性劳动和人身侮辱，但是他在精神上丝毫没有颓丧，相反，逆境和严酷的现实让他从根本上思考历史前进的规律和国家民族的未来。在生命的最后几年，他倾注了全部的精力，致力于历史学、经济学、哲学和马恩理论研究，写下了大量的笔记，其价值难以估量。"

《顾准笔记》均为读书卡片。按照他自己的估计，仅"历史笔记"和"马恩全集笔记"的卡片即有 2-3 千张。无论是按照一个主题一张卡片推算还是按照总字数推算，眼下人们看到的都不会是它们的全部而仅仅只是一小部分。除了那个最令人头疼的原因——不方便面世外，还有个最确定和最遗憾的原因，就是顾准在"拼命地读，拼命地想，拼命地写"的同时也在"拼命地毁"，为了能活下去，为了能把"读""想""写"进行到底。

1970 年代的第一天，他曾写下如下日记："北京藏书，大体上已经利用过：通过这些书籍，我眼界开阔到上下古今，今后有赖于这些书籍的，不过是引证史实，引证百家，不致有文词上的错误而已，大体上 their meaning had been caught already（我已成竹在胸 -著者注），即使这些书全部丧失，我也写得出东西来了。"[23]

这些被保存下来的卡片似乎都经过认真挑选：平静、平实、平和，没有激烈的、过于刺耳的词语文字，即使抄查出来也绝不是普通人能看得懂，就算碰上内行也绝不是一目十行就看得进去的。但是这些卡片文字的独特性也是很难掩盖的，真要是被抄查出来且真有人想要在"鸡蛋"里挑"骨头"，又要挑得比较文明（讲理而不是打人），那是需要下大功夫的，而"人民"那时一般都很忙碌，很难"过细"地对待这些卡片。

就拣出 50 万字的《读书笔记》最后一句话做例子：

"把 Marx（马克思 -著者注）的哲学命题普遍化起来，成为上

---

23 《日记》1970.1.1

下古今无不通用的规律,这件事开始于 Engels(恩格斯-恩格斯)。"[24]

这实际上是一句对恩格斯的严厉指责,也是对将马克思哲学教条地套用在任何一种社会形态上的观点的严厉批判,肯定属于钦定"反马"的。但你若不在意它的来龙去脉,不看其前言后语,也可以理解为他顾某人是在赞扬恩格斯弘扬了马克思主义,就像林彪弘扬了毛泽东思想一样。这种踩"钢丝"的文字本事,真不是一般人学得来的!

从党校时期开始,顾准就认为恩格斯对马克思主义的解释和弘扬有"越俎代庖"之嫌,尤其是"否定的辩证法"(也就是"唯物的暴力论")这一命题,不但"马克思对这个武器用过了头,(而且被)恩格斯把这个命题更为普遍化了,(而这)不是马克思的本意"[25]。

你若不仔仔细细看其上文——"这里'暴力论'的论证没有成功,相反却证明,历史总是历史,不是一个公式套得下去的"[26],基本上就无法看出这句话中他对恩格斯假马克思之名将"暴力论"普遍化的严厉指责,也就抓不到他的小辫子。须知在那个愚昧的年代里,"文字狱"是非常惨烈的,即使黄口小儿有意无意说错、写错一些既定文字、口号,那也是能要了命的、天大的"事件"。

顾准的文字功夫眼看着在做读书笔记的过程中愈来愈好——无乖无戾,锋藏锋露,层层剥皮,丝丝入扣,其严谨和成熟的程度都远在"党校日记","商城日记"之上。"笔记"为他日后写出的一连串震撼人心的文章,例如《希腊思想、基督教和中国的史官文化》《资本的原始积累和资本主义发展》《民主与"终极目的"》等打下了坚实的思想和文字基础。

实际上这些文章也都是他的读书笔记。例如被后人编纂单独成章的《希腊城邦制度》是他读了多位西方人写的希腊史后写下的大量读书笔记;《从理想主义到经验主义》是他和六弟陈敏之之间的通信

---

24 《笔记》P730
25 《日记》1959.2.23
26 《笔记》P730

集，追根寻源依然还是由读书笔记而来，比如其中《老子的"道"及其他》《论孔子》《评韩非》等，而哲学杂谈章——《辩证法与神学》则完全是他读恩格斯《反杜林论》的读书笔记。

顾准的读书笔记有一些还可以进一步整理，独立成章。

例如仅他考证范文澜先生的"《中国通史简编》新、旧版本对儒家和宋明理学评论的变化"的读书笔记，就有近1.3万字。除因为要对新、旧版加以对比而不得不摘抄新、旧版原文，略显臃赘之外，他的评论有理、有利、有节，充满学术气息且文字华丽，将新、旧版本如何不同，为何不同，他为什么不能赞同这样的版本修改，如此修改背后作者的无奈……分析得鞭辟入里，淋漓尽致。一直到去世前的一年——1973年，1月他还在摘录范本《通史》新旧版的论儒部分，看来是打算写一篇独立成稿的文章的。

6月，他读乔治·格罗托《希腊史》后写成《僭主政治与民主》一文，说到"希腊僭主政治"与"东方专制制度"的比较时，他又力挺范文澜关于"专制主义或僭主政治是相互斗争的阶级谁都无力克服对方时兴起的一种过渡政权的理论不适合于中国。中国的专制政权本身就是社会斗争的一方，不是哪个阶级手里的工具"[27]的观点，并狠狠地嘲讽那些"反对范文澜的人，虽然在理论上死命揪住阶级斗争这个教条，说起来似乎是十足的马克思主义者，其实是个瘪三，干巴得很"[28]。

这些读书笔记——卡片，虽然能够明确找到书写日期的不到1/3，但根据前后内容的连贯性，依然可以判断它们绝大部分写于1967—1969年，中断于1969年底去息县干校劳改，接续于1972年回到北京，终止于1974年10月，也就是他去世前一个半月。那时他真是再也写不动了。

其中中国历史笔记的一部分可能写于1966年或者更早，结合他的"历史坦白交代"材料（《顾准自述》）看，应该是起始于第三次劳

---

27 《文稿》P272
28 同上

改——周口店-大韩继劳改期间以及更早,也就是他对青年难友陈瑞铭说他正在"拼命地想,拼命地写",还希望能把这些文字留给瑞铭的日子,以及之前尚在经济所被批判的日子。

细读这些"读书笔记"和日后单独成章的文稿,别说在那"万马齐喑"的日子里它像是一匹无声嘶鸣着的黑马,就算在眼下"万马齐嘶"的日子里,它那已经过去了四十多年的、已然不再能听见的嘶鸣也格外令人心灵震撼,无声后面的悲壮依然能令人泪下。

遗憾的是由于文革红色恐怖骤起,顾准把它们大部分毁掉了。他深知一旦这些文字落在文化水平十分低下的农村红卫兵手里,那就太危险了——任何右派的文字,不用看,"人民"就可以说成是三反、五反、七反、九反,你纵有一千张嘴,也只有任人宰割、引颈就戮一条路好走。

他销毁了大部分,也拼着性命保留了一小部分,既是菁华,也是籽粒,成为日后面世的、震撼了中国知识界的上百万字文稿的胚胎。

顾准一直有一个庞大的计划,就是要把自己"一个人"观察、探索、读书和冥想的结果集腋成裘,写出一部中西方哲学和思想的比较史。他甚至已经想好了将要写成的那本书的书名——《东西方哲学思想史》。他的一生曾经有过很多"立言"的计划,其中不乏希望"自成体系"者,例如会计学和经济学类的,但只有这本终于未能问世的《东西方哲学思想史》才是他最大的"立言计划",也可以说是人生计划,是一份充满"我不下地狱谁下地狱"使命感的计划。

时至今天中国也还没有人写出一本这类像样的东西。你听他说:

"手稿,比之要写的东西,幼稚肤浅,可以采用者少。卡片不外抄摘与感想,有,当然好,丧失了,丧失书籍手稿结果一样。一个人,用全生命写出来的东西,并非无聊文人的无病呻吟,那应该是铭刻在脑袋中,溶化在血液里的东西。我所要写的,没有书籍、卡片也可以写,丧失它们,又何所惧。"[29]

---

29 《日记》1970.1.1

1965年监管结束时他已经决心动笔。他认为自己已经有了动笔的底气和资格。此后4年是他作读书笔记卡片最多的4年。他开始对多年来观察、探索的对象一个一个地作素描,从历史学、经济学和政治哲学三个角度。

曾经极度羡慕"希腊人思想的自由"的顾准如今对"自由"有了新的见解。虽然他深谙学术自由和思想自由是民主的基础,"希腊人能够有相当程度的思想自由,这大有助于科学和哲学从宗教分离出来,这点是古代东方文化所不知道的"[30],但他更知道这自由无法靠别人的恩赐而得到,她也不是"必须依赖于民主才能存在的东西。因为,说到底,民主不过是方法"[31]而已。

一个独立的人,只要他愿意,完全可以做到思想的自由,精神的自由。绝大多数人之所以做不到,是因为他们被很多绳索束缚了——传统、观念、物质以及懒于、疏于思考等等,总而言之,是自己不愿意。而顾准的幸运却恰在思想的自由,世俗生活的不幸是获取这自由的代价,上帝是公平的,有什么可抱怨的呢?这一切都是值得的。

4. 所谓悲剧,就是将美撕碎了给人看

顾准肯定是不凡的,却不是能够超越一切苦难的超人。

有一种苦难他无论如何无法超越,也超越不了。它一直折磨他到死,即使到死也没有放过他。它残酷而不动声色地延续着,直到您读到此书的此刻还在延续着,天长地久,此恨绵绵,不知何时才算个头。

这苦难就是亲人对他的决绝。更加不幸的是:还有逆反。

托尔斯泰那句名言——"不幸的家庭各有各的不幸",放在顾家就显得有些轻飘飘,但其前半句——"幸福的家庭都是同样的",从

---

30 《笔记》P257
31 《文稿》P364

前的顾家可十分担当得起。无论在沪、在京,顾家都曾是个令人艳羡的大家庭——顶天立地的父亲,温柔贤淑的母亲,比肩而立的五个男孩女孩,加上一位勤劳慈祥的奶奶,一家八口,相亲相爱,优秀向上,爱意、尊重和互促,喧闹、幽默和纪律相辅相成。一个幸福家庭应有的色彩,顾家一样都不缺。

顾准1952年"政治"场上的突然崩溃并未给这个家庭带来太大的伤害。妻子的理解和不在乎,孩子们的年幼懵懂,依旧的经济状况,都维持了这个家庭原有的秩序——父亲依然是家庭的首脑,他的特立独行和博学在家庭成员中依然受到极大的尊重。母亲不但被五个亲生的孩子热爱,还被所有陈家(顾家)的小一辈热爱。六弟陈敏之的女儿陈小嫣在回忆文章中就说:"五妈是个好妈妈,孩子们都争着要她做妈妈,我们就叫她'大家姆妈'。"[32]

"大家姆妈"——顾准的妻子汪璧是个典型的沪上女子,柔弱,细腻,沉静,充满了母性,丈夫、孩子、家庭在她的心目中永远都排在前边,唯独给她自己留下位置很少、很小。汪璧的母性不仅仅赋予了5个孩子,也赋予了家里最大的"孩子"——丈夫顾准。除了一份深深的夫妻之爱,顾准对汪璧还有一份弟弟对姐姐和孩子对母亲一样的依恋,他也毫不隐晦这份依恋,屡屡在日记里老老实实地记下,令读到的人常常忍俊不住。

你看每逢妻子出差期间他那份焦虑;

你看妻子每逢周末在他床头搁上的小说——巴尔扎克、雨果、狄更斯,托尔斯泰,屠格涅夫……有一次竟是一本《安徒生童话》;

你看每逢妻子出差回京时他那一份欣喜;

你看他劳改期间频频向妻子写的思想、生活汇报,不管真的假的,那份要妻子放心的迫切;

你看他笔下每逢说到妻子时那一份感激和依恋……。

这是东方人夫妻中不多见的一种柔情,尤其在顾准这样一个刚烈男子和伟岸丈夫身上,更有一种剑胆琴心的别样阳刚美。

---

[32] 陈小嫣《父亲与〈顾准文集〉》

第三部 天才之为责任（1962—1972）

悲剧起始于1959年商城劳改营时期。

离开北京前，顾准戴上右派分子帽子已经一年，工资也没有了，只剩下每月五十元的生活费。要说妻子和孩子们为此而受到牵连、委屈和拮据也已经时间不短。1958年他被送去赞皇县劳改，年底回到家中时乞丐一样褴褛，饥饿和粗野吓坏了10岁的小高梁。

可是没有几天，顾准就恢复了从前绅士的形象。那一身他最爱穿的白衬衫配西式背带裤和一如既往的渊博谈吐，令惊恐的孩子们很快平静了下来。但这不是最重要的，孩子们最好的安慰剂还是妈妈对爸爸不变的温情——妈妈是世上最好，最可以信任的人，既然妈妈这样对待爸爸，爸爸就一定不会是个坏人。人们骂他右派也好，骂我们是右派崽子也好，摘了我们的红领巾也好，唾我们、不和我们玩也好，爸爸还是爸爸，爸爸依然是伟大的。大人们的纠葛爸爸妈妈不告诉我们，我们也不懂。我们在意的，第一是妈妈，第二就是爸爸。

面对"政治"场上失败的顾准，亲人们没有怨怼的情绪。你看直到1959年3月，顾准还有这样的日记：

"今天过了一个热闹、繁忙的星期天。五虎上将麇集，棣妹与小苹齐来，六时半恢复原状。孩子们极快乐，小米甚至打羽毛球忘掉了去学校的事。匆匆吃二碗泡饭而去。"[33]

"西颐路永远是我所喜欢的一条路。我们从前住的房子，看得见已住进了人家，白短窗帘已蒙在窗上。竹篱依旧，玫瑰花周围似乎围上了木栅以资防范。中关村是一个值得留恋的住所。"[34]

"昨晚稽头回来，谈得很晚，她今天一早就走了。"[35]

两个大的——稽头和小米，尚且还能和爸爸有如此的亲近，还能深谈，3个小的就更不会有什么异常了。可见彼时悲剧还没有开场，但顾家的寥落已经开始，从1957年父亲成为右派的那一刻起。

真正的龃龉出现在全国大饥荒开始的1959年深秋。

---

33 《日记》1959.3.8
34 同上 1959.3.11
35 同上 1959.3.13

顾准从商城写给妻子汪璧的信愈来愈吓坏了她——毫无意义的、惩罚性的苦役、毒蛇钻心般的饥饿、可怕的饿殍、可怖的人吃人、吃死人，也杀了活人来吃……。这些信一封比一封骇人听闻，从心理和生理两个方面强烈地刺激着读信人。无论如何，汪璧身在北京，大部委、大机关，此时的她虽然已经体味饥饿但肯定没有体味到最极端和最绝望的、酷刑般的饥饿，加上上海出生的她也很少听到、更没有见识过什么叫"饿殍"，什么叫"人相食"。

在无人诉说的孤独与恐惧中，汪璧起了巨大的反感。

这一次和1952年不相同。这一次她不能理解他，也不再信任他。她不相信丈夫信中所说的一切——见所未见，闻所未闻。她断定他在夸大，夸大现实，夸大党的错误以证明他自己的正确。这不啻反党。

对丈夫这样彻底的不信任，在她是第一次。比起对丈夫信中叙述内容的恐惧，她更恐惧的是自己的不信任——"那么他真的是反党？"

反党，意味着他已经不是同类，是危险，是邪恶。眼下庐山会议的一点点消息正在"人民"中风传，"到处都正在架起艳丽夺目的火堆，正等着烧死那些邪恶的异教徒"，因为他们反党，反社会主义，反毛主席，反毛泽东思想。"人民"正等着要把他们扔进火堆，连带他们的孩子们、家庭，让他们尝尝无产阶级专政的味道。

汪璧，她是个平凡、普通的女人，虽然曾深爱甚至崇拜着自己不凡的丈夫，可她有5个孩子，且不论什么政治立场、哲学高度、觉悟水准，仅仅就是这一点——5个孩子，母性的本能就能让她放弃一切。反党不反党，并不在第一位，丈夫若真的反党，家庭必将毁灭，孩子们怎么办？这才是问题的实质，才是最令她焦虑和绝望的。

回信没有了安慰和温情，字字行行都是由"意识形态管理者"统一设计的、公式化的语言。这不是夫妻之间的信件往来而是一封封的劝降信和哀的美敦书。看过信他哭了，半夜呜咽。"男儿有泪不轻弹"，一个44岁的男子，一个看上去天不怕地不怕的硬汉，此时此刻，情何以堪。

接着是经济上的龃龉。

劳改队的劳作是他所力不能及的，腰腿都受了伤，左股骨下挫，需要钱看病。可是妻子不寄给他，深知他天性大方豪爽，怕不是要借给这个，送给那个，或是买了吃的和劳改犯们大家"共产"。本来家用就不够，这个还算事小，没得犯了"拉帮结派"的嫌疑，那才叫事大！

两人在信上就吵了起来，是顾准最先说出那两个夫妻间最不能说出的字，伤透了妻子的心。后来钱是寄来了，当她知道他确是需要钱看病疗伤。可心结也系上了。

比起劳改营期间或者之前就直接办理了离婚手续的人们，他们还不算是最糟糕的。后来他总算是活着回到家，在1960年1月某个风雪交加之夜。

在妻子的冷谈和孩子们的敌视中他顽强地在二里沟的家里呆了下来。这里已经不是当年"组织"上给他安排的那所中关村高级专家公寓，而是在他成为右派后汪璧自动要求降级搬来的财政部宿舍，是"妈妈单位分配的"。他凡事不问，埋头写那份没有任何人要求他写，却有无数人想强令他不写的《铁佛寺水库记录》。

没有一个孩子愿意听他叙说哪怕一句商城之事，如果他强说下去，他们就和他大吵，或者干脆不理他——既然妈妈都不愿听，那一定是你在造谣。

他痛苦到想把天戳一个窟窿钻进去，可是天不理睬他，试炼才刚刚开始哩。

接着是清河农场的劳改，那是在他断然拒绝了留在北京、继续从前的部吏生活后，"组织"上无奈的安排。其实他拒绝的何止是"组织上的安排"，他拒绝的明明是妻子和孩子们希望他还能回到他们身边，保住这个曾经非常幸福的大家庭不要破碎的愿望。回吏部做部吏当然令他害怕和厌恶，但天天回到又冷酷又期待的家庭氛围中才更加令他恐惧。

多年后顾准次女顾秀林在谈到1960年代的父亲时这样说："他在清河农场的时候，有时周末选择不回家，留在农场看书。那还是他有可能回家的时候。"[36]

倔强的他选择不回家,他惧怕家里那冰窟般的寒冷。没有一个孩子能够再相信他,所有的真实都已成为"谎言",所有的光荣都已成为耻辱。父亲和所有人都没有了交谈的基础。

"连自己的孩子对我的历史也一概否定了——比如说,妈妈(汪璧)谈年青时如何在黑暗中摸索着走向光明的革命道路,孩子们很爱听。我自己,羞于说我的经历,有那么一二次,我也想说说我的"故事",他们连听都不想听。如果我说《沙家浜》的县委书记是我们一起搞起来的老战友,他们也许还会嘲笑我这个右派分子想攀附烈士、英雄的英名来给自己梳妆打扮哩!——既如此,我也就乐于把那些记忆深深埋葬起来不去触动。"[37]

后来他毫无戏剧性地摘掉了右派分子的帽子,回到经济所。家庭和他都又重新燃起团圆的希望,虽然双方都知道这希望不大靠得住。为了"赎罪"和"还债",他拼命地工作,希望能给这个千疮百孔的家庭一些补偿。可就是这"赎罪"和"还债",令他又犯下新"罪",欠下新"债"——还是那他终究敌不过的、在灵魂深处烧灼着的东西,令他又一次无可救药地"沦陷"了。

在顾准最后的日子里,有位后面将会讲到的好友张纯音女士曾直率地指责他——"你们的家庭教育是失败的。我们对孩子都讲老实话"[38]。顾准死去后很久,六弟陈敏之才从纯音女士的女儿徐方(咪咪)处听说此事。"骤听之下,我好像遭了电击一样,久久不能平静"[39]。

可是顾准在家庭中果真是将真实的自己完全密封起来,将世间真相完全对孩子们屏蔽起来,如纯音女士指责的那样吗?

"在小学五年级的时候,我被选去参加国庆天安门广场组字,好

---

36 顾秀林《我的父亲基本上没有和我生活在同一个世界里》
37 《自述》P308
38 陈敏之《顾准的家庭悲剧》
39 陈敏之《顾准的家庭悲剧》

几天全心全意地摆弄自己用的纸花,从广场回来后,父亲问过我:'你喊毛主席万岁了吗?'我说喊了,他很不以为然。我知道他的意思,但是也不太在意。在 1964 年第一次学雷锋的时候,我听见他说,这样做会抑制人的思想,世界上不是只能有一种人。我听过就过去了。在我们中学,学雷锋是一定要学的。后来学毛选的时候,他又说过,光抄语录有什么用,没出息,要用自己的头脑思考。听过了又过去了,学毛选能不学吗?文革后来那么长的时间,能不抄语录吗?用自己的头脑思考,这是何等沉重的父辈的期望,有几个人能够负起这样沉重的期望?"[40]

这是女儿顾秀林在同一篇文章中讲到的。你看,顾准不仅没有密封闭起真实的自己,听任孩子们被蒙蔽和愚弄,而是倔强地向孩子们道出真相,点明道理,包括他冒着"大不讳"向孩子们讲述商城之殇,勇敢而不妥协地要求孩子们用自己的大脑独立思考,不可以随随便便就允许别人在自己的脑子里"跑马",试问,"家庭教育的失败"之罪真的应该全部放在这位做父亲的人头上吗?

人们,请想象一下。在那些"大义灭亲"的无情岁月里,有几位中国的父母敢对孩子们说这样的话?更何况原就是个"坏人"、是个右派的父亲?看看冯骥才先生的《文革十年中的一百个人物》,多少人间悲剧就发生在亲人们的揭发和检举中,发生在看上去很美,实际上极其残酷的"大义灭亲"的大纛下。

文革甫一开始,"他的女儿带头逼迫她妈妈与顾准离婚"[41],那真是悲剧中的悲剧,绝望中的绝望。

在纯音女士的指责面前,作为父亲的顾准黯然神伤,沉默不语,作为叔叔的敏之如遭电击,无法镇静。不知内情的外人看来他们好像都默认了这个指责并因此而自责,可实际上两人有多少哀痛、压抑和难言之隐隐在其中,无法道与世人知!

女儿在同一篇文章里还写道,"在我们家,父亲不是为我们而是

---

40 顾秀林《我的父亲基本上没有和我生活在同一个世界里》
41 邢小群《骆耕漠访谈录》

为更多的孩子扛着那扇沉重的闸门,是母亲扛起了放在我们前面的那扇闸门。他们倒下来,我们走过去。"[42]

是,为他们抗住那扇千斤铁闸的只有母亲柔弱纤细的肩膀。等孩子们一个个爬了过来,想再回头一起掮起来好让母亲也脱身时,已经来不及了。那么父亲在哪里呢?"更多的时候,他根本没有机会或权利回家。我记忆中和父亲一起度过的时间,大概可以用小时来计算。虽然实际上在同一个屋顶下的时间没有那么少,可是我们生活在不同的空间里,不同的世界里。"[43]女儿接着写道。

1965年9月,在顾准第二次被打成右派前夕,妻子绝望地哀求,"能不能先倒下来再说?"他痛苦着、迟疑着、嚅嗫着,最终还是以无声的沉默表明了一切——"对不起,我做不到"。

是,他要为更多的孩子们擎起铁闸。他是个男人,这样的男人有个专用的词汇,叫做"铁肩担道义"。而女人是没有的,她们没有铁肩,只有命。为了孩子,她们只好用命去挑,去担,去掮,去擎,去扛。可孩子们本身难道不也是道义吗?

1966年春节,顾准、汪璧正式离婚。没有正式的离婚手续,没有离婚证书。汪璧提出"离了吧",顾准"痛快地"答应了。

所有的亲人们,包括六弟陈敏之(汪璧离婚前曾征求这位小叔子的意见,小叔子无可奈何地同意了,事后悔恨不已)和5个孩子们都认为,这是妈妈还有一丝希望能在将来和爸爸复合而故意不去办理的。可是人们,请想象一下,假如顾准和汪璧真去办理这些手续,从中科院革命委员会、财政部革命委员会,二里沟居民革命委员会、海淀区革命委员会、北京市革命委员会……他们要从无数的革命委员会那里取得证明信,介绍信,批准文书等等等等,你知道在这些各式各样的革命委员会、"人民"和群众那里,还有多少,多大的屈辱在等待他们吗?彼时实在过不下去的夫妻们,要么像傅雷夫妇一样,再演凄美的"化蝶",双双携手离去,要么就是顾家夫妇这样,分居——

42　顾秀林《我的父亲基本上没有和我生活在同一个世界里》
43　顾秀林《我的父亲基本上没有和我生活在同一个世界里》

——转户口——最多居委会开个证明而已。谁也没有私有财产,没有官司好打,也没有打官司的地方,谁会去自取其辱呢?如若不信,可以去查证当年真正具有法律效力的离婚文件,看看有几份?在"砸烂公(安)、检(查)、法(院)"的号召下,彼时中国连法律都没有,连法院检察院都没有,何来法律文件?

顾准和汪璧,从人格根本上讲是一位绅士和一位淑女,要他们接受这些屈辱还不如去死,更何况汪璧已经去意彷徨,从顾准再次戴帽的那天起,她已经准备好自杀,连遗书都写好了,办不办劳什子的手续有什么意义吗?

"1965秋,她已写过遗嘱,1967年5月,她看来已经实在支持不住了。"[44]

这是顾准一年多后第一次听闻汪璧已于1968年4月8日自杀身亡的消息后写下的日记。而1967年5月又是什么日子呢?那是最屈辱和最不堪回首的日子。周口店——大韩继劳改结束后的顾准年过50,遍体鳞伤,无家可归。除了旧罪行,此刻他又添了新罪——"人民"在二里沟已经没有顾准的顾家抄出了一套他批注的《毛泽东选集》。右派批注《毛选》本身就是僭越,更何况还尽是批评,批判性的批注——"逻辑不通""脱离实际""错误"……满纸的贬义词。这还了得!

彼时有个专用名词叫做"恶攻罪",就是"恶毒攻击敬爱的伟大领袖毛主席的罪行"缩略语。他们不但将这罪名加在了顾准身上,也同时加在了顾准的"臭婆娘"——已经离婚的妻子汪璧头上。汪璧在财政部受到严厉的批判。连带着,"人民"群众还揭发了她几年前帮助反革命丈夫销毁"黑材料"的"历史罪行"。那都是1964年的事情了,汪璧和婆母一起焚烧顾准的大批读书笔记,烟雾惊动了某位阶级觉悟甚高的"人民"邻居。这一次正好新帐老账一起算。

在这样的屈辱面前,柔弱女子汪璧完全崩溃了。压死骆驼最后是

---

44 《日记》1969.11.12

只需要一根稻草的,何况汪璧哪里是能负起重轭跋涉荒漠的骆驼,她更像是一头需要公鹿保护的母鹿。如今公鹿没有了,这世道压在她肩上的却是一副连最健壮的雄驼也难以支撑的千斤之轭。还能走多远呢?

生命已经丝毫不值得留恋,只是孩子们还没有安排得放心,尤其是几个小的,叫她如何丢得开手。去意彷徨中,可怜的女人犹豫再犹豫。

1967年5月一个星期六的傍晚,实在抵不住思家煎熬的顾准不顾全家人对他"不许回家"的戒严令,心一横回了家。那真是凄绝人寰的一幕:

一进门,幺儿小弟冷冷问道:"你为什么要回来?"二儿小米看也不看就拒绝了父亲小心翼翼递上的存折,里面是他苦心为孩子们攒下的一点钱。长女稞头、三子高梁、次女五五都在外面忙于革命和造反,否则场面会更加难以忍受。妻子汪璧下班回家,甫一进门就厉声呵斥:"你害人害得还不够,还要来害人?你马上走!马上走!!"

面对满口无牙,憔悴不堪的老妻,顾准欲哭无泪的双眼不忍也不敢直视她,仓皇逃离。

他还是不死心,回一次家成了他梦中的奢望。这一次,事先他就写信给汪璧,说明自己要回家拿些衣物和书籍。汪璧不理睬,只是回信给经济所革命委员会,要顾准在某个周日早晨七点去取。顾准去时,东西已经堆放在家所在的三楼楼梯口,大门紧闭,声息全无。50多岁的老头子顾准实在扛不动箱子,呼唤哪怕能出来一个孩子帮他把东西扛下去,竟无一人理睬。还是邻居实在是看不过去,走出一位大爷,帮他把东西抬了下去。

临走,他将一张银行存折和几斤粮票从门缝里塞了进去,咬紧牙关走出大院。当夜,铮铮铁汉顾准再次呜咽,枕上留下一片泪痕。他终于死了心,下决心不再去打扰妻子和孩子们,也果真在离世前都没有再见到他们。他以为这样就不会再伤害到他们了,殊不知这不但重重地、无可挽回地伤害了他们,也重重地、无可挽回地伤害了自己。

人说所谓悲剧,就是把美活活撕碎了给人看。顾家的悲剧就是这句话最好的注解。可在"美"还没有被撕得粉碎之前,那只巨掌是没有要停下来的意思的,它会说——"且看",而下一幕会是什么?不确定,也无人知道。这才是悲剧中最恐怖和最悲惨的。

5. 汪璧之死

1968年4月,在毫无先兆的情况下,顾准收到一纸文据,一纸除了长女稆头之外4个儿女和他断绝父子关系的文据——"和顾准断绝父子关系。顾逸东、顾南九、顾秀林、顾重之"。9个字,4个签名,恩断义绝,一至于此。

手捧薄纸的父亲浑身颤抖,顿足悲号。可是他哪里知道,这决绝的文据是孩子们在亲爱的妈妈服毒自尽后写来的。父和子的哀痛又有什么区别!

1968年4月8日,汪璧的人生路终于走到了尽头。

最小的小弟也已经15岁,他们都自立了,妈妈太累了,别说铁闸,连一张纸、一片雪也捐不动了。妈妈要走了。

绕着家所在的财政部家属大院,她恍恍惚惚转悠了一整天。星期一,孩子们都不在家,没有人能说上一句亲切的话语,没有一句善意的劝解。在西坠的残阳中,她用仅剩的一丝力气爬上三楼,打开门,反锁,然后喝下大量早已准备好的来苏水。这是文革时代一种最常用的自杀方式——先是烧坏消化道,然后是剧烈的呕吐,最后慢慢地死去。汪璧死得非常惨烈。死状恐怖。她留下只有一句话的遗书是:

"帮助反革命分子销毁材料罪该万死"。

连顾准的名字都没有提到。

实际上1965年顾准第二次被打成右派时汪璧就已经支撑不住,写过一份遗嘱了。想来无论如何都会比这份只有15个字的遗嘱更多一些人性的气息。

第一个发现惨死母亲的是从窗户翻进家里的高粱。孩子们哭得天昏地暗。大姐稆头不在北京,丧事是大哥小米带领3个小的办理的。悲愤和昏乱中，4人一致认为是父亲害死了母亲。他们爱极了母亲，也因此恨死了父亲。于是就有了那一文断绝父子关系的文据。

此时的顾准正处在第二次被监管中，没有人告诉他发生了什么事情，他也什么都不问，是不许问，也不能问。他被蒙在鼓里，连直觉都没有。他坚持给妻子和孩子们写信，每周一封。除了问候，他也写他的"思想改造"情况，把报纸杂志上、批斗会上、日常人们的言谈话语中的"套话"迅速地学起来，用起来。只要还有和汪璧破镜重圆，和孩子们相聚在一个屋檐下的希望，他豁出去了。

信是发出去了，可依然又痛苦又自责：为什么亲人之间也要说假话？在商城说假话，那是因为"公开说谎，已成风气。岁初，郑州会议时还想恢复实事求是之风，积弊已深，骑虎难下……"[45]，你无法判断对方是何样的人和何种思维方式。和共同生活了30多年的爱人、和自己同一个血缘的孩子们也要说假话，这令他恼怒和无奈到了极点。

"你能承认今天'社会化了的中国人'是中国人整体的无条件的共性？你还是认为这实质上是恐怖主义的手段所强加于中国人整体的虚伪的共性？"[46]

假话、说谎说得太多，人也把假话听习惯了，没有能力或者根本懒得辨别真假了。没有常识哲学、经验主义垫底，"党（既）是梅兰芳的党"，则"空话连篇，相互欺骗"[47]当然不足为怪。他试着去理解和适应亲人们。

然而连一封回信也没有。从1966年到1968年8月被监管失去通信自由，一连近20个月，他几乎每周一封写信给家人们，回信是零。这些信可能被看过，至少汪璧还活着的时候。但也可能连封都未开就被撕碎、扔掉了。

直到1969年写坦白交代材料时，顾准还在喋喋不休地念叨妻子

---

45 《日记》1959.12.22
46 《文稿》P444
47 《日记》1959.12.26

的好处。此时汪璧已经死去一年两个月,做丈夫的浑然不知。"组织"不许他知道,他就不可能知道。

这些"交代"是为了开脱汪璧,更是他对她真情流露的一次集中文字表现:

"这是历史交代的末篇,理该说一说我和汪璧的关系以及我对这个问题的想法。

"回顾 1934 年和汪璧结婚以后,无论在上海地下工作时期,在解放区时期,在全国解放以后,她都在承担起做母亲的全部重担之下,坚持了革命工作的岗位。早期,即 1940 年以前,我抛弃比较优裕的社会职业转入地下,或离开上海到抗日根据地,她从未拖过后腿。全国解放以后的短期上海工作时期,她绝没有因我工作地位较高而在个人生活或家庭生活方面有过什么额外的要求。不但如此,1940 年以前也好,1949—1952 年也好,我尽我所能地照顾了我的家庭成员,我对她的家庭成员却疏忽到了极点。我没有见过岳父,直到 1962 去沪调查以前,汪璧的四姨一直在上海,她对汪璧早年上学出过很大力气,我却一直没有去见过她和四姨夫。1949 年以后,汪璧内心里无时能忘迎养岳母,我对此没有采取任何有效措施,1959 年岳母故世上海,汪璧终身抱憾。1940 年的我去苏南,汪璧留沪,依靠她的工资维持我的母亲和弟妹。1943 年汪璧自解放区回上海,长女生下来不久,我去延安,她们在上海的生活我当然无法照顾。文化大革命中,调查成都徐某(1935 年武卫会宣传部的人员。1935 年底前后,因反对林里夫离沪去北平)的同志还说,徐某当时在上海,从我家里知道,我们在平经济困窘,卖掉了汪璧的戒指。至于 1957 年我划为右派以后,全部家庭生活当然都由汪璧负责。正是我这方面的亲戚,评论汪璧时说,她是把一切都贡献给我了。在革命斗争的洪流中,这些都不过是琐屑小事,当我自以为我牺牲一切贡献给革命的时候,我对汪璧这些自我牺牲的行为,内心里也没有感觉过什么不安。

"1957 年我划为右派,开始发现我欠了债。1957—1962 年,汪璧对此全不在意,她所看重的只有一项:鼓励我的每一点进步,批评我不是流露出来的反动思想。1962年我摘掉了右派帽子,满心想"还债",可是因为我的"还债"方法原则上全部错了。我竟致在家庭范围内犯下了严重的右派罪行。1966年的离婚,文化大革命她对我的异常决绝的态度,当时对我的刺激都异常深切,冷静下来想一想,她作为一个共产党员,怎么能够不跟我坚决划清界限呢?事情当时,我固然埋怨她何以恩尽义绝,一致于此,冷静下来想一想,这种决绝态度的后果,无非是两种可能,一是刺激我走绝路,另一是刺激我努力改造自己,很快获得新生,如果竟然实现了前一种可能,这只证明了我死不改悔,证明汪璧的决经是对的。如果实现了后一种可能,这就是汪璧在这种处境下唯一可能给我的挽救和帮助,同样证明了汪璧是对的。

"我现在选择了一条新生的道路。我现在对汪璧,除了感激几十年来她的恩情而外,也感激十几年来尤其最近几年来她对我的挽救和帮助。倘使今后我还有机会厕身于人民的行列,贡献我的余生为人民做一点有益的工作,我也希望在我的余生中有机会照料汪璧晚年的生活——她身体本来也不好,1957年以来,由于我是右派分子,又担负起来了过重的负担,1967年5月所见的她的憔悴容貌,略一回忆,还如在目前!"[48]

上面的文字写于1969年6月16日,离他真正听到汪璧死去的噩耗还有一年多的时间。

如果说在那个"To be or not to be"(活着或者不活)的岁月里,顾准活着的全部意义在于思想的自由,那么汪璧活着的全部意义就在于保护她的孩子们不被时代和命运的巨灵撕碎。她无法分享激励着他的使命感。在命运面前他毫不踟蹰地选择了"To be"而她无奈地选择了"Not to be"。可谁又有指责他们其中一个的资格和权力呢?也不要再指责5个孩子了吧。生命中这不可承受之重,直到今天还死死地压在5个孩子的心头,天长地久,此恨绵绵,永无绝期。

顾家举国皆知的家庭悲剧延续几十年,至今都没有结束。它十足

---

[48] 《自述》P314

的国粹性、独特性和普遍性浓缩了家、国、时代、族、民、社会、人、性格与个性的全部悲剧色彩，没有一支高度人性和灵性之笔是很难描摹的。

6. 一无所有

到了 1967 年，顾准作为世俗的一切被褫夺殆尽——名誉、地位、金钱，家庭、子女以及手足亲情——最能理解他的六弟被戴上了"叛徒"帽子，兄弟间持续多年的哲学讨论终止了。最不堪 1968 年汪璧之死，家破、人亡、妻离、子散，顾准都已经占全了，只是他还在懵懵懂懂中，还在奢望着有和汪璧破镜重圆，和孩子们团圆的一天。

每月，"人民"发给他 25 元的生活费，粮票、油票、肉票、豆制品票、布票、棉花票也都按人头发给他，是为宽大为怀的"给出路"。好在那年头既无通胀又无通缩，除了吃食堂的大锅饭，他还能有一点剩余的钱和粮票。他把它们都攒了起来，痴痴盼望有朝一日再见到亲人们的时候能贡献出来并被他们接纳。家庭已经彻底摒弃了他，儿女们把他的户口、粮油关系转到了经济所，从此后，就连看看他们寄粮票的信封上那几个熟悉的字迹也是不能够了。

他什么都没有了，只除了一样——友情，顾准和孙冶方之间建立在精神、思想、意识和学术基础上的友情还在，他们的"厕所论坛"带给顾准的勇气与安慰实在难以估量。

但是擅长蹂躏的专制巨掌是不屑把任何一点点慰藉留给一个不驯服的人的，是为"对敌人的仁慈，就是对人民的残暴"。1968 年 4 月 5 日，也就是汪璧自杀前 3 天，孙冶方被捕。

一位花甲老人，一位学者，要抓也就抓了。没有罪名，没有程序，没有解释，在那个年代这是相当正常和常态的事情，这些东西既不值得做也不需要做，更没有人大惊小怪。何况 4 年前孙冶方就已经被中共中央主管思想，文教和"意识形态"的康生先生内定为中国学术界和思想界"四清运动"头号的靶子，头号的思想犯了，现在不抓倒是有些奇怪。

其实这些都不是康生要抓孙冶方的根本原因。

这个憨直的书生大半生都在追问他40多年前参加共产党的入党介绍人董亦湘和中共上海地下党前辈、莫斯科中山大学的同学——俞秀松、周达文的下落。董、俞、周的生死不明和历史冤屈是冶方无论如何都放不下的心理重负，而这一切和康生先生有着千丝万缕的关系——25年前延安整风，极具攀援人格的他一脚踢开失势的王明，攀上了最高的高枝。可是多年来始终有个可怕的秘密令他寝食难安：1937年他俨然以"副帅"的身份追随王明从苏联经新疆回国。两人合写的《中国现状与中共任务》还墨迹未干，而俞秀松、周达文恰在此时被"新疆王、狼种猪"军阀盛世才逮捕并递解苏联秘密处死，董亦湘则直接在苏联伯力神秘死亡。他和王明的手上除了墨迹是否还有血迹？延安整风那么残酷，他自己又是怎样和王明划清界线的？这是中共党史上至今未破的重大谜团，而孙冶方从新政权建立伊始就开始追索此事。莫斯科的恩恩怨怨，自己的历史问题可以先放在一旁，可寻觅董，俞，周的下落他却当做使命一般，下决心一定要弄个水落石出不可。这是一份对生命的尊重，也是一份同志间的道义，孙冶方生而俱来的江南士大夫情怀令他认为这份道义自己非担不可。

1956年访苏，他曾下大力气将一个被流放到西伯利亚劳改多年的流苏同学家属弄回国和亲人团聚。这些事早就弄得素有"刑官""小斧头"之称的康生同志心惊胆战，不胜其烦。文革初，冶方点点滴滴涉及对莫斯科中山大学往事疑问的日记和来往书信又被抄查了出来，你想都能想象得出来康老的恼羞成怒。又一次"运动"了，又一次"革命"了，不趁机收拾这个"隐私知道得过多的"书呆子更待何时？

在国人皆知的北京秦城监狱，孙冶方被单独囚禁了整整7年！

像对妻子之死浑然不知一样，孙冶方的被捕顾准也浑然不知，直到有一天无意地从监管人员口中听到。

"他摇晃了一下，差点没站住，脸色变得刷白"，在场目睹的人日后这样形容。

他当时确实几近虚脱——太突然了,前不久他们还在厕所讨论马恩,讨论价值决定、价值论,还在争执观点,还在统一思路,还在你 Refer 我,我 Refer 你,怎么一夜之间老孙就被抓起来了,并且不是"监护",不是"监管"也不是劳改(他们已经在劳改嘛),而是货真价实的被捕,被直接送入大狱!

他知道眼下无法无天,可也没料到无法无天已经到了这种地步。

后来人们猜测顾准当时如此剧烈地被震惊,是因为他知道从此再也没有人能够保护他了,是因为惧怕。也确实,从第二次进入经济所,顾准又给自己,给孙所长,给经济所捅了多少娄子——《会计学原理》《粮价问题初探》《美国总会计师制度》的"出笼",置喙固定资产管理制度、全国价格政策、人民币对外汇率、资金利润率、集市农贸等等等等肯定不属于会计研究领域的、高度敏感的国策问题,高谈经济核算、高呼利润、高唱"价值规律之歌"……,这一切对于所长孙冶方既是无上宝贵、无出其右的盟友支援,可也是他伤透脑筋的一件事情——怎样保护他?这位老弟从不设防,从不穿护心甲,任何一支明箭暗箭都可能要了他的命。保护顾准是他孙冶方的责任和义务,就像追寻董亦湘、俞秀松、周达文的下落是他的责任和义务一样。

他老孙常常就是默默地为老顾扛着,不声不响地为他挡住一支支明枪暗箭,事后还常常不落好,不是被他误解,就是被他当作、骂作软弱。老孙依然不吭声、不解释,直到老顾自己恍然大悟。恍然大悟了,他老顾也从未向老孙表示过道歉或者感谢,不需要、太俗。用顾准自己的话说:"虽然当时的孙顾关系是不平等的,两人却有共同语言,两人对彼此思想一致都无怀疑。"[49]

孙冶方原就是 3 百年前东林党的后裔,顾准也不是个弱种,当年为不连累老孙连自杀的念头都起过。孙顾两人那些骨子里传下来的东西真很难用无产阶级的一抔"净土"掩埋干净。

老孙被捕,顾准被震惊是肯定的,但并非人们想象的是因为老孙

---

49 《自述》P368

的倒台，失去了依靠、产生了惧怕而被震慑了。早已没有什么人、什么东西能"慑"得住他了，包括死神、死亡。到了他知道老孙被捕的那一刻，妻子、孩子、家庭都已经抛弃了他，除了精神和灵性上的东西，他对世俗的一切已经没有留恋。一个堂堂男子汉，此时此刻，何惧之有？

他的震惊，在于一，再也没有人能够对话，能够交通了，他将彻底地孤独下去，也在于二，马克思那句触目而逆耳的话——"中国只有普遍奴隶制，中国的大官僚要受廷杖，所以他们不是封建贵族"[50]就在他眼前现了世。后者是更加令他震惊的原因。

孙冶方，再不济也算得上是个"首席宫廷经济师"，国家机器对他尚且如此，百姓们，例如我，其人的权力和尊严，至少是尊严，还能奢望保住吗？

"中国古代思想中有没有自然法的观念——即人生而具有的自由平等的权利的观念……不仅如此，一般的权利义务的观念，中国也没有，契约观念也没有。"[51]

古代没有，现代依然没有，谈何契约，连法律也没有。说抓就抓，说打就打，说杀就杀，人毫无尊严感和荣誉感。而"荣誉感（是）西欧人道主义的'个人尊严'观念，其实是骑士精神的延续。骑士不许人家侮辱。如果受辱，他可以要求决斗。长上对违背命的属下的惩罚，也不得有损人的尊严"[52]，骑士可以为尊严而决斗，连惩罚和处决都是尊严的，可在这里，人怎么可以和名叫"无产阶级专政"的铁蹄巨灵决斗？连死都只能死得屈辱猥琐、不明不白，例如以"长上"的名义当场廷杖，例如以"人民"的名义活活打死，谈何"决斗"？

他做好了被捕的准备——能和老哥一起坐牢，他认为没什么不妥，反正一无所有，反正赤条条来去无牵挂。

"孙顾关系不是蒙蔽者和受蒙蔽者、主要人物和助手之间的关

---

50 《笔记》P23
51 《笔记》P24
52 《文稿》P323

系，而仍然是一种'反革命思想联盟'的关系。"[53]

这是他 1969 年 7 月写下的坦白交代，题目是《1956-1964 年的孙顾关系实质上是一种"反革命思想联盟"》，副题是"我和孙冶方关系的补充交代以及我对于这一关系的政治性质的认识"，题目臃肿不堪，却是足以让人们了解孙冶方和顾准之间高山流水友谊的一篇奇文。

此时顾准依然还是不知道汪璧的死讯，但已经知道了孙老哥的噩运。冶方已经入狱一年多了，只不知为什么"人民"至今还没有把我这个"反革命思想联盟"的盟友也抓起来。他不单是一点也不想以"批孙"而开脱自己，反倒把自己说的比孙冶方还要"罪大恶极"。没能和老友孙冶方一起坐牢，他甚至有些遗憾。

顾准"历史交代"也曾写道"我要把革命群众对于孙冶方反革命修正主义理论活动的批判，看作也是对我的旧我的批判。我要从所有这些批判中汲取力量，以便进一步和旧我划清界限，和孙冶方划清界限。"[54]后人看到此处，万望不要错会了他，这是文革通用文字，也是文革大批涌现的黑色幽默。顾准此生再也没有见到老友孙冶方，伯牙子期失了相揖而别的尾声，被多少学界后人视为憾事。

到了 1968 年，顾准已经真正的一无所有。

53　《自述》P368
54　同上 P369

第十七章　　新生日记

1. 天才之为责任

顾准挣扎着从失家、失亲、失友的痛苦和震惊中恢复过来。

惯于长夜，惯于苦难的他，也习惯了疗伤和恢复。并非不间断的磋磨把他弄得皮糙肉厚，神经粗糙，弄得他"适者生存"了，非也。

顾准后半生多半沦陷在"非人化"的粗糙、粗陋、粗鄙的环境中，从精神到物质。尤其在生命的最后八年，他生活在一个没有艺术，对美毫无知觉，人只能在野蛮的运动里寻求快感的畸形时代。假如能将这个时代当做标本切开，取出一片断层，你会发现它的一些特征：伦理不清，全民无意识，不允许思考且把独立思考的人视作疯癫，没有文学家、音乐家、艺术家和哲学家，只能用从德国人那里趸来并经过俄国人愚蠢地做过唯物解释的历史观统一国民意识……。总而言之，是个没有想象力和创造力，却自以为是全世界创造精神领袖和圣地的时代，一个必将遗笑万年的时代。

这就是他的时代。

但他不屑于沉沦在里面——因为生活的粗糙，粗陋和粗鄙也变得粗糙，粗陋和粗鄙。从灵性——神性上看，顾准是细腻和柔软的。仅仅从他的文字中人们就不时能看到这种细腻和柔软。还有眼泪。他的眼睛里常含泪水，也不惧它们流淌出来和被人看见。他是个活生生的，会哭泣、敢嚎啕的男人。

在感情上他常常是脆弱的，只是他的意志永不沉沦。种特质在中国文化人群，尤其是汉民族文化人群中是罕见的，且越是近、当代越是罕见。

第三部 天才之为责任（1962—1972）

1956 年在党校，在斯大林偶像坍塌之后，顿失信仰的顾准一时也曾有过"还是看清自己，过过家庭生活，满足于几间房子，积几个钱买个收音机，老来准备结庵黄山拉倒了吧"[1]的念头，也曾因怀疑自己"一个人的探索"会落得"只好追踪屈原于地下——而且是一个极劣等的三闾大夫，跳窗口的三闾大夫"[2]的结果而气馁。

但是他以后的文字再也没有出现过这样的情绪。即使在最不堪的情形下，例如在商城劳改，满身粪污、险些成为饿殍时；例如在大韩继被残酷而屈辱地殴打、差点丧命时；例如被亲人逐出家门、名符其实成为孤家寡人时；例如在六弟陈敏之被诬为叛徒，老友孙冶方被捕，世上再无一人能够交流时……，他都没有自暴自弃和绝望过。

离开人相食的商城前夕他在日记里写道——"我没有沉沦下去，这只有 XXX 懂得"[3]；日后在息县干校被批斗和殴打后他又在日记里写道——"什么消息我都受得了。充其量不过是死人，最亲爱的人的噩耗我都经受过来了，还有什么受不了的？……已经到了沟底，再沉沦下去也不过剩下埋起来的一招而已"[4]。

他有能力将一时的沮丧立即就化解掉。

1971 年元旦清晨，他心情灰暗：

"老了，没有年轻时迎新的豪情和对未来的无穷希望了。昨夜深夜不寐，萦绕于心的是炉子会不会灭，和吃饭等一些生活琐事。而今天早晨看炉子是灭了，晨九时半匆匆去看表演，一下子加了太多混煤，炉子又灭了第二次。可见即使是我萦系于心的事情，在这新的一年的第一天中也是极不顺利的。有时也想到，我这一生恐怕已经算做了结论，以后是残生余年，无复可作任何贡献之外，活下去不过是活下去而已……"[5]

可就在第二天，他的日记立刻又充满了朝气——从波兰哥穆尔

1　《日记》1956.3.13
2　同上
3　《日记》1960.1.16
4　《日记》1971.1.26
5　《日记》1971.1.1

卡的倒台说起，说到他们在封锁媒体（当局封闭了华沙《直言周刊》，顾准连这个都知道，都没放过）和粮价问题上的愚蠢，说到奥斯卡·兰格这位被称作计算机经济祖师爷的波兰人，说到东欧和苏联的历史教训，洋洋洒洒，一扫前一天情绪上的晦气，令日后读它的人都精神一振。再看他另一篇日记：

"出处（路）如何，不抱幻想，所不能忘怀的，还是追求真理。"[6]

1971年，他已年过56岁，离去世仅仅还有3年的时间，鳏、病、右俱全，身陷污泥渠沟。可你再看他的精神、灵性和灵魂，却正天高地广欢笑和翱翔着，百毒不侵。

日后有一天，他埋怨深恐自己关在监狱里的老师会疯掉的老友孙冶方的学生们"你们太不了解你们的老师了。他是有思想的人，有思想的人是不会疯掉的"[7]。

顾准甚至不需要国人最离不开的"励志"——自己鼓励自己，用古人、名人、自己崇拜的人的话语，或者自己创造些话语。比如"吃尽苦中苦，方为人上人""天将降大任于斯人也"，"在科学的道路上"之类。熟读史书的他从未摘引过这类东西在他的读书笔记中。他情愿从"告算缗""均输""城邦""原始积累""一元/多元""市民社会""边际效用"这样繁琐、具象的东西中获得知识而坚强，而进步，也懒得用"俱往矣"一类宏大叙事的抽象东西来励志。不是他不懂浪漫不懂诗，譬如"俱往矣"，他的读书笔记中就曾提及，可是他说比起"绝对精神"，"俱往矣"什么的那真是"何足比拟"的小巫见大巫啊。

他不用或很少用"我要怎样怎样"的句型，如此，反倒是有两次用到这个句型时给人留下了特别深刻的印象——两次他说的都是"我要活下去……"。

与他足以传世的华丽文章相形见绌的是，顾准竟无一首，哪怕一

6　同上 1971.7.11
7　吴敬琏口述

阕诗文问世。少年时期就开始追求浪漫的他，在58岁，也就是临终前的一年这样说：

"当我们经历多一点，年纪大一点，诗意逐步转为散文说理的时候，就得分析分析想象力了"[8]。

追求真理不能只凭"想象力"，更要凭籍的，是经验、理性和信仰。

曾再三慨叹于"中国人太聪明，太善于综合……，是天生的辩证法家，可是辩证法把中国人坑害苦了"[9]的他情愿做个笨人——既然无可能亲自接触考古学，那么就在文法学和逻辑学上下笨功夫去作历史的回顾和前瞻，找出规律，而不是想当然或者人云亦云，更不是夜郎自大式的大写意。"散文式"的说理，能把道理说个透彻并与人讨论，而诗，常常是"不讲理"和蛮横的。连"散文"他甚至也不写，他写的都是"论文"，虽然今天人们读起来感觉比散文还要精致和美丽。至于"诗"嘛，就让诗人们去写吧，中国最不缺的就是诗人，从气壮山河的"一截遗欧，一截赠美""俱往矣"到"我就是玉皇，我就是龙王"的大跃进"红旗歌谣"，到文革小靳庄式的打油诗，够多的了。

不过有件令人惊诧的事必须在这里提一下：顾准临终前一年曾有一次连续12天"读诗"的记录——从1972年12月25日起一直读到1973年1月5日。这12天的日记都只有一个字——《诗》（或"同上"），然而遍寻旁证也无法猜出他这12天读的是哪位诗人的诗或诗集。真是个有趣的迷。

他也很少怨天尤人，除了对黑龙江考察期间某位陈姓的先生似乎有些持久和异常的愤怒，是个罕见的例外。不过也不排除还有其他令他愤怒的大人物名字出现在其文字中，只是家人怕惹麻烦费口舌，不愿出示而已。但是即使有，无非也还是说理的"腹议"而不是恶骂的"口谤"。既使对陈先生，他也只是表达了一种比较长时间的不屑。

8　《文稿》P431
9　同上 P445

相反他倒是不时用到"愉快""快乐"这些字眼,有时竟还用到"幸福"二字,且往往在世人以为他最应该去找根绳子上吊、挖个坑埋了自己的时候。比如在带着三反分子的"桂冠"进入党校学习的1955年,比如在打成右派,降职降薪,等候去劳改营劳改的1959年初,比如在喝了一大盆碎米粥,蹲在商城铁佛寺劳改营的大灶前烤火的1959年末,他都频繁地用到这几个词汇,不是反讽或自嘲,而是日记体写下的真实感受。

这真叫人拍案惊奇,在他的和绝大部分国人尤其"新中国"人的眼中,世界一定是不同的,这就难怪他的次女顾秀林会写下《我的父亲基本上没有和我生活在同一个世界里》的文章了。

顾准总是在回首历史的同时向前瞻望,世界总有希望,人类总有希望,生命总有意义。用他的话叫做"自然而然地达到了历史的乐观主义"[10]。此人仿佛一生都在哼着《欢乐颂》。在艰难地克制了思妻,思儿,思家,思友之痛后,已经没有什么好再失去的顾准在灵性上日趋沉静和纯粹,这也是后人所谓"历史格外青睐顾准"说法的一个譬证。疗伤的良药依然是书,首先是史书,其次是"马恩"和西方经济学。后两者他排比、对照着读,判断曲直,决定扬弃。而后两者又都是和前者对照着读,在史学、哲学和神学的层面上果断地判断着虚实、对错并决定着取舍。

从1966年到1969年,是顾准阅读中国和西方历史(尤其是古希腊罗马史、英国议会史和法国大革命史)、马克思恩格斯著作和西方资产阶级经济学著作最多的时期,也是他反思和质疑、肯定和否定最集中的时期。在"系统地读了马恩全集二十余卷,资本论三卷,其他一些马恩著作,以及手头所有的马恩有关的其他作家的著作"自述 P307 之后,他摘抄了数千张卡片并在其上写下了大量的读书笔记。

为了要了解西方资产阶级经济学家们到底在说些什么,除了哲学和经济学的学养外他还是迫切感到数学基础不够,依然不满意自

---

10 《日记》1955.10.11

己已经掌握的数学知识。这是他的弱项。虽然从 1952 年起他就开始立志攻克,可是一直无法系统地钻研下去,总有各种麻烦、灾难横亘其间,令他很难向自己西方的同行们那样,在数学的王国里也能或纵横捭阖或信马由缰。

现在"人民"不许他工作,正好趁此机会恶补一下。这样他又用了近半年的时间复习了代数,深读了微积分和线性代数。原就是个"数字天才"的他,自学数学肯定是不吃力的,再加上日后在息县干校和回到经济所一段比较安定的时日里的自学,是他日后能毫无愧怍地在崇敬他的经济所小一辈面前炫耀他能拿三个博士学位,其中一个就是数学学位的实力基础。而另外两个——"历史学"和"经济学"博士学位就根本不用说了,无人可出烦言。

读别人翻译的西方经济学著作,如今他实在感觉不过瘾,别扭。西方存在主义大师海德格尔说:"语言是存在的家",译者或者因为不理解作者、作品以及他们的时代,或者实在找不到相应的中国文字,使很多原文的精髓在译文中明显地消失了,剩下的只有肤浅、误解和想当然的诠释。"家"就飘渺"存在"何以存身?比如他举过一个典型的例子:

"现在的《资本论》中译,实在译得谬误百出,而且拙劣异常。例如《原始积累章》之Ⅳ,英译标题为 Genesis of Capitalist Former,'Genesis'套《旧约》的'创世纪',有一种真实历史的神话化的意思。中译干巴巴的'资本主义租地农业家的发生'。此外,Protestant 是新教,这是中国人习知的名称,直译应为'抗议教'。译者用日文外来语的方法译音,结果凡和基督教有关系的和无关系的中国人一概看不懂。原始积累一章涉及大量西方历史,译文更不忍卒读!"[11]

直到顾准的年代、直到今天,中国人依然在使用王亚楠、郭大力 1930 年代由俄文翻译过来的《资本论》。这样的二手、三手译文,顾准当然不能接受,孙治方也不能接受(这也是他在 7 年的牢狱生活

---

[11] 《文稿》P327

中坚持自学德文的动力）。只可惜两人最终都没有弄懂德文。

好在西方经济学家们的东西大都是用英文写就的，可直接读原文他又觉得理解的深度上虽有提高，但将它们纳入自己的"稿库"多少有些别扭。这些东西将来万一能有人看到，毕竟中文文体被接纳的可能性要高一些。几年前翻译《美国总会计师制度》和熊彼得的《资本主义、社会主义与民主》的过程曾使他尝到过巨大的甜头，如今又有闲又有钱（即使只有25元的生活费，除了给孩子们攒下一点，吃食堂还是足够。买书肯定是杯水车薪，不过如今书店也没有任何值得一买的书），离着沙漠之井——宗井滔——经济所图书馆又这样的近，何不重操旧业，再立"新功"呢？

说干就干，他立即从图书馆借出罗宾逊夫人《经济论文集》第二卷和约翰·密尔的《政治经济学原理——以及它在社会哲学上的若干应用》，着手翻译。到又要开始监管他时，"两者合计，已成译稿约40万字。1968年监管开始搁笔"[12]。只是这一次不会再有稿费了，从前为他争稿费的人如今蹲在大狱里，生死未卜。可就算他在，也绝不会再有任何刊物敢登载这样的资产阶级大毒草了。

没有稿费顾准照样译得乐此不疲，读得如痴如醉。

在翻译的过程中，他还找出著者其他的著作以及相关外文文献来对照。有1962年令他"不胜汗颜"的教训在前，他不敢再轻信自己的英语水平，只有举一反三，触类旁通，翻译出来的东西他才会比较放心。

为翻译约翰·密尔的经济学著作，他去读他最著名的《论自由》。1903年严复曾以《群己权界论》为名首次中译此书。该书旨在探讨"社会可以合法地施加于个人的权力之性质和界限"，它提出了一个所谓"极简原则"，即"人类可以个别地或集体地对任何成员的行动自由进行干涉，唯一正当理由是旨在自我保护"。全书的宗旨是"如果整个人类，除一人之外意见都一致，只有那一个人持相反意见，人类也没有理由不让那个人说话，正如那个人一旦大权在握也没

---

12 《自述》P308

有理由不让人类说话一样"[13]。

　　顾准1972年的日记对再译、再读《论自由》作了记录，可惜那时他的生命已近尾声，日记记得极其简单，简直就是一张张书目表。但是从他的读书笔记以及通信文稿看，约翰·密尔的"自由史观"对他的影响是非常大的。

　　他也阅读罗宾逊夫人《经济论文集》的其余卷。这样的阅读过程令他的英文阅读能力迅速提高，加上是中英文交替阅读，也令他愈来愈能辨别出中译中的错误并据此修正自己从前的理解。

　　每天的读书、笔记、数学学习、翻译、给妻子和孩子们写信、挨批斗、写交代、写坦白、扫厕所、吃饭、睡觉……填满了他的作息时间表。书桌和斗室里到处是书籍、纸张、计算尺、字典。你倒是看他哪里有时间去哀叹、厌世、颓丧和自怜，就算是想"沉沦"都没有时间去沉啊！他就这样一直折腾到1968年8月再一次的"监管"开始。

　　是时"工人毛泽东思想宣传队（工宣队）"和"军队毛泽东思想宣传队（军宣队）"进驻一切读书人成堆的地方，是为工农兵改造知识分子。一般的知识分子接受一般的改造，特别"坏"的知识分子，例如顾准之流，就需要监管。监管室——经济所（后来是学部）的一间小屋，除了不许读书，不许写字之外倒也没有什么过于不人道的地方。监管对象一共是3个，除了顾准，还有李云（前国家建设委员会劳资局副局长，和顾准一样被"贬"到经济所做研究员）和江明（高岗先生的外甥，舅舅倒霉跟着倒霉的留苏海归）。多年后据监友李云说，三人常常围坐一起高唱"国际歌"。这个细节可信度不是太高。

　　兴许是李老先生《红岩》看多了，忘了三人都是"牛鬼蛇神"而不是江姐许云峰。"国际歌"是监管他们的"人民"的圣歌，岂能允许3个年过半百的老牛鬼蛇神去"亵渎"？这是其一；其二，此时的顾准早已深究过百年前的"巴黎公社"，仅仅他已经面世的文字，提到"巴黎公社"就有近20处，尤其下面两段最为触目：

13　约翰·密尔《论自由》

"奢望什么人民当家作主,要不是空洞的理想,就会沦入假民主之名实行独裁的人的拥护者之列。要知道,人们让你读六本书,读巴黎公社史,目的是让你反对两党制啊!再进一步说,人文科学中的一切东西,都是理论指导实践的,思想永远是灌输的。"[14]

"正是巴黎公社的失败,正是白色恐怖的无比残暴,这才在后代'要革命的人们'中间留下了这样一个无可辩驳的命题:'对敌人的仁慈,就是对人民的残暴。'现在,1917 年有了充分的条件了:革命的专政,粉碎一切反革命的抵抗,革命的恐怖就是人道主义等等。1917 年的革命胜利了。而以上这些命题,到这次文化大革命,依然还是有力的鼓动口号。"[15]

不仅如此,深谙英语,粗通法语的顾准非常可能知道"国际歌"不止只有已经译成中文的 3 段歌词,而是 6 段。恰恰是那未被翻译的、满含无政府主义红色恐怖元素的后 3 段歌词,正是他所憎恶的"革命的恐怖就是人道主义"的、被谱了曲的理论。12 岁信仰过,13 岁就抛弃了"安那其主义"的顾准,对巴黎公社式的直接民主是持鲜明批判态度的,谁要说此时已经相当哲学化了的他能把个"国际歌"唱得慷慨激昂,热血沸腾,感天动地,谁信呢?

话说两头。此时坐在正经牢房——秦城监狱里的孙冶方可一天都没闲着。老先生正在用打腹稿的方式撰写他的《社会主义经济学论》。腹中打好一段,口里背诵一段,腹中打好一篇,口里背诵一篇,到七年后出狱时为止,他已经把 10 万字的腹稿背得滚瓜烂熟。

监管期间,顾准将《毛泽东选集》一至四卷再一次通读了一遍,重点细读了毛先生未公开发表的《政治经济学笔记》。"1968 年 8 月开始的集中监管,除读书生活不得不中止而外,我的生活方式并无重大变化,情绪上也没有什么波动……有一个时期和张之毅坐在一起,得以借读他那时还保存着的未发表的主席著作集,读了一些例如《政治经济学笔记》这样重要的主席的光辉著作,对伟大的毛泽东思想获

---

14 《文稿》P390
15 同上 P394

得了从前未曾达到的体会。"[16]

如今他渐渐也学会了说些人前必须说的八股套话。

顾准的读书笔记有很大一部分没有日期记载。推算起来,监管期间靠打腹稿、打脑稿记下的东西可能占了不小的比例,而且也能从有日期记载的部分找到它们之间明显和有机的联系。后人将他这一时期50多万字的读书笔记很专业、很到位地编纂为三大部分——《历史笔记》《马恩笔记》和《西方经济学笔记》。就是从这些读书笔记以及日后他和六弟陈敏之的通信文稿中,一个政治哲学家的形象脱颖而出。

政治哲学,从某种角度看,不就是一种信仰的哲学表白吗?

2. 美丽炼狱

顾准的监管结束于1969年10月的最后一天。

10月底,中关村民族学院学部民族所里的集中监管就要结束了。顾准作完了最后一篇"坦白交代",就是那篇《1934-1940年的上海地下工作》的"补充交代"。从监管开始,他又写了上百万字的"坦白交代"和"罪行交代"。

整整一年他都在写。不写不知道,一写才知道自己竟有这么多的罪行得向"人民"交代,这么多的罪孽得向"人民"坦白,直教人秋写到夏,春写到冬。

顾准也许知道得不全面,但绝不会一点都不知道,在地球的另一面,在他最关注的思想和学术领域,此时此刻正发生着什么——

此时,新自由主义的代表人物哈耶克正在撰写新作《致命的自负——社会主义的谬误》。他的《通往奴役之路》20多年来已经在全世界政治学、经济学和政治哲学领域引起了巨大的震动和堪称历史上最经典的经济学对决。隔着一道巨大的鸿沟,决斗的双方彼此凝视着——

---

16 《自述》P316

哈耶克 VS 凯恩斯。这道鸿沟就是顾准的时代（也是我们的时代）最壮观的经济学之争：政府是否应当干预市场。中国人顾准对双方都倍加欣赏，也欣赏着这场对决，但他有自己的立场，这个放到后面讲。

此时，新制度学派的领军者加尔布雷斯的新作《经济学，和平与欢笑》《新工业国》业已问世。这位美国经济学家是顾准所熟悉的，其代表作《丰裕社会》被他多次摘录和引用。富足经济与糊口经济间巨大的物质和精神差异以及来龙去脉已经被他思考多年；

此时，世界经济学界里程碑式的人物萨缪尔森的巨著《经济学》已经出到第18版。这是一位和顾准同年（1915年）诞生的美国经济学家。1948年，35岁的他出版了经济学教科书《经济学》。到顾准日日夜夜写坦白交代的1960年代末，四卷本的《萨缪尔森科学论文集》又出版了。萨氏的著作也是顾准常常摘录和引用的。到2009年94岁高龄去世为止，萨氏的《经济学》已经以各种语言出版了1千多万册，成为世界经济学学子们的必读书。此时距中国人顾准的离世已经整整35年；

此时，发展经济学先驱罗斯托的新作《这一切是怎样开始的：近代经济的起源》在世界经济学界名声大噪。这位经济史学家试图用经济理论解释经济历史的进程，把社会发展分为必须依次经过的六个阶段：传统社会阶段、起飞准备阶段、起飞进入自我持续增长的阶段、成熟阶段、高额群众消费阶段和追求生活质量阶段，并企图用这种理论代替马克思对人类社会历史发展阶段的划分。顾准熟读他《经济成长阶段——非共产主义宣言》等早期著作，在其"读书笔记"中无数次摘录和引用，常和他进行隔空的神交——讨论和争辩；

此时，和顾准命运相仿，又比他幸运得多的政治哲学家沃格林的《历史与诺斯替主义》已经付梓。1938年，37岁的维也纳大学法学院政治学教授艾瑞克·沃格林惊险万分、千钧一发从纳粹吞并了的奥地利逃往美国。正是这种特殊的经历与美国开放、自由、多元的学术环境成就了20世纪这位伟大的政治哲学家。顾准和沃格林擦肩而过，无缘相识，多么可惜，仅仅"政治观念始自希腊化时期""城邦的世界"话题，他们就会有多少共同语言。很难想象如果顾准能像沃格林那样从专制的铁蹄下逃出,也能在胡佛塔下阅读、徜徉和冥想,他在历史学、社会学、经济学和政治哲学上的造诣会达到何种程度,至少中国的政治哲学领域不会静寂如冬至今吧。

……

地球在旋转,光阴似箭,日月如梭,一万年太久而一生太短。可怜的顾准,此时距他生命的终点只有5年的时间了,却正下笔万言,洋洋洒洒地写着这些被日后年轻人评价为"淡如白水,味同嚼蜡,不忍猝读"的东西。很难向未曾亲历过的人解释那个年代所特有的行为方式。仅仅是文风,它提倡的浮夸、重复、虚假、空洞就很难解释得清楚。只能说这是"使一片田地的谷子长得一般齐"所必要的手段。只可怜那些被"砍掉了长得过高的谷穗"后留下的谷秸,它们因此比原就矮小的谷子们显得更加羸弱和空虚,也更加卑琐和可怜。

深秋夜,夜深沉,万籁俱寂。长长地出了口气,顾准写下最后一行字:"1969/X/26 志于民族所的幽静之极的办公楼内"[17]。这"幽静之极"的办公室和它楼下同样幽静之极的楼梯间是顾准两年来安身立命之处。楼梯间小到无法转身,逼仄阴暗,没有窗户,没有暖气,但它是单独的,可以容纳、容忍作为人的生活和隐私,给了他一个思考和精神放飞之处。除了那百万字的坦白交代,他大量的阅读,大量的读书笔记(卡片)也是在那里完成的。他好生留恋。可这里呆不住了。监管结束了,他这个老右派、死老虎要重新"交到人民手中"去训诫和改造。

不过这一次不叫"劳改"了。劳改这个词汇(Laogai)已经和苏联的古拉格(Gulag)并列,双双被收入《牛津简明英汉词典》和《牛津成语和寓言词典》,多少有点"国际影响不好"。这次伟大同志搞了点新意思,改了个名字叫"五七干校"。

1966年5月7号,在一份林彪转来的解放军总后勤部工作报告上,极峰做出大篇幅批示:"只要在没有发生世界大战的条件下,军队应该是一个大学校……这个大学校,学政治,学军事,学文化,又

---

17 《自述》P460

能从事农副业生产。又能办一些中小工厂，生产自己需要的若干产品和与国家等价交换的产品。又能从事群众工作，参加工厂农村的社教"四清"运动；"四清"完了，随时都有群众工作可做，使军民永远打成一片。又要随时参加批判资产阶级的文化革命斗争。这样，军学、军农、军工、军民这几项都可以兼起来……。同样，工人也是这样，以工为主，也要兼学军事、政治、文化，也要搞"四清"，也要参加批判资产阶级。在有条件的地方，也要从事农副业生产，例如大庆油田那样。农民以农为主(包括林、牧、副、渔)，也要兼学军事、政治、文化，在有条件的时候也要由集体办些小工厂，也要批判资产阶级。学生也是这样，以学为主，兼学别样，即不但学文，也要学工、学农、学军，也要批判资产阶级。学制要缩短，教育要革命，资产阶级知识分子统治我们学校的现象，再也不能继续下去了。商业、服务行业、党政机关工作人员，凡有条件的，也要这样做……"

  这篇一反他圈阅、"已阅""照办"简洁风格的、长近8百字的批示，与"吹响无产阶级文化大革命战斗号角"的《中国共产党中央委员会通知》——吹响"五·一六通知"同时出台，以《人民日报》社论形式公之于众。社论的通栏标题是《全国都应当成为毛泽东思想的大学校》，它告知"人民"：这是一步"马克思列宁主义划时代的新发展"。它俗称"五七指示"——又一幅"地上天国"景图，它将是：消灭分工的、消灭商品的、平均主义的、"大学校"式的社会。一言以辟之，就是要在地上、首先在中国建立一个一统、恢弘、存天理、灭人欲的"人间天国"。

  如此宏伟的社会改造大蓝图，可惜"是非成败转眼空"，文革尚未结束，它连同其实验结果倒先就灰飞烟灭了。更像是一个没有可执行性的乌托邦宣言，"必定要'砍掉长得过高的谷穗'，必定要使一片田地的谷子长得一般齐，（却）又不精心选种，不断向上，却相反要高的向低的看齐"文稿P268，这个典型斯巴达式的社会结构规划蓝图，无论从政治学，经济学或社会学的学术角度看，还是从其虎头蛇尾，无疾而终的实验结果看，都是一种强行推行个人政治抱负，继1958年"总路线""大跃进""人民公社"后又一没有科学依据和理论基础,任性与不正常激情的产物,也因此和上述诸物同样短命。

顾准前往的,就是这样一所"大学校"——河南息县五七干校——始自1969年11月,终于1972年6月,寿命的长短基本和全国"五七干校"同步,好像还要更短一些。

文革至此已3年有余,绝大多数中国人都厌倦了,再说得坦率一点——"人民"开始不耐烦了,人人希望能恢复到正常的生活中去,工人做工,农民种地,学生上学,军人守土,读书人教育、研究或者著书立说。可是三年多的运动已令中国满目疮痍,经济上姑且不论,人与人之间因真诚、信任和善意丧失而无法回到从前才是最可怕的,其中又以读书人的问题尤难解决。中科院是读书人最集中之处,自然科学部分还好说,数理化、航天航空、原子弹总还是得搞,哲学社会科学部(简称学部)就不一定了,况且那里还是个"黑马乱嘶"、"谷穗过高"的重灾区——经济所、文学所、世经所、历史所、哲学所、民族所、考古所、近代所,就连自然科学史所也未能幸免(以上进入息县五七干校各所名称均出自顾准日记),拎出哪一个也算不上是社会主义革命必不可缺的战斗员,都是有你过十五没你过初一,成事不足败事有余的主,你不去干校谁去干校?

五七干校说的是"工、农、兵、学",实际上并无工人,农民本就是当地人,兵则都是领导——军宣队,且数量极少,真正的五七战士都是读书人,除了学部,各大部委,各文学艺术、学术团体的读书人也都在内。

比起十多年前去右派劳改营,去干校要"体面"得多,就因为人多势壮,且越是精英越是要去,特别是学部,五七队伍蔚为壮观。人们平常难得一见的人物,例如俞平伯、何其芳、钱钟书、丁声树、徐懋庸、吴晓铃、吕叔湘等等都一锅端来了。年过七十,因被毛泽东著文批判而声震全国的俞平伯老先生更成为老乡们追看、围观的"星"级人物。

干校的全体人员一律军队编制,学部为团,配政委副政委,研究所为连,配指导员副指导员。七连就是经济所的人马。如此,中国科学院经济、文学两所,连职工带家属,男女老少,瓶瓶罐罐,几百号人，1969年11月16日启程，在不足24小时内经由火车、汽车、徒步，"雷厉风行，令出如山，完全部队做法"69.11.18.地从北京建国门学部大院直插河南省息县东岳镇——一个连电力照明都还没有的中原贫穷乡村。

"五七战士"们分男女住在仓库里，犹如洪秀全的男女营。许多女人还带着孩子，孩子们小的不分男女都跟着妈妈，大一点的男孩子们就跟着爸爸，适龄的都被安排进当地学校读书。至今已经五六十岁的当年娃娃，有些还能说一口地道的河南息县话。

劳动主要是盖房，为自己也为后来者。人人都以为这种生活方式要长年累月地继续下去了。顾准也逐渐灰了回北京搞研究的心，除了死心塌地地干活，就是千方百计想办法不要彻底脱离文字、文化和文明，经济学研究是搞不成了，但"一个人的探索"绝对不可丢，这是他的生命意义所在。

生活方式的陡然改变对老弱病残而言是残酷的。仅仅顾准日记的记载，死在干校的就有一干人——病死的、累死的、斗死的、自杀的和被杀的。除此之外还有两位老先生是看电影活活给看死了。当年八个样板戏都已拍成电影，看一遍是不成的，隔三差五就必须重看一遍，令"人民"不胜其烦。露天放映还好，影院放映为了防止人们中途退场，常常大门反锁。那年头因看样板戏电影突发猝死的事故时有发生，人们见怪不怪。假如不是曾经亲历，如此千古怪事著者我是万不敢采信的。

高集——中山靖王墓、金缕玉衣的的发掘和考古者，"先割静脉，未成，上吊，绳断，跌断二三个牙齿，伤太阳穴。然后去取新绳，砍了，系了，毕竟死了"[18]，可见其去意多么坚决。

仅经济所，随儿女去干校的老人们就死了三个。学部死在息县干校的所谓"五·一六"份子就有12人。更有惨者，一位所谓"五·一六"份子不堪凌辱自杀，在埋葬的当晚就被人掘开坟墓，剥光衣服和裹身的塑料布，暴尸荒野。并非是有人要掘坟鞭尸，而是当地穷苦至

---

18 《日记》1971.8.8

极的老百姓贪图他那身衣服和裹尸的塑料布才出此下作之手。

批判会是必修课,大会、小会、晨会、夜会,昨天批判刘少奇、今天批判五·一六,明天批判狄超白,后天批判孙冶方(人都在牢里还得批)……,反正不能让人消停和安静,好像只有不间断的喧嚣才能给所有的人带来安全感。

是年顾准自己也已55岁,干校两年多的艰苦劳作,其强度大大超过了一位半百之人的承受力。除了与当年商城铁佛寺劳改营相仿的起猪圈、担粪、种菜之外,建造干打垒式住房的重要工序——脱坯和搬运更是最重、最累的活计,比他年轻十几、二十岁的人做起来都非常吃力,他都挺过来了。频繁的发烧和"铁锈痰"都不是要求休息的口实,要求休息一天就被认为是"偷奸耍滑",这对他是莫大的侮辱,比叫他"老右派""反革命分子"更令他不堪忍受。他也从此不再要求请假,只要还能爬起来,还能吃饭,他就不认为自己在生病,就去拼命地干活,不是表现给别人看——一个老右派,累死也是活该,再积极也不会给你摘帽,而是以身体的疲劳去抗拒内心的痛苦。

干校初期他常常被批斗,曰"田头批斗会",是为贯彻"阶级斗争必须年年讲,月月讲,天天讲"的最高指示。愚蠢的人们还殴打他,以为这样才能更明确地表明自己政治上的正确。可怜打人者文化水平都低,是经济所的工人,而恰恰是"工人阶级必须领导一切"的最高指示令他们的文明水平也随之低了下去。可是拳打脚踢哪里压得服"老运动员"顾准,他一次次从地上爬起来怒吼"我不服!","我就是不服!!",打人者手脚发软,围观者无不动容。

今天的人们很难想象一群人围观一位手无寸铁的老人被年轻人殴打的场景,当年却是家常便饭,你走开不看都不行,那叫"丧失阶级立场"。可也就在围观中,一批年轻人开始觉醒,开始被这位不屈的人感动,甚至以为看到了英雄。

他们原来和这个孤傲不驯的半老头并不熟悉,除了在批判会上照本宣科,人云亦云地批判他之外,并不清楚此人到底是怎么回事。如今总算是见识了。几年间看惯了被欺凌被侮辱的书生们要么猥琐下去,要么疯掉,要么自杀,单是这老者为保卫自尊,"士可杀不可辱"的做派也令他们敬佩不已——真汉子，大丈夫也。不过此时他那一肚子学问他们还没有领教呢。在以后的日子里他们纷纷向苦命的顾准靠拢，从他身上学到了任何一所大学都学不到的睿智，汲取了够用一辈子的做人道理和生命真谛。

许多人被他改变了，更有些人的一生都被他改变了。

劳作、殴打和精神折磨使顾准原本就不好的肺部迅速地向绝症发展，从铁锈痰到咳血，从肺炎到肺癌。他并不自知，还常常乐观地记录下自己惊人的饭量和不医自愈的速度。

"休息一周，饭量甚至更大于劳动之日，最多一天吃过1斤7两，消化良好，肺炎后的严重消瘦逐渐有所恢复。惟晨间常仍发现铁锈痰。既然一不发烧，而饭量好，体重恢复，也就不去管它是怎么回事了。"[19]

这非凡的生命力真令人惊诧和肃然起敬。

息县五七干校建校方针美其名曰"经济建校，突出炼人"。至于效果，顾准总结道，"炼人效果如何，可以用'谁来谁变'四字概括"[20]。怎么变，他没写，但可以用和他同期在东岳、明港干校的学部资料室研究员孙越生先生的话来做个诠释：

"在干校之外，农民的生活依然故我，也就是说，照样贫穷。唯一能给我安慰的，是干校周围的风景非常美丽，美丽得使画家不能不为之手痒，诗人不能不为之心动。自然的美丽风景和干校的痛苦生活形成了强烈的反差——这么痛苦的炼狱居然存在于如此迷人的自然美景中；这么美丽的自然场景中却上演着如此残严酷的政审运动。天地间如果存在有情有义的逻辑与历史的话，必令逻辑为之踌躇，历史为之踌躇。"[21]

遗憾的是逻辑和历史从来都不会是有情有义的，它们不会踌躇，

---

19 《日记》1970.2.28
20 同上 71.4.1
21 孙越生《官僚主义的起源和元模式》

怜悯和改变，踌躇的只能是人，改变的也只能是人。顾准也变，光看他日记风格之变就够了。从息县日记开始，他的日记只记录，不置评，例如记录干校这件事情本身的存在状况：人们花费了大约一年半的时间做基本建设，以为此生就"扎根"在这里（东岳）了，可"实际上只是忙着给（后来的）下乡人员建筑屋居"。还未等新盖的房子住上，人们又接到"集训命令"，一窝蜂搬到别处（明港）去，一年后又一窝蜂回了北京。从始至终，"这个干校'中央交给河南，河南交给信阳，信阳交给息县'，到今天为止，谁来接收尚无信息"[22]，学部息县干校一时成了无人认领的弃儿。又一次建立在"拍脑门子"式任性和激情上的产物——五七干校，真真是，用一句河南土话，叫"亲娘后妗子，提溜起来一阵子"。

顾准已经习惯了这种"旋兴旋废"，莫名其妙的折腾。

"57年以来，我目睹过居庸关绿化，机关农场，大韩继建房，皆旋兴旋废，东岳干校其第四次矣……这一批多年积累的学士，不宜务农太久，干校生活，只得戛然而止。"[23]

实际上此时离干校生活的"戛然而止"还有一年多，人人都以为要就此生活下去了，却又被他预测到了"干校"的短命。

俄国大作家陀思妥耶夫斯基曾在他的《札记》中写道，"一想到有时你走在街上，竟会看见莎士比亚当马车夫，拉斐尔当铁匠的场面，就不由感到不寒而战"。这种场景在五七干校却是常态——钱钟书做邮差，丁声树烧锅炉，俞平伯种菜，何其芳喂猪，徐懋庸担粪、吕叔湘卖饭，吴晓玲管仓库……。其实看惯了也就无人会"不寒而战"了，一切好像本该就是如此。

顾准更不会"不寒而战"。早已身经百战，什么样的场景他没有见过？"寒而不战"才是硬道理。他只是埋头记录：

"巫宝三脱坯，章有义制瓦，杨坚白和泥，骆耕漠装麻，林里夫

---

22 《日记》1971.3.31-4.1
23 《日记》1971.3.31-4.1

拉车，看来也是勉强……"[24]

况且他比谁都清楚，在一个正常国家里这种场景是长不了的，除非这国家自己想亡国。

劳作的艰苦顾准是不惧的，可怕的是告密之风在毫无个人隐私的大军营里盛行并像瘟疫一样蔓延开来，连随行的孩子们都无法幸免。每一个"五七战士"都有互相监督和告密的义务，大车店式的生活环境也使告密更加方便和简捷。所有人只有在"战士"这一点上是平等的。这里要的就是"谷子长得一般齐"的、必须的平等，那么首要一条是降低教育水准，文化科学水准以及才能的水准。革命用不着太高的才能，"砍掉长得过高的谷穗"才是当务之急——西塞罗必须割去舌头，哥白尼必须挖掉双眼，莎士比亚必须砍去右手，只有这才能达到乌托邦内的平等！

顾准的息县日记曾记下当年一个年轻人——沈元之死，确切地说应该是记录下了一次"直接民主"的过程——"人民"集体讨论并做出了剥夺一个人的生命的决议。顾准预测了沈元之死，惟其如此，貌似平淡的这段文字才尤显恐怖：

"又沈元乔装黑人企图入法国大使馆未果，如何处理，北京已交群众讨论，同志们的估计，此人大概也是要处死刑的。"[25]

沈元，1955年17岁以当年高考文史类极出色的成绩考入北京大学历史系，1956年从美国共产党机关报《Daily Workers》（工人日报）上读到赫鲁晓夫的秘密报告——《个人崇拜及其后果》后，不知天高地厚立即摘译了部分章节在同学中传播。1957年，19岁的大三学生沈元被打成右派并被北大开除，流放京西门头沟劳改。1961年经由街道摘帽。后经医学家姑母向中科院学部推荐，刘导生、黎澍等学者看过这位年轻人的著述惊为奇才，当下揽入近代史研究所做实习研究员。1962年著《〈急就篇〉研究》深得郭沫若、翦伯赞、范文澜、

24　同上 1971.11.22
25　同上 1970.3.16

黎澍、丁守和等大家赞赏。未几又在《历史研究》杂志上发表《洪秀全和太平天国革命》长文，被中国一号党报《人民日报》摘编为《论洪秀全》整版刊载。在连顾准都被说晕了的"群星灿烂"中，他又写出洋洋洒洒一篇大文——《马克思主义与阶级分析方法》，以假名发表在《历史研究》杂志上并再次被《人民日报》全文转载。一时间"沈元道路"的窃窃私语竟有盖过"又红又专"口号之势，学界甚至有"与其学习雷锋不如学习沈元"的声音出现[26]。这棵"长得过高的庄稼"引起了同行人群的共妒，被几位分手多年的北大同班"调干生"同学以"右派分子妄图置喙当代政治"为由，不依不饶一路告上去，直告到极峰处。

极峰的班子们却看出了这年轻人的可用之处。是时文革小三王——王力、关锋、戚本禹连带"旗手夫人"的秘书阎长贵，都已作为文革祭坛上的替罪羔羊入狱，这年轻人正是"今上"身边最缺乏的笔杆子。他不幸进入某位君侧重臣视线之后的事情，就太扑朔迷离了。多年后有位亲历者这样表述："沈家中被抄时有毛氏宗谱，陈伯达给的。陈伯达要他写文章。他说不能写，写出来要杀头的"[27]。更加诡异的是，"不肯就范"或是"不肯引颈就戮"的他，传说居然蠢到用黑皮鞋油涂抹手脸企图闯入苏联大使馆，被中国卫兵识破并逮捕。就在顾准写下这篇日记33天后的4月18日，32岁的沈元在北京永定河畔被枪决，尸身未冷器官即被摘取。

沈元之谜至今无解——当年的判决书和后来的平反书都对他的"出逃"忌讳莫深，尤其是他究竟"出逃"到哪个大使馆，既无官方文字也无民间口述，就连曾经同关一个死刑号子的难友也没听说过他的案情[28]，这才有"苏联""马里""法国""某非洲"大使馆之类臆断。更有人断定所谓"黑皮鞋油"根本就是子虚乌有，沈元就是被灭口。而沈元之死更是被导演成一次"直接民主"的恐怖路演——由"群众拇指向上或向下"来决定是否剥夺一个同类的生命。那一天的

26　吴同瑞《北大成了资产阶级权威贩毒的市场》《人日》1966.6.23
27　郭罗基《哀沈元》
28　张郎郎、马捷生、周七月口述

中国式"贝壳放逐"和"苏格拉底判决",军管会人物就坐在台上,近代史所全体人员一致通过了处死沈元,且至今没有一个人否认自己曾经投下的那枚"放逐的贝壳"和那只"向下的拇指"。

是"我们",砍掉了这颗长得过高的庄稼。因为"我们"被告知这是保持乌托邦式平等的必要行为。就在这种"平等"中,顾准写下了至今被人诟病的《新生日记》。

3. 新生日记

1969年10月31日,就在"坦白交代"写完最后一个字的几天后,顾准开始用一只新的日记本写干校日记。

如今面世的《顾准日记》,1960年3月2日是他文革前的最后一篇,到突然出现的、1969年11月1日开始的他的干校日记(新生日记),中间的空挡整整9年半。姑且认为他整整9年半没有任何日记文字留下吧,虽然这非常令人怀疑和沮丧。

在这只新的日记本扉页上,他写下:

新 生 日 记
顾准
1969/XI-1971/IX
北京-东岳-明港

这些字样好生怪异,和常人写日记,写到日记本的最后一页,是哪天就是哪天大不一样。

扉页的自题字,只有一种可能——写日记在前,题扉页在后——没有人写日记会预先设计好"这一本"要从哪年哪月起始到哪年哪月结束。更不可能的是一个早已被踢出"决策圈"的人会事先知道"北京-东岳-明港"如此明确的干校地址变更程序。

还有个蹊跷。

这本日记的记法是这样的:前边一页或两页为流水略记,逐日记录，一日一行，记满为止，十分简单；接下来再一天一天详记，但也不是非常准确的排列，前后也有一些日序上的混乱。有时写着写着又写过了，比如某月前面的流水账只记到7号，后面的详记却写到15号了，那么在下一单元里又来补记流水账。

由此可以判断，略记都是当天写下的事体大概，而详记都是日后补充的事体细节。如此日记体是不多见的，有一种极大的可能性是出于写日记人谨慎的深思熟虑——临睡前先记下大体事件，不详述，不评论，以免言多有失。得空时再字斟句酌地补上细节，更加字斟句酌地加上评论，但绝不留下招灾惹祸的莽撞文字。

五七干校的人们过的都是公众生活，没有任何个人隐私可言。

"这里不可能有办公室和家庭的二重生活，一切都无法隐蔽……"[29]。

这样的生活顾准在他生命的最后一程过了将近3年，从1969年11月到1972年7月。"日记"早已不是私器，主权并不属于他的主人——"我"，而是属于"人民"。既然在乌托邦中，在广大人民群众的眼皮子底下写，当然谁要看都是可以看的。你可以不写，但我要看的时候你不可以不让我看，这就是游戏规则。

实际上这个游戏规则从延安时期就已经有了。到了文革时期，日记已经成了最好的"试金石"——检验你对党和"人民"是否藏"剑"或藏"奸"，在党和"人民"要求你交出来公布于众之时。彼时有不少丧生于"反动日记"者，例如遇罗克、张志新等，也有许多人就此罢笔。

顾准原是可以不写日记的，可是没有文字的生活对于他真是"毋宁死"般的难受。众目睽睽之下他也不可能像在北京的楼梯间里那样读"杂书"，写笔记和作卡片，除了写不完的、味同嚼蜡的检查、坦白、交代之外（他原以为在北京已经写到山穷水尽了，却不料革命正未有穷期，还早着呢），剩下也就只有写日记一项可以接触文明、文

---

[29] 《日记》1969.11.26

化和文字之事了。

不过你要断定他是因为穷极无聊才写什么"新生日记",那也肯定不对。

日记被写得非常认真,没有玩世不恭,没有嬉笑怒骂,也少有含沙射影如"清风乱翻书""扒灰烧火"之类的讥讽。日记的篇幅还都特别长,占去他全部已经面世日记的2/5,将近10万字。除了那些被后人诟病为"猩红热"(例如1970年1月1日"元旦决心会"一篇)和看出了"端倪"(例如1971年6月10日"读天演论"一篇)的文字外,其他的文字无不是在"关心国家大事",而这正是极峰号召"人民"去做的。有时他也略抒胸臆,但不哀不怨,不急不躁,娓娓道来,慢慢说去。

有人为新生日记送上了四个字——空、杂、冗、假,认为是一部专门写给"人民"看的假日记。更有学者出于爱屋及乌的情绪,直接叫它伪日记。"假不假,伪不伪"暂且不谈,还有一种可能性是不能轻易放过的,那就是顾准日记实际上并未中断,是接着"1960年2-3月间日记"断断续续写下来而并非人们今天看到整整中断了9年多的这个样子。

写惯了日记的人很难停下来,许多人会一直写到生命终结,直到再也拿不起笔来。顾准就是这些人中的一位,他一生的日记终结于1974年10月17日,距他的离世不足两个月。实际上10月16日和10月17日他除了记下日期外,一个字也没有写——他那只书写了一辈子的右手再也没有气力拿起笔了。

现在来看"假"和"伪"。

和他的党校日记、商城日记、北京日记相比,这本"新生日记"似乎更值得深究、也更有趣一些。这是一本随时准备"给人看"的日记,"我"在其中是什么很不重要,重要的是"你们"允许"我"是什么,但是我依然要写下尽可能真实的"我"。

极少有人经过文革还保持着健康的人性和人格。文革最大的破坏是对真实,真诚的否定。你剥夺了我知道真相的权力,我很快就不想、不敢、不再讲真话,从对政权、政府直到对亲友、家庭和配偶。

这是一种本质的破坏。人们出于趋利避害的本能，什么有利什么安全说什么。叶浅予先生曾说："思想改造的目的就是要改造到人人都能自觉地说假话，许许多多人（包括我自己）都是靠说假话活下来的。"[30]

顾准是一个不例外中的例外。

说"不例外"，是因为他也"靠说假话"活了下来。"坦白交代大全"中的假话就不追究了，"新生日记"中被后人冠名为"猩红热""雅努斯"的文字还是需要推敲的；说"例外"，是因为他在说"假语村言"的同时却未将"真事隐去"，对照他说假话（新生日记中）的同时以及前、后说出的真话（笔记、文稿和旁述中），不仅仅是精神高度上无需赘言的差异，就是语言文字本身的差异也是一目了然的——一个是人云亦云，照葫芦画瓢的集体癔症意识流，枯燥乏味，面如瘟三；一个是特立独行，散文诗般的个人意志表述，高山流水，独特清新。后者的美更加衬托出前者的可笑、虚空和丑陋，也正因为如此，这种反差的故意更叫人"纵难忘，费思量"。

就算是前者，有时也会露出隐晦但依然可察的端倪。这也是顾准文存的一大特色。他是在一个散发着邪恶气息的、变化不定的沼泽地上走钢丝，必须保持平衡，一个滑脚就意味着新的灾难临头，甚至是粉身碎骨。

顾准的"例外"在中国10年文革史上是罕见的，它除了需要独立思考的精神基础外，还需要高度的智慧，包括文字智慧来支撑。要了解顾准生命末端到底是九死未悔还是变幻陆离，除了他最后的空谷足音——那些足以传世的文稿，最好的史料就是这本《新生日记》。

可惜的是虽然顾准一再强调自己"新生"了，这本日记依然没有逃过被斧钺和腰斩的命运，特别是它的被"腰斩"——戛然中断于1971年9月2日，尤其令人起疑。此时距顾准和他的七连离开息县返回北京还有差不多10个月的时间，既看不出干校有何变故，也看不出顾准有何必须罢笔的原因。

30　叶浅予《自传》

已经面世的"新生日记"起笔于 1969 年 10 月 31 日，终止于 1971 年 9 月 2 日。与"党校日记""1959 年二、三月间日记""商城日记"和"1960 年二、三月间日记"相比，"新生日记"中断得更加离奇和没有道理，被删除、被缺页之多的故意也更加明显，更加惹人注目。在没有新的史料面世之前，我不得不说，这是因为有件惊天动地的大事情居然被顾准提前预测到了，也正是这些"预测"和后来的"记述"以及"评论"文字被齐崭崭地删掉了。

"参考不准看，思想不活跃，尤其近来几天，晚上常常很晚才能入睡。幻想消除了，见 5 日的日记。"[31]

强调"参考消息"不许看，难道是最近才"不许看"的吗？为什么突然不许他看了？而"5 日的日记"又何在？

"局势有变化，但仅仅是开头。而且局势的变化，在势怎样也是快不了的，它只能是月计不足，岁计有余，如果缺乏耐心，只有一条出路——不等了，不等也可以，但是，既然立志要等，而且我也等得起，又何必不等呢？要等，就要坚毅，脆弱是不行的。"[32]

顾准在幻想什么？在等什么？

他在等一个"月计不足，岁计有余"的局势大变！

这一次，再也无法让人相信这是日记主人自己的中断了。只要稍作回忆，任何一位经历过那个时代的人都会恍然大悟，豁然开朗——1971 年 9 月是什么日子？！

"新生日记"突兀地终止之后 11 天，九·一三事件发生！

这是中共党史上最难堪、最尴尬的大事，上上下下的"人民"群众无论如何也没料到会发生这样的事情。顾准料到了，只是在时间的准确性上略有偏差——不是"月计不足，岁计有余"，而是"天计不足，月计有余"。

"……（1970 年）XII 下旬主席与 Snow（斯诺 -著者注）谈

---

31 《日记》1971.9.2
32 同上

话……(1971年)I 元旦社论,提出进行一次思想和政治战线方面的教育……IV 下旬 Snow 文章陆续发表……17 日起《参考消息》发表 Snow 文章译文。排成上面这张大事表后,可以推测,揪出总后台在十一以后,元旦以前。"[33]

就在全封闭的息县干校,顾准以超常的观察和判断能力,仅凭着几张公开发行的报纸,整整提前 4 个月预测了这次惊天动地的中国政坛大地震。

怪不得彼时的 9 月份人家不再允许他看《参考消息》,而后人们则毅然决然地腰斩了他 1971 年的日记,两者大概都是出于万般的无奈——此人实在太厉害,什么都让他说中了,怎么得了?"人民"和"人民领袖"的面子可往哪里放呢?

所以我们看顾准先生的《新生日记》,最好是耐下心来学鲁迅先生看黄历——"凡事总须研究,才会明白",横竖睡不着,把个黄历颠过来倒过去地仔细看上半夜,你必能看出名堂。那就看下去。

4. "我决定不作魏连殳"

有句话在"新生日记"开篇第一天的文字中,不要轻易放过它,它是解读"新生日记"的好钥匙:

"我决定不做魏连殳,那是一个自暴自弃的人"[34]。

魏连殳者,鲁迅小说集《仿徨》中第一篇——《孤独者》的主人公,不大出名的一篇、不大被人记住的"这一个"。大先生笔下精彩的人物太多了,淹没在其中的魏连殳实在委屈,因为倘若放在别人的文字中,他的光彩即使比不上"阿 Q""狂人",至少也不应该在"孔乙己""华老栓"之下。

---

33 《日记》1971.6.23
34 同上 1969.11.12

连殳本是个新派知识分子,与夏瑜、"狂人"不同之处在于他对庸众更加彻底的疏远,也不再有那种主动对立的精神或者任何唤醒他们的愿望。他原是极富异秉,极清高超脱的,可依然失败了,最后还是成了权贵的幕僚。他写给叙事人"我"的信里说,"我快活极了,舒服极了","我真的失败了,然而我胜利了"。

周作人先生曾说,鲁迅的小说中从来没有一个像《孤独者》中的魏连殳那般和作者接近,可以把他看作鲁迅"作为一个陷于夹缝中的、必然会痛苦并感觉到死之阴影的笼罩的、觉醒了的孤独者的自我隐喻"周作人《鲁迅小说里的人物》)。

"我决定不做魏连殳",假如能将这句话视作顾准整本"新生日记"的基调,许许多多关于"两个顾准""猩红热顾准""雅努斯顾准""假日记""伪日记"……之类疑问、疑惑都会迎刃而解。

从表层看,顾准和魏连殳真是像极了,都是"作为一个陷于夹缝中的、必然会痛苦并感觉到死之阴影的笼罩的、觉醒了的孤独者"。对于无知的群众(庸众),他们都采取了疏远的态度,都很少有唤醒他们的愿望,都只对个别的人——魏连殳对"我",顾准对陈瑞铭、张纯音、吴敬琏等年轻人还有交流的欲望。

还有,他们都爱孩子。

魏连殳是"见到孩子眼里即刻就发出欢喜的光来",他说"孩子总是好的,他们全是天真"。人们形容他对孩子是"怕孩子们比孩子们见老子还怕,总是低声下气的"均摘自《孤独者》。而顾准的爱孩子是有目共睹的。在渴望爱自己的孩子们却无法爱的惨痛中,他把一腔父爱都投向了身边干校的孩子们。这就应了诗人雪莱和鲁迅小说同名的诗《孤独者》中的一句——"他的命运之杯虽苦,优胜于一个不懂得爱的可怜虫"雪莱《孤独者》。两人又都是"亲手造成孤独,又放在嘴里去咀嚼的人"摘自鲁迅《孤独者》,却也都并不憎恶生命。行到水穷处的两人,魏连殳说"我还得活几天",顾准则坚定地说"我要活下去"。

甚至连他们的病状和死亡都相似——魏连殳是位肺结核患者,时常咳血,最后死于大吐血。写新生日记时的顾准已经开始咳"铁锈痰"并很快转为鲜红血块,五年后死于肺癌。

但他们又绝不是一样的。

魏连殳最终放弃了天赋的异禀,随了时代的潮流,做了权贵杜师长的座上客——"我近来已经做了杜师长的顾问,每月的薪水就有现洋八十元了……我先前的旧客厅里现在有了新的宾客,新的馈赠,新的颂扬,新的钻营,新的磕头和打拱,新的打牌和猜拳,新的冷眼和恶心,新的失眠和吐血……"[35]。

顾准则将各种各样的"杜师长"拒斥到底。何曾是没有机会?但凡一生中能有一次屈从,他就会有比魏连殳更加热闹喧嚣的新客厅。但他至死也未屈从,从人性、人格和意志的意义上保持了不被玷污(虽然他自己还是不满意,这个放到后面讲),所以才有那最后的坦然和欣然——"我热爱生活,我知道生活在人间的日子已经有限,我将勇敢地迎接死亡的来临"[36]。

人的临终最能展示其本性。魏连殳与顾准的临终也截然不同,魏连殳至死都是孤独的,"在不妥帖的衣冠中,安静地躺着,合了眼,闭着嘴,口角间仿佛含着冰冷的微笑,冷笑着这可笑的死尸"摘自《孤独者》,想必他不会原谅任何人,也不会求任何人的原谅。他没有给这个世界留下什么东西。

顾准的临终是他苦难的顶峰,也是他人性展示的极致。他原谅一切人,也请求一切人的原谅。他的死何止是不孤独的,简直就是死在无边的爱海中(这个也放到后面讲)。他给后人留下的是一支轰鸣至今的精神欢乐颂。

两人的差别,天壤云泥。

顾准在"新生日记"中专门提到"魏连殳"这样一个不为世人熟悉的名字,且用了"励志"的口气说出(他的文字中极少出现"励志"用语和口吻)——"我决定不做魏连殳,那是一个自暴自弃的人……",用心良苦。

---

35 鲁迅《孤独者》
36 顾准临终遗言

"自暴自弃"者在顾准,既不是望岫息心的遁世,也不是做一天和尚撞一天钟的消极,更不是破罐子破摔的萎靡,而是魏连殳所谓"舒服极了的胜利",是那杜师长恩赐的"八百现洋薪水",是那"新的宾客,新的馈赠,新的颂扬,新的钻营,新的磕头和打拱,新的打牌和猜拳,新的冷眼和恶心,新的失眠和吐血"。

他早就和魏连殳分道扬镳,早就不认识什么杜师长,李司令了,如今再次声明他绝不做魏连殳——我是要一条道走到黑了,不论你们把我逼迫到哪一步,也不论有怎样的诱惑在前,我都不会放弃我内心的东西——良心。而黑格尔说,"良心,它就是对它自己有了确信的精神"。

这就是1969年"再活20年的勇气也增加了"[37]的顾准。

这个顾准当然是1959年商城的顾准,1949年大上海总税吏的顾准,1939年"联谊会"和孤岛的顾准,1929年"我也要扛起红旗"的顾准,1919年"五四""小姑私塾"的顾准。

他们怎可能不是一个顾准?!最后五年的顾准只有更成熟、更强大,人格没有分裂,人性没有异化。

5. 过不去的过去

"let bygones be bygones。"[38]

这是顾准"新生日记"开篇中的另一句话。

它真可以读作"让过去成为过去"吗?顾准真要把自己的"从前"弃如敝屣,从此洗心革面,重新做"人"了吗?为不再赘述,就从开篇说起。

新生日记从"生离死别,最是难堪事"的汪璧之死起头,真是个悲惨的"新生"。11月初,顾准在民族学院的监管结束,回到建国门

---

37 《日记》1970.6.7
38 同上 1969.11.12

内学部大院。针对顾准这类人的监管已经不叫"监管",改叫"毛泽东思想学习班"第 X 期。一般群众一听谁谁谁是第几期学习班的,一般就能立即判断他问题的严重性。顾准所在为第三期学习班。从他日记所记,头天"作最后的检查交代",第二天总结,第三天还在"全天修改检查交代",第四天再誊写检查报告,可以判断该期学习班是属于改造问题十分严重者的,一般问题者一二期就"结业"了。

第 5 天,他填写了去五七干校的登记表,随表写了一份要求见妻子汪璧的申请。

就算离婚了,就算恩断义绝,毕竟他们曾是 30 多年的夫妻,共同养育了 5 个孩子,何况两人曾经非常恩爱且并没有办理离婚手续。如今既然从"毛泽东思想学习班"毕了业,一百多万字的检查交代也缴上去了,还蒙恩能和众多人民内部矛盾的同事们一起去五七干校改造,他心里又起了些许希望,"我想,检查交代交了,应该不会再有什么要清查我与采秀之间的事情了。"[39]

"我和采秀之间"要清查什么事情?无非还是妻子包庇反革命分子丈夫,未把他胡批乱注的"毛选"主动交给组织,还帮助他刀劈斧砍、火烧水淹地"销毁罪证"而已。如今我自己已经坦白交代了个底朝天,你们再追究也没什么意义了。现在提出来见见老婆,就算根据"给出路"的政策也不为过吧?

可就在申请交上去的当晚,毫无征兆地,他突然之间就有了不详的预感——"晚上,开始感到秀也许不在了。"[40] 此时距汪璧自杀身亡已经一年零 7 个月。5 百多个昼夜都没有过的这种感觉令他抓狂。

其实"有朝一日能和妻子复婚"的念头一直都埋在他的潜意识里,现在最狂暴的已经过去了,它就浮了上来。那天偶遇经委大楼看门的张老汉,说到一个离婚的右派又复婚的例子,当场道破了他的心事——多希望自己也能这么幸运啊。

他徒劳地抗拒着不详的预感,可疑惑却愈来愈多,愈来愈大。他

---

39 《日记》1969.11.12
40 同上

坐卧不安。为了证实自己是庸人自扰，他豁出去了，转着圈地找组织，找工宣队、军宣队。做丈夫的向每一个能听他诉说的人保证"无论她死了，疯了，病重了，都一不影响下去，二不影响改造"[41]，请你们无论如何告诉我，我的妻子她现在哪里，怎么样了！

他恳求、哀求着，一个人一个人，一遍一遍地问，闻者无不为之动容。3天后，军宣队的指导员终于代表组织告诉了他真相。他陡然静了下来。

虽然早有预感，早有准备，可一旦噩耗证实，预感成谶，他依然无法自己。她真的走了，"可是死期，死况，遗言，一概不知"[42]。

天黑了下来，再不打饭食堂就要关门了。踅摸到饭盆，他呆呆地从食堂打来晚饭，四肢瘫软地伏在桌角上，下意识中竟还呆呆地吃了两口。起初，他只是抽噎，流不出泪来，之后总算能轻轻地哭出来了，过了好大一会才真正领会了别人告诉他的到底是什么，这才"悲从中来，脸伏在饭盆上失声大号"[43]。

一个54的男子，曾经的翩翩君子、桀骜不驯的高干、满腹经纶的学问家，一时竟将风度、面子、场合、影响、议论……这些国人最注重的东西全部抛到九霄云外，当众嚎啕，除了出于最深度的痛苦，出于对妻子最深切的爱、内疚和想念，还能是什么？"组织"上的一句话，所有的希望都破灭了。"66年在大韩继予六弟信，曾说到周口店的刮胡子刀盒被马蹄踩碎，云为镜破之谶"，镜子破了，还有"破镜重圆"的盼望，"不幸此种想望竟成泡影，谶语竟不幸而中"[44]，情何以堪，情何以堪！

"但是我还是抑制住，努力把饭吃完。我要活下去……。"[45]

失声大号后还能把混合着眼泪的饭吃完，这得有多么强烈的信念支撑着活下去的愿望。

41　同上
42　同上
43　同上
44　《日记》1969.11.12
45　同上

孩子们一个都不来见他，就算有工宣队、军宣队的同意、督促，最后已是强逼，他们就是不来，一个都不来。可明明是伤透了心的父亲却说：

"这些都无关宏旨。重要的是，我的《新生日记》增加了一重意义'Let bygones be bygones'。1944在延安，我为父亲服丧。这一回，我不服丧，因为我为秀服丧是终身的。长恨歌说'此恨绵绵无尽期'，那是空话。但是马克思把他父亲的小像，镶嵌在胸饰中的，带进了地下。我至少还要活20年，35年的记忆，至少在我心里还要活20年。"[46]

"Let bygones be bygones"——"过去的就让它过去吧"，果真吗？为什么后面的中文表述又和这句英文完全歧义？假如真的是"让过去成为过去""既往不咎"或者"不计前嫌"（该英文句子的3种中文语义 -著者注），那还需要巴巴地说到"终身服丧"，说到马克思父亲的小像，说到"35年，20年"什么的吗？不要望文生义吧，找本字典来，好好看个究竟，顾准的英语水平可不是等闲的：

"Let bygones be bygones"—"陪你到世界终结"。这，才是顾准的原意啊。

崇敬父亲的马克思在父亲去世后一直把镶嵌着父亲小像的胸饰佩戴到死，并在死后带进了地下，这是马克思的"Let bygones be bygones"。顾准没有胸饰，即使有，众目睽睽之下也不可能佩戴，但他有他的办法，顾准有顾准的"Let bygones be bygones"。

说是不服丧，可到了干校，他立刻向别人借来布票，购买了大量白布做成了被褥。"被服如此补充，逐渐可以成套，用的是大量素白维尼纶混纺布，枕套被里都是。我国服丧从白，这次整理起来的被服，大体上可以用到我长辞人世之日，服丧从白，从古礼也……"[47]。我用素白的被服为我最亲爱的人服丧，总不能为此治罪吧？

人说"多情未必不丈夫"，顾准对妻子（何况还是亡妻）的多情，

---

46 同上
47 同上 1969.12.11.

仅仅一本"新生日记"已经足够说明。在这本日记中他提到妻子,流下泪水的就有多处:

"我唯一(能)诉说我一切的人,只有她一个人!"[48]

"洗65年秀床上揭下来的垫被套一件。这件垫被套上还有血迹加粪迹,大概还是渤海区旧物,二十年未洗过的了。"[49]

"这些'家务活动',过去是写信给秀的资料,现在则'便纵有千种风情,待与何人说'?旬内,梦寐中曾痛哭失声,醒来强自抑制,犹留呜咽……"[50]

"自暴自弃,何以对死者?——秀永离尘世之际,究竟是怨恨我还是对我有所希望,也许我永远不能知道的了。然而秀实实在在为我而死,我若不能有所作为,我的生命还有什么价值?"[51]

"这次又是发高烧……,第三天发现铁锈痰,确诊为肺炎,是为一生中第三次患肺炎。回忆1947年宫乃泉诊治的一次和1953年住华东医院的一次,不免感慨。尤其1953年秀亲自送我住院,现则未及话别,竟已长逝……"[52]

"这些事,以前都写信告秀,甚至告已经长眠的秀。我现在无处诉说,默默地办了也就算了。"[53]

"悼念亡妻,无法自己。64年前半生经历,处处与秀有关,此生所有一切欢乐场面,都是秀给的。这几天,梦中有时出现这样一二个欢乐镜头,醒来悟秀已离人间……"[54]

"日子就是这样过下去了。心情宁静,只是昨晚梦见采秀,又哭醒了一次。"[55]

"芜湖到贵溪的铁路已在修建中。高兴得很,也不免引起悼念亡

---

48 《日记》1969.11.12
49 同上 1969.12.1
50 同上
51 同上 1970.1.1
52 同上 1970.2.5
53 同上 1970.9.11
54 同上 1970.10.15
55 同上 1971.1.26

妻的哀思。偕游秀故乡，登黄山，曾相预期，已成泡影……"[56]

"幻想消除了……'孤老头子'的凄凉感愈来愈甚，怀念孩子，怀念死去的采秀。"[57]

……

顾准的"新生日记"，从第一篇"开始感到秀也许不在了"开始，到最后一篇"怀念死去的采秀"结束，其哀其痛，如闻如见。在息县的日子里，一天他偶得英文版的德国作家特奥多·施笃姆名著《茵梦湖》，他边读边哭，最后竟是无法自己，泪如雨下。爱的执著，一定会有大痛。大痛之后能够化却一切的便只有那无边的孤寂，思忆渗透其中，点点滴滴，点点滴滴。40年前那个薄雾弥漫的清晨，19岁的他和20岁的秀手牵手登上流亡北平的客轮，黄浦江上汽笛一声，挥手从兹去，一去40年。如今雾霾未散，笛声未住，如何忽地秀就不见了？

"多年以后当人们再看到莱因哈德的时候，他已是个平静的老人，眼睛却依然澄澈。他依然想着他的伊莉莎白。"[58]是啊，就像他依然想着他的秀。

汪璧——采秀——秀，这才是顾准最过不去的过去啊。

6. 还是得谈谈"猩红热"与"雅努斯"

无论如何，顾准的"新生日记"都是最被后人难以理解和诟病的文字。人们认为"新生日记"时期的顾准已经不是原来那个顾准——

"'这个顾准，热烈讴歌'文化大革命的胜利成果，对'斗批改'加以充分的肯定……这时的顾准已经失却了免疫力，相当严重地感

56　同上 1971. 4. 30
57　同上 1971. 9. 2
58　特奥多·施笃姆《茵梦湖》

染了流行的'猩红热'……"[59];

"从顾准对于'文革'中种种倒行逆施的赞扬之词，肯定之语，讴歌之意，鼓舞之心，与红卫兵，与造反派，与军工宣队使用同样的文革语言，保持同样的宗教感情，不禁怀疑，是《文集》中闪烁智慧火花的那个人吗？……公元前的司马迁和文革中的顾准，其实都是'雅努斯'！"[60]

所以即使有了"魏连殳"这条线索，还是有必要谈谈关于顾准的"猩红热"和"雅努斯"现象以及"新生日记"是否为一本伪日记的问题。先从"新生日记"中挑出颇具"猩红热"表征的一段文字：

"元旦决心会

昨晚今晨的辞旧迎新，七连学员游行二次，部分同志连夜草决心书，今晨二排七时集合讨论，八时半开表忠心会，九时去指挥部呈递全连决心书，行列整齐，旗帜和主席绣像飘扬，口号震天，情状热烈，与在北京相同。元旦晨加餐，迟至十时以后才开饭。

元旦社论固然强调抓革命促生产，然而更加强调斗批改，包括整党建党大批判等在内。70年任务，看来后者较前者更为迫切。由是，对于学部五七干校的任务又有了深一层的理解。看来，上层建筑中的问题，目前重点在于整党建党，文教战线还未提到议程上来。文教战线上的问题早晚要提到议程上来，这时就会出现一次文艺复兴。这个名辞不确切，不仅在于内涵的不同，也在于其出现不见得是一次自天而降的狂飚，而是长时期的和风细雨——不，应该说是整整一个化育万物的东风化雨的季节。"[61]

以上摘自五七战士顾准1970年元旦日记。人们说"猩红热""雅努斯"，无非也就是从这类文字上得出的印象。先看看时代背景：

当年每逢有新的"最高指示"发表或者登载有"最高指示"的重

59　林贤治《两个顾准》
60　李国文《顾准的"雅努斯"现象》
61　《日记》1970.1.1

要社论发表,"人民"必须在第一时间做欢欣鼓舞、热烈拥护状,最常用的方式就是敲锣打鼓,上街游行,高呼万岁类口号。最新最高指示还常常选取夜间新闻联播时间发表,一般来说当日的新闻就会特别长,配音员就预告"这次节目大约需要 X 小时 XX 分钟",最长甚至能达到三、四个小时。这样听完广播差不多就半夜了。夜半游行是常事,回到住处人人连夜"草书决心"很平常,紧接着就开会"表决心、献忠心",跳忠字舞,折腾到第二天早上也不新鲜。按照五七干校"团结、紧张、严肃、活泼"的校训,顾准的七连还算不上太"紧张"的,"表、献"都放在第二天才搞,还有元旦加餐,很不错了。

那么顾准真在这样的群体环境中得猩红热了?不妨对他上面这段日记文字略作探究——

首先,他说从元旦社论看出,1970-1980 这个 Decade(10 年 - 著者注)依然还会是个革命的 Decade,革命、整党、上层建筑依然是首要,生产建设和经济发展都需要让位于革命;其次,他预测一次自天而降的狂飙式的"文艺复兴",但又怕惹祸上身,忙不迭解释此"复兴"绝非彼"复兴"也,又加上"化育万物、东风化雨"什么的,还一口一个"主席"地叫着,即使你抄查出来又能奈何?

熟读西方史的顾准当然知道"文艺复兴"是什么意思,那是知识、社会和政治各个方面巨大的变革,至少要冲破令人窒息的一言堂社会空气吧?

在同一天日记中他写道,"大破之后,犹有待于大立。70 年代的第一年如此,70 年代的整个十年,在这个方面更是任重道远,波谲云诡"[62]。一个"任重道远",一个"波谲云诡",意思已经很清楚了。时至 1970,盼望一次骤然的"文艺复兴"的希望已存在于许多中国人潜意识中。民众精神饥渴,早已厌倦了无休止的革命和破坏,有此愿望的又何止顾准一人,只是无人能表达得如此巧妙。

再举一例,是他 1971 年元旦日记,距前一则日记正好一年:

"昨晚所广播元旦社论,又翻了一下去年所元旦社论后的日记,

62　同上 1970.1.1

看来今年比去年将是成就更大的一年。社论以五·二〇主席声明为基础,指出大好国际形势,在国内问题分政治、经济、国防三个方面,提出了今后的行动纲领,是十分振奋人心的。"[63]

看来老顾真是人云亦云,不再特立独行了。其实上述文字要是和他差不多同期的"历史交代"相比还算是好的呢。不信你看下段:

"天大地大不如毛主席的恩情大,爹亲娘亲不如毛主席亲,我永远不能忘记毛主席海一样深的恩情,今后有生之年,我要忠于毛主席,忠于毛泽东思想,忠于毛主席的革命路线,始终不渝。我永远不会忘掉革命同志对我的帮助和挽救,我诚恳地希望革命同志对我的清算继续给以严肃的批判,严格监督我的一切言行,帮助我及早彻底改造成为新人。"[64]

肉麻?确实。说顾准猩红热、雅努斯,也就不过据此吧。

可是须知,这些语言都是当年的"生存用语(preserver of survival)",不夸张地说,从高知到文盲,从天安门上的"接班人"到工厂田边的刍荛之辈,男女老幼人人娴于此道,个个出口成章,愚昧成为大家恭维的德性,肉,是不麻的,麻的是精神和意志。

顾准"坦白交代"肯定是被迫的"麻","新生日记"是否自愿的"麻"呢?

这个夹缝暂且放一放,来对比和这些"猩红热""雅努斯"同期产生的顾准文字,这些文字他从不示人,除了六弟陈敏之。

1967-1969年,就在他洋洋洒洒作着"历史坦白","罪行交代"的同时,也正是他下大力气剥《自然辩证法》这颗大洋葱的时候。白天,他交代、坦白,毫不费力——"天大地大""爹亲娘亲""三忠于四无限"……巴拉巴拉,根本不过脑子;晚上回到楼梯间,他吭哧吭哧剥洋葱,艰苦卓绝,酣畅淋漓,乐此不疲。

1969年-1972年,就在他不焦不躁写着"新生日记"的同时,

---

63 同上
64 《自述》P339

也正是他正式开始从希腊史入手,梳理世界文化史、经济史、政治史、宗教史的时候。"批评我和吴敬琏拉拉扯扯……"[65]则正是两人利用一切机会探讨"希腊城邦制度"话题时被人举报了。和老友林里夫之间就更无顾忌了,顾准常常来找里夫说说不用胡编乱造的真话,不止一次对里夫说出"我笃定要比老头子活得长"当事人口述却可惜没有实现的话。

两两对比,真假立见。话也只能说到此处了,凡人如顾准,再"雅努斯"也不可能两副面孔都是真的,更何况"雅努斯"本身这个譬喻就有问题,雅努斯(Janus)者,罗马人的门神兼保护神,有前后两副面孔:一个在前,看着未来,一个在后,看着历史,两副面孔都是真的和严肃的。假如从这个意义上譬喻顾准,倒还真不失别致和准确。

顾准没有患"猩红热",也没有一个所谓"雅努斯"的顾准。"新生日记"不是伪日记而是一个完整顾准的组成部分。

7. 端倪可察(上)

说罢"猩红热"和"雅努斯",回头来看"新生日记"几处顾准不当心露出的庐山真貌,姑且叫它"端倪"吧。"新生日记"正因为这些可察的端倪而显得格外有趣和格外值得深究:

1. "刘毒"

"刘毒"是"刘少奇反革命修正主义流毒"的简称。"新生日记"两次提到它都涉及10年前那场大饥荒。顾准写下这些文字时肯定不知道几乎就在同时,1969年11月12日凌晨,"刘毒"宿主原国家主席刘少奇刚刚惨死在和息县、商城同属河南的开封。但是顾准和许多中国人肯定都知道,正是1959年那一句"饿死这么多人,历史上

---

65 《日记》1971.9.2

要写上你我,人相食,是要上书的",才是他必须得死的真正原因。

"王(军宣队副政委)的报告中谈信阳地区 59-60 年的刘毒,很直率。他说这里这 2 年中劳动力的损失很大,有些生产队整个都不复存在,至今还看得见有些水渠环绕的宅基,那就是这些消失了的生产队的遗址。王还谈到所谓信阳事件和光山事件,可惜事件详情我不知道,王也未详细谈到……来后我和农民有过两次在这方面的接触,一个东岳社员谈到他家死了 3 人,50%;一是机耕队的铁匠谈话,他说他家 7 口死了 5 人,那就是 70%了。"[66]

"息县机耕规模之大,自与 1959—1960 年的刘毒有关,这是中央关怀本地区农民的补偿措施。"[67]

不动声色中,顾准又一次记录了他曾亲历的大饥荒——信阳、息县、光山、50%、70%、水渠环绕的宅基,消失了的生产队遗址……。但这一次他滴水不漏,只说事,不置评,还把个什么"刘毒"的花花帽子扣在"1959-1960"的尴尬推诿之上——息县机耕规模之所以这么大,竟与"刘毒"有关,却又是"中央关怀农民的补偿",绕了多大个弯子,捋直了却简单——到底谁该为"1959-1960"负责?

来息县前,顾准原是打算要去一趟商城的。和大多数人都有意无意避开伤心落魄处并努力忘怀它们不同,顾准差点饿死在商城的经历,除了刻骨铭心,他还要刻意牢牢地记住它,以便日后做深刻的反思。如今到了息县,他本想故地重游的,但在了解到许多息县甚于商城的大饥荒数据后,他决定不去了。在"新生日记"里,他写道:

"这里也发生了我思想上 10 年来的变化,究竟还是'同情'农民,赞成资本主义倾向呢?还是彻底革命,事事从巩固社会主义集体经济着眼来观察问题?……从前有过再访商城的意愿,到息县来,即使不去商城,这个意愿算是已经达到了。"[68]

---

66 《日记》1969.12.1
67 同上 1969.12.11
68 《日记》1969.12.10

是，息县当年情状比商城还要惨烈，许多数据到息县不到两个月他就摸清楚了。千篇一律由"天上布满星，月牙亮晶晶"开头的忆苦思甜大会，干校是不可少的。农民们忆着忆着就"忆"成了1959、1960年的"苦"，顾准怎么会听而不闻？息县，大饥荒期间死亡率为274.71‰官方息县县志，1960年死亡人数 107,263 官方息县县志，639个村庄死绝官方息县县志。

再看：

2. 两剂"dose"

"盖备战，为不作城下之盟计，备战亦为建设计，即柳宗元所谓世人但知敌之害而不知敌之利之意也。68年秀永离尘世之际的dose为内敌，69的dose为外敌，内部则改为调动一切积极因素。后者之效力当然十百倍于前者，于是不但派性消除，而建设亦获得前所未有的动力。"[69]

这段话，只要把"dose"一字弄清楚就都清楚了。

Dose者，一剂（药）也。此处此"药"当然是拿来治国的。去年，这剂"药"还是内敌——国内的地富反坏右加修正主义分子，其中当然包括顾准、孙冶方之流；今年，这剂"药"就变成了外敌——美帝苏修，后者之效力当然十百倍于前者。专制国家得以保持稳定的秘诀都是一样的——不断制造内部和外部的敌人，让民众团结一致，同仇敌忾。此"药"一下，于是中国"不但派性消除，而建设亦获得前所未有的动力"，一举数得，皆大欢喜。"时势不同，措施各异，匠心巨手，叹观止矣"[70]。

他再一次啧啧"称叹"。

对比1960年1月11日"商城日记"，你就更能体会这个"Dose"的妙用了。彼时顾准正亲历着中国有历史记录以来最大的

69　同上 1970.1.1
70　同上 1970.7.17

人为饥荒，造成这饥荒的恰是"Dose"的滥用——"农民对生产资料私有制的留恋"和"农村人口的过剩"拖住了中国进入共产主义的步伐。人生易老，一万年太久，那么就"下猛药"吧——组织起来过集体的生活（人民公社），大家"跑步进入共产主义"！

断肠方、虎狼药、索命汤。

"这是一个历史的悲剧。虽然从历史来说，这个悲剧是无可避免的，然而他们的救命恩人却全然不懂得这个问题。不，或者应该说，1953年以前他不懂，以后他逐渐懂得了，并且摸索一些解决办法，他试过好几个药方，结果选择了现在的药方——马列主义的人口论，恐怖主义的反右斗争，驱饥饿的亿万农民从事于过度的劳动，以同时达到高产、高商品率的农业与消灭过剩人口——是最堂皇、又是最残酷、最迅速、最能见效的办法。若说这也将记入史册成为丰功伟绩，那确实与 Peter the Great（彼得大帝）与曹操一样。他是聪敏人，他是有意识这样做的。从这个意义来说，他应该感谢1959的天旱，并且也有一种说法，叫做把坏事变成好事。"[71]

只是彼时他大大方方用中文"药方"，此时他小心翼翼用英文"Dose"。标准的顾式风格。

3. 关于大寨

"经营这个大平原（黄淮平原）农业的经济效果，远胜于山区的治山治水。大寨型的农村是可贵的，然而这块大平原的农产量却是无限的……关键在于大寨是三线农业……"[72]

我顾某不反对大寨，但大寨肯定不是中国农业的方向。中国农业的希望在于发展高产区域农业集约化产业。如此，再加上大量土方工程机械和大量的化肥，前途未可限量，一个"千里淮上"就抵得上世

---

71 《日记》1960.1.11
72 同上 1970.1.1

界任何一个著名谷仓。几年前他就深度阅读过美国中国问题研究的领军人物欧文·拉铁摩尔的《中国的边疆》一书并做了大量读书笔记,对中国历史的形成中农业的重要性做过深入的研究——精耕、灌溉、专注的劳动力、土地制度等等都是他关注的要点。波兰哥穆尔卡的倒台不就倒台在农业问题上吗?

"哥穆尔卡的小农经济主义,既不能使波兰农业在社会主义集体大农业中找到出路,又不能使波兰农业通过自由竞争达到大农业来找到出路……竟然在农业——粮价问题上找不到出路而崩溃下来"[73]。

这个教训还不深刻吗?

4. 臧否浮夸

"57年以来,我目睹过居绿化,机关农场,大韩继建房,皆旋兴旋废,东岳干校其第四次矣……艰苦创业,改地换天,报上见过很多,我得以目睹者,再三搜索,仅得69年去摘葡萄的京郊某农场。——先为劳改农场,此时已改为公安部干校。至于下乡数次,所知农村情况,则58年起迄于今日,除59-62年剧变后又恢复而外,首尾相比,变化实在不大。以57-70年两个粮产数字相比,平均每人得粮均为600斤,实际上也无所增加。"[74]

"看农村贫困二十年来并无根本变化,而瞻望未来,则全国都发生大寨式的变化,前途尤多困难。"[75]

你们吹的牛老子根本不信,好不好少吹点牛多做点实事,至少不折腾了好不好?你紫禁城里金銮殿上,兴头上一句话旋"兴"了,轻巧巧一句话旋"废"了,知道老百姓有多苦,有多难,有多少人要死在这"旋兴旋废"上吗?

---

[73] 同上 1970.1.2
[74] 同上 1971.4.1
[75] 同上 1971.4.4

5. 对一贯权术的鄙薄

顾准对政治环境的变化极为敏感,对造成这些变化的来龙去脉他总要弄清楚才能善罢甘休。1971年7月,尼克松访华。小小乒乓球推动了大大地球,大出所料,直到《公报》发表,他才相信是真的。这一次他很平静——"公报是戏剧性的。中美关系则不可能有戏剧性的发展"[76],他判断"对峙还要继续下去,而实力地位又是谈判的本钱。局势不可能有戏剧性的发展,原因在于我们的实力还不足以使事态有戏剧性的发展,但是长期看来,局势确实是戏剧性的……"[77]

一连用了五次"戏剧性的",本身就比较戏剧性。中美关系之"戏剧性"大概只有这两样:"意识形态"和"经济地位"。眼下的中国"经济地位"完全无法和美国抗衡,连"革命"都失了序,经济如何上得去？国穷民穷,"手里没把米,叫鸡鸡不理"[78]"世界革命的领袖""意识形态的主导"可不就是戏剧性的笑话！要想确立新的国际关系,"需要革命的秩序,需要反题以后的合题,需要上下一心的励精图治"[79],否则中国只会一步步倒退,重回弱国寡民、落后挨打的惨境。尼克松的访华促进了极峰对这一点的认识,他想要勒住革命的马头,转向经济和生产的方向。但是重新盖上潘多拉的盒子谈何容易,不但请神容易送神难,且颜面大失。于是有了"去年的斗批改"变成"今年的弄通马克思主义",过去的"思想革命化"变成今年的"清查五一六"。这种手法,顾准1948年就见识过一次了——"这是48年的晋绥讲话精神"[80]。

顾准多次提到1948年毛泽东先生的晋绥讲话,有一次还上溯到遵义会议和七大[81],类比文化大革命是如何具备了完整形态的过程(虽然他此地无银三百两地说"不能做冒然类比"),其中的隐喻大

76　《日记》1971.7.17
77　同上
78　同上 1970.6.11
79　同上
80　同上
81　见《日记》1971.1.26

可深究。

　　历史的先声——晋绥讲话，无疑是一个哲学上"复合判断"的上佳例子——打到蒋介石夺得政权是总路线，具体路线还得喊蒋委员长万岁；有时候要抗一下日，但又不要过分刺激日本；抗日的时候要讲民主团结开明士绅和富农，日本人投降就分土地打倒地主和富农，这样才能动员穷人当兵……。反正每个阶段具体路线和政策都不一样，怎么说都有理。虽然一般干部都会糊涂，但是只要记住总路线就是打江山坐江山这一条，一切就好理解也就好把握啦。谁说中国人就没有称王称帝、穷兵黩武的基因？真是笑话！

　　"晋绥1948"放在"中国1971"又有啥新意思？

　　这年忽然全体"人民"不分文化高低都被要求"认真看书学习，弄通读马克思义"极峰语录，被要求"熟读"六本诘屈聱牙，深奥无比的马列著作——《共产党宣言》《哥达纲领批判》《法兰西内战》《反杜林论》《国家与革命》以及《唯物主义和经济批判主义》。原因嘛，巴拉巴拉，也没几个人听得懂。顾准立即响应号召，认真阅读，不，是重读了钦定的6本"正书"。

　　"万事都有关联"。前不着村后不着店地要全体国民读6本马恩列外加2本赫胥黎，其中必有原因——

　　"去年国庆口号，还是继续斗批改，虽已提出学习主席哲学著作，着重点还在'思想革命化'，'弄通马列主义'的口号还没有提上议事日程。明港的几个月，学习上的口号是'认真看书学习，弄通马列主义，学会区别真假马列主义'，具体要求实在是（甲）进行政策教育；（乙）号召全面看问题，以历史事件为比喻……"[82]

　　6本书甫一读完，他立刻就明白了其中的奥妙：

　　一定是党魁又有了类似1957年"轮流坐庄"叫嚣的幻听。事过都快15年了，这幻听还是无法消失，犹如哈姆雷特眼前的影影绰绰，麦克白夫人耳边的切切嘈嘈。越是万马齐喑的绝对静寂，幻听就会越

82　《日记》1971.7.17

强烈,这在生理学上也是个常识,和"绝对的光明如同绝对的黑暗。在纯粹光明中就像在纯粹黑暗中一样看不清什么东西"相反,在绝对的静寂中,幻听甚至会比真实的声音还要喧嚣,更何况前不久温都尔汗的那一场爆炸,几乎把全中国人的耳朵都震得一时失聪。

他不得不读更多的杂书,去探究这幻听的来源。

干校后期,顾准不知动用了什么渠道挣得了光明正大读"杂"书的权力,竟有本事把钦定之外的各种"封资修"带进干校来。军宣队也对他睁只眼闭只眼,除了他身上那股强大的气场令人发憷,也不排除他们也对他暗生敬佩。军宣队员也是人,人都有善良的一面,就看调度得出调度不出了。

他看《诸子集成》和20卷的《韩非子》,将那些"韩式之术"细细读来。读罢合上书,他顺手就无情地剥了"韩非"这颗土洋葱,写出《评韩非》的犀利小文,三言两语,将专制的"御下之术""利害之术""权谋之术""术势之说""君主中心说"剥了个光秃秃、赤条条,千把字的"小大卫"操起抛石器就向20卷的"歌利亚"投去。人道、人性、人权、民主——他哲学上的上帝就站在他的身后,"小大卫"底气十足:

"第一,他根本没有考虑人性中善良的一面;第二,(宣扬)人与人之间的利害关系导致了'尔虞我诈'。我十分厌恶这点。"[83]

此时正值全中国"人民"都在懵懵懂懂、迷迷瞪瞪地跟着伟大领袖"批林批孔","尊法反儒"之际,被尊为"大法家"的韩非在非人民的顾准笔下却成了只落水狗,令人厌恶和不屑。他也读韩非的老师——《荀子》。在驳斥一位中国史学家"是荀况发现了'人'"的观点时,他又发飙了:

"荀况、韩非并没有发现芸芸众生的'人',他们发现的是凌驾于芸芸众生之上的'予一人'。荀况说:'天有其时,地有其财,人有其治',这个人就是统治芸芸众生的'予一人',这'一个人',是'贵

---

[83] 《文稿》P425

独道之容'的明君,天道是体现在他身上的。"[84]

"予一人"是顾准从骨子里厌恶透顶的东西。心灵深处的那簇蓝焰曾赋予他这样一个审视角度:一位乞丐和一位皇帝在"人"的意义上是一样的,追索"家雀"和"海燕"在人的基本权力意义上的平等才是真正的"对人的发现"。你发现个"予一人"有意义吗?中国几千年,直到今天不都是"予一人"吗?还用得着"发现"吗?

"这是48年的晋绥讲话精神,但是具体办法有所不同——以清查五一六代替'纠偏'。时势不同,措施各异,匠心巨手,叹观止矣。"[85]

1948年的晋绥讲话,1971年的清查五·一六,顾准刻薄的形容——"时势不同,措施各异,匠心巨手,叹观止矣"就是这种复合判断的上佳注脚。

1971年7月17日这一天他的日记很长,最后以赫胥黎的话"'所遇善,固将宝而维之,所遇不善,亦何懂焉'以之对付过去,以之对付未来"[86]结束。

"我现在更不关心我的处理问题……出处如何,不抱幻想。所不能忘怀的,还是追求真理"[87]。

何来"新生",不还是"老一套"吗?再看他日后写给弟弟陈敏之的信:

"奢望什么人民当家作主,要不是空洞的理想,就会沦入假民主之名实行独裁的人的拥护者之列。要知道,人们让你读六本书,读巴黎公社史,目的是让你反对两党制啊!"[88]

"新生"?天知道。

---

84 《文稿》P167
85 《日记》1971.7.17
86 同上
87 同上
88 《文稿》P390

8. "端倪"可察（下）

接着来看"新生日记"中可察的"端倪"。

6. 继续关注粮价

中国的粮价问题一直是顾准最萦绕于心的一个经济学大问题。在亲历了"粮食问题"的残酷性和恐怖性，体验了餬口经济学下的"白薯共产主义"后，他更放不下它了。五年前他的《粮价问题初探》在阶级斗争、路线斗争的铁墙前面碰得灰飞烟灭，但他并未放弃——迟早国家在粮食和粮价上还要出现问题，这在西方已经屡见不鲜，作为农业大国的中国不会例外。

"新生日记"中谈到粮价问题竟然有14处。

"粮价问题仍是一个十分迫切的问题。唯有一个富裕的农村才能提供最大可能的积累……与粮价问题相联系的是房价问题……"[89]

"昨天运麻淋雨，晚上喝了几口酒，早早上床，不能成寐。酒力促进狂想，对粮价外贸与发展有了一定新的想法"[90]

"Gomorka（哥穆尔卡 -著者注）倒台在粮价问题上，提高粮价而不调整工资，要想出这个法子来，真需要特殊的愚蠢"[91]

……

"新生"了的顾准，"刍荛"情结依旧。由粮价问题他又引申出两种国家现代化的途径——

"粮价问题其实有一个前提，即一个一穷二白的国家的现代化，究竟遵循孤立主义的和平经济途径呢？还是遵循战时经济的途径。历史上这个问题曾经有二个典型，很值得检讨一番"[92]，并据此作了

---

89 《日记》1970.1.1
90 同上 1970.9.22
91 同上 1971.1.2
92 同上

美国和苏联两个超级大国的经济结构和发展道路的对比——一个是全面的现代化,尤其在改善国民生活质量方面;一个仅仅是军事现代化,国民生活无改善甚至退化。他严重倾向于前者。这就有了下一个"端倪":

7. 美苏经济结构和国家现代化途径对比

"19世纪末期的美国经济遵循的是和平主义、孤立主义的道路。他们先发展农业,在人力稀缺的基础上,以最高度的生产力发展经济,吸引人力,直到1940年的第二次大战为止,他们在政治上一直是孤立主义的。其实,到第一次大战结束时的1917年为止,美国在经济上已成世界首位,然而在政治上他们甘愿居于配角地位,仍让大英帝国处于世界政治的支配地位,'引而不发',至第二次大战以后遂成为世界霸主。这样做,美国经济的发展,最大限度地减少了畸形与病态。他们的生产关系是资本主义的,这当然是不可不注意的事情。但在生产结构上说,而不是在分配结构上说,这一点可以姑置不论。

20世纪20年代以后的苏联建设,是在和平时期按战时经济模型进行的建设。其结果是众所周知的——苏联长期来成为国际军火商,农业停滞,消费品生产永远落后于购买力的增长。这种经济上的畸形,延续五十年之后,简直成了苏联经济之癌,积重难返,任何药方投下去,总要被政治因素所抵销——到现在,苏联海军已经游弋全球,征服太空的活动咄咄逼人,然而西红柿黄瓜面包的问题却迄无解决之望。所谓经济改革,一碰到预算战争的压力,有预期效率不得不全成泡影……"[93]

从美苏两个大国身上,他看到了经验和教训——一味发展工业,尤其是重工业,不啻竭泽而渔,"hence(从今往后 -著者注),无限的就业扩大,hence,把中国建成一个最大的工业国。竭泽而渔,苏

---

93 《日记》1970.1.2

联可为借鉴"[94]，这条路中国走不得！波兰紧跟苏联，却成了一个"没有灵魂的国家"[95]就是教训。中国应该学习美国，首先发展农业，发展孤立主义的和平经济，而不是搞什么"深挖洞，广积粮"，说是"不称霸"，实际上老想着要做世界"意识形态"领袖。这还是战时经济的思想，还是一味追求军事现代化的偏执。

关于这个"孤立主义的和平经济与战时经济"的问题，"迄今为止，世界上还没有哪一个经济理论家总结这方面的经验，把它提升到理论的高度……理论总落后于现实"[96]。

从1957年接触Lange（奥斯卡·兰格）的论政治经济学教科书起，顾准就对这个问题做过慎密的思考，曾"触电般"感觉到这个问题的重大。它牵扯到宏观经济和微观经济的关系，牵扯到Marginal utility（边际效用 -著者注）究竟是应该受到重视还是可有可无的雕虫小技。

"Lange（兰格）不过提出了这个问题，也没有展开和解决这个问题。要把这个问题放到应有的位置上来。这样做的结果，宏观经济就始终居于微观经济的首位，marginal utility（边际效用）成为雕虫小技（虽然是有用的），政治就居于经济的首位了……"[97]

顾准十分重视"边际效用"概念，当年曾向年轻人用极简单的"老农妇捡麦穗"故事来阐释它：提倡的节俭精神是好的，但如果一位老农妇一天能捡回1斤麦子而她一天的消耗也是1斤麦子，这就到了一个边界，就需要计算这种经济行为值不值得。这需要用导数和微分的方法精确计算，而不是一件一拍脑门子喊出条"颗粒还家"口号那么简单的事情。没有经济学，不讲经济规律、不按经济规律办事的餬口经济、白薯共产主义只能导致国强民穷，进而国也不强民也不富。

熟读亚当·斯密"世界主义价值理论"、李斯特"国家主义生产

94　同上 1970.1.1
95　同上 1970.1.2
96　同上。
97　同上 70.1.2。

力论"、马歇尔"局部均衡分析论"、凯恩斯"自命为世界主义实质是国家主义的重商论"的顾准,何尝不希望自己能去做这个专题的研究?如今却只能在日记中过过干瘾。

顾准在息县,可真是实实在在履行了一句彼时的流行语(也是口号)——"身在XX,放眼世界",例如他身在干校,那就是"身在东岳,放眼世界"。不过可不像一般人那样,口号喊完了却不知所云,很快忘个精光,他有非常明确的目的,那就是:

8. "一个人的探索"必是要进行到底

"我决心在五七干校一面劳动,一面继续观察思考和研究。北京藏书,大体上已经利用过:通过这些书籍,我眼界开阔到上下古今,今后有赖于这些书籍的,不过是引证史实,引证百家,不致有文词上的错误而已,大体上 their meaning had been caught already(已经掌握了它们-著者注),即使这些书全部丧失,我也写得出东西来了。手稿,比之要写的东西,幼稚肤浅,可以采用者少。卡片不外抄摘与感想,有,当然好,丧失了,丧失书籍手稿结果一样。一个人,用全生命写出来的东西,并非无聊文人的无病呻吟,那应该是铭刻在脑袋中,溶化在血液里的东西。我所要写的,没有书籍、卡片也可以写,丧失它们,又何所惧。"[98]

1970年元旦这天的日记他写得特别长,在非常大的可能性上不是他一天写就的。

"铭刻在脑海里,融化在血液中"也是那时的一句流行语,所指主体是别人的东西——XXX思想。顾准要铭刻和融化的却是他自己用全部生命,或者用他自己的话——"用鲜血做墨水的笔杆子"[99]写出来的东西。明知今后将会有一个很长的时期处于没有精神食粮的困境中,但"一个人的探索"不可中断,"已经掌握的东西"不可

---

98 《日记》1970.1.1
99 《文稿》P388

丢。北京二里沟的旧居里有他大量的图书、读书卡片、文稿，有他的"稿库"，是有朝一日撰写《中西方哲学思想史》的资料宝藏，这个宏愿一直是他生命的动力。眼下组织上要收回房子，他必须做好把所有宝藏都转移到大脑里的精神准备——一定要留住记忆，背也要背下它们来，不能手写我就打腹稿好了。

无独有偶，此刻他的老友孙冶方也在做着同样的事情。

在国人皆知的北京秦城监狱，孙冶方被囚禁在一个四周都是防自杀墙的单人牢房里。屋顶的电灯24小时不灭，皮带，剃须刀，钢笔，鞋带甚至铅皮的牙膏……凡是想象中能令你自杀的东西，统统都被狱卒没收了，更不用想铅笔钢笔纸张能给你用。这是个能逼人发疯、让人想死的地方。可老孙有他活下来的动力，那就是立志要写一部《社会主义经济学论》。他用打腹稿的方式撰就了数十万字，每天默诵，修改，补充，到他出狱为止全书已经复诵了几十遍。

所以才有后来顾准幽幽地埋怨孙冶方那些杞人忧天的学生——

"怕你们老师会自杀？有思想的人是不会自杀的。老孙是个有思想的人，你们太不了解他。"原来他自己早就深有体会啊。

"今天没有任务，晨起较晚，上午苦苦思索了萦绕多年的历史观问题，写了几张乱七八糟的卡片。看起来，如果我还有若干年的余生生活可过的话，这个问题总是压迫着我要把它整理一番的。"[100]

你看他是要"罢手"，要"新生"的样子吗？

9. 读《天演论》记

要说"新生日记"里最大的"端倪"，肯定非"读《天演论》"一篇莫属了，这是他1971年6月10日的日记，也是被许多后人看出绝无一丝"猩红热"的篇章：

"初见是书，似受电触。曾读李锐书，知昌济先生曾以欲得大树

---

[100] 《日记》1971.1.28

擎天，与夫三军可以夺帅，匹夫不可以夺志教人，亦知主席少时，极重立志，《天演论》要旨为以人力胜天，今见是书新版，度必有原因，极想一读。前日今天，粗读一过，颇多感触。

读后所得，约之为'天行健，君子以自强不息'之一语。赫氏此书，虽以达尔文物竞天择之义开其端，又以人力治园，与天竞胜之例演其义，其间评述诸教祖与哲学名家之人生哲学，归根到底，无非强调人定胜天一语，而于政治则为舍己为群，一反利己即利人之说。持其说，可以破民主义个人主义，而归于集体英雄主义，此集体英雄主义锋芒所向，非仅人事，特为自然。循是推论，则凡违此义者，都与人类本身之目的不合，而为人类之异己分子，阶级斗争不可废，且永不可废，根柢悉在此。

此义极精，可与否定之否定相比较。又可与《实践论》中思想改造——共产主义之论相比较。"[101]

此书是那一年作为文革后对西方经典政治，哲学，文艺作品开禁后引进的第一批书籍，书名未用严复的《天演论》而是叫做《进化与伦理》（白话，译者不详），与赫氏另一本《论人类在自然界的位置》（白话，译者不详）以及严复译的《天演论》旧译同时内部发行，扉页上还有极笔语录曰："古为今用，洋为中用"。许多中国人都是由此书才知道"物竞天择"的达尔文进化论的。

顾准在这里将伟大领袖好听点叫"激情万丈"，难听点叫"不知天高地厚"的"人定胜天"说，释为——"破民主个人主义而归于集体英雄主义，此集体英雄主义锋芒所向，非仅人事，特为自然"，并斥为——"循是推论，则凡违此义者，都与人类本身之目的不合，而为人类之异己分子，阶级斗争不可废，且永不可废，根柢悉在此"。说到此处他还嫌不过瘾，又接着大加嘲讽——"此义极精，可与否定之否定相比较。又可与《实践论》中思想改造——共产主义论相比较。"

这篇日记，如果按照当时的"政治敌情"标准衡量，本应属于"最

---

101 同上 1971.6.10

本质上的反动"——宇宙观、世界观的反动,混杂在被某位后人评论为"热烈讴歌文化大革命的胜利成果""充分肯定斗批改"的"新生日记"中,当年竟如漏网之鱼,侥幸没有被查出和销毁,成为今天洞察顾准人生观,价值观的最好入口。

……

"新生日记"中这样的"端倪"还能举出不少。

美国近代著名政治哲学家利奥·斯特劳斯在《迫害与写作艺术》一文中提出了"高贵的谎言"——本意与寓意说。斯特劳斯认为伟大的思想往往只能用神秘晦涩的文笔写出来,它给读者提供的有两重意义上的教化——"作为前景的教化特征的大众教学"和"隐含在字里行间的关于最重要话题的哲学教学"。斯特劳斯相信大哲学家都用这种方式写作,因为"自由的探索,探索的所有结果的公之于众"是不可以保证的。

顾准"一个人的探索"可不恰恰是这样的自由的、其结果很难公之于众的探索吗?

今天,与其评论顾准的"猩红热""雅努斯"现象,还不如深究顾准的后半生不幸"躬逢"其中的、人人都只能在假面下存活、"公开说谎,已成风气"[102]的、被西方学者挑衅地质问"你们到底有没有稍微像点样子的人物"的1960-1970的10年历史。这个历史的小断层,小切片,纵古今、横中外都属不可多得,不珍惜它实在是罪过。

更何况,你今天不让说,明天不让说,后天、大后天还能不让说吗?明年、后年还能不让说、还就真"上"不了"书"了、还真就能"抹"干净了吗?

人啊,别再愚蠢下去了。

---

102 《日记》1959.12.22

第四部

徐徐地、平静地成熟下去

（1972—1974）

　　正在被形成的精神，是次第抛弃旧世界的建筑底一部分，同时为了新的形态而徐徐地，平静地成熟下去。在这些动摇上面，只能看到单一的征候，即轻浮的心思，生活中扩大着的倦怠，不知怎的不安的预感等等，这就是等候某种新的东西底诞生之征候。全体相貌不至于变化的渐进的发展，因她开头而被破坏时，她是像电光一般突然间确立新世界底形象。

　　　　　　　——顾准 1956.10.5.日记中摘录的黑格尔语言

　　不信神的人，不是推翻人群的神的人，而是附和人群关于神的见解的人。

　　　　　　　——顾准翻译的伊壁鸠鲁名句

　　我实在告诉你们，一粒麦子不落在地里死了，仍旧是一粒；若是死了，就结出许多的籽粒来。

　　　　　　　——《圣经 新约 约翰福音12：24》

第十八章　　生命如醴

1. 那本书

1972年7月,周恩来先生一句"让学部回来吧",几千号男女老少又蜂拥般回到了北京。"五七干校"无疾而终。"终"的理由说起来千条万绪,归根结底也就一个原因,无非又一个"宏图变权宜,权宜变鸡肋,鸡肋变废物",旋兴旋废的即兴之作,低级政治——餬口政治的产物,和大跃进下场相似,寿命相当。

苦只苦了男女老少人民,特别是学部这些"四体不勤五谷不分""肩不能挑手不能提"、既不会建屋又不会搭棚的人民。

原来的居处都作了别用,大部分给了新居民,有的做了仓库,有的拆除了,和电影《日瓦戈医生》中医生从一战前线回到自己从前莫斯科家中的情形一模一样。没有了住房的人们集中在历史所的小礼堂里,六七家人住在舞台上,拉上几根绳子,挂上床单、衣服就算是分成一个个家庭了。

老单身汉顾准和那些小单身汉们就睡在台下的水泥地上。没有人抱怨,能回北京,他们心满意足。特别是老顾准,又能天天去北京图书馆借书了,夫复何求啊。

立刻买了一张月票,他开始一天一趟的北图之行,早晨从建国门外的学部到故宫后面的文津街,晚上从文津街回建国门。后来他感觉身体好了些,索性连每月四元的月票钱也省了,天天来回徒步十多公里借书还书,读书摘书。

如今他每月的生活费已经减到了无可再减的25元,4元的月票钱对他非同小可。徒步时能思考,还能给儿女们攒下一笔小小的积蓄，一举两得，值！他想孩子们想得要命，总是梦想着有一天会有哪怕一个孩子能来看看他，能让他把这笔小小的积蓄放进他或她的手里。

即生于这个时代，就享受它吧，好好享受，无论它有多么粗糙，多么不尽人意，但它是属于你的，你可以走在它的中间，也可以走在它的前边或者后边，或者穿梭于它，慢慢走，欣赏啊。如今他已站在生命的高处，不胜美也不胜寒，却依然保持着人最初的品质——纯真和热情，依然在瞭望，在寻觅，就像他最欣赏的北欧航海家们镌刻在门楣族徽上的格言"航海是必要的，生命在其次"。

"马克思嘲笑黑格尔的必然向自由的飞跃。这种飞跃诚然是可以嘲笑的，因为只要变一下思辨的魔术——其实是服从当时的秩序，人就算自由了。这样，黑格尔的法，无非是服从现存秩序的芸芸众生的'意志的表现'，而这些芸芸众生的意志自由，简直是先验地规定了的。

马克思需求一个物质生活上社会关系上得以全面发展的个人才能的那种自由。他甚至把劳动时间规定为必然，把自由看做处在必然这个界限的彼岸（记不清，见资本论摘录）。然而这究竟已否把人类生活穷尽了呢？"[1]

当然不可能！黑格尔不可能，马克思不可能，谁都不可能！哪一个人说自己的理论已把人类生活穷尽了，就是十足的颠顸、愚昧。顾准最痛心疾首的，就是人类在寻找这"道理"时，不时就轻易宣称"我已到达彼岸"或者"我已找到通往彼岸之路"，像某只类人猿爬上了一棵高些的树就自以为到了天堂。

"此岸世界——彼岸世界"[2]，他好像总是不大敢去碰这个题目。马克思 25 岁写下的《黑格尔法哲学批判 导言》似乎有点把他吓住了：

---

1 《笔记》P369
2 《文稿》P263

第四部 徐徐地、平静地成熟下去（1972—1974）

"彼岸世界的真理消逝以后，历史的任务就是确立此岸世界的真理。人的自我异化的神圣形象被揭穿以后，揭露非神圣形象中的自我异化，就成了为历史服务的哲学的迫切任务。于是对天国的批判就变成了对尘世的批判，对宗教的批判就变成了对法的批判，对神学的批判就变成了对政治的批判。"[3]

比起西方此时对马克思主义，尤其是青年马克思因为创立了"阶级斗争"和"专政"概念而"一下子跃上世界舞台的最高处，把世界历史当做自己考察的对象和时间的园地"[4]所作的极其尖锐的揭露和批判，顾准有点绕道而行。他似乎在寻觅一个"元点"，只有找到了，他才能心安理得地往前走，往更高、更险处攀登，否则就只好停下来或者干脆打道回府。

直到生命的最后10多年，他才逐渐确信自己已不再缺少这个"元点"。

他的生命跨度一共才59年，10多年时间也不算太短。更何况他从小就熟悉她，只是"前我失丧，今又寻回"罢了，比起从未亲近过它的人，顾准"近水楼台先得月"的优势极为明显。还在干校，他就又一次拿起了那本书。是，又是那一本。这一次拿它起来，顾准就再也没有放下，一直到离开这个世界。

从小姑私塾岁月第一次捧起它，多久了？50多年了？有这么久了吗？那时他差不多认识这本书上所有的字，可是并不能理解。小姑和小姑夫握着他的小手，一个故事一个故事讲给他听——创世纪，诺亚方舟，约拿和鲸鱼，大卫与歌利亚，但以理和狮子，马槽里的婴孩，十字架上的祂，复活与永生……。后来当他能阅读这本书的英文版时，许多词汇已经深深地镌刻在小小的心灵上了——"公义""爱""怜恤""饶恕""启示""契约"……任是再狂暴的风雨冲刷，再粗糙的时间磨削，这些金子铸就的字也没有消失。

这书就是两千年未改动过一个字的，许许多多人的生命航图

---

3 马克思《黑格尔法哲学批判导言》
4 《笔记》P364

——《圣经》。

　　这书，青年时光的顾准也曾多年不再翻开。浪漫主义，无政府主义，唯物论，历史唯物主义，革命，辩证法，共产主义……五彩争胜，流漫陆离，在应接不暇中年轻的他几乎已经忘记了它。1952年，在上海愚园路的顾宅官邸，在苦恼不堪中迟疑着再次翻开它的时候，他已经37岁了。当那些熟悉的字眼，熟悉的人物从书中站起来面对他，安慰他时，他却有些羞赧，有些不安，却也并没有阻塞他和他们久别重逢后那份温柔、喜悦之情的流溢。

　　在北京，他没有中断阅读它。当他发现北京根本不可能找到一本更全的版本，最好是中英文版本时，立即写信向六弟敏之求助。毕竟上海是中国基督教的大本营，虽然从1949年起已经被扫荡了将近七年，连孩子都知道"宗教是麻醉人民的鸦片"，尤其是基督教，还有一层"帝国主义文化侵略"的外衣，更是在扫荡之列，《圣经》也被列为反动书籍而绝迹，但好歹，上海还有徐家汇教堂被保存着，还允许老基督徒们在严格的监控下礼拜。他知道有教堂，有教会，有基督徒的地方就会有《圣经》。至于怎么弄到手，这难不倒老六。

　　好兄弟敏之，对五哥除了兄弟手足之情外，还有点下意识的崇拜——"五哥做的事总是对的"。他连问也不要问五哥这会子要它作甚，只是千方百计地去找，也不顾自己共产党高级干部的身份，好不容易找到一位熟识的基督徒，总算是弄到手了一本，忙不迭给五哥寄了去。

　　1961年，在京郊清河农场劳改的顾准回北京休假，在东安市场旧书摊淘到一本罕见的中英文版《新约》，出自著名的"中国圣经屋（CHINA BIBLE HOUSE）"。

　　这是一个专门印刷和发行基督教《圣经》的机构，从同治15年（1876年）就开始在中国印刷和发行《圣经》。这一本《圣经·新约》出版于1947年，里面有很多红色、蓝色和黑色铅笔的下划线。例如"耶稣说：'就是不可杀人，不可奸淫，不可盗窃，不可做假证，当

第四部 徐徐地、平静地成熟下去（1972—1974）

孝敬父母，又当爱人如己'"[5] "人子必要去世，正如经上指着他所写的，但卖人子的人有祸了，那人不生在世上倒好"[6]等处。但因为是旧书，无法判断是原来的主人还是新主人顾准所划，不过扉页上顾准写下的竖排字"顧準 一九六一·二·二四 北京"至今还是清清楚楚的。

后来他到周口店和大韩继劳改，都带去了这本书。

1966年9月1日他被大韩继的红卫兵差点打死，回到居住的草棚，来不及洗去头上、身上、手上的血迹就慌乱地收拾他的书、稿、摘记卡片——学部怕他们这些大右派在乡下被打死，急令他们返京。这本书上至今清晰可见大片血痕，可以肯定就是那时留下的。

后来他把它带去了息县干校。先是在油灯、汽灯下读，1970年底息县东岳开天辟地第一次通了电，在五七干校大车店通铺式的宿舍里，他就在明亮的灯光下坦坦荡荡地读，读中文的，也读英文的。当某位军宣队参谋斥责他"你怎么可以看这种东西"时，他不慌不忙地拿出一本列宁的《论共产主义运动中的左派幼稚病》，幽幽反问道"列宁说修正主义者为了一碗红豆汤出卖了长子权，是什么意思啊？"对方哪里知道这个，张口结舌。"这是个有名的《圣经》故事呢。你不读《圣经》哪里知道列宁在说些什么，小伙子？"[7]

羞愧难当的"小伙子"从此怕了他，看到他在读书就绕着走，生怕再触霉头丢脸。

如今回到北京，在几十人合住的小礼堂里，在众目睽睽之下他依然读得津津有味，旁若无人。他毫无愧怍和频繁地阅读这本书，弄得身边的年轻人起了好奇心，从好奇到伸手向他借阅。不料天性大方的他此时小气得要命，像个吝啬鬼老太婆不得已把看家的宝贝出借给别人似的——

"我跟他借过一回《圣经》，他答应只许借阅两个星期。他宝贝

---

5 《圣经 新约》马太福音 19:18
6 《圣经 新约》马太福音 26:22
7 徐方《两代人的良师益友》

自己的书也无可非议，结果还没有到应该归还的日期，他就一再催还，我一气之下，不到 10 天就完璧归赵了事。"[8]

当年气得咻咻的年轻人眼下已经年近 8 旬，讲起此事还是哭笑不得。

要说呢，顾准小气得确实有些不像话，当时他已经攒了好几个不同版本的《圣经》，新约、旧约，新旧约全本、中文、英文俱全，就算是送人家一本也是应该的嘛。退一万步讲，上帝也不喜欢小气的人哩。不过且听当年的年轻人把话说完——"较之借《圣经》所引起的不愉快，乃至令人哭笑不得的尴尬，向他请教某些疑难就要愉快得多。他堪称是一位和盘托出，绝不藏着掖着的良师和诤友"[9]。

这就是顾准啊。这个名字确实无法和"伟大"一词相连，他有"人"的一切特质和色彩，和你我相比，他只是"不凡"而已。再举个例子：

顾准老友骆耕漠先生在晚年回忆顾准时告诉采访者，1972 年 5 月经济所的人从息县干校回到北京后，很多人都失去了住房，只好到亲戚家借住，耕漠自己一家就是借住在弟弟家。顾准和江明（高岗外甥）这样的人因为要便于监控而不能住到学部外面去，军宣队就给了他俩一个小屋以便于监管。耕漠先生晚年回忆"顾准住在里面一间，整天就是看书，当时正认真看《圣经》，（骆老说到这里紧接着补充了一句）——当然是作为学者在研究"[10]。老先生好像在为已经故去多年老友开脱什么。

即使最理解顾准的六弟陈敏之，多年后历经磨难终于得以在贵州人民出版社实现了"一字不改"地出版五哥文集的宏愿时，也把五哥在最后的日子里写给他的、被编辑冠以《统一的专制帝国、奴隶制、亚细亚生产方式》之名的那封信删掉了十分有意思的一段——

"2. 关于基督教，你现在发生了兴趣，你来的时候，我可以提供

8　楼肇明《面影和命运　顾准先生二三事》
9　同上
10　高建国《拆下肋骨当火把》

第四部　徐徐地、平静地成熟下去（1972—1974）

你一点资料。有一份万把字的翻译稿（就是乔治·卡特林的《政治哲学家史话》中"罗马法与教父们"一节 - 作者注），这是我近来读书时为求理解译出的，读后可以讨论讨论。还可以介绍两本书目，你设法去借。此外，你最好找一本圣经，若你实在找不到，我可以帮你弄到一本《新约》。这些，来时再说吧。"[11]

须知那已经是 1994 年，顾准死去已 20 年，中国开放也已经 15 年了，说到基督教，说到《圣经》，人们还是噤若寒蝉，包括陈敏之在内。这一段当然可以确认当年是敏之自己要求删去的，直到 2002 年中国青年出版社出版一套四卷的《顾准文存》才重新加了上去。

是的，这本书别说在顾准的时代，陈敏之的时代，即使今天不是还是有许多人无法坦坦荡荡地亲近它、读它和与人论及吗？顾准却是不需要开脱的，他当然是"作为学者在研究"，但更高精神层次的东西他是不愿、不能、也无法与他人沟通的，他不在意、也不需要老友善意的开脱。

从 1950 年代到 1970 年代，白驹过隙般的 20 多年过去了。这一次轮到哥哥反过来要给弟弟找《圣经》了。六弟到今天才对基督教发生了兴趣，比五哥晚了许多年，他自小没有被送进过庆志姑妈的"小姑私塾"无疑是个重要原因。

至此，顾准已经阅读了那么多的文献、名著、书籍、文稿，热门的、冷僻的，人们阅读过的，人们没有机会和条件阅读的，人们趋之若鹜去阅读的，人们不屑于去阅读的……他都阅读了，深钻，至少也是涉猎了，为什么今天突然将这本早已熟读、很多章节都能倒背如流的书最后一次拿起来，且从此再也没有合上收起，束之高阁呢？

这一点都不稀奇。

从年近"不惑"重新翻开，到接近"耳顺"拿起后不再放下，顾准的这一举动，除了在中国，算不上什么特殊之举。多少西方的科学奇才，其中就包括被他倍加欣赏，不断引述的牛顿、达芬奇，培根、汤因比、甚至"被造论"的对立面——"进化论"的创立者达尔文、

11　《文稿》P304

写出名著《常识》的极端自然神论者托马斯·潘恩……这些世界上百年都难出一个的奇才,当他们的肉体生命行将终结时会不约而同地在"神圣的必然"面前,在"第一推动力"面前,在"有意义的永生"面前,在"人对其生存之神性根基的张力的经验"面前,在人类区别于其他动物的、"被造(Created)"的、即被赐予的反思和良知能力面前俯伏了下来。

顾准特别喜爱的列夫·托尔斯泰,曾专门为文化水品很低的俄罗斯农民写下了一本《托尔斯泰福音书摘要》,连路德维希·维特根斯坦这样的大哲学家(他的老师伯兰特·罗素也是顾准十分熟悉的哲学家,其观点常常被他引用。罗素后来称他的这位学生"无疑是自己的先生")也被它迷住了,成了他的护身符,无论去哪都带着,反复地读,整段整段地记熟了。维特根斯坦和罗素最大的分歧就在对待宗教,当他在杂志上看到罗素写的无神论、反基督的文章时,学生拿着杂志当面对老师说:"您怎么能写这样的文章?!"[12]。维特根斯坦的批评使罗素深深不安,"他觉得我背叛了对严格性的信仰……我非常在意,因为我部分同意他"[13]。

顾准不过和这些人相似罢了。

接近死亡的历程把光带进了他们的生命,不可逆转地凸显了他们生活的"某种宗教体验"。你看直到今天,出了几十位诺贝尔获奖者的英国剑桥大学凯文迪什实验室朴素简陋的门楣上,不是还镌刻着这样的字样:

"The works of the Lord are great, sought out of all them that have leasure therein(上帝创造了万物,去发现那里所有的乐趣吧)"

科学和上帝不但不对立,在这些伟大的科学家、艺术家的眼里这简直是天经地义。就算退一万步说,他们也绝不可以没有一个"哲学上的上帝",没有一个道路、真理和生命的"元点"。

愈来愈接近死亡的顾准离这个"元点"也愈来愈近了,他也只是

---

12 《维特根斯坦传》
13 同上

第四部　徐徐地、平静地成熟下去（1972—1974）

要和他们一起去"发现那里所有的乐趣"，享受生命中最后和最美的馨香。

2. 既生于这个时代，就享受它

　　罗曼·罗兰说，"最终世界上只有一种真正的英雄主义，那就是认识了生活的真相之后依然热爱生活。"有些人用一生诠释了这种英雄主义，顾准就是其中之一。

　　与弗洛伊德同时代的精神分析学家 M·博斯先生曾说："在基本的焦虑中，人类对于生存，即'在世'是既害怕又焦虑的。只有当我们理解这一点，我们才能想象下述表面上看起来是矛盾的现象：害怕生活的人也特别畏惧死亡。"

　　那么热爱生活的人情况有可能相反吗？答案是肯定的，顾准就是其中最好的实例。命运对他十分残酷而不公，噩梦连连无尽期，生命又是那么脆弱和短促，令他最终无法实现为之奋斗了一生的宏愿。但他从不抱怨，和芸芸众生"既害怕死亡，又厌倦生活"的状态截然相反，顾准既热爱生命也不惧死亡。

　　直至临终，他对生活和生命的热忱都没有一丝减弱，对死亡则坦然接受，从他遗书起头的第一句话："我热爱生活，我将勇敢地迎接死亡的来临"和致陈敏之的最后一封信："（我）也算勘破一关了"，一览无余。我的传主以英雄的气概直面、度过并享受了他所生于斯、长于斯和死于斯的时代，心灵因为所遭受的不幸而变得更加热情并在不幸中得到了洁净。

　　到了生命的最后几年，顾准对承受苦难已经有了一种道德上的优越感，惟其因为他既不是苦行僧又不是受虐狂而是一位翩翩真绅士，堂吉诃德般伶仃瘦长的文弱书生顾准才堪比二千年前身陷古罗马斗兽场，伟岸挺拔的色雷斯贵族斯巴达克斯——同样深重的苦难，同样高贵的尊严，只是斯巴达克斯面对的是饥饿到要立刻吃人的野兽，顾准面对的是蒙昧到不可理喻的要吃人的人。

这样的人格真可真是魅力十足，也是愈来愈多的人不约而同地由敬生爱，希望能出一份力量来保护和帮助他的原因。这群人除了他亲爱的六弟陈敏之之外无一亲人，都是他最后的栖身之"所"——经济所的同事们。有年过花甲，自己还带着右派帽子的老经济学者，也有被他嘲讽、挖苦甚至批判过，如今却和他达到了一种心灵契合的老上司，老学人，更多的是曾经批判过他如今却对他崇敬有加的年轻学子，加上当年商城铁佛寺劳改队的一干年轻右派。

特别值得一提的，还有一位年轻未嫁的知识女性向他这又老又穷、鳏、病、右俱全的孤老头子袒露心扉，希望能嫁给他，照顾他，与他终老。好心的人们都劝他接纳这位姑娘。可有谁能取代他的秀呢？这"过不去的过去"只有到了那一天，他"过去"的那一天才有可能过得去呀。更何况还有那 5 个打断骨头连着筋的仔仔，他随时都梦想着他们回到自己身边，为了这一天的到来，他什么苦，什么委屈，什么孤独都咽得下去。老伙计们，不要再劝我了，我和我的秀是怎么过来的，你们都知道；年轻人，不要再劝我了，你们还不大懂那句"问世间情为何物，直教人生死相许"，等你们到了我这个岁数，这种地步，就明白，就懂了。

就是因为有这样一群人，顾准临终前两年的生活有了一个明显的转折。他们之间的故事是需要另写一本书才说得清楚的。多少年像孤狼一样生活着的顾准在最后的岁月里不再寂寞，直到离世，都有浓浓的人间真情和时代所能够给予的最大友善拥绕着他。这绝不是每个人都能尝到的生命甘甜。

相对十多年来的监管-劳改-挨饿-批判-斗争-殴打-交代-坦白-监管……无休止的循环，将近 3 年的息县干校生活和回到经济所两年多一点的北京生活，那个模子一样的东西至少在精神上对顾准逼迫较轻。特别是 9.13 事件之后，军心涣散，军宣队对干校的管理越来越松懈，顾准身边慢慢聚集起一批愿意思考的年轻人，这些人被他的渊博、睿智和人格魅力所吸引，"物以类聚，人以群分"地走到一起来了。

如今顾准"一个人的探索"演进成了一群人的探索，只是他始终

第四部　徐徐地、平静地成熟下去（1972—1974）

站在队伍的排头，无论是活着还是死后，他都是向导、旗手和领队。直到今天，还没有人能够取代或者接替他的位置，只是这支队伍愈来愈大，愈来愈强了。

许多人认为顾准的一生都很悲惨，晚年尤甚，临终更是凄凉不堪，令人唏嘘泪下，无疑此人完全"已经被这个冰冷的世界彻底地遗忘和抛弃"[14]了。没错，从"人死如灯灭"观念看顾准之死，当然就是这么回事——死亡的虚空吞噬了一切，理想、成就、努力、亲情、友情、爱情，统统泯灭在死亡的黑暗中，一切的一切都是虚空，都是捕风。他死后的辉煌纯属偶然，那些"写给抽屉"的文字能得以面世和传世纯属偶然。

但是，不。细看、想象、细细体验顾准之死，以及他的死后，可能会得出相反的结论。

从干校末期开始，此时离顾准的离世只有3年左右时间了。他不但"个人奋斗"（这在他的时代是个大大的贬义词）成就卓著，而且逐渐有一批人心甘情愿地和他一起奋斗。纵然他临终之时名符其实地"妻离子散，家破人亡"，还仅仅因为想见见孩子而经历了被迫写下认罪书的"奇耻大辱"，如他所言。

可有谁能说他是死在和"魏连殳"一样的虚空和孤独中呢？更像是一位贯颐奋戟，身负重伤的将军死在悲哀的士兵们的环绕下，死在深爱着他的战友们的怀中，顾准之死充满了勇敢、安详和美。在一位思想家，这不啻真正的幸福。他享受了这份独特的、绝非每个人都能品尝得到的甘甜。这甘甜也只有热爱生命，拥抱生活的人才配得到。而他那些被称作"写给抽屉"的文字更是"四万年结出的果实"，它们的面世和传世不是偶然而是必然。

关于"顾准之死"，后面还会讲到。他也享受世俗生活之美。

比之1959年的商城，息县干校就是天堂。不但有吃的，还能吃饱。他不用再"偷吃东西"或者"偷东西吃"。这是很不同的两件事，可在"傻气"书生顾准眼里有着质的区别——前者仅仅是"可

14　吴晓波《孙冶方之痛》

怜",后者则是"下流"。在商城他曾沦为"下流"——偷劳动队的胡萝卜吃,这令他刻骨铭心。干校不但顿顿能吃饱,逢年过节还有加餐。他在心满意足之余不厌其烦地将它们记录下来,这也是他在商城留下的习惯,只不过那时笔下都是胡萝卜、红薯、土豆什么的,如今是鱼、肉、粉条……。他不是个美食客,更不是饕餮之徒,他只是太明白能"吃饱"是件多么美好的事情了。对生活他从无很高的要求,有时能弄上一杯红茶或者咖啡,在他就是至高的享受。

"以我连食堂而论,实在是愈吃愈好。12月清队新高潮以前,卖酱肉卖鱼的次数特多,12月中旬以后,"卖小菜"的次数减少,实际伙食标准并未降低,冬季生火以后,据说女同志宿舍中鱼虾不断,肉松炼乳不断。我自年初肺炎以后,消瘦特甚,春夏之交,略有恢复,冬季大见丰腴。这不仅因为我是买小菜的积极分子,也吃过一些炼乳、奶粉、藕粉之类。糖的消耗,最多时一个月可达三至四斤。肉松也吃过二斤……"[15]

每月25元的生活费,除了攒下一点奢望将来能留给孩子们之外,他都用在购买食品上了——酱肉、肉松、炼乳、藕粉、王八……。买书淘书如今无论如何办不到,好在想要的、知其名的书从前都买到或借阅过了,如今新华书店架子上的书没有他认为值得掏钱去买的,乐得把钱都花在嘴上。加上他天性大方,"托林里夫买炼乳,未打招呼,受到批评"[16],"两周前和贺菊煌在明港一起吃了一顿饭,没有要他的钱,又批评我和审查对象拉拉扯扯,吃吃喝喝……"[17]。"审查对象"又怎么啦?干校有几人不是"审查对象"的?他才不在乎呢。

里夫夫妇带了5个孩子来到息县,一家7口,足够一个班的建制。军宣队还算不错,"林里夫一家、乌家培一家独处一屋,是个别的例外"[18]。林家有时可以自家开火做点改样的、好吃的东西,夫人

---

15 《日记》1971.4.4
16 《日记》1970.11.8
17 《日记》1971.9.2
18 《日记》1969.11.22

第四部 徐徐地、平静地成熟下去（1972—1974）

胡柏琴就放上一碗在房子窗口的席棚底下，老单身汉顾准就知道是给自己留的，端走吃就是了。骆耕漠有时从身处另一处干校的夫人处得到点花生、猪油、炒面什么的，就偷偷塞一点在他的铺盖卷里，有一次不慎被发现和举报，还作为"资产阶级思想意识"典型在全排开会批判。

老伙计们这样对待他，再看年轻人：

"我常常见到一位先生（那时还不知道他就是顾准），他的身材鹤立鸡群，长得像堂吉诃德骑士一样伶仃瘦长，在大家唯恐不够革命，人人一身破衣烂衫充作'运动服'为时尚保护色时，他却是身着二三十年代上海绅士间流行的背带西装裤、西装背心，再加上那一副玳瑁眼镜，一副对人爱理不理的神态，高视阔步，眉宇间显然有些威容，虽不是因戒备而拒人于千里之外，但仍给人以视对方为无物之感……任凭什么凶神恶煞般的监管人员，在他面前也只得退避三分，凶焰会有所收敛，似乎被监管的对象不是他而是监管者自己。"[19]

这是他留给当年干校一位年轻人的印象，也是干校顾准的标准着装和面孔。这身着装是他从"立信"年代就穿惯了的——我就是喜欢，它就是舒服嘛。你看不看得惯那是你的事，我想什么时候穿那是我的事。这副面孔是我的"本来面目"，看得惯看不惯我管不着。

除了在看到孩子们的时候。

干校有许多孩子，他爱孩子。只有在看到孩子们时，他才会彻底收敛起那副对人爱理不理的面孔，彻底舒开紧皱的眉头，展露出和他们一样的笑容。"让小孩子到我这里来，不要禁止他们，因为在天国的，正是这样的人"[20]，他用中、英两种语言低吟那位加利利人的故事——"众人问基督：谁能进天国？我能吗？祂指着一个妇女怀中的婴儿说：'他能，因为他纯'"[21]。

孩子们也爱他。

19　楼肇明《面影和命运——顾准先生二三事》
20　《圣经 新约》马太福音 19:14
21　高建国《拆下肋骨当火把》

"他戴眼镜，穿吊带裤，头上有些微白，属于年纪比较大，可又显不出老来的那种人"[22]，这是一个当年 7 岁的孩子对他的记忆。他们和他玩，跟他逗，一点也不怕他，不像那些阴阳怪气的成年人。

跟着妈妈一起来到干校的咪咪就是这些孩子中的一位。

咪咪的妈妈是位书香世家女儿，是经济所优秀的青年学者，也是位出了名的女侠。3 年前当顾准头破血流从大韩继被押回经济所监管，就是这位侠肝义胆的女子将自己整整一个月的工资——80 元偷偷塞进顾准的斗室，让险些没有饭吃的他度过了难关。她告诉女儿，今天挨整的几乎都是好人，是中国的精华，帮助他们就是帮助我们自己，帮助我们的国家和民族。女儿牢牢记下了妈妈的话。起初是在妈妈和其另一位叔叔，就是大韩继那位"小反"陈瑞铭的指使下偷偷地将些食品，比如奶粉什么的，利用自己小孩子的身份溜进作为"男营"的大棉花仓库，偷偷塞在他们的铺盖卷里，后来小姑娘自己被顾准强烈的人格魅力吸引了，常常像个小影子一样跟在顾伯伯身后，向他学习知识和道理。他逐渐成了她忘年的朋友、博学的老师、忏悔的"神父"和崇拜的英雄。小姑娘咪咪是顾准生命中最后和最明亮的一道人间阳光。几年后，当他就要越过那条看不见的界河时，是这道人间的阳光一直伴随着他走入那永恒的彼岸，那里有无际的光明和温暖，她亲爱的顾伯伯再也不会挨打、挨饿，受冻、受屈辱了。这个也容我放到后面慢慢讲。

也有十分伤感的时候。

一天他得到一本英文版的泰奥多·斯笃姆小说《茵梦湖》，他边读边哭，最后竟是泪如雨下。以唯美和哀而不怨闻名于世的这本书触动了顾准最敏感的那根神经。还书的时候他红着双眼对书的主人说："我就是茵梦湖的那个男人啊"。

利用回北京的机会，他把许多世界名著也带进干校来了。他重读，也指导年轻人初读。

《悲惨世界》《九三年》《双城记》令初读的年轻人激动不已，老

22　龙冬《想起顾准》

的少的一起流下泪水。顾准始终是个有泪的男子，内心总有一块柔软之处为人，为人类留着，再倔强、再桀骜、再铿锵、再苦涩，那里也不会变得刚硬起来。

那里有个现成的名字，叫做"悲悯"，也叫做"爱"，说得深一点，叫做"人道"，说得浅一点叫"同情"。连人道和同情心都不许讲，难怪顾准顿足大呼"人间何世"[23]！

读书读到痴处，悲愤难抑的他当众就怒骂中国是个"狗道主义"[24]的国家。往往这种时候，书对于他的作用就像烈酒一样，令他"峥嵘"毕露，露出个真顾准，至于后果，则"去他妈的"。好在武斗之风已过，事后被"口诛笔伐"一通罢了，不至于再吃皮肉之苦。更何况原先愤怒批判过他的年轻人如今对他崇敬有加，谁要是再敢对老顾同志动手动脚，那后果可是要"自负"的，也果然有人直到40多年后还要"后果自负"呢，这是题外话，不说也罢。

他还鼓励和帮助年轻人学习英语，不光为能够阅读世界经济学前沿的专业文章，更为能把握古今、中外、东西三个维度的历史走向。历史同时也是经济史和经济学史，一个好的经济学家一定要了解经济学专业之外，所谓"工夫在诗外"，就像一个真正的艺术家不应当只是单一的画家或者音乐家，而应是兴趣广泛的多面手的东西——世界文化史、经济史、政治史、宗教史……，经济学家更是如此，必先要先对整个人类作一番梳理，才有可能拿出正确的国策，对国家和民族做"刍荛之献"。

顾准这种很难企及的"高标准、严要求"令当年的年轻人，眼下的耄耋学者至今提起都惭凫企鹤，连呼"愧对顾准，愧对顾准"。

他深知作为非史学专业的经济学家要想了解历史，从希腊罗马入手是条好途径。他就引领年轻人从希腊史开始他们的历史漫游。

远游希腊罗马，近处也不能放过。顾准还常向身边的年轻人说起日本的"神武景气"，这是他最醉心探索的世界经济学奇迹之一。顾

---

23 《日记》1959.12.8
24 当事人口述

准认真研究过第二次世界大战后日本经济的崛起。

1955年至1957年日本出现的战后第一次经济发展高潮,是她高度经济成长时期的开始。1956年制定了"电力五年计划",进行以电力工业为中心的建设,并以石油取代煤炭发电,大量原油因此而从国外进口,大大促进了日本炼油工业的发展。日本经济至此不仅完全从二次大战中复兴,而且进入积极建立独立经济的新阶段。经济景气推动了耐久性消费产品的热潮,出现了消费品市场的"三神器"——电视机、洗衣机、冰箱,最后是汽车工业的发展。日本人把战后这种神话般的繁荣称为"神武景气"。

粗粝的生活并不妨碍顾准向年轻人解释这几样东西对人的发展和生产力的解放意味着什么。熊彼得的亲炙弟子关淑庄女士更是用自己在美国亲历"三神器"现身说法,还被人告了密,名曰"留恋资产阶级生活方式"。

令世界震动的日本神武景气(じんむけいき),也是顾准十分羡慕和向往的中国远景。但你要是仅仅理解成这是他对中国经济远景的期待,那就错了。学生吴敬琏说:

"他认为中国的振兴是会到来的。他说的'神武景气'要到来,不是指经济而是指政治。他认为生产力决定生产关系,生产关系决定上层建筑是不对的。"[25]

要弄清楚顾准眼中的"神武景气"的真正含义,至少要追溯到影响和促成了明治维新的福泽谕吉。对于"为什么中国出不了资本主义""什么是阻碍中国经济发展的最大障碍"之类的老问题,顾准早就有些不耐烦了——远处的、西方的你们不看,近处的、邻居的你们总该看看吧?

"为什么不去读福泽谕吉"?"福泽谕吉就够了"[26]。

福泽谕吉——明治维新——神武景气,经济改革——政治改革

---

25 邢小群《我与顾准的交往——吴敬琏访谈录》
26 《笔记》P119、125

第四部 徐徐地、平静地成熟下去（1972—1974）

——国家强大，不言而喻的简单和不可分。顾准始终相信中国的相似景气不但一定会到来，而且时间不需要太长，规模将比日本还要壮观。年轻人，你们要好好准备啊，中国崛起的一天一定会到来的，长则二十年，三十年，短则三五年，七八年，一旦到来，你们就是中坚，要守机待时，发生变化时要能拿得出东西来啊……

顾准还有特别有趣的一面。请看：

"李云是位棋迷，棋艺不差，棋德也高，无论对方水平如何，来者不拒，与友人手谈，以遣永昼。顾准的棋艺就差强人意了。他多半偶尔为之，李云下他的棋，顾准埋头看书译书。我记得不错的话，他那时好像在翻译当时看起来并无希望出版的凯恩斯的著作。顾准也偶尔与我对弈一二局，不过他的棋艺棋德，我实在不敢恭维。尤其在复盘时，他往往指指点点，说三道四，对我的漏着，昏招特别敏锐。我就算是赢了棋，却终是遭到他不留情面地指责训诲一番，他明明白白下输了棋，却像一位十足的赢家。在他凌厉的指斥声中，我不说什么，可心里窝火……"[27]。

让这位小伙子"窝火"的还不止这一件事情呢，上节说到向顾准借阅《圣经》，还不到说好还书的日子就被再三索还的，就是这位小伙子。

"臭棋篓子"们一般都属于具象思维能力比较差劲的人，估计顾准也一样，比起他超凡脱俗的抽象思维能力，其具象思维很可能差得很多，既在具体事物面前往往会用"竹筒倒豆子，直来直去"式的思维方式，尤其在权术、权谋的面前。而中国象棋是最讲究"谋略"的，他又完全不懂人与人之间应该如何"谋略"，不输棋倒是奇怪了。

说到这里，请允许我扯远一点，有件30多年前的轶事也许能佐证顾准思维方式上的强点与弱点：

1937年初，"西安事变"后一个月，《大公报》编辑主任王芸生先生在他主编的《国闻周报》上连续发表文章，批评西安事变，主张

27　楼肇明《面影和命运 顾准先生二三事》

团结建国并将张学良扣押蒋介石斥为"拆烂污"之举。在 14 卷 15 期《三寄北方青年》的文章中,王芸生先生说到有位名叫吴绛枫的青年给他写信,在对西安事变的理解上对他发表的《三寄北方青年》和《前进吧中国!》提出不同看法。文章说:"吴先生(吴绛枫-顾准-著者注)这封信是由上海寄来的,主要意思是在说明中国共产党和苏俄都未参加西安事变,都未曾施用开后门拆烂污的手段,而且共产党也是爱民族爱国家的。我希望吴先生在信中所写的就是共产党的态度"。但是,"西安事变后的两三天内,我见到中共上海中央局的一张传单,'不杀某贼中国不能抗日'、'不打倒汉奸政府,革命没有前途',同时收到陕北红军的广播无线电报,也是对张学良的行动喝彩的……'洪波震壑,川无恬归'……听听口号,看看事实,不惭汗吗?。"

是年 22 岁的吴绛枫——顾准当然不能代表"共产党的态度",也因此而受到上级对他"不明西安事变真相,轻率的无纪律行为"的责怪。但不久,他"解释西安事变非出我党预谋,是东北军青年军官激于民族义愤所为"的观点就被证实确实正是"我党"观点,"延安电讯台还引用王的这篇文章,就中也转引了我的信,申明我党对西安事变的立场,得以证实我的解释并无错误,才算放下了心"[28]。

对于这件非常直观的事物,近 70 年后,随着《陈立夫回忆录》的出版、俄国档案的解密和近代史学者的深究,人们不得不说还是老报人王芸生看得深一些、远一些,连晚年张学良将军自己也说王芸生的文章对他警悟颇深。青年顾准对历史的解识究竟还是赶不上深谙党派、权谋的《大公报》主笔先生。长于抽象思维、拙于具象思维,大概也是顾准世俗生活和精神生活水平天差地别的原因之一。

话说回来。顾准像磁铁一样吸引着身边每个求知和向上的年轻人。在他面前,他们抛掉了面具和欺骗性的外表,充分舒展着童真和率直的本性,舒展着"善"的一面。顾准给人们留下了难以描摹的特点——保持着人最初的品质——大自然赋予人的率真,内心情感的

---

28 《自述》P442

井然有序以及能与生活能完全融合的柔韧。他像接受水和空气一样自然地接受了人们对他的爱。他享受这爱,也用爱来回报。

3. 历尽劫波兄弟在

回到北京的顾准又和多年失去联系的六弟陈敏之联系上了。

1967年底,时任上海市政府建委副秘书长的陈敏之突然被宣布为"叛徒",旋即被关押进解放前叫"漕河泾监狱"如今叫"少年管教所"的特殊拘留所,罪行是1937年入党还不到一年的、17岁的他有过一次被捕的经历。当时上海市委、市政府的干部几乎都集中关押在此,由军队把守。"人民"对陈敏之的判决是:"定为叛徒,清除出党",和五哥顾准1958年"定为右派,清除出党",半斤八两。

1968年下半年,中国大、中、小学校的红卫兵运动日渐衰落,眼看"老三届"初、高中生和1966年后的大学毕业生们的就业问题无法解决,于是一个新的运动兴起了——在"知识青年到农村去,接受贫下中农的再教育,很有必要"的大旗下,上山下乡大潮席卷全国。

陈家几姊妹都要上山下乡,爸爸在狱中,没有人顾得上他们。北京的叔叔(小姑父)施义之和孃孃(小姑姑)陈枫和让"大哥哥"——顾家长子小米顾逸东带了一百元钱,还有为每一位要下乡的孩子们手织的毛衣,专程来上海为女孩子们准备下乡的行装。陈(顾)家一门如今都陷在巨大的灾难中,右派、叛徒、走资派的帽子把孩子们快要压垮了。是施义之、陈枫夫妇不顾自己身处危境,伸出温柔的双臂,把顾家、陈家十几个孩子统统护了起来,从精神上、经济上竭尽全力帮助他们。小姑父、小姑姑出于人性、母性的这份恩情,孩子们没齿难忘。

小米哥哥到上海后才告诉姑娘们,他们的妈妈、陈家(顾家)的"大家姆妈"——秀妈妈汪璧去年就自杀了。"大家姆妈"竟然死了!这么好的人,就这么说没就没了!还不大明白什么叫做"死"的小姑娘们又惊又怕，伤心欲绝，却连哭都不敢哭出声来。

1969年11月陈敏之出狱。五哥顾准已经去了河南息县五七干校。为了少给家庭和自己找麻烦，他们坚持不通信，不见面，把所有的手足情、兄弟谊都埋在心底。六弟记着五哥跟他说过的一句话——"全世界的黑暗加在一起也不会影响一支蜡烛的光亮，这就是常识"。明天太阳会照样升起，兄弟们只要顽强地活下去，总有在太阳底下见面的一天。这也是常识。

六弟敏之对五哥的感情非常深。在他和弟弟妹妹幼年时，是尚未成年的五哥抚养了他们，使兄妹免遭冻馁之苦。后来又带引他们走上革命之道路。虽然五哥大不了六弟几岁，可他一直对五哥有种"长兄如父"的感觉，有些崇拜，还有些盲从。

比如五哥1950年代初被撤了大上海总税吏的职，贬去北京作"部吏"，正倒霉的风头上却急令六弟帮忙搞本全本的《圣经》。敏之二话不说就去搞，搞到就火速寄去，他才不管它什么阶级不阶级，斗争不斗争呢。对五哥，他是一丝一毫的"革命警惕性"和"觉悟"都没有的，五哥在他的心里激起的感情，只有爱和敬。

再比如兄弟俩最后的通讯，那简直就是冒天下之大不讳，哪一封拿出来也够闹个卫星上天红旗落地人仰马翻七荤八素的。可六弟对五哥的每一封来信都视若珍宝，反复念，用心读，如数家珍，精心收藏，否则我们今天也读不到他五哥那些字字玑珠的华丽文章。

1972年春末，顾准从干校回到北京，初冬，敏之也在上海的"五七干校"获准了假，去北京探望母亲顾庆莲。苦命的两兄弟终于见面了。"古人惜别怜朋友，况我今当手足情"，没有比历尽苦难的兄弟重逢更令五哥六弟欢喜的了。

五哥不提，六弟也不问嫂嫂的惨死。怎么提？怎么问？欲说还休，欲说还休，却道天凉好个秋吧。六弟是五哥和五嫂爱情最好的见证人，也是五哥五嫂悲剧的全程目击者。五哥第二次戴上右派帽子，五嫂不得不提出离婚。她第一个去征求意见的不是娘家人，却是夫家的小叔子——六弟敏之。

第四部 徐徐地、平静地成熟下去(1972—1974)

"当时她内外处境艰难,困窘和难以言明的复杂情况,比我所能知道的可能严重得多。我深知,从 1934 年他们结婚,三十多年来真是两情相笃,患难与共,经历过多少惊涛骇浪,不是出于万不得已,五嫂绝对不会提出这么绝情的措施。对此我只能表示同意,却没有想到五个家庭的这种裂变会成为碎片,再也不能复原。"[29]

敏之是在上海监狱中得知五嫂自杀身亡消息的。1967 年他最后一次见到五嫂,53 岁的她憔悴疲惫,状如老媪,看来实在是支撑不下去了。5 个月后她就自杀了。六弟是多么后悔啊,当时不但没有鼓励她再坚持下去,反倒还同意了他和五哥的离婚。如今他简直就觉得无法面对五哥。

他爱五哥五嫂,也爱那群一字排开个个优秀的侄儿侄女。正是这爱,令他同意五嫂和五哥离婚,保住一个算一个,横竖不能让一家人都一锅烩进去。今天的诛连和昨天的灭九族没什么本质的区别,五哥差点因为外甥德藩、德楠自杀可不就是眼皮子底下现世的例子吗?可我当时怎么就没好好想想五哥离开五嫂会怎么样呢?更不用说离了婚还是没有保住五嫂!

看着鬓发斑白的老哥哥,敏之老泪纵横。倒是五哥反过来安慰六弟。"Let bygones be bygones"吧兄弟,我已经把你五嫂永永远远地埋在心坟里了。你看看这白被子,白枕头,白床单,都是我在为你五嫂服丧啊。逝者长已矣,活着的人还要好好地活下去。老六,难得你我兄弟还能见面,收起眼泪,露出笑容,阿拉出去吃个小馆子好不好?

他们去吃小馆子,去游公园,去拜访老朋友们,就手请他们为哥俩拍下照片——在日坛汉白玉的石棂星门下,哥俩肩并着肩,在学部纯中式的四合院里,哥俩并排而坐,老人的安详和孩子般的纯真如此完美地结合在一起。

只是,都老了,哥哥 57,弟弟 52 了。老哥俩长得多像啊,同样挺拔高高的身个,轮廓分明的面颊,同样深度的眼镜,同样安安静

---

[29] 陈敏之《我与顾准》

静,不卑不亢,连脸上的笑容都那样相像。他们促膝长谈。

老六,你看了我写给孩子们的那封信流泪,责备他们不来看我。我不怪他们,我能理解。你别再费心、生气了。将来能攒下一些钱、粮票油票什么的,我还会寄给他们的。我虽深爱他们,却不能决定他们的道路。总有一天他们会理解我这个爸爸的。他们也都大了,再说三妹和义之(顾准三妹夫——施义之)一直在护着他们,和护自己的亲囡囡一样,我放心。义之自己天天也是如临深渊,如履薄冰,无论如何我都不能再给他们添麻烦了。我只有感谢他们的心,但不会主动去找他们。姆妈老了,我也不能再让她老人家为我操心、伤心了。老六,我们今天不谈那些伤心事,只来谈一个话题——读书,好不好?

五哥知道弟弟也是个爱读书的人,尤喜中国文学,就盘问六弟这些年还在不在读书,读了些什么书。哥俩讨论读书打小就成习惯,从上海那条小南门外南仓街仓基弄的时候就开始了。那时陈家老六最佩服的就是自己的三个哥哥——三哥陈怀德、四哥陈怀良和五哥顾准。三哥写得一手好字,懂几国外语:英、日、法、德,随随便便就能阅读几种外文的报纸,对哲学特别感兴趣,康德、斯宾诺莎、马克思这些名字,老六就是从他口中第一次听到的;四哥写一手好魏碑,五哥干革命办进社出印刷物,钢板都是出自四哥之手,他从来不声不响地做事,没有任何要求。

那时三哥翻译过一本叫做《从一个新世界看一个人》(应该不是由俄译中,三哥不通俄文),五哥却醉心于《从一个人看一个新世界》(徐懋庸由俄译中)。小六弟跟在他们后面也爱上了读书,爱上了思辨和哲学。

后来三哥和四哥都死了,就剩下五哥这一个哥哥了。兄弟俩一个在京一个在沪,无论多么曲折坎坷,哥俩的通信从没有断过。一个问题他俩可以辩上好几封信,好几个月,可六弟总是差五哥一截,每次都输,"六弟来信,辩难结果,他不能不服输"[30]——那次是五哥去劳改营的前几天,哥俩辩论历史唯物主义是否足以解释全部历史。老六

---

30 《日记》1959.3.7

第四部 徐徐地、平静地成熟下去（1972—1974）

说能，老五说不能，五哥又赢了，得意得很，六弟也输得口服心服。

那时顾准已经在剥"历史唯物主义"这颗大洋葱了。

当年的小小少年一转眼都成了50多岁的小老头，如今五哥问六弟读书之事，弟弟还是有被哥哥检查作业之感——哎，关了几年监狱，除了"红宝书"什么也没读过。五哥，我也有许许多多的疑问在胸中，被无数的不明白折磨得寝食难安。今天的现实，哪里还有一丝一毫当年我们心甘情愿为之献出生命的共产主义景色？中国是怎样变幻成了这个样子的呢？这一切到底是怎么回事呢？五哥，我是多么想弄明白呵。你我都已年过耳顺，可是我们的耳"顺"了吗？我们就这样"顺"下去和"驯"下去，一直到死吗？

六弟，你的这些疑惑和诘问我都想过，而且不止一年两年，已经十几、二十年了。这么多年来我读了许多书，思考了许多问题，也写下了不少的文字。今天看它们都是异端邪说，不但毫无用处，说不定还会叫我再做一次"白虎星"害人。可也许几十年后人们会发现我这"一家之言"有些道理，对这个国家兴许还有些用处。我坚信这一天终会到来，且不会太久，长则十年，十几年，短则几年，三五年，二三年。可是这些东西眼下不能示人，我也不愿意把他们交给外人，即使我相信他们，他们也不一定敢收藏、保管。只有你，我愿意，我敢全都拿出来。

你这次来，一连串问了我那么多问题，这也正是我在探寻答案的问题呀。阿拉兄弟还是像从前一样通起信来吧，你问我答，我问你答，阿拉一起问，一起寻觅答案，探索前路，好不好？

你不是已经读过《圣经》了吗？应该知道耶稣说过"没有先知在自己家乡被人悦纳的，他们说他这不是木匠的儿子吗？"。但假如你能把古今中外先知们的语言都读一读，从苏格拉底、柏拉图、亚里士多德起，到耶稣、牛顿、马克思、爱因斯坦（中国的我就不说了，你都熟悉），就会知道先知无非是不随当下的万众一声，提前说出将会发生的事情。世上万物都有规律，有秩序，天气既然能预报，就是因为预报员们掌握了长期的、大量的气象历史数据。大自然是有秩序的，历史也同样。一个人若能将古今、中外、东西纵观横看，细细分析，一定能像天气预报员一样预测他身边的事物，包括专属人类的政治、社会、经济、科学、文化、文明的走向。我不是先知，就像你不能把天气预报员叫做先知一样。

五哥，你说得太好了，我多想能像你那样通古今、博中外、融东西。可是怎样才能做到呢？从哪里开始呢？

老六，就从古希腊罗马的历史探究开始吧，这也是我向经济所那些好学的年轻人的建议。不懂得希腊就不会懂得真正的政治。中国从荀况、韩非开始的东西，那不是政治，那是权术、权谋，我们中国人却一直把它们当做"政治"沿用至今，这才有几千年的东方式专制和对人性的残酷压抑。

老六，就用我们兄弟间通信的方式把这些探索的痕迹保留下来吧，假如你真的愿意和我一起这危险而美好的探索的话。它们也许能解开你的疑惑，消除你心灵的痛苦。说实话老六，五哥如今是妻离子散，家破人亡，没有这探索，五哥这条老命留着有什么意义呢？我也只有你一个手足亲人可以信赖、依赖和交通了。共同经历了那么多事情——激情、欢乐、危险、磨难、侮辱、困苦……，如今你我还能全须全尾，安安静静地坐在一起，我非常知足啊。五哥还能活多久？不知道。在干校我说我要为我的秀服丧20年，可那也仅仅是愿望而已。我现在痰中常常带血，医生又说并不是肺结核，谁知道怎么回事。好在有商城的日子垫底，如今什么日子你五哥都能过得去。回到北京更是如进天堂，因为有书，有图书馆，还有一群关心我爱护我的人。有些你认识，像里夫、耕漠、李云……，更多是你不认识的年轻人，他们好学，上进，聪慧，看到他们就像看到当年的你我，还有你五嫂。

六弟，即生于这个时代，干脆就来享受它。"历尽劫波兄弟在"，这是上苍奇异的恩典，你我当珍惜。只当40年前你送我和五嫂从杨树浦码头出发去北平流亡一样，兄弟，就从这里，这另一座杨树浦码头出发，开始我们新的旅程吧。

4. 了不起的流水账

是，回到北京的顾准最感幸福的，莫过于能挨着图书馆，挨着书。

说起来北图离他并不近，从他所住的建国门学部到故宫西侧的文津街北京图书馆差不多有 5 公里，可离着经济所图书馆就太近了。9.13 之后，不知出于什么考虑，军宣队命令原在三里河经委大楼的经济所图书馆全数搬到建国门学部去。这可是沙漠之井——宗井滔的图书馆，对书的饕餮之徒顾准而言真是个大福音。虽然从三里河搬来的图书都打着包，无法借阅，宗馆长奇迹般续订下来的西方经济学期刊可都是新的，那可是货真价实的"新知"。妻子死了，5 个孩子都远离他，可他天天都有"新嫁娘"，天天都有"新孩子"。新嫁娘就是那些新借来的书，新孩子就是他笔端永不停歇潺潺流出的新文字。

顾准依然写日记，但一改他从前风格，"北京日记"极为简洁，粗看上去活活就是一本流水账，不但无感概、无议论，也无人物，无情节，甚至连事物、事务都没有，除非你把"休息"，"洗澡"看作是事物或事务。而"同上、同上、同上……"则比比皆是。日记最短时只有一个英文字，例如"Catlin"[31] "Cambridge"[32] "Immense"[33] 什么的，令人摸不着头脑。

实际上，"北京日记"是一部读书目录和时间表，起始于 1972 年 10 月 13 日，终止于主人去世前 18 天的 1974 年 10 月 18 日，时间跨度整整两年，字数却只有 4 千多一点，其中一大半还是"日期"和"同上"。更纠结的是内中还夹缠着许多英文和中、英文缩写，无怪乎人们看不懂和不耐烦看。

但它却是一部了不起的流水账。

先不管他"息县日记"与"北京日记"之间又整整地缺失了 1 年

---

31 《日记》1974.5.17-18
32 同上 1973-74 年多处
33 同上 1974.5.16

零1个月又11天是怎么回事，除了前面章节已经提到的、必然存在的"9.13"的原因，其余的蹊跷就先放一放，来看看这部奇异的流水账奇异在哪里？它为什么这样简洁。

和"息县日记"也就是所谓"新生日记"恰恰相反，这部"北京日记"是顾准单单为自己做的读书记录，不准备给任何人看，但也许仅仅除了六弟陈敏之之外。

再不知深浅地说一句，这部日记也是我唯一不怀疑被人腰斩斧钺过的顾准日记，但是否被"斩首"则不能肯定。

说它未被腰斩，是因为这370天的日记一天都没有缺；说它未被斧钺，是因为它本来就已经简到不能再简，再砍下去就没有了；说它不能肯定是否被"斩首"，前边已经说过了，是因为从1971年9月"息县日记"的结束到1972年10月"北京日记"的开头，中间缺了一年还要多。

顾准是个逻辑性极强的人，抽象思维能力大为超凡，十分在乎数字上的完美和优雅，"半半拉拉""稀里糊涂"从来不是他的风格，这从他的文字表现和旁人旁述中即可领略。从前的"党校日记""商城日记""新生日记"之所以会有许多处半半拉拉状，稀里糊涂状，前面的章节已经猜测和说过很多，不再重复。至于说最后的这部"北京日记"是所有面世日记中最完整的，除了一天没缺一条因素外，他的"笔记"和"文稿"也间接佐证了这一猜测——从"北京日记"开始那天起，"笔记""日记""文稿"就成为了一体，你中有我，我中有你。日记记载他今天看了什么书，笔记是摘录和评论，文稿就是最后的成品——《顾准文稿》，百试不爽。

比如"北京日记"开篇：

"X/13 《经验与自然》"[34]

《经验与自然》是经验主义大师，美国人约翰·杜威的代表作，也是整个实用主义流派最重要的著作之一，被誉为"实用主义的集大

---

34 《日记》1972.10.13

成者"。有哲人称杜威是"实用主义神圣家族的家长",那么这本书就堪称"家训"了。在书中,杜威提出他的实用主义哲学的基本观点,并把它称为"经验的自然主义"或"自然主义的经验论"。这种观点反对把人与经验同自然截然分开,主张确立"经验与自然"之间的连续性,由此建立一个"统一的经验整体"。

顾准读杜威当然不是始于 1972 年。早在 1959 年去河南商城右派劳改营之前,他就读了他的《哲学的改造》,"读杜威哲学的改造,极有意思。问题苦我极深者,不图于此公处获得解决"[35]。不过那时他仅接受杜威自然科学部分的理论,"社会与伦理大约未必可取"同上。那时他已经开始剥恩格斯《自然辩证法》这颗大洋葱,至少杜威关于自然科学部分的观点深得他心。

时隔 13 年,到了再读杜威《经验与自然》的 1972 年,顾准的理论高度已经大不同前了。早已汲取了杜威、罗素等人多元主义哲学的观念,对黑格尔主义的神权思想的"绝对"和"比之前所有的世界观都更加唯物的世界观"[36]的《自然辩证法》,他都已经都不再惧怕。就像摘下了金箍儿,不再害怕紧箍咒的孙悟空一样,他虽说还不至于挥起金箍棒去痛打师父唐僧,可至少敢于大胆批评师傅了。至于教训猪八戒,那是他的长项:

"也有人曾经企图把杜威、罗素哲学打上帝国主义的印记,英共的康福斯写过这样的书。1957 年,他慷慨陈词地用了杜威、罗素都强调过的话:'哲学的任务在于批判'。"[37]

这样不好吧,康思福同志。你要真是主张"哲学的任务在于批判",为什么要对多元主义扣上"帝国主义的印记"金箍儿,且跟着就念紧箍咒,谁"批判"就要叫谁脑袋疼?

对这种以为紧箍咒就是"终极真理"猪八戒们,顾准可是一点情面也不留。那么什么才能叫做"批判"呢?他紧接着话题一转,"西

---

35 同上 1959.3.7
36 《笔记》597
37 《文稿》359

方思想界确实善于批判。政治权威当然是批判对象,任何既得权利都是批判对象,美国盛行的群众性的种族歧视也是批判对象。只要是和公众有关的事情,怎样保密也无法长久保密下去。说美国在越南的肮脏战争,是被批判得只好撤退,至少也有一方面的真实"[38]。

我不管你那个"圈儿套儿"是个什么玩意儿,金箍儿也好,铜箍儿也好,批判是一定要货真价实的,那就是金箍棒,就是对政府、权威、威权、既得利益者的制衡。你念"紧箍咒",我就金箍棒伺候!

"说来奇怪,中国人痛斥的杜威,实实在在是培根的'实践论'的继承者。他的书,诚然大不同于培根,不过差别只在于论证和资料现代化了,就其基本思想而论,和 Bacon(培根 —著者注)几乎毫无二致。可惜,因为胡适把他糟蹋了(说什么真理是一个天真未凿的姑娘,你爱把她打扮成怎样就怎样等等)。所以,我写这份东西的时候,还不敢称实际上是实践论者的工具主义为实用主义。"[39]

顾准口中的"这份东西"就是他的《要确立"科学与民主",必须批判中国的传统思想》一文。此文脱稿已是 1974 年 3 月 27 日,离他死去只有半年时间了,却还是有许多不敢确认,不敢妄言的东西,更不敢说发现了什么"绝对真理"。

杜威的这本《经验与自然》顾准看了两个多月,1972 年 10 月 13 日和 11 月 20 日分别两次作了记录。当然这期间并不妨碍他看别的书籍。顾准看书从来是若干本齐头并进,很少见他把一本书从头看到尾而不插进其他书籍的。他喜欢用不同地域,不同文化,不同观点的作家、作品来相互印证,或者让它们"扭打""撕咬",然后从这些思想的猛烈碰撞中萃取他认为最接近真理的东西。

例如他在看杜威这本书时还同时看 18 世纪苏格兰哲学家、经济学家和历史学家大卫·休谟的《自然宗教对话》。这部书代表了休谟晚年成熟的哲学思想,其主题是驳斥当时流行的宗教假设,也就是宇宙设计论——又一种以为"穷尽了所有"的理论。

---

38 《文稿》359
39 同上 P370

第四部 徐徐地、平静地成熟下去(1972—1974)

同时他还读巴鲁赫·斯宾诺莎所著《笛卡尔哲学原理》和附录《形而上学思想》，前者是作者用几何学方式讲述笛卡尔的哲学原理，后者更多的是斯宾诺莎自己对一些重要的形而上学问题和概念的札记。顾准接触逻辑学也是从几何学开始，对于笛卡尔他不陌生。

读书的同时他还译书。

早在文革初期的1967-1968年，还在监管中的顾准就开始翻译约翰·斯图尔特·密尔的《论自由》了。此书是这位古典自由主义思想大师最著名的著作，它论述了资本主义制度下的公民自由权利，在西方学界被高度评价为"对个人自由最动人心弦，最强有力的辩护"。

此书早在20世纪初就有了严复先生的文言文中译本——《群己权界论》，1959年又有了许宝骙先生的商务版白话文译本，但顾准好像对两者都不甚满意。密尔本身也是一名经济学家，作为同道，顾准决心重译《论自由》。此前，他已经翻译了熊彼得的《资本主义、社会主义与民主》和琼·罗宾逊夫人的《经济学论文集》，英译汉水平突飞猛进。《论自由》虽然并非一本纯经济学著作而是一本集哲学、政治学、社会学和经济学为一体的名著，但篇幅不大，观点清晰、文字优美，令他一见钟情，相见恨晚。并没有人要求他翻译，也不会有出版社出版和付他稿费，可他就是技痒，非重译一遍不可。

赴息县干校前他已经译完了它，如今回到北京，他开始校对已完成的译稿。这一次他没有分心，全心全意用了八天的时间。校稿的过程当然也是重读和重新思考的过程。此书对顾准的影响是巨大的。在他的笔记和文稿中，J.S.Mill（密尔-约翰·斯图尔特·密尔 -著者注）这个名字被多次提到。例如：

"19世纪中期，J. S. Mill 的书中，十分强调一切营业性事务都绝不宜由政府来办。这其实是17至20世纪三个世纪以来的基本态度。以此于中国汉代开始的盐铁国营，及其后连绵不绝直到清代的盐专卖，广州十三行是皇商的传统相比（其实，在中国，远古的商代，手工业就是"国营"的），可以更加突出它的特点。"[40]

密尔一百年前就反对"官商"，力主政、企分家，顾准就注意到了这点。不过顾准更关注的，是密尔一个最有名也最被后人推崇的口号——"保护少数派"，这也是顾准最希望有朝一日他脚下这片东方的土地上能够喊出的声音：

"1957年前后，我们这个一党制的国家也响亮过'保护少数派'的口号。其实这是英国的穆勒说过的话，是地道的两党制口号。"[41]

顾准所译的《论自由》若按照常理推测应该还在世上。1972年以后中国没有再发生大规模"焚书"行为，他的很多文字都在改革开放初期由经济所发还给了亲属，包括他的历史坦白、罪行交代、检查、检讨等等。《论自由》的顾氏中译稿非常可能就夹杂在其中。

到了1973年，顾准日记里"II/12 英文文献""II/10 Journal of Ec. Review（经济观察 -著者注）""II/19 翻译任务""II/21 翻译任务""III/10 英文文献"……比比皆是，他在经济所简直成了职业的译员，只是这个译员没有工资，只有刚够维生的生活费。

再举个例子：

"北京日记"从1973年6月13日开始记录他开读乔治·格罗特的《希腊史》。格罗特是十九世纪英国最著名的希腊史学家，所著12卷本的《希腊史》是近代希腊史世界级权威读本。这套巨著至今无中译，顾准读到的是4卷本的英文原版。4卷本并非12卷本的缩写而是缩印，字迹非常细密。他不仅阅读还翻译了其中"希腊的僭主时代"整整一章，大约1.5万字左右。8个月后，1974年2月12日，他最辉煌的篇章——《希腊城邦制度》落笔，"而这次译Grote的文章时才领会了的"[42]。

这里他"领会了的"，是恩格斯在《家庭、私有财产和国家的起

---

40 《文稿》42
41 同上 385
42 《文稿》P269

第四部　徐徐地、平静地成熟下去（1972—1974）

源》中把"斯巴达完全撇开，将易洛魁人的直接民主与雅典民主焊在一起，把分明是神权政治的希腊王政（巴西流斯）说成是'军事民主'"[43]的历史虚无和歪曲。

读格罗托《希腊史》4卷本原文可不是件轻松的事情。从6月18日起到9月12日止，他用了近3个月的时间通读了它们，除了整译"僭主时代"外，还做了不少摘译。次年，也就是他生命的最后一年——1974年2月起笔的《希腊城邦制度》里，"城邦制""僭主政治""希腊民主""公民团体"都是最重要的阐述，显然是参考了格罗托某些章节的。

彼时古希腊史有中译的近代论述只有苏联史学家塞尔戈耶夫的《古希腊史》一书，是彼时高等院校历史系"希腊史"教科书的唯一钦定本，却不仅完全无法满足他的胃口还引起了更大的怀疑，读格罗托的《希腊史》很可能由此而起——书中数处提到了这一巨著。至于古希腊人自己写的自己的历史——希罗多德的《历史》则多年来都是他的案头书。希腊史是顾准此生最为醉心的历史和政治哲学课题。仅梳理他已经面世的文字即可知道他读过的相关书籍有：

荷马的《伊利亚特》和《奥德赛》（西谚有"人人知道荷马，谁读过荷马？"还好，有个中国人——顾准读过）；

亚里士多德的《政治学》和19世纪末考古新发现的《雅典政制》；

希罗多德的《历史》；

修昔底德的《伯罗奔尼撒战争史》；

色诺芬的《远征记》；

乔治·格罗特的《希腊史》（英文版）；

J·B·伯里的《希腊史》和《亚该亚人和特洛伊战争》；

大卫·佛里德里克·埃伦伯格的《希腊与罗马的社会与文明》和《巴苏陀古今史》（剑桥英文版）；

本杰明·法林顿的《古代世界的社会与政治》（剑桥英文版）；

亚里士乌芬尼斯（古希腊早期喜剧作家，诗人）（未见著作名）；

43　同上

欧里皮德斯（希腊悲剧诗人）（未见著作名）；

埃斯库罗斯（希腊诗人，悲剧作家）（未见著作名）；

赫罗兹尼的《西亚、印度和克里特上古史》；

塞尔戈耶夫的《古希腊史》；

R. W. 梅肯的《希罗多德和修昔底德》；

阿德科克的《希腊城邦的兴起》；

С. Я. 卢里叶的《希罗多德论》

J. B. 瓦斯的《早期爱琴文明》；

阿诺德·约瑟夫·汤因比的《历史研究》；

杜丹的《古代世界经济生活》；

D. G. 荷格斯的《小亚细亚的希腊殖民地》；

格尔顿乃尔的《早期雅典》；

亨利·萨姆奈·梅因的《古代法》；

H. J. 瓦德·吉里的《多里安城邦的兴起》；

巴克尔的《公元四世纪的伟大政治思想和理论》；

爱德华·吉朋的《罗马帝国衰亡史》；

威·恩·弗·瓦拉的《加纳史》；

科瓦略夫的《古代罗马史》；

作者不详的《欧里庇得斯和埃斯库罗斯》（英文版）；

……

这还没有将"北京日记"中许多处"Cambridge（剑桥）"字样的书目都排列进去，那至少应该包括剑桥版《希腊史》或《古希腊史》是毫无疑问的。英国剑桥大学出版社是全世界历史最悠久，学术水平最高的出版社。她出版的各国历史，各国古代史的品种之多和质量之高在这个星球上暂时还无出其右者。顾准日记除了记录他阅读过《剑桥东方史》之外，其他无数"Cambridge"字样中除了有关希腊史的著作，应该还有罗马史，非洲史，美洲史、欧洲史、东方史和中国史的著作，这也是无疑的。

不过有一点可以确定——顾准通读了《剑桥古代史》。

这是一部极为浩瀚的史著。彼时北京图书馆可以出借的是12卷

第四部 徐徐地、平静地成熟下去（1972—1974）

英文版本，初版于1928年，后由英语世界及法、德等国的知名学者和专家进行了长达30年的重写，由原来的12卷扩展至14卷19册，古代埃及、西亚文明与早期希腊历史的篇幅更是成倍增加，还将初版中公元3世纪的古代史下限推到了公元7世纪左右。但是这个新版本顾准不大可能看到，在非常大的可能性上，他看的是1953年版，主编者正是写出了《思想自由史》《希腊史》和《亚该亚人和特洛伊战争》的英国研究古代世界文明与思想发展的重要学者约翰·巴格内尔·伯里（J.B.Bury）。在顾准最后的日记和最后的华章《希腊城邦制度》中，C.A.H.（Cambridge Ancient History——《剑桥古代史》）字样曾多次出现。

这部巨著至今也还没有完整的中译本。

顾准将他读过的许多英语原版书的章节作了中译，例如《希腊的僭主政治》就是他译自乔治·格罗特《希腊史》的第一卷，第二部《历史的希腊》，第九章《希腊的僭主时代》的一部分，版本是美国图书公司（United States Book Company）1869年版，531-547页。他记录得清清楚楚，整整齐齐，干干净净。

美中不足的是所有面世的《顾准文稿》此处都错了一个章节号，将 ch. IX（第九章）错记成了 ch. X（第十章）。由于无法得见真迹，不能判断是译者顾准还是编辑者的错误。但出于对顾准文字、数字一贯严谨态度的信任，我还是比较倾向于相信这是编辑者的错误。

"北京日记"中像这样的读书——思考——落笔行文的轨迹太多了，举不胜举。

六弟敏之记得五哥到了最后的一两年，读书、译书、摘书几乎成痴。北图是3天一趟，一趟3本，译书的记录也是连篇累牍。他两年多的"北京日记"真是一本重若千钧的了不起的流水账，凡人如我，肃然起敬之余不禁望而生畏——要想将"北京日记"中的书目统统抄录一遍，把这些书的作者、年代、背景、观点做个简介，再和顾准的笔记、文稿结合起来叙述，这个工程量实在是太大了，大到令人踟蹰不敢前行。

多年以后，当顾准被发现，其对历史的探索和解读得到中国知识界高度重视后,有人指责他探索希腊史所涉及的文献都不过是通俗读物,科普读物,依此而对历史作出的解读和反思都不过是肤浅的入门之说——你研究希腊不懂希腊文,研究黑格尔不懂德文,研究基督教不懂希伯来文,那就算不上"研究",至多只能叫"入门"罢了,"推崇顾准的人也都不过'还在教室之外'","二十世纪九十年代还如此吹捧顾准,是中国知识界的悲哀"[44]云云。

对此,我一个工科出身的人不敢僭越妄评,只是有个疑问:假如当年顾准读的都不过是人家的通俗读物,可连这些科普性质的(如其所言)、浅薄的"大、中学历史教科书"咱自家的史学家们尚且无人看、无人读、无人写出有价值的书评和论文(不过也许他们都在"教室内"看、读和写,只是芸芸众生不知道罢了),却生生被一位会计学出身的人"独占了头鳌"。真不知道人家真正专业的历史文献当年和如今达到了何种高度,咱怎么赶得上去!既然人家40多年前的大众读物就到了这样的程度,那么在人家今日的、专业的高度下,咱自己的史学家们岂不是连"高山仰止"都谈不上?这样的评价与其说是对咱们自己知识界的"傲慢",倒真不如说是对人家知识界的那一种"欢喜得要从尘埃里开出花来"的柔逊和崇拜。

顾准在写作《希腊城邦制度》的当儿,在中国,除了周一良先生的《世界通史》对古希腊略有介绍外,还有谁像他这样对人类社会起源性的希腊城邦制度作过研究,写出过有分量的文章?这是个连斯大林治下的苏联史学界也从未放弃过研究的大题目,根本性题目,更不用说西方史学界了。仅仅从顾准多次提到、引用并推荐给六弟陈敏之读的、前苏联史学家塞尔戈耶夫所著《古希腊史》,就用了整整一部的篇幅来描述"古希腊史的史料和编纂"在苏联时代的进展情状。什么都跟在老大哥后面学习的咱们,怎么就没有学学人家大哥这一点呢?就算是顾准的城邦希腊只能算个"入门"习作,能在这个时代写出这样的关于"民主源头"的科普性作品,难道不该受尊重反倒要受奚落吗?

---

44 仲维光《过渡人物顾准和李慎之先生的贡献究竟在哪里?》

第四部　徐徐地、平静地成熟下去（1972—1974）

非常希望能看到仲维光先生自己的读书清单，让人生出别一种敬意。

来说点轻松的，放松一下。

"北京日记"里有几篇还是有"事物"和"事务"的。

"XI/4 做萝卜丸子"[45]。

"II/4 招待孩子"[46]。

他招待的肯定不是自己的孩子而是那帮年轻人的孩子，四五岁、七八岁的小妞妞和小淘气们。被他唤作"大炮"的张曙光有个5岁的小女儿，当年最喜欢到顾准伯伯那儿喝"黑水"。小丫头不知道那叫"咖啡"，只觉得又甜又黑，真好喝呀。这位老伯伯又那么慈祥，说起来都够叫"爷爷"的了。

年近60的顾准也觉得这帮小不点儿应该叫他爷爷了，可这样一来，小不点儿们的爸爸妈妈就得叫他叔叔，这个他们可不愿意。他们都非常尊重他，叫老师可以，叫叔叔可就有点太"Naive（儿童化）"了。

有一天一个七、八岁的小小子看见这位年轻的爷爷——年老的叔叔穿着西装背带裤在院子里走，就问他：

"你多大？几岁了？怎么老穿这种裤子？"

"为什么不能穿？"

"小孩儿才穿这种开裆裤嘛，不过你的裤子倒是不开裆。大人只有资本家才穿啊。"

他好像吓了一跳，接着就笑了，连眼镜片都显得亮了起来。

"不一定穿这种裤子的都是坏人呀，只要舒服就行呗。你不能问我几岁，应该问我几十岁啦。懂了吗小不点？"

"那天，他教导我一番后，还硬要我喊他'爷爷'，而且我被他用什么办法说动了，喊了他一声。他异常兴奋。回家我跟父亲一说，父亲紧跟着也教导了我一番，说什么比父亲大一些的要叫伯伯，小一

---

45 《日记》1973.11.4
46 同上 1973.2.4

些的只能叫叔叔。他虽然比我父亲大8岁，可叫爷爷还是过分了。从这往后，我一见他，老远就大喊他'叔叔'，想用这办法气他。有几回我还突然推开他住的那间小屋的房门，一连串大叫'叔叔'，每次都吓他一大跳。他总是一个人，身边没有别的人。不知过了多久，我突然想起很长日子没有见到那个穿吊带裤的人了，一问，才知道他死了。不管怎么说，当时心里还是有些小小的忧伤。那年我9岁…"[47]

他爱孩子，他自己就是个孩子。看他北京日记有趣之处：

"I/17 买鱼，炸鱼"[48] "I/22 做年夜饭"[49] "III/9 去医院，采购，做菜"[50] "IV/29 炸鱼"[51]……。

就算他孤家寡人一个了，有机会还是要改善一下生活。不过鱼炸出来，年夜饭做出来，肯定不仅仅是他一个人的份儿，那多麻烦，多没意思啊。学部里那帮年轻人（也都40出头，不算年轻啦），今天是你，明天是我总要给这老单身汉送些吃的。还有那帮老朋友和他们的夫人们，更是心疼这位鳏、病、右俱全的老汉，所以顾准见天能吃上他们的红烧肉啦，腌笃鲜啦，红烧带鱼啦，鸡块啦什么什么的。东家北京味，西家江南味，南家四川味，北家上海味，顾准能光吃他们的吗？当然不会。但凡发了鱼票（那时几乎全北京人都只有带鱼和一种叫做"剥皮鱼"的鱼可吃 -著者注），他必是精挑细选地买，认认真真地烧，东南西北大家有难同当，有福同享，又快乐又温馨。不过也有伤心欲绝的日记篇章：

"V/10 开始重写 ch. 6 买米，林荫路凭吊"[52]

"重写 Ch.6"——重写《希腊城邦制度》的第六章先略过不说，林荫路？对，就是林荫路，好漂亮的一条林荫路——南头是钓鱼台，

47　龙冬《想起顾准》
48　《日记》1974.1.17.
49　同上 1974.1.22.
50　同上 1974.3.9.
51　同上 1974.4.29
52　同上 1974.5.10.

第四部　徐徐地、平静地成熟下去（1972—1974）

北头是百万庄，路东是财政部，路西是它的家属宿舍，整条马路绿荫蔽日，尤其在北京的五月天。那是他的旧居，也是汪璧，他的秀魂归离恨天之处。

那一天他并非形只影单，老友耕漠刚领到工资，特意请他去莫斯科餐厅吃西餐——他知道他一向喜欢西餐，"老莫"又是他的最爱。不巧老莫客满，两人只得踅摸到一家小饭庄吃了顿饭。本来应该向东回学部的，顾准突然提出能不能向南走走，散散步。耕漠不解其意就跟着他向南，一直走到百万庄那栋家属楼跟前。顾准眼望三楼那个黑灯瞎火的单元，满脸哀痛，很久很久都不肯离去。耕漠这才恍然大悟，安慰着，劝慰着，轻轻地拉住他调转头来。

人间自有真情在，顾准最后的岁月既不灰暗也不冰冷，所有那个时代，他的时代的色彩——哀与乐，悲和欢，还有最要紧的——爱，他一样都不缺。

第十九章　鼙鼓无声，理性争鸣

1. 历史的哲学质问

"我在探索的，是未来历史发展的道路。"[1]

这是顾准在"历史交代"中作为向人民坦白交代罪行时的一句话。

他的探索当然是罪行。在集权制度下，任何置喙历史、政治、社会和经济领域的思想天才，都会被视作"癫狂"，他们天赋使命意识本身就是一宗罪，一宗重罪。但是今天人们探索顾准，倒是不妨从他的历史观入手，这是一道好的入口，还兴许能和他苦苦探索的未来历史发展的道路"接轨"。而以黑格尔"世界历史即是世界审判，这种史观兼有神义和人义的双重品格"之言做切入，用以观察顾准的史观，也许会事半功倍。

近百年前，马克思的俄国继承者们以马克思主义的名义和大祭司的身份，推出了一套声称适用于全世界人类历史进程的公式：原始共产主义社会——奴隶制社会——封建主义社会——资本主义社会——共产主义社会（含其初级阶段——社会主义社会），被20世纪的信徒认作人类发展必经之路，除此以外别无他途。

马克思、恩格斯原本参照欧洲，尤其是西欧发展史捋出来的这套公式，从此成为世界各地革命史学家们的圣物。尤其是中国的革命史学家们，更是将这只圣"水晶鞋"奉为圭臬，为将中国革命这只大脚塞进去，不惜以修正中国历史去削足适履。

---

[1] 《自述》P330

第四部　徐徐地、平静地成熟下去（1972—1974）

为什么要这样做？原因很简单——根据马恩经典的"历史唯物主义"（顾准不承认这个主义是"马恩"的，而认为仅仅是恩格斯的，并且是被后来的俄国人争来抢去成为"斯家统治的工具"[2]的东西），资本主义没有高度的发达就不能形成强大的无产阶级，也就没有搞社会主义、共产主义的前提。而没有了社会主义、共产主义的"目标和理想"，中国的共产主义革命也就失去了理论上的根据。

这是万万不可的——中国历史必须有同样的、没有缺项的"脚"。

可是马恩之前，中国人哪里有什么"脚"的概念。远有司马迁、司马光，中有黄宗羲、顾炎武，近有钱穆、傅斯年，再通古博今，才高八斗也没有哪一位对这"脚"有概念。到了马克思主义由日本传入中国并勃兴起来的上世纪20年代，弥补这个理论上致命缺项的重任就"历史地"落在了中国革命史学家们的头上，至于"找脚""修脚""补脚"的技巧就八仙过海各显神通了——削足适履、杀头便冠、按图索骥、张冠李戴、生搬硬套……种种，都不妨一试。

1920-30年代的中国社会史论战，是弥补的开端，也是我的传主最初接受马列主义的启蒙事件。他的《进社纲领》，就是"内容参照社会史论战中中共新思潮派的观点，指出中国现时是一个半封建半殖民地的社会，中国革命是资产阶级民主革命性质，但是这个革命只能由无产阶级领导，其前途是社会主义"云云。

在这场论战中，再没有哪一部著作能够比郭沫若的《中国古代社会研究》将商末周初（公元前约1000年）定为"可与希腊罗马相比的奴隶制社会"的论述，对马克思主义史学观在这块东方土地上生根开花的创造性贡献更大的了。郭氏自己则认为"本书的性质可以说就是恩格斯的《家庭、私有制和国家起源》的续编"[3]，王婆之得意溢于言表，却也确与恩氏之瓜模样相近。1952年他又发表了《奴隶制社会》，将奴隶社会的下限再次精确定位于春秋战国之际的公元前475年，更是与古希腊历史取得了完全的同步。毛泽东先生则把

2　《文稿》P450
3　郭沫若《中国古代社会研究 自序》

这件史学史上的大事提纯为政治，说它"是马克思主义在中国具体化，使之在其每一表现中带着必须有的中国的特性，即是说，按照中国的特点去应用它，成为全党亟待了解并亟需解决的问题"[4]。

作为皇家"捧鞋寻妃"的文史，郭氏动手削去"灰姑娘"同父异母姐姐的大脚硬是塞进了水晶鞋，一个"必须"和一个"应用"，一个"亟待"和一个"亟需"，无疑对"鞋"与"脚"的关系作了毫不含糊的注解。可是不妨来听听不同的声音：

"我们往往下定决心要找奴隶，所以竟有由甲骨文找到漫山遍野的奴隶的例证……像这样的凿空之作，在学术发展史上恐怕是很难找到第二个例的"[5]

"唯物史观是郭沫若的《中国古代社会》领导起来的……他把《诗》《书》《易》里面的纸上材料，把甲骨卜辞、周金文里面的地下材料熔冶于一炉，制造出来一个唯物史观的中国古代文化体系。"[6]

这是中国非革命、非主流史家们微弱的声音，可前者是在台湾岛上发出的，后者则在发声后立即成了右派分子，5年后郁愤而死，和顾准一样未活过一个甲子。

有了"奴隶制社会"垫底，中国"大脚"塞进德国"水晶鞋"已经成功了一半。然而我的传主到了他"徐徐地、平静地成熟下去"的岁月，已经决不肯接受这一史观：

"中国史家的奴隶社会观，十分荒唐。甚至他们把'前封建社会'（西周封建，应该仍列入古典社会范畴之内，不是 Marxism 意义中的封建。这里的'前封建社会'，指西周及其后中国史家所称的封建而言）一律不要证据地归结为奴隶社会，说不如此就是反 Marxism。"[7]

"春秋时代，王朝也好，诸控国也好，"百工"食官，郭沫若释

---

[4] 毛泽东《中国共产党在民族战争中的地位》
[5] 雷海宗 1957 年 6 月 2 日的学术演讲
[6] 董作宾《中国古代文化论的认识》
[7] 《笔记》P248

为奴隶制,其实是生搬硬套。"[8]

他还不仅仅是不接受郭、毛的生搬硬套,就连"水晶鞋"本身——全世界社会主义阵营都顶礼膜拜的"历史五段论",他也看出了根本不是马克思的东西:

"埃及、巴比伦等所谓"东方",没有希腊罗马的奴隶制,这一点马克思是知道的,所以《政治经济学批判序言》在古典的即奴隶制的、封建的、资本主义的之外一定要加上一个亚细亚的。把马克思的奴隶制扩大到"东方",取消"亚细亚的"这个范畴,恩格斯做了一小部分工作,到斯大林就斩钉截铁地不准谈"亚细亚的",于是对马克思,亦即对历史的强奸完成了。"[9]

多么刻薄又多么精准。幸亏此人毫无话语权,否则岂不羞煞那帮"人民史家"!

"中国的历史学家闭起眼睛跟斯大林走,现在读郭沫若《奴隶制时代》、李亚农的《史论》,觉得他们实在可怜。"[10]

真是个"夏瑜"啊,头都快要被砍了,还要可怜刽子手"康大叔",可怜等着拿人血馒头去给儿子治病的华老栓们。可怜归可怜,郭氏《奴隶制时代》还是很轰动的。紧跟着要做的,是将"封建社会"这一骨节儿塞进去——将秦以后的的中国社会性质定性为"封建制",以适应"水晶鞋"的全部尺寸。顾准更不买账了:

"Marx 关于封建主义的概念太狭窄,不能包括所有传统社会……举例来说,Marx 在分析中国传统社会时……就说得很牵强附会"笔记329;"倘若上面对下面的权利是绝对的,不可反抗的,那就是绝对君权,就是专制主义,不是封建制度了。"[11]

---

8 《文稿》P371
9 同上 P300
10 同上 P301
11 同上 P321

而秦以后的中国社会无疑是绝对的君主制，和西来语Feudalism（封建主义）跟本风马牛不相及。将秦汉以后断代为"Feudalism"，曾被史家侯外庐斥为"语乱天下"，顾准更是断定"中国永远不会发生西欧式的封建制"[12]。这也是顾准日后写出包括《马镫和封建主义》以及《欧洲中世纪的骑士文明》在内的一系列中西历史和史论比较文章的基本观点。

"语乱天下"归"语乱天下"，"会不会发生"也不必去管它，反正"封建社会"这一段总得塞进去，于是就有了周秦以降是为"中央集权的封建专制社会"的史论，被顾准鄙薄嘲讽得更是一塌糊涂——

"就名辞本身来说，这是极可笑的。因为它把'中央集权''专制'和'封建'搞在一起，真正是在调和无可调和的矛盾"[13]。

御用史家们，你们这种"好样的治学方法"[14]，可真是太丢人了！这不是治学，更不是学术，分明就是"不入于杨必入于墨"[15]的意识形态——不是Marxism（马克思主义）的就是Autimarxism（反马克思主义）的，不是革命的就是反革命的，不拥护就是反动，就得专政，就得打压、消灭。这哪里是"治学"？分明是"治人"和"人治"。你们也太可怜了。

"中央集权的封建专制社会"这桌满汉全席非调和出来不可，再无法调和也得调和，否则"指导我们思想的理论基础"的基础就有问题了。它果真也就被调和了出来，因为"极峰""极笔"认可并表扬了。

"水晶鞋"的下一个部位是资本主义社会，这一节最难把脚塞进去。

不过不要紧，既然前面塞进了"中央集权的封建专制社会"，下面按照俄国人对中国"半殖民地半封建农业国""半独立国"的定位，

---

12 《笔记》P225
13 《笔记》P21
14 同上 P248
15 《日记》1959.2.23

第四部　徐徐地、平静地成熟下去（1972—1974）

接上"半封建半殖民地社会"还是很顺理成章，很学术、很专业、很像那么回事的。这样一来就大功告成了，那么就让我们跳过"资本主义"进入"由无产阶级领导的资产阶级民主革命"吧，再迅跑几步，我们将直接进入社会主义和共产主义，地上天国的理想就算是实现了。

他们终于把顾准气笑了——

"中国历史纳入奴隶—封建—资本主义的框框实在是削足适履"[16]。

至于 1910 年代中叶到 1930 年代后半叶（日本侵华之前），区区 20 多年时间里中国实际上真正曾经萌芽过，并被西方史学家称为"中国资本主义黄金时代"[17]的时代，却又被以郭氏领军的史家们完全地忽略不计或被断代为"半封建半殖民地社会"以挤进列宁定下的另一只"半……半……"水晶鞋[18]。可顾准没有放过这短暂的 25 或 26 年：

"绝对君权的专制主义下面可以有资产阶级，但不可以有资本主义。中国的资本主义只有在专制主义管不到的租界里才'萌芽'得出来，这岂不是历史的证明吗？"[19]

天，此人也太法眼烁烁了。1/4 个世纪在中国近代史上不过是一眨眼的功夫，他竟也看出了端倪。可是须知，顾准正是这转瞬即逝的年代造就的人物，怎么可能不洞察秋毫？就连日后被尊为"伟大的无产阶级文艺旗手"的鲁迅先生，不也曾把中国的希望寄托在她新兴的资产阶级身上吗？这 1/4 个世纪当然不能忽略，不仅不能忽略，还应该在中国近代史上被大书特书。虽然——

"惋惜历史是没有用的。问题在于，懂得中国历史局面之所以形

16　《笔记》P84
17　玛丽格莱尔·白吉尔　《中国资产阶级的黄金时代（1911—1937）》
18　列宁《社会主义革命和民族自决权提纲》
19　《笔记》P6

成的原因，其长处，它所背着的沉重的历史包袱，懂得中国的现代化和中国革命所要客服的这个历史包袱如何沉重，这是革命斗争所必要。"[20]

承认、记录、书写和研究这半个世纪不仅仅出于"惋惜"，而是第一，它是中国历史不可分割的一部分，是历史的实存，你承不承认、记不记录、书不书写、研不研究都无关宏旨。你可以虚无历史，历史可从不因为被谁虚无就会放过他，该重演时它就会毫不留情地重演，不管你喜不喜欢、愿不愿意；第二，它太值得总结和借鉴。在这四分之一个世纪中，张謇、荣氏兄弟、穆藕初、范旭东、刘鸿生、卢作孚们奠基了中国最初的、真正的大工业基础。他们是中国资本主义的拓荒牛，也是1949年后中国那一点工业根基不容抹杀的播种人。他们也确实一人一人挨着个地被毛泽东先生赞扬为"中国XX业（例如轻工业、化工业、纺织业、航运业等等）不可忘记的人"，却一个比一个下场悲惨，今天来追问一个"为什么"都嫌晚了。第三，假如（当然历史最不能"假如"）中国再一次重演相同的历史（历史可最钟情"重演"）将会怎么样，最好怎么样，最不好怎么样，应该怎么样，不应该怎么样，难道这些东西不值得探索吗？

从"公车上书"的1895年起算，中国曾经有过一个"走另一种完全不同于现实已经发生的一百年之路"的希望——以工商文明取代动乱、暴力、战争和阶级斗争并同样达到小康的道路。而且，不仅仅只是一个"希望"，它其实已经萌芽、吐蕊并且在差不多15年以后进入过一段被法国女历史学家和汉学家白吉尔称作"黄金时代"的好时光。只是这段好时光实在是太短了，短到完全来不及孳生强大到足以阻止一场异族的入侵。但是异族的入侵并没有使它夭折，抗日战争胜利后它曾竭尽全部的生命力去争取回暖返青，萌发新枝。可惜这一次历史给它的时间机会就更短了——在苏联红军枪杀张莘夫们的子弹声中，在国共血腥内战的大炮声中，在庆祝政权更替的秧歌声中，它迅速地枯萎、凋零下去，终于彻底灰飞烟灭了。

---

20 《笔记》P21

第四部　徐徐地、平静地成熟下去（1972—1974）

忽略可怜的、本可以不用剁了脚趾脚跟就能套进"水晶鞋"的这20多年，中国即使没有"资本主义社会"总算还有资产阶级，"资产阶级民主革命"还是说得过去的。此革命由无产阶级领导，就是"新民主主义革命"。这场革命一旦成功，中国就顺理成章成为"社会主义社会"，中国历史的整只大脚就都套进了"水晶鞋"，史官们也算是尽了全力，大功告成，余下的就只剩向共产主义迈进这一件事情了。

这一套完整的史观，却可怜并非中国人原创而是俄国人"庸俗社会学"的汉式翻版——把马克思主义关于阶级的理论简单化、公式化、绝对化和庸俗化起来，把社会看做是孤立、封闭和自律的某种一成不变的东西，无限夸大阶级性，把一切社会意识解释成阶级性产物，在否定真、善、美的意义上否定客观真理，否定常识。但因中共"共产主义理想国"的理论基础只能建立在这套史观上，所以在顾准的时代，它当之无愧是"政治上正确"的唯一学说，不但为中国每一个史学家、社会学家、经济学家、文学家、艺术家所熟知，连"人民"也妇孺能说，翁媪会道，街头巷尾抓住谁，都能从"盘古开天夏商周"说到"楼上楼下电灯电话共产主义"，肚里东西再多一点的还能说出个一、二、三、四、五段论，是为"阶级斗争年年讲、月月讲、天天讲"的伟大功效之一。

可怜，可惜，熟知并非真知！

"政治上正确的一方，就历史学方面来说，实实在在证明了他们对西方历史的枢要之点的无知，以致他们不得不硬把西方历史的一套公式生硬地套到中国头上来。假如马克思有机会详细研究中国历史，他必定会引申他的亚细亚生产方式之说。而扼杀亚细亚生产方式讨论的斯大林，实在是不学无术的人。他看不见使亚细亚方式等同于两汉社会形态，指出它成为中国现代化的沉重历史枷锁所能达到的政治结论，和硬把中央集权和封建连在一起的这个勉强的公式是同样强有力的。"[21]

---

21 《笔记》P22

坚决否定"意识形态管理者"加在全民头上的历史观——把中国历史同欧洲历史套在同一框架里并得出关于社会发展的通用模式，进而在这种模式理论上建立权威主义的集权专制制度——无产阶级专政（或曰人民民主专政）——是顾准成为一位政治哲学家最重要的一步。

顾准的历史观绝不是辩证唯物主义的，关于这一点，在其早年的日记里就有表示：

"历史唯物主义的公式不足以解释全部历史，比如中国大跃进的动力它就无法解释。"[22]

不过用其变种——"庸俗社会学"倒是解释得通，无非经济唯物主义+小资产阶级的幼稚狂热性而已，这种狂热性正是出于对所有深刻社会变革所固有的对旧事物的革命否定的无限夸大。

"绝对主义——专制主义，原是与辩证唯物主义有血缘关系的东西。这是不可以忍受的东西。"[23]

越到晚年，顾准对共产主义哲学家们赖以建立辩证唯物主义和历史唯物主义理论的支撑点越是怀疑。这个支撑点是怎样从无到有，发展成型并强有力地支撑了辩证和历史唯物主义这两座大厦的？他怀疑这个支撑点并不是马克思创造出来的。《德意志意识形态》倒是有许多论及之处，但是，

"这部作品是未发表的原稿，我们不应该要求马克思作严格的逻辑的讨论。他本来已经付诸老鼠去批判了嘛！可是从这里，可见马克思并不企图作出原始公社、奴隶、封建的三分法的铁硬框框。《政治经济学批判序》说明了唯物史观的原则，至于那几种社会结构，所举的例多少是任意的：按序言的目的来说，它本来并不企图对历史分期问题作具体的解决或讨论。"[24]

22　《笔记》1959.3.5
23　《日记》1960.元旦
24　《笔记》P441

第四部　徐徐地、平静地成熟下去（1972—1974）

看，他在为马克思开脱。他是常常为马克思开脱的，马克思也确实需要后人、譬如顾准这样的后人来开脱——他身后靠他起家的伟人们把他歪曲得太厉害，他老人家人在地下又无法辩解，就如他1877年写给俄国彼得堡《祖国纪事》杂志编辑部的一封信中所言：

"他们一定要把我关于西欧资本主义起源的历史概述彻底变成一段发展道路的历史哲学理论，一切民族，不管它们所处的历史环境如何，都注定要走这条道路……但是我要请他们原谅，这样做会给我过多的荣誉，同时也会给我过多的侮辱。"[25]

这样的话伟人们是绝对不允许芸芸众生甚解的。甚解了，"指导我们思想的理论基础"就有了纰漏，阶级斗争、无产阶级专政、中央集权的政治体制……诸如此类基础的基础会大大弱化，"新民主主义""人民民主专政"将成为笑柄，成为"真正是在调和无可调和的矛盾，极可笑的名辞"[26]，制造这些可笑名辞的伟人岂不也是和斯大林一样成了"不学无术的人"[27]？

顾准甚至看到，中国有个范文澜先生，他所掌握的史料、他的知识、意识和理智都在告诉他——Oriental Dispotism（东方式专制）和希腊—罗马、欧洲类型的社会肯定不是一回事，可是在为了"政治上的正确"却不得不服从"并无亚细亚特殊之说"。虽然他"绝不愿意把中国古代文明列入似乎低人一等的东方范围之内，可无论如何，他一定会自承他的论证实在'勉强'。原因是，他对西方历史并非完全无知……这点他是看得清楚的。证据之一，就是他力称中国从来不是资本主义民族"[28]。

不惜精力、时间、笔墨，顾准把范文澜《中国通史简编》的版本从1949年第一版（第一编）考察到1965年第三编（最后一编），一条条对比，一条条分析——他"曾经怎样写过""改写了什

25　《马恩全集》第19卷 P131
26　《笔记》P21
27　同上 P22
28　《笔记》P84

么""为什么要这样改写""增了什么东西,删去了什么东西""重大的历史观点改口了什么""为什么要这样改口"……仅此一件事情,他就写下了1.3万字的读书笔记,一时间弄明白了多少史家的言不由衷和所谓"史实"的蹊跷。

唉,谁要是入了顾准的法眼却又让他抓住难以辩驳的把柄,那就认倒霉吧。

惟其如此,顾准对马克思的诸般"开脱"在这里就显得格外珍贵——老师对欧罗巴历史所做的学术分析硬被人生生扣在亚细亚头上并成为"斯家工具",这不是老师的错是"斯家"的错,是"斯家们"的错! 斯家们个个口称日后要"去见马克思"如何如何,真要见了,未必不被他老人家大嘴巴子伺候,真为各位"斯家"担心呵。

这里的"斯家"可有两种解释——斯大林的"斯家"和"后斯大林"们的"斯家"。由于顾准光说不解释,我情愿相信是后者,或者两者,尤其是后者。

对老师开脱归开脱,学生顾准却不肯撒手放过多年的怀疑。在反复深读老师的伟大战友的伟大著作《反杜林论》《自然辩证法》后,这位学生发出了严厉的质问——

"根据我们对于归纳法所作过的透视,凡是你从客观世界观察所得的规律,总不过是或然的规律,决不是必然的规律。你哲学家有多大能耐,你曾经观察宇宙上下古往今来一切事变,你能超过这个或然性,主张你有权"创造"——不对,按照唯物主义,成该说'发现',至于'创造规律'则是唯心论了。——好,(就)说"发现"吧,再问一句,你根据多广泛的观察,说你已经发现出来绝对的普遍的规律了?"[29]

话说到这个份上他还不打算收声,又不依不饶、斩钉截铁地加上了一句:

---

29 《文稿》P451

第四部 徐徐地、平静地成熟下去(1972—1974)

"这是哲学的质问!"[30]

是的,给他的老师马克思带来了无数的荣誉和同样多侮辱的这套历史哲学理论,顾准从疑问、诘问到质问、责问,网越收越紧了。

他是不会放过这条大鱼的。

2. 再来一个科学的质问!

先暂时放开"哲学的",也是顾准的对"历史五段论"的穷追,放开这条"大鱼",说点关于我的传主性格的话题。

顾准一生都活得很高傲。无论在世、离世和离世多年以后,但凡人们提到顾准,几乎把含有"傲"字的形容词都用尽了——"孤傲""桀骜""傲世""傲物",还有"傲慢"——他确实傲慢,对于无法对话又蛮横不讲理的人,他能在"傲"的同时干脆视你为无物。

除了"傲"他还"狂"——什么都敢质疑,什么都敢臧否和评论,嘲讽功夫更是好生了得,直追鲁迅,但又不是鲁迅那种落在众生头上,落在国民性头上的臧否和嘲讽。被他下了狠笔的人物都比华老栓、阿Q、九斤老太、豆腐西施们高高在上一万倍,例如恩格斯、列宁、例如斯大林,还有极峰极笔。

除了"傲"和"狂",他还"笨"。

他从不大写意式地反对或者赞颂一件事物,他认为那是"知性"上的哗众取宠,既不诚实,又不体面。与绝大多数因为"太聪明而懒得穷根究底"的同胞截然相反,他不稀罕聪明,聪明靠教条也能得到。他爱的、追求的是智慧,而人追求智慧往往就起源于对教条的怀疑。他欣赏古希腊人"格物"时的那一种"以笨人的穷根究底的精神,企图从日常生活中找出一条理解宇宙秘密的道路出来"的"穷根究底的笨拙的憨态"[31],他情愿像他们一样笨拙地低下头来,对想要弄清

---

30 同上
31 《文稿》P369

楚的事物层层剥皮,像"剥洋葱",从最外面一层薄翳一直剥到芽芯——它来自哪里,怎么来的,为何长成了这般模样……,一层层剥下去,一条条记录在案,去伪存真,定夺取舍。他说,"剥皮不是容易事,要花费大量劳动。"[32]

看顾准"剥洋葱"是件十分过瘾的事情。那就先收住关于他的性格的题外的话,从他剥《自然辩证法》这颗洋葱说起吧,因为他的"哲学质问"所诘之物——辩证唯物主义和历史唯物主义,其最强硬的支撑点就是这颗"洋葱"。

他下手起势就狠,"哲学的质问"话音未落,紧接着就是一句:

"再来一个科学的质问"![33]

从1950年代党校时期对"辩证唯物主义"产生怀疑和反感(这个本书前面章节已经讲过很多,不再重复),这颗"洋葱"被顾准穷追不舍地剥了10多年。到1973年8月,顾准和六弟陈敏讨论辩证法问题的通信显示,他已经剥出了它的芽芯,看清了它的来龙去脉。

被封为"马克思主义最重要组成部分"的恩格斯的《自然辩证法》,最初只是一篇书评,是1859年8月后者为前者《政治经济学批判》写的书评。而这篇书评——

"其基本的调子和30年后的'On Feuerbach'(《费尔巴哈论》-著者注)是一模一样的。

甲,它首先提出了'唯物主义历史观'这个名词,而在1859年以前马克思的文献中没有见过。以后也没有见过;

乙,它提到了毕希纳、福格特和摩莱肖特,这些名字准确无误地重复出现在'On Feuerbach'上面,这些都是Engels(恩格斯)认为从Hegel(黑格尔)倒退之处;

丙,它要求发展一种'比之前所有的世界观都更加唯物的世界观',同时又强调Hegel体系的巨大的历史感的基础,并要求改造

---

32 《日记》1960.2.21
33 《文稿》P451

第四部 徐徐地、平静地成熟下去（1972—1974）

Hegel 体系中的'从无通过无到无'的特点，并把这种唯物的世界观同 Hegel 思想结合起来。

正是这三点，就是后代哲学家赖以建立所谓辩证唯物主义和历史唯物主义的地方。也正是这三点，使 Engels 晚年从事他那未完成的《自然辩证法》，企图以这样的世界观和方法论统治整个'历史科学'和自然科学。"[34]

必须花一点笔墨，先把顾准文中"On Feuerbach"的概念弄清楚。

1845 年马克思著《费尔巴哈论纲》一文，但生前从未发表。马克思死后 5 年的 1888 年，《论纲》作为恩格斯《路德维希·费尔巴哈和德国古典哲学的终结》一书的附件第一次面世。在中国，恩格斯此书被简称做《费尔巴哈论》，英译也是"On Feuerbach"，令人极易与马克思 1845 年所著《费尔巴哈论纲》相混淆。

顾准的文字每每论及此话题因为大多使用英文，也不免令人有混乱之感，但如能认真阅读前后文还是能够分辨出他何处指马克思之《论纲》，何处指恩格斯之《论》的。上面所摘他的笔记，"On Feuerbach"所指无疑是恩格斯的《费尔巴哈论》而非马克思的《费尔巴哈论纲》，仅从"30 年后的"这个定语即可确定。

还有一点不得不提到，世界马恩研究学界一直就有一种说法，甚至可以说是"一桩公案"——马克思的《费尔巴哈论纲》有两个版本，一个是马克思 1945 年春写下的原本，一个是 40 多年后恩格斯的修改本。两个版本在一些至关重要的哲学论点上存在着重大差别。这个放在稍后展开。

话说回来。关于恩格斯对马克思主义的越俎代庖，顾准一向颇有微词，又尤以这一部《自然辩证法》为最。这在 1959 年的日记中就出现过：

"无论如何，辩证法作为认识过程的描绘与认识规律则可，作为

---

34 《笔记》P597

世界图式则不可。恩格斯的自然辩证法的公布对恩格斯本人来说是一件遗憾的事,那里充满着黑格尔的图式向自然界头上套下去的片断。80年代前恩格斯曾有此企图,无论如何,费尔巴哈论以后,他是一直没有理睬哪些片断旧稿,而哪些片断旧稿的观点,与费尔巴哈论也是不符合的。Adam Smith(亚当·斯密 –著者注)临死前要求人家把旧稿完全烧光是必要的。"[35]

在反复阅读马克思的《费尔巴哈论纲(十一条)》《政治经济学批判》、恩格斯的《反杜林论》《自然辩证法》和《路德维希·费尔巴哈与德国古典哲学的终结》以及附后的马克思《费尔巴哈论纲》,他对这桩"公案"心里更有底了——

弗里德里希·恩格斯先生的《自然辩证法》跟卡尔·马克思先生的辩证法哲学,即便不能说是南辕北辙,也至少"差别是极其显著的"[36]。

更别扭的还在于,这是一部未完成且"分明是不想发表的草稿"。马克思生前能否同意、是否同意过"辩证唯物主义"这一术语都很可疑,更别说"自然辩证法"这个新名词了。

其起源仅仅是恩格斯对马克思《政治经济学批判》书评的这部著作,却竟然"企图以'比之前所有的世界观都更加唯物'的世界观和方法论统治整个历史科学和自然科学"[37],顾准刻薄地将之称为"妄想"和"梦呓"。

从1859年的《书评》到1888年的《费尔巴哈论》,顾准看出是恩格斯(而不是马克思)"妄想用一种什么哲学体系来将自然界一以贯之"[38]。他不禁大吃一惊。

吃惊的不仅仅是中国人顾准,生下这一"巨蛋"的母鸡本身也被自己的产品吓住了——连恩格斯自己也自嘲地说他是在"跟着杜林啃酸果",并且宣称是这是"从Hegel(黑格尔)后退了一步"。可这

---

35 《日记》1959.3.5
36 《笔记》P598
37 同上 P598
38 《文稿》P450

并未妨碍他在著作中宣称"自然哲学告终了,凡想复活这一哲学的一切企图不仅是多余的,而且是后退的"[39]。

但奇怪的是写下这部书的恩格斯却迟迟不愿发表,直至著者去世,它依然是一部手稿。恩格斯去世于 1895 年,是时马克思主义在欧洲已成气候,假如恩格斯愿意,这部手稿的出版是毫无问题的。但他并不愿意。恩格斯对这个被自己称作"酸果"的东西是不自信和不确定的。

70 多年后有位名叫顾准的中国人看出了这种不自信和不确定——这颗"包括了严重的自相矛盾"的"酸果"纯粹就是"妄想"和"梦呓"。最初的梦呓者是黑格尔,"杜林跟着效法,更是梦呓",到了恩格斯跟着杜林再"啃"下去,一半是"也还想要搞出一种指导科学的哲学来",一半是"不得已"(为何不得已,顾准没有说明。特别希望中共的马克思主义研究、编译专家们能解开这个"百年之谜"-著者)。也正因为此,恩格斯分明是不打算发表这手稿的。况且"文字"不是"行为",尤其是作者生前根本无意发表,也没有授权、授意死后发表的文字。

也确实在他死后的 30 年内,后来形成此书的手稿都没有发表。但是大不幸,他也没有在生前销毁。

到了 1920 年代,深藏在故纸堆里的《自然辩证法》被苏俄孟什维克(少数派)哲学史学家德波林"硬挖"了出来。他如获至宝,立即"大肆鼓吹","想抬出恩格斯增加哲学的权威,要用哲学来指导一切"。

"那是一场悲剧",顾准用一种怜悯的口气说。

悲剧归悲剧,布尔什维克(多数派)的斯大林却"不能忍受(德波林的)这份狂妄"。这只被杜林、恩格斯和德波林相继啃过的"酸果",最后被斯大林抢到了手。

"斯大林……把(这个)哲学武器没收过来,成为'斯家政治'的工具,其结果就是《联共党史》中有名的那份《辩证唯物主义和历

---

[39] 恩格斯《自然辩证法》

史唯物主义》。这一幕,已经是喜剧了。"[40]

顾准将之嘲讽为"梦呓"和"妄想"的这颗酸果,就这样修成了正果。

几乎在顾准剥洋葱的同时,毕生致力于马克思主义研究的英国人戴维·麦克莱伦写出了一部新的《马克思传》。1972年,也就是顾准从息县干校回到北京那年,它的第一版出版,后来多次再版。这是继1918年以德文首次出版梅林的《马克思传》后的第二部涵盖马克思一生各个方面的英文版传记。2006年它的最新版本(1995年版)译成中文,在中国马克思主义研究界被誉为"英语世界最权威的马克思生平、思想研究文献"。

该书在谈到马克思最后的十年里与恩格斯的某些区别时,再明确不过地作了如下表述:

"在生命的最后日子里,马克思变得越来越接近在当时知识界流行的实证主义。这一倾向,开始于《反杜林论》,在恩格斯的《路德维希·费尔巴哈》和《自然辩证法》中得到延续,并在苏联教科书中的辩证唯物主义达到顶点。正是这一倾向,代表着作为哲学世界观的马克思主义,其内容是客观规律,尤其作为实在的基本要素的、形而上学意义上的物质的辩证运动的规律。这与诸如《关于费尔巴哈的提纲》中"理论与实践的统一"的例证迥然不同。恩格斯一直有着这种对自然科学范型的倾向,马克思却并非如此。例如马克思对达尔文主义持有更多的保留态度。"[41]

作者紧接着讲述了一件轶事:马克思希望把《资本论》第二卷献给达尔文,却被后者以"接受一位公开的无神论者的著作会伤害家人感情"为由婉拒。紧接着作者话锋一转:

"但这只是表明马克思很欣赏达尔文的著作,并不说明他用了与达尔文研究自然一样的方法着手研究历史。因此,恩格斯在他那篇

---

40 以上凡未注明出处的黑体字引文均出自《文稿》P449~450
41 戴维·麦克莱伦《马克思传》P442

著名的在马克思墓前的演讲中把马克思和达尔文的观点等同起来,是极大的误导。"[42]

无疑顾准看出了这种"极大的误导",不但自己未被误导,还要像那位英国人戴维一样,先是探究,后是指明这种误导。

像一个熟练的外科医生,顾准首先下了探针的就是"辩证法""先验主义"和"世界模式论"这三个"痛处"。

"因为这其间包含了严重的自相矛盾。让我从坦率地指出自相矛盾开始。"[43]

恩格斯反对杜林的先验主义,其哲学体系不可以用经验来证明。这"很好,很中肯"[44]。可是,顾准穷追不舍地问,那么黑格尔的质量互变、矛盾统一、否定之否定这三个辩证法规律是可以用经验来验证的吗?好,您说能,因为它们都是客观世界的辩证规律在人脑中的反映,我暂且同意。可是,弗里德里希先生,你哲学家能有多大能耐,你曾经观察了宇宙上下古今往来一切事变,就敢说你超越了"或然"而达到了"必然"?那你把归纳法——"凡是人从客观世界观察所得的规律总不过是或然的,而决不可能是必然的规律"置于何地?就算你能超过这个或然性,主张你有权"创造"——哦,不能这样说,按照唯物主义,"创造规律"就是唯心论了——好,就说它"发现"吧,那我可就不得不再追问一句了——"你根据多广泛的观察,说你已经发现出来绝对的、普遍的规律了?"

"这是哲学的质问。"[45]

这"哲学"的探针下得可真够狠的,深度不输戴维。但他不如人家英国绅士戴维先生厚道,除了指责,他还要加上热嘲冷讽——"……Engels(恩格斯)本人的哲学思想,先知的成分本来就稀薄很

---

42 戴维·麦克莱伦《马克思传》P443
43 文稿451
44 同上
45 此节全部摘自《文稿》P451,仅为前后文衔接作了语气修改

多，所以，'定稿'性质的 On Feuerbach 强调唯物主义，强调真理的历史性和人类进步的无限性，而避免像 Hegel 那样的体系化。"[46]

戴维先生还是很有分寸的，顾准一句"先知成分稀薄很多"至少在中文语境中是相当不厚道的。不过相对于这种类型的、在重大政治哲学命题和理论上东、西方思想家不谋而合的重大意义，对顾氏的"不厚道"请读者厚道一些，不妨先忽略不计。在此，无非西方人戴维用了十分规范的哲学行话——动词"范型"，东方人顾准用的是不规范的名词——"图式"和市井一些的动名词——"套"罢了，内涵是一样的。在一个封锁、闭关的时代和国度，这种不谋而合尤其显得不可思议和弥足珍贵。

至于列宁以及斯大林对马克思历史观的蛮横诠释，顾准就更不客气了。对俄国人在历史学和哲学上的蛮横，他甚至用了十分极端、也十分不雅观的"强奸"一词（见上节《历史的哲学质问》）。

不要以为到此顾准的探针到此就算扎到底了，还没完呢，还得"再来一个科学的质问"！

"质量互变规律，你怎样解释？现在物理学定义逐渐有全归于数量化的趋势——光波、声波、电波——燃点、熔点、氧化点——温度、压力——光谱分析、天体的光谱分析等等。物理学定义数量化≠质量互变规律。

同样的质问可以适用于另外两个辩证法规律。"[47]

恩格斯的这三个规律，其实是他所指责的黑格尔的世界模式论的逻辑学的三个世界——存在论、本质论、总念论的精华。他指斥这种世界模式论是先验主义，然而一转身又把这种世界模式论的精华撷取过来，称之为辩证法，称之为客观世界的客观规律，后来又称之为自然辨证法。这不是自相矛盾又是什么呢？

---

46 《笔记》P696
47 《笔记》P696

"假如近代科学死守住辩证法三规律,它老早停滞不了。"[48]

把某些"图式"形式的命题规定为人们思考必须依据的教条,控制(或者缓和一些,叫范型)一切思考的表达方式,这种作法只会产生一种结果,那就是将人置于一种绝对的,毫无掩饰的暴政之下。顾准一生都在致力于摆脱"教条"这架制动器,他绝不允许别人在自己"脑子里跑马",而要自己在自己脑子里跑马。谁要是想给这匹烈马上"套",难!难!!难!!!

来看看这"马"怎么个"跑"法,那可真是精彩绝伦——

"在中国",他接着说,"这幕喜剧排演了而未上演。曾经有关于'坂田模型'的圣旨。这是一种包罗自然哲学体系在内新哲学体系的酝酿,为此,还有于光远指导下的自然辩证法的研究。你读了杨振宁与记者的谈话了吧?这种新哲学体系,现在大体收场了,不想演出了。这幕不会演出了的喜剧,更是喜剧化的喜剧"[49]。

"喜剧化的喜剧"?那岂不是闹剧?啥意思?接着来看——

"坂田模型"在当年(1960年代中期)中国的哲学社会科学界也算是个不小的事件。

坂田者,日本物理学家坂田昌一。1955年发表了著名的基本粒子"坂田模型"——按照物质无限可分的唯物辩证观点,他批判把基本粒子看成物质始原的观点,认为基本粒子也是可分的,并提出了一个基本粒子复合模型,亦称"坂田模型"。

"坂田模型"因为与《庄子》"一尺之棰,日取其半,万世不竭"说不谋而合引起极峰极大的兴趣而迅速在中国哲学界走红。伟人亲切接见了这位"建模"人并口传"圣旨"——"你的文章写得好啊",授意在中国大肆宣扬。中共中央宣传部科学处于光远处长立即组织一彪人马在中科院成立了自然辩证法研究室,创办了《自然辩证法》刊物(此杂志如今还健在,改名为《自然辩证法通讯》),准备开展大规模研究,期望能建立中国自主研发的、包罗自然科学哲学体系在内

---

48 《文稿》P452
49 同上 P450

的新哲学体系。

更有甚者，中国哲学界竟以此为据，以"物质无限可分"说划线站队，这就是著名"一分为二"和"合二而一"的阶级斗争学说。持"无限可分"说者是革命的，例如日本理论物理学家坂田先生，持"不是无限可分"说者是反动的，例如中国理论物理学家刘耀阳先生。

中国此刻太需要自己的黑格尔、马克思了，至少要有"自己的恩格斯"吧，否则怎样推出自己的"哲学王"取北方已经"修了"的老大哥而代之，让北京成为世界革命的中心和圣地呢？

正在此时，华裔科学家，诺贝尔物理学奖得主杨振宁出现了。正是这位真正的粒子科学家的出现，牵出了"自然律在哲学上的重要性是否为人所夸大""规律和归纳""或然还是必然"等等巨大的夹缠，尤其是他带来"相对论"创立者，伟大的爱因斯坦对《自然辩证法》一文无情的否定——

"爱德华·伯恩斯坦先生把恩格斯的一部关于自然科学内容的手稿交给我，托付我发表意见，看这部手稿是否应该付印。我的意见如下：要是这部手稿出自一位并非作为一个历史人物而引人注意的作者，那么我就不会建议把它付印，因为不论从当代物理学的观点来看，还是从物理学史方面来说，这部手稿的内容都没有任何特殊的趣味。可是，我可以这样设想：如果考虑到这部著作对于阐明恩格斯的思想的意义是一个有趣的文献，那是可以勉强出版的。"[50]

以及，在俄国人看到爱因斯坦此言后极为恼怒地指责伯恩斯坦并未将恩格斯手稿全部送给其阅读而仅仅送去了一部分时，爱因斯坦亲笔写信给美国哲学家悉尼·胡克、再一次坚定而明确地表明了自己态度：

"爱德华·伯恩斯坦送来全部手稿要我出主意。我的评价是对全部手稿而说的：我坚信，要是恩格斯本人能够看到在这样长久的时间

---

[50] 《爱因斯坦文集》第一卷

第四部　徐徐地、平静地成熟下去（1972——1974）

之后，他的这个谨慎的尝试竟被认为具有如此巨大的重要性，他会觉得好笑。"[51]

　　这位真正的、无可非议的自然科学家不啻给也想跟着"啃酸果"的人们兜头浇下一盆冰水，令正在兴头上的中国人大失所望。不过也可能是他们忙于更高层次的唯物辩证运动——史无前例的无产阶级文化大革命项目的前期准备，反正"模型"无疾而终，1974年5月极峰接见与杨振宁因共同命题共获诺奖的李政道时已绝口不提"坂田模式"，如今也鲜有人还记得坂田昌一先生。

　　更有趣的是，今天的中国人已经多年没有听到"自然辩证法"一词了——早在1990年代初，它就已经被悄然"修正"为"科学技术哲学"了。这也是非常有趣的一件事情——在恩格斯和杜林的时代，这一哲学领域原本就叫做"自然科学哲学"。

　　可不就是一场地地道道的闹剧！真是个没有创造，却对创造有着最愚蠢瘾头的时代。难道人真能发现这个世界绝对的、普遍的规律吗？

　　"Tolstoy（托尔斯泰 –著者注）说得对，人的自视是分数中的分母，分母值愈大，分数值愈小。居里夫人说"砂子"，我实在不由得敬仰她！"[52]

　　常被人认为"自视甚高"的顾准，却在哲学的层面上最不能容忍的就是自视甚高和夜郎自大——"自然界如此浩瀚广阔，丰富多彩，你能添一粒砂子已经很不容易了，你妄想用一种什么哲学体系一以贯之，那简直是梦呓"[53]。

　　他蔑视所有这样的梦呓，更遑论去相信。也正是这种不相信、不盲从、不人云亦云和蔑视，令他戴上了所有带有"傲"字的荆冠。

　　除开"自然辩证法"，他还敢剥"辩证法"这颗格外辛辣的大"洋葱"。

51　悉尼·胡克《理性、社会神话和民主》
52　《文稿》P450
53　《文稿》P450

找准了下手之处，他从中国自古有之的古算、周易和始自周朝史官李聃（老子）的"道"，到布莱尼兹的（二进制）电子计算机，从黑格尔"在哲学上的普遍性几达极限"的辩证法三定律到马克思主义的辩证唯物论，到毛泽东的《矛盾论》……，笨拙而不懈地剥了下去。

也只有这样的笨人，当他抬起头来时才敢说——

"（中国古算、周易、老子的'形式逻辑'、'朴素的辩证法'等）不仅使中国哲学具备十分特殊的性质，也使中国的所谓逻辑具备十分特殊的性质。它既使 Leibniz（二进制发明者莱布尼兹）惊喜交集，也使中国从来不去认真分析事物间的关系，却常常是高度综合的。中国人实在聪明，中国人又实在太不严肃认真……"[54]

"否定的辩证法作为一个普遍命题是不对的"[55]；

"（《共产党宣言》称）资产阶级的灭亡和无产阶级的胜利同样是不可避免的……（这）整个是辩证法。它为革命的辩证法挣得了整整一个世纪的荣誉，也就是为马克思主义挣得了整整一个世纪的荣誉。（然而这不是事实。）事实是，一切工人们互相联合起来达到最高度的国家，都是资本主义生存未受致命威胁的国家。资本主义的威胁来自别的方面，并不来自工人的团结。"[56]

"列宁……在辩证法方面实在是无知的"[57]，（因为他）"坚持恐怖主义——专政这个方面……其实各方面是列宁主义，非复马克思主义了"[58]；

……

这些话语彼时不但是反动和忤逆，简直就是"不杀不足以平民愤"啊。可时隔还不到半个世纪，它们不是又都成为常识了吗？。

除了"自然辩证法"和"辩证法"，顾准对于"人类历史发展规律""集权、专制与无产阶级专政""人的异化和劳动的异化""马克

54　《笔记》P163
55　《日记》1959.2.23
56　《笔记》P492
57　《日记》1959.2.23
58　同上 1959.2.25

思主义的经济学""资本主义与社会主义""唯理主义与唯物论""辩证法与神学""自由与民主""中国历史与现实"……这些极神圣,极辛辣的洋葱头,无一不是像对待《自然辩证法》和"辩证法"一样——一层层地剥皮,一层层地观测、嗅探,全神贯注、潜心涤虑,哪里顾得上擦一擦横流的泪水。

人,假如你还在读书,请今天就开始读顾准,凑近这个笨人剥洋葱的手,和他一起观测、嗅探,一起流泪,一起体验精神解放的欢乐吧。

3. 西奈山的上帝(上)

受马克斯·韦伯的影响,顾准对科学上"知性的诚实"要求非常高,这当然需要付出高昂的代价。剥洋葱绝不是件容易的事,他老老实实、心甘情愿地为此付出了的代价——痛苦和眼泪。可等剥到最后,剥到胚芽,看清一切,等他抬起头来,擦去泪水的时候,那些"知性上不诚实"的东西就要倒霉了,它们的秘密被暴露,所有的伪饰以及由这些伪饰引起的无知都只能任由那支无情的史笔痛殴。这又给他无上的快感。

无论是谁,他从不厚道,只除了一个人。他对他不但手下留情的,还数次为其开脱。此人就是卡尔·马克思先生。顾准一生都尊重这位并未和他活在同一时代,且观念常常不相同、甚至非常不同的同道。

在顾准的故土和时代,马克思是一尊金子铸成的巨大偶像,不可冒犯、不可碰撞、不可触摸。比起莱茵河畔的家乡,他在遥远东方这片从未亲近和熟悉过的土地所受到的膜拜,是他生前绝难想象的——那是一种对神灵的崇拜。马克思主义是二十世纪中国的新宗教。

虽说泛神教的中国人对宗教自古以来都不是很认真,就像"梁(启超)写文评论李鸿章时说到,中国没有宗教战争,没有那种认真的狂热，什么事都干得不像样，打仗也不像个打仗的样子"[59]，但是"30—40年代我们的战争与革命，某种远大的理想——超过抗日的理想，以及由于这种思想而引起的狂热，宗教式的狂热，不是正好补足了梁启超所概叹的我们所缺乏的东西吗？"[60]

顾准口中"30-40年代宗教式的狂热"所追求的，就是马克思为普天下众生指出的，在地上建立人间天国的理想，马先生也因此而成为中国无产者的上帝。

实际上从马克思主义问世（拜俄国人所赐）之日起算，在尚不到半个世纪之后，这种新学说—新宗教在他的西方故土已日见式微。时间到了1960-1970年代，随着考古学的新发现和科学技术的长足发展，马克思主义的破绽和先天不足也愈来愈被西方的政治哲学家们发现和诟病，只是由于中国始自1949年的闭关自守，学界特别是哲学界对此鲜有所闻，不过即使有闻，也不可能会有任何声音的发出。

但是顾准有"闻"，不仅有闻他还有"知"，不仅有知，他还发出了声音——留下了大量的文字。虽然这声音直到20多年后才真正被人们听到，但即使完全不用诉诸时代的苦难和艰险，这声音至今依然振聋发聩，更有些观念和观点堪称刚刚"破题"，即使今天，别说答案，连解题的公式都还没有找到呢。

一直在阅读西方学术书籍和期刊的顾准对马克思主义在世界思想界的情况了如指掌。这些书籍和期刊主要来自"沙漠之井"——宗井滔。

作为经济所图书馆馆长，宗井滔先生同样身陷文革的红色恐怖之中。好在他是个党外人士，一生只做学问和为做学问的人们做"嫁衣裳"，从不和"政治"沾边。他想尽一切办法钻书报审查的空子，以"工作需要"为借口，将被"人民"疏忽而忘了废除的"科学院各图书馆馆长有权力和经费自行进口国外对口学科前沿研究成果的书籍，订购对口学科期刊"的政策用到了极致，千方百计为经济所图书

---

[59] 《文稿》P243
[60] 《文稿》P244

第四部 徐徐地、平静地成熟下去（1972—1974）

馆购进各种西方当代经济学书籍，同时不间断地订购世界各国，特别是西方发达国家经济学原文期刊。出身原中央研究院，作过彼时社会科学研究所陶孟和所长的秘书兼打字员，宗先生自己的英文水平就很高，加上五十年代起又自学了俄文，他的选择往往是慧眼独到的。还好在书报审查的口子对外文的东西比较松懈，倒不是"人民"网开一面，而是由于"人民"的人才匮乏，最好的人才都被派去担任更重要的世界革命工作，例如钱钟书被委派去翻译毛著，冯友兰去搞"马列哲学"，郭沫若去写《红旗歌谣》，而差一点的人才根本就做不了这个艰涩的工作，"人民"管不胜管，涓涓细流"不幸"就渗进了这口"沙漠之井"。

正是拜这口井的滋养，苦旅中的顾准从未有过极度饥渴的感觉。这头骆驼的"水囊"总是最大，步伐也因此比整个驼队快了许多许多。多年以后，人们，尤其是经济学界的人们把顾准称作先知，却不明白骄傲地定位自己是"经验主义者"的他，许多东西都是"后知"的。

例如他很早就阅读了弗兰兹·梅林英文版的《马克思传（Life of Marx）》——

"在哲学的历书上，普罗米修斯是最崇高的圣人和殉道者。这是马克思的挑战的序言的结语，甚至他的朋友 Bauer 都吃了一惊……Mehring：Life of Marx，pp.25—37"[61]

这本写于一百年前，以"走下神坛的马克思"为其视角，曾经在考茨基和列宁时代的马克思主义阵营掀起过轩然大波的著名传记，对中国的顾准影响非常深。他的读书笔记中有大篇幅摘录和关于梅林的文字，例如：

"Mehring（梅林 -著者注）评拉萨尔和历史唯物主义……这种近似的说法，就使 Mehring 把 Marx 学说的核心归结为历史唯物主义…… Mechring：Life of Marx，p.345（梅林《马克思传》P345 -著

---

61 《笔记》P651

者注）"[62]；

"Mehring 论 Manifesto（共产党宣言 –著者注）和第一国际关于巴黎公社宣言的区别和 Engels 其后的改正……《马克思传》，pp. 497—9"[63]

等若干处。他甚至根据梅林笔下的马克思以及马克思主义与斯多葛学派和启蒙思想的不同之处列出了下面一份对照表[64]：

对象	Stoics（斯多葛派）罗马权力	启蒙思想 封建制度	Marx（马克思）市民社会
目的	内心和平 Stoics（斯多葛学派）来世的和天国的幸福（基督教）	自由平等博爱以及末流的自我意识哲学（自我陶醉）	推翻异己的物的力量的统治
动力	使徒、教会	全民——实质是资产阶级	无产阶级——最后一个被压迫阶级

有对马克思和马克思主义如此开阔的大视野，就在无人注意到马克思主义早已衰落的 1960-1970 年代，在"指导我们思想的理论基础是马克思列宁主义"的"语录歌"正被全体中国人万众一声高歌入云之际，顾准已经看到：

"在西方，Marxism（马克思主义）在复活（见最近的参考），复活的是 Marxism 的'破'的一面。它的'立'的一面，后人固然有歪曲它的地方，然而它本质上是 Hegel（黑格尔）主义的，那是无可讳言的。"[65]。

他已经超前不止一步地看到了一次明显的"否定之否定"过程。不仅如此，他还看到马克思主义在"立"的一面是薄弱的，是基本没有跳出黑格尔主义范畴的——"娜拉"出走问题不大了，可"娜拉走后怎样"的问题，马克思主义并没有解决。

---

62 《笔记》P643
63 《笔记》P646
64 《文稿》P654
65 《文稿》P444

第四部 徐徐地、平静地成熟下去（1972—1974）

顾准初识马克思是在少年时光的上海。不足 13 岁的他刚刚从对"安那其主义"的"热烈吸收"中冷却下来，日本人河上肇通过他的《经济学大纲》介绍到中国的马克思主义——唯物辩证法立即填补了这一空白。接着的经历：中国社会史论战——进社——基督教青年会读书会——职救——孤岛文委——新四军——上海——洛阳等等，前面的章节都已详述。在这些过程中，顾准对马克思和马克思主义的思考并没有占到很重的分量，他还是一位浪漫的理想主义者，对新宗教——马克思主义，新教宗——马克思虽然谈不上狂热，但也确实是独尊的，至少认为在政治哲学领域内是唯一正确的学说。

顾准真正思考马克思和他的主义，始自 1950 年代中的中共中央党校时期，始自他对《资本论》的"惊艳"（可参见本书第二部第二章第二节《圣者与圣经》），也因此对社会主义还有没有、要不要商品生产和价值规律，开始了最初的、政治哲学角度上的追问。

再后来，他写出了骇世惊俗的《试论》，经历了反右，赞皇、商城、清河劳改，重回经济所接触西方经济学思想、四清、文化革命和息县干校劳改一系列真正的"社会实践"，名符其实地通过"眼、耳、鼻、舌、身"的密切接触，更重要的是通过大脑的思维，他对马克思主义（自 1957 年始他绝口不再提"马列主义"，除非在那些"坦白交代""罪行交代"的假话中。他根本不认为"马"和"列"是一回事）有了重新的认识。他不再把马克思主义视为唯一正确的学说。在依然把自己视为马克思学生的同时，顾准更将马克思视作了同道、同好和诤友，是能够平等对话的两个平等的人。也只有平等才能对话，只有对话才能了解，而了解了，就不可能迷信和膜拜。

顾准最欣赏马克思的，首先是一位天才的经济学家。

经济学也许是在所有学问中最不可能出学问英雄的一门学问。这是一门没有"放之四海而皆准"的所谓"定理"的学问——既不像数学、物理、化学那样，其基础理论很难撼动，也不像文学、艺术、历史那样，有许许多多毋容质疑的大师矗立在前。经济学是一门随着社会的进步或退步变幻无穷的学问，甚至可以说是一门相当吊诡的学问。昨天的"大师"常常是今天的"小丑"，明天却又很可能成了

"先知"。各种各样的经济学体系，观点，理论是最容易过时，最容易被时代和社会从吹捧、迷信、盲从到嘲讽、诟病、厌恶并抛弃的东西。

然而经济学又是一门最可能出革命英雄的学问，这第一位革命英雄当然是卡尔·马克思先生。无论如何都不能否认《资本论》，尤其是她的第一卷，首先是一部宏大而自成体系的经济学巨著，是完全原创并极具创造性的、影响了数代人并还有可能继续影响下去的、在经济学史上独一和不可取代的巨著。罗素的评价和定义——"耶和华等于辩证唯物主义，救世主是马克思，无产阶级是选民，共产党是教会，耶稣降临是革命，地狱是对资本主义的处罚，千年王国是共产主义"[66]，戏谑是戏谑了些，也确实把多半压根没读过《圣经》不知"基督教"为何物的中共史官们气个半死[67]，但大致意思是不错的。

顾准不鄙薄马克思。初读《资本论》，他就禁不住地惊呼其"精美绝伦"[68]。他赞叹马克思是"高超的圣者"[69]，这样的"最高级"形容词从未被他用在第二个人头上（除了"坦白交代"类假话）。他敬佩并倾慕马克思精妙的思辨能力、严密而强大的逻辑能力和高超绝伦的表述能力，再说句不大得体的话——也不排除他对马克思经济学自成体系的暗羡。他把这位先生当做老师，当作治学的典范，同时又当做同道和同好，你看他不是还自作多情地"深深同情自1842年以后Marx（马克思－著者注）的独立特行，以及不幸，他老是碰到金开尔、伏格特、Proudhon（普鲁东－著者注）、Lassalle（拉萨尔－著者注）这类人"[70]吗？

但是随着徐徐而平静的精神成熟，学生顾准逐步对先生马克思有了疑问——

比如1845年马恩合著的《德意志意识形态》，是时前者27岁，

---

66 罗素《西方哲学史》
67 陈先达《做坚定的马克思主义理论工作者》
68 《日记》1955.12.1
69 同上 55.12.16
70 《笔记》P495

第四部　徐徐地、平静地成熟下去（1972—1974）

后者 25 岁。1967 年，他们年过 40 的中国学生顾准这样问到——先生，"《(德意志)意识形态》说过许多未经证明的理想主义，但那是没有出版，并不肯示人的东西"笔记 351[71]，对吗？

您生前不愿示人却被后人硬从您已无法控制的遗稿中挖出，编辑出版，以壮他们自己的理论声威，在我所看到的您和恩格斯先生的合集中已经发现好几处了。比如我就认为"恩格斯的自然辩证法的公布对恩格斯本人来说是一件遗憾的事，那里充满着黑格尔的图式向自然界头上套下去的片断。80 年代前恩格斯曾有此企图，无论如何，费尔巴哈论以后，他是一直没有理睬哪些片断旧稿，而哪些片断旧稿的观点，与费尔巴哈论也是不符合的"[72]。对吗？

先生，《自然辩证法》的出版，那是拜俄国人德波林所赐，后来又被斯大林据为己有。而它传到中国后加上"中国化"的诠释，更是被奉为改造自然，改造人类的圣典了。可是我特别尊重的阿尔伯特·爱因斯坦先生却在阅读了全文后，对交给他手稿并请他评价的爱德华·伯恩斯坦先生说："我的意见如下：要是这部手稿出自一位并非作为一个历史人物而引人注意的作者，那么我就不会建议把它付印，因为不论从当代物理学的观点来看，还是从物理学史方面来说，这部手稿的内容都没有任何特殊的趣味。"[73]

先生，您的乡党和晚辈，"相对论的发现者爱因斯坦，远不是一个偏隘的物理学家，而是一个具有广阔眼界的科学家，他就否认辩证法对他的科学事业有过任何用处。相反，在辩证法盛行的中国……"[74]

我只好用些省略号。怎么说呢先生，我实在不好意思说下去了，请您原谅吧。所以我现在理解为什么"Adam Smith（亚当·斯密 - 著者注）临死前要求人家把旧稿完全烧光是必要的"了[75]。

71　同上 P495
72　《日记》1959.3.5
73　《爱因斯坦文集》第一卷
74　《文稿》P446
75　《日记》1959.3.5

先生,"人是要有想象力,那千真万确是对的。没有想象力,我们青年时哪里会革命?还不是庸庸碌碌做一个小市民?不过当我们经历多一点,年龄大一点,诗意逐步转为散文说理的时候,就得分析分析想象力了。我转到这样冷静的分析的时候,曾经十分痛苦,曾经像托尔斯泰所写的列文那样,为我的无信仰而无所凭依。现在这个危机已经克服了"[76]。

我非常看重《安娜·卡列宁娜》中仅仅是个配角的列文,先生,他太像我了。几近自杀的列文说:"不知道我是什么,我就无法活下去",我也是这样。但列文没有上吊或者饮弹自尽,而是挣扎着活了下去,我也是这样。所以我俩活下来的全部意义就是要弄明白——"我到底是什么"[77]。

先生,他接着和他对话——"当我愈来愈走向经验主义的时候,我面对的是,把理想主义庸俗化了的教条主义。我面对它所需的勇气,说得再少,也不亚于我年青时候走上革命道路所需的勇气"[78]。

"我不再有恩格斯所说过的,他们对黑格尔,也对过去信仰过的一切东西的敬畏之念了。我老老实实得出结论,所谓按人的本性、使命、可能和历史终极目的的绝对真理论,来自基督教。所谓按人的思维的本性、使命、可能和历史终极目的的绝对真理论,来自为基督制造出来的哲学体系——黑格尔体系。我也痛苦地感到,人,如果从这种想象力出发,固然可以完成历史的奇迹,却不能解决'娜拉出走以后怎样'的问题。'娜拉出走以后怎样',只能经验主义地解决。"[79]

也就是说,我克服了信仰危机的途径,就是那条崎岖的小道——被您的主义的理论家们说成是"绝路"的经验主义。

还有好多疑问,先生,我会一一问来。

特别是对马克思先生的早期著作,例如《黑格尔法哲学批判》,

---

76 《文稿》P431
77 同上
78 同上 P432
79 同上 P431

第四部　徐徐地、平静地成熟下去（1972—1974）

顾准的疑问最多。

1843年，25岁的马克思在《德法年鉴》上发表了《论犹太人问题》和《黑格尔法哲学批判导言》两篇重量级文章，并在后者的结尾部分高亢地宣布了无产阶级的命运，那就是砸碎身上的锁链，赢得全世界。

"导言用一种反映马克思不同发展阶段的方式顺序排列了主题：宗教的、哲学的、政治的、革命的。总体讲来，导言形成了宣言，其敏锐性和独断性使人想起1848年的《共产党宣言》。"[80]

顾准问道——

先生，您"为了驳斥黑格尔，指责他把'普通的经验'说成'现实的理念的定在'是荒谬的，这是致命的驳斥。可是，'普遍的经验'为什么又不能成为'理念'（如果套用黑格尔哲学术语的话）呢？前面不是已经说，'普遍经验的规律'应该就是'普遍经验本身的精神'吗？"[81]

顾准不能理解青年马克思为什么要这样"曲解"黑格尔，"从反对黑格尔来说，这个打击是致命的"[82]。他温和地试探着，坚定而勇敢地向先生马克思提出请求——先生，请循其本，愿闻其详。

同时代的西方，在德国和奥地利，此刻有一种比顾准严厉一千倍的质问来自马克思《早期著作》（Frühschriften, Kröner, 1955）的编辑们，他们这样谈到马克思对黑格尔《法哲学》（Philosophy of Law）的研究：

"假如我们能够以这样的方式来表述，我们可以说，马克思藉着仿佛是故意的误解，把黑格尔那些作为观念之述的所有概念看作是事实的陈述"。

马克思这位中国学生则在读书笔记上用粗大的黑体字标注：

80　戴维·麦克莱伦《马克思传》
81　《笔记》P350
82　同上

"黑格尔：历史发展不得与概念发展相混淆"[83]

闭塞、专制的东方与自由、民主的西方在基本相同的时间里发出了基本相同的声音，不可思议又颇具必然性。

此时已经熟读了英国经济学家阿诺德·汤因比的《历史研究》和美国经济学家瓦特·罗斯托的《发展经济学》系列著作的顾准，已经开始用更开阔、更深邃的眼光来审视马克思主义。当然，他绝无用晚于马克思时代的科学家，新人、新观点去诘难老师的意思，但是老师的学说并非仅仅是学术的观点而是斩钉截铁的预言和断言，预言和断言着人类的未来——谁必将胜利，谁必将灭亡，"人民"——无产阶级在这个过程中应该怎样怎样，将会如何如何，被中国的"人民"奉为行为标准、准则、法度的圭臬和水臬。

这，他就不能不打破砂锅"纹"到底了。于是他接着问——

先生，您"把国家说成家庭与市民社会的理念；可是，从这一命题就不禁要问，为什么目的倒变成手段了呢？"[84]您为何一定要如此坚决地否定欧洲文明，也是基督教文明独特的产物——市民阶级和市民社会呢？您把"市民社会"和"私有制"画上了等号，对于后者您是深恶痛绝的。可是您"对市民社会的愤激之谈，并不是历史的描述"[85]，也不是历史的事实，更不是发展的事实啊。您看，"市民社会的发展愈来愈多样化，并未直线地走向它的否定"[86]，这一点在您还在世时就已经显明了。譬如在您的故乡德国，还有日本，也许还应该加上帝俄，市民社会朝气勃勃，还因此而发展出了一整套经济学，其中就有您的故乡人（好像还是您的前辈）弗里德里希·李斯特先生的"贸易保护"说。而您得出的结论却是：

"宗教的批判一定要进展到政治的批判，而政治的批判则一定要进展到经济学的批判（即市民社会的批判）……要彻底和 Hegel（黑

83　《笔记》P346
84　《笔记》P350
85　同上 P378
86　同上 P467

第四部　徐徐地、平静地成熟下去（1972—1974）

格尔）相决裂，就必须使市民社会返归于政治领域，使政治领域内的平等、民主等等也得以在人民的物质生活内完全实现出来。为要做到这一点，必须彻底否则市民社会。"[87]

学生不禁惊呼了一声，"好大胆的结论！！！"[88]

是不是太大胆了一点呢，先生？他嗫嚅着，却一点也没有要停嘴的意思——而我，假如您能允许我对未来的社会说一句话，我至多只敢说那将是"实行分工的、无私有制的、领工资的社会，但工资是有差别的"[89]，那只能是公民社会，是尘世的和普世的。我不相信人类能在地上建立人间天国，人类只有进步，无论如何我也看不到、不相信任何从人的嘴里说出来的所谓"终极天国"。和您描画的伟大天国相比，这很卑微、很鄙陋，但我短浅的眼光和绞尽脑汁思考的结论只能是这样，真是对不起啊，先生。

他倔强地不停嘴，问下去——

您"1844 年还在追随 Feuerbach（费尔巴哈），以'人'为本位，1846 年，已经分析了市民社会，扬弃了市民社会了"[90]。您在《费尔巴哈论纲》手稿中说："人应该在实践中证实自己思维的真理，即自己思维的现实性和力量，亦即自己思维的此岸性"[91]，您这里谈到的，"可不是纺纱的骡机、蒸汽发动机和电灯电话之类的真理性，而是社会主义和共产主义的真理性——请注意，（您）在这里用上了'自己思维的此岸性'这几个字，就其意味着异化的消灭而言，翻译成'在地上实现天国'，应该确未歪曲（您）的本意"[92]吧？于是紧接着，1848 年您和恩格斯一起发表了 Manifesto（共产党宣言），如今在我的国家已经成为不可探究、不可改动、不可触摸的"第五"福音书，而它：

87　同上 P354
88　同上 P355
89　同上 P449
90　同上 P391
91　同上 P441
92　《文稿》P441

"（一）否定'自由主义政治经济学'的道德前提，利己主义=人道主义；（二）承认它的进步作用，但这种进步不过是人类进步整个链条中的一环；（三）利己主义使敌对关系普遍化尖锐化，但它只是为'普遍和解'开辟道路。以上三点，原则上全部纳入了 Manifesto（共产党宣言），成为它的基调。"[93]

这，就得商榷了，先生。

许多历史的事实用您的唯物史观并不能解释哩，"例如罗马的兴起和希腊的衰亡，用唯物史观来解释简直无从着手。可是，资本主义的兴起，这是人类历史上超越一切历史事件的最大事件，同时又是历史中的经济因素的决定性的变化，若不从社会结构来解释是无论如何也说不通的"[94]，而"自由主义的政治经济学"和"市民社会"又是这"最大事件"中的"最大因果"，怎能"一语定乾坤"，仅仅用一种史观——阶级斗争的唯物史观来解释和预言它呢？

"Rostow（罗斯托 -著者注）太着迷于 Toynbee（汤因比 -著者注）主义了。Toynbee 主义有其可取之处，他在解释古往今来一切民族的兴衰的时候，可以说明唯物史观无法说明的问题。"[95]

我必须承认，在分析资本主义在不同国家（例如英和法）发展的差异上，您的分析要比这些史家卓越得多。但是他们都不敢为自己的历史发展观插上"此岸性"的标签，更不敢说什么"绝对精神"，也就是说解决了"娜拉走后怎样"的根本问题。可以说他们这是出于"胆怯"，但也可以说是出于"敬畏"呢。

"列宁强调直接民主的无产阶级专政，夺取了政权，扫荡了沙皇政治的污泥浊水，他对了。他和考茨基之间的区别，是无畏的革命者和胆怯的庸人之间的区别，这是无疑的。问题还在'娜拉出走以后如何'"[96]。

93　《笔记》P405
94　同上 P310
95　同上
96　《文稿》P381

再说您对中国是不了解的,"中国对 Marx(马克思)是一个谜。"[97]。唯物史观至少解释不了中国的问题,解决不了中国娜拉出走后的困境。

先生,我说的有一点道理吗?

4. 西奈山的上帝(中)

还有一个很大的疑问,老师,您"唾弃批判的武器,转向武器的批判,把目光转向德国无产阶级这块还没有人触动过的人民园地,宣布:'哲学把无产阶级当作自己的物质武器',(您因此而)一下子跃上世界舞台的最高处,把世界历史当作自己考察的对象和实践的园地"[98],奠定了您"否定的辩证法"在世界哲学界的地位。即使我很想追随您的脚步,可却不得不发问:世界的进步是如此之快,"否定的辩证法"如何可能作为人类发展的普遍命题和图式?它怎么会是绝对真理呢?

后面这个问题顾准从党校时期起就一直就抱着怀疑和批判的眼光,但是直到1959年,他还在为马克思老师开脱:

"这不是马克思的本意。马克思这个命题,不过是实践中的武器而已。他不想做人类与自然界的全宇宙的创世主。列宁在哲学上没有懂得这一点,他在唯物主义方面做出了贡献,在辩证法方面实在是无知的。"[99]

但是到了他成熟的1960年代末,在再一次重读老师《1844年经济学哲学手稿》(马恩全集中并无此篇,苏俄专事研究马列主义专家们叫它做《〈神圣家族〉的前期手稿》,中国承袭此一叫法),他不再为老师开脱了——

---

97 《笔记》P604
98 《笔记》P364
99 《日记》1959.2.23

"……手稿到此终止。

所引的 Hegel（黑格尔 –著者注）的话，是：

启示

创造

绝对者=精神

……"[100]

本书前部前章《初识黑格尔》一节中卖的"小关子"——从西奈山上发出雷鸣，除了上帝还会有谁呢？——现在可以揭晓了，谜底就是——马克思先生自己啊。

"马克思在这里站得多高呀！所摘引的 Hegel 的话，其实是 Marx 自己从西奈山上发出的雷鸣。

其实，异化了的人的复归还不足以表达这时候的激情。这时候的激情，是超越古今，吞吐宇宙。回忆一个民族的历史，慨叹于'俱往矣'，何足比拟？"[101]

可不是吗？"俱往矣""数风流"无非还是老一套的"天下""江山"——人的俗窠罢了，在"绝对精神"——神的"启示"与"创造"面前，何足挂齿！

这是顾准已经面世的文字中唯一一次对马克思不留情面的嘲讽——老师这种"自我显灵"式的表述引起了他巨大的反感，那压制不住的桀骜本性终于爆发了，从前屡见不鲜地发泄在另外几位"伟大导师"头上的嘲讽，这次终于发到了先生马克思的头上。

即使再尊重、崇敬，他也无法同意老师在《手稿》中的表述和观点。

比如针对《手稿 III》最后一段，他说，"如果我没有理解错了的话，（马克思）提出了 Post-Communism Stage（后共产主义阶段），这是从未见于其他文献的东西。哲学家应当可以提出这样的远景。可

100　《笔记》P438
101　《笔记》P438

第四部　徐徐地、平静地成熟下去（1972—1974）

是这是最终目标。最终目标多么辽远？！最终目标可以是无所谓的吗？"[102]

仅仅从他罕见地同时使用问号和惊叹号，不必"过度解读"也能听出这再明白不过的话外音——任何人，无论是谁，怎么可以随随便便就为人类指出终极目标、绝对真理和此岸天国？到底是黑格尔先生"制造出了虚妄的逻辑范畴，（并）指称它是'绝对'的，其实是'脱离了现实的精神，脱离了现实的自然'"[103]，还是先生您自己呢？

的确，根据基督教福音书记载，33岁的耶稣基督就为人类指出了天国之路。祂对众生说"我就是道路、真理、生命；若不藉着我，没有人能到父那里去"[104]。而您，老师，藉着彻底哲学化的语言说出了几乎相同的话语，唯一的差别，耶稣基督话中的"彼岸"到了您这里变成了"此岸"。到达"彼岸"的天国，我从小就被教导是藉着爱、信和盼望的船只，可是到达"此岸"的天国——人间的、地上的天国又是藉着什么呢？

"谬误在天国为神祇所作的雄辩一经驳倒，它在人间的存在就声誉扫地了"，"从前人在天堂的虚幻中寻找超人，结果只找到了他自身的反映"[105]。

这是您在《手稿》前写下的另一篇名著中的话，您无疑已经直接用语言杀死了祂。彼岸的上帝死了，此岸的西奈山上出现了新的身影，发出了新的"雷鸣"——"德国解放的实际可能性到底在哪里呢？答，就在于形成一个被彻底的锁链束缚着的阶级……这……就是无产阶级。哲学把无产阶级当作自己的物质武器，同样地，无产阶级也把哲学当作自己的精神武器；思想的闪电一旦真正射入这块没有触动过的人民园地，德国人就会解放成为人。"[106]

看呐，精神的武器、物质的武器都有了，批判的武器正在雄赳赳

102　同上 P426
103　同上 P432
104　《圣经 新约》约翰福音 14:5
105　马克思《黑格尔法哲学批判导言》
106　同上

化为武器的批判,战场却不仅仅限于欧洲,限于德国——

"马克思不久又远远超过了1843—1844年的眼界,从德国的特殊问题转向了世界历史。"[107]。那么无产阶级,阶级斗争,专政,武器的批判,革命实践的杀人……——到达此岸、地上、人间天国的船只难道就是由这些东西组成?或如一位诗人访苏归来所言:"他们相信天堂是有的,可以实现的,但在现世界与那天堂的中间却隔着一座海,一座血污海,人类泅得过这血海,才能登彼岸,他们决定先实现那血海"[108]?

1932年才被俄国人全文出版的这部《1844年手稿》引起了北方震耳欲聋的欢呼,"被认为是马克思唯一最重要的著作。"[109]。

即使《圣经》也还包括了四千余年前的"旧约"和两千多年前的"新约"呢,比《圣经》不知浩瀚了多少倍的马克思著作在88年后竟被如此地简约、总结和概括了,俄国人真不愧是最伟大、最能干的"使徒"啊。可是比起中国的"造反有理"的4字《圣经》,俄国人就太小巫见大巫了。

来看看相对有人从马克思这些早期著作里兴高采烈地看到"造反有理"四字,顾准看到的又是什么——

"即使Marxism也是基督教文明的产物,也是另一种基督教意识"笔记116,中国的史学家们是不懂得这一点的。"范文澜不懂基督教,当然更不懂共产主义思想是渊源于基督教的"[110],郭沫若也不懂。而一位日本的史学家井上清是懂得的,他曾说"Christianity(基督教 -著者注)虽然也认为现实社会的痛苦最终也要在天国解决,但它……却有着为过去佛教所没有的,以神的正义来激烈地批判现实社会的非正义的特点"[111],这正是基督教精神和马克思主义的交叉点,只是交叉后的两条线立刻分开了——前者的批判是藉着神的公

---

107 《笔记》P363
108 徐志摩《血 莫斯科游记之一》
109 戴维·麦克莱伦《马克思传》
110 《笔记》P107
111 同上 P251

第四部 徐徐地、平静地成熟下去（1972—1974）

义来完成，后者的批判要藉着 Proletarius（无产阶级）来完成。

（Proletarius 原是个古老的罗马字，由 Proles（子嗣）派生，意指该阶层对社会的唯一贡献是延续香火并供应人丁，是最低下的阶层，带有轻蔑之意。直至 19 世纪，马克思以此字形定义有资本工具的工人阶级，它才正式走入社会和经济学。中文的 Proletarius 也可译作普罗大众、平民百姓，但论述马克思主义时，则专译作无产阶级。—著者注）

唯物辩证法或辩证唯物主义就这样成了 Proletarius——无产阶级新的福音书，并且，"从政治上来说，它赋予了社会主义共产主义的革命以神圣性——宗教的神圣性。"[112]这种宗教的神圣性到了中国，则"正好补足了梁启超所慨叹的我们所缺乏的东西"——"某种远大的理想——超过抗日的理想，以及由于这种思想而引起的狂热，宗教式的狂热"[113]。

难道这，可以是"无所谓"的、随随便便的东西吗？

从《黑格尔法哲学批判》到《1844 年经济学哲学手稿》，到《神圣家族》，到《德意志意识形态》，终于诞下了无比恢弘的 1848 年《共产党宣言》。一句响彻云霄的"雷鸣"——"迄今一切社会的历史都是阶级斗争的历史……"马克思恩格斯《共产党宣言》在 100 多年的时间里一直在轰鸣，从欧洲到亚洲，从美洲到非洲。

"众百姓见雷轰、闪电、角声、山上冒烟就都吓得发颤"[114]，可是一位亚洲人、中国人顾准没有被这景象震吓得伏地不起。他挺直了身子走向"西奈山"，硬是要和"神"对话——

老师，就拿我们极峰最反感的"言必称希腊"中那场伯罗奔尼撒战争来说吧，"历史家修昔底德写了一部《伯罗奔尼撒战争史》（有中译本），翻开这本书，我们惊异地看到，由欧洲人带到中国，带到全世界的一套国际关系的惯例——条约、使节、宣战、媾和、战争赔款等等，鸦片战争以前中国人不知道的东西，已经盛行于当时的希腊世

---

112 《笔记》P442
113 《笔记》P244
114 《圣经 旧约》出埃及记

界。这一套国际间的法权关系,只能产生于航海、商业、殖民的民族之中"[115]。老师,难道这也是阶级斗争?也是"藉着无产阶级"来完成的、对不正义的批判?

不能够吧,老师。世界历史上这样的例子还有很多,您这样宣而言之太不慎重了吧。

人都年轻过,马克思和恩格斯也不例外。年轻有无数的优越之处,可也有个要命的软肋,那就是不成熟。当马克思年长后,有许多东西他自己就做了修正,可是相对他晚年的著作而言,后人们更看重和愿意膜拜的,是他充满激情的早期著作。可是,顾准追问着,老师在青年时代(24-28岁)写就的东西,难道就应该被后人奉为《革命圣经》,一字不能改动,只能照章革命、照章斗争、照章造反、照章杀人?难道老师的理论被别人推论到底……就可以得出……只要能达到目的,什么手段都可行的结论?

那么"人性"这个东西往哪里放呢?不要它吗?彻底抹净、扼杀了它吗?这不可能!

从感情和理智两个方面,学生顾准都无法接受如此结论。他心灵深处那簇从未熄灭过的蓝焰,那个深藏的下意识,对这一切抵触得非常强烈,即使他自己可能没有意识到。这也非常可能就是他早在1950年代末就产生的——"到底是非跟马克思主义的基调分手?还是仍旧可以服从这个基调?"[116]叛逆思维的最初和最根本起因。

无独有偶,一位与顾准同时代却擦肩而过无缘相识的奥地利人艾瑞克·沃格林,几乎在和顾准写下这些读书笔记的同时,写出如下评论青年马克思《费尔巴哈论纲》手稿的文字:

"在魔鬼般的封闭生存的层面上,《费尔巴哈论纲》不愧是一篇神秘思辨的无与伦比的杰作。马克思知道他是创造一个世界的神。他不想成为受造物。他不愿从受造物的生存视野来看这个世界……按照神秘思辨的标准来看,提纲的构造是完美无瑕的。它也许是迄今为

---

115 《笔记》P330
116 《日记》1959.2.27

第四部 徐徐地、平静地成熟下去（1972—1974）

止由一位想成为上帝的人所能构造的最好的拜世界教（world-fetish）。"[117]

两个同时代人，一个在东方，一个在西方，同时对作为哲学家的马克思先生这种"心灵上的无序"（沃格林语）和"（以为）已经把人类生活穷尽了"（顾准语）做出了相同的评介，得出了同样的结论。

沃格林和顾准有着相似的经历：

1920年，19岁的奥地利青年人沃格林在作了4个月的马克思主义者后，因研读马克斯·韦伯论马克思主义的论文，顿悟这个主义在科学上是站不住脚的而果断否弃了它（顾准年过40才接触韦伯）。后来他在维也纳大学做政治学教授，1936年出版第一部著作《威权主义国家》，此书在1938年德国吞并奥地利后被纳粹查禁。1938年他惊险万分地从纳粹铁蹄下的维也纳逃往美国，从此致力于历史和政治思想史的研究，致力于抵制意识形态、集权专制和诺斯替主义——人的自我显灵现象，在马克思的观点中就是以神圣的形象出现。

沃格林从教50年，留下34部著作，其中《政治的新科学》和《秩序与历史》已成为世界政治哲学经典。他是美国斯坦福大学胡佛战争、革命与和平研究所萨维特里（Salvatori）学者，1985年去世，是世界公认的近代大政治哲学家之一。

1957年沃格林在德国慕尼黑大学的就职讲座以《科学、政治和诺斯替主义》为题出版，在讲座中，他毫不留情地分析了马克思的"骗局"：

"作为一个不喜欢为了给知识分子提供乐趣而杀人的人，我要以不太文明的方式直言，马克思自觉充当知识骗子，其目的是为了维持一种意识形态，允许他以一场道德义愤秀来支持对人实施暴力行为……不过，马克思是在非常高的知识层次来进行他的论辩的，而我直言他在从事一场知识骗局所引起的惊诧（新闻媒体反响不小），很

---

[117] 艾瑞克·沃格林《从启蒙到革命》

容易按照与隐匿黑格尔诸前提一样的方式来解读。"[118]

沃格林的这段话直接针对的就是青年马克思那篇充满了杀气腾腾革命激情的名文《黑格尔法哲学批判导言》，是年马克思 25 岁——"批判已经不再是目的本身，而只是一种手段。它的主要情感是愤怒，主要工作是揭露。针对这个对象的批判是肉搏的批判；而在肉搏战中，敌人是否高尚，是否有趣，出身是否相称，这都无关重要，重要的是给敌人以打击……"[119]

沃格林对马克思出此激愤之言之时，正是顾准被打成右派，全中国打出了 55 万右派（官方无出处的数据），55 万个灵魂全部在"共产主义道德"的名义下，在"意识形态"的名义下被送进炼狱的年份。就像顾准 1959 年领悟的那样，意识形态——假一个已成的思想体系之名来进行争论——不，不仅是争论，更是迫害——是知性上不诚实，道德上不公义的现象，是一定不会有长远生命力的。

"人们既身处于历史过程之中，又各以自己的哲学语言反映了对历史的态度。各人有各人的哲学，却都假一个已成思想体系之名来进行争论……批判而不入于杨必入于墨是不好的，勉强地（而）不是以一个自觉的思想为基础的不入于墨是维持不了多久的。"[120]

而沃格林一生反对任何意识形态——马克思主义的，法西斯主义的，国家社会主义的或任何什么主义的。任何事物，假如具有意识形态的特征，就是对语言、对逻各斯的摧残。他认为在理性批判分析的意义上，各种意识形态都与科学水火不容，任何人，只要他是个意识形态分子，就不会是个诚挚的社会科学家，因为他们矮化了知识辩论，赋予公共讨论一种明显的暴民统治色彩。他们不能作为讨论的伙伴，只能作为科学研究的对象。

"马克思的骗局涉及断然拒绝考虑亚里士多德的原因论论证，

118　艾瑞克・沃格林《自传性反思》
119　马克思《黑格尔法哲学批判导言》
120　《日记》1959.2.23

第四部　徐徐地、平静地成熟下去（1972—1974）

亦即亚里士多德论及的这一问题：人不是凭自身而存在，而是凭一切实在的神性根基而存在。"[121]

沃格林一生都在疾呼："道德主义的目的并不能为行为的不道德提供辩护……各种意识形态不是科学，各种理想也绝不是伦理学的替代品"[122]。马克思不是神，马克思主义不是宗教，甚至也不是伦理学。

事实上，晚年顾准早已看出跨越过青春激情期的马克思对自己就有诸多修正，根本无需等待后人来做"修正主义者"。例如1859年（此时离令他"一下子跃上世界舞台的最高处"的《黑格尔法哲学批判》的发表已经16年），他在《〈政治经济学批判〉序言》中写道：

"无论哪一个社会形态，在它所能容纳的全部生产力发挥出来以前，是决不会灭亡的；而新的更高的生产关系，在它的物质存在条件在旧社会的胎胞里成熟以前，是决不会出现的。所以人类始终只提出自己能够解决的任务。"[123]

顾准无疑全盘接受了老师的这一思想。在他的读书笔记中有这样的话：

"所以人类始终只提出自己能够解决的任务，因为只要仔细考察就可以发现，任务本身，只有在解决它的物质条件已经存在或者至少是在行程过程中的时候，才会产生。"[124]

至于马克思在《路易·波拿巴的雾月十八日》中对西方专制政治所做的阶级分析，究竟能在多大的程度上适用于中国历史和现状，他的怀疑更深：

"我认为，若不确切了解这一分析的希腊历史、欧洲历史背景，并把它和中国历史背景相比较，认为无条件适用于中国，那是彻头彻

121　艾瑞克·沃格林《自传性反思》
122　同上
123　马克思《〈政治经济学批判〉序言》
124　《笔记》P539

尾'非历史'的，从而也是教条主义的。"[125]

马克思基于希腊僭主专制政体的演变对西方近代社会所做的阶级分析——政权永远是阶级的政权，专制主义或僭主政治是相互斗争的阶级谁都无力克服对方时兴起的一种过渡政权的理论，完全不适合于中国。中国的专制政权本身就是社会斗争的一方，不是哪个阶级手里的工具。滥用、套用西方的阶级分析法在中国头上，只会造成更彻底的一元主义和更严酷的专制。

顾准那段足以传世之言——"今天当人们以烈士的名义，把革命的理想主义转变成保守的反动的专制主义的时候，我坚决走上彻底经验主义、多元主义的立场，要为反对这种专制主义而奋斗到底！"[126]，并非于无声处炸响的惊雷，而是受到老师马克思的启发。他当然读到过马克思临终前的那句名言——"有一点可以肯定，我不是马克思主义者"[127]。

马克思是人，顾准也是人，他们都不是神。

可是人啊，古往今来想要做西奈山上那一位的是如此之多。军事、武力、灵丹、方术、意识形态……差不多都被你用尽了。你是多么像普希金童话诗中的那位渔婆啊，永远都不会满足，欲望永无止境，绝不会因为新的木盆，新的房屋，新的王宫和做了海上的霸王而满足，因为海上的霸王本身也不安宁。心灵失序的人除非把自己宣布为上帝并取而代之，他是绝不会止步不前的。

可是他又没法子当上帝。那就只有痛苦和妒嫉。

5. 西奈山的上帝（下）

西奈山上有一位"上帝"就够他受的了，可随着对《马恩全集》

---

125 《文稿》P267
126 《文稿》P454
127 《马恩全集》中文1版 35卷 P385

第四部 徐徐地、平静地成熟下去（1972—1974）

以及外围读物，例如黑格尔、狄慈根、边沁、罗素等哲学大家以及梅林所著第一部《马克思传》的深读，他隐隐约约感觉到上帝好像还不止一位！这颠覆性的、大不敬的怀疑令他非常苦恼和纠结。

为什么总有不同的声音发出？假如西奈山上真有两位，那还能叫"祂"吗？至多，让我模仿一下熊彼得，只能叫"神人和天使长"吧。可天使们通常只是传达，至少不可能发出和祂不一样的声音。

不再重复马克思死后42年，恩格斯死后30才正式出版的《自然辩证法》这颗大洋葱被顾准层层剥皮的经过了，现在来看看另一件事情，另一份质疑，另一次剥皮。

这一次他面对的，是恩格斯在马克思生前出版的另一部著作《反杜林论》，最权威的梅林版《马克思传》甚至将该书称为是马、恩的"合作"，但始终未被后人采信。

中国人一直跟着俄国人将恩格斯的《反杜林论》》称作是马克思主义百科全书式的、全面总结包括了马克思主义的三个主要组成部分：哲学、政治经济学和科学社会主义理论的马克思主义巨著。《反杜林论》与《自然辩证法》一起，并列为这位"第二提琴手"在马克思主义交响曲中最重要的协奏。

顾准却认为是独奏。他在思辨《反杜林论》上所下的功夫要超过对《自然辩证法》，质问更严厉，反感也更强烈。

恩格斯在《反杜林论》中把"社会划分为阶级，历史是阶级斗争的历史的历史唯物主义、阶级斗争的历史观"的"意识形态"直接与经济科学关联起来，"直截了当地指明，经济科学的出发点（应当）是一种道德上的义愤"[128]。在谴责杜林"政治第一位,经济第二位论"的所谓唯心主义暴力论的同时"它强调无产阶级专政,（可是）这岂不是以暴力形式来改变所有权，用暴力形式来实现一种甚至无货币无商品的分配方式吗？"[129]，实际上这不同样也是一种暴力论吗？

顾准把《反杜林论》提倡的暴力论叫做"杜林理论的直接翻版"

---

128 《笔记》P704
129 同上 P706

[130]，再一次无情地质疑了恩格斯。于此同时，也再一次为开脱他尊敬的老师马克思作了努力——"在暴力论上，M.（马克思）、E.（恩格斯）是二元主义的"[131]，因为"人们费了多大的劲去猜测，到底 Marx 的'亚细亚、古代'等等是什么东西，直到现在，还无定论"[132]。也就是说，顾准认为马克思的本意可能是想把"亚细亚""古代"这些他没有把握的历史领域刨除在"迄今为止一切社会的历史……"之外的，他和恩格斯的唯物史观就根本不是一回事——M. 的唯物史观是对历史的经济解释，而 E. 的唯物史观则是"阶级关系与阶级斗争是对社会发展的唯一推动力"的论断。

但是多么可惜，"Die Geschichte aller bisherigen Gesellschaft……（德文）""The history of all hitherto existing society……（英文）""迄今为止一切社会的历史……（中文）"都已成为不可更改和诠释的文献，更何况在深度研究《反杜林论》后，顾准还发现"Engels（恩格斯）对生产方式作了'生产力历史进步'的那种解释方法，无疑，Marx（马克思）至少是同意了的"[133]。这问题比较复杂了。

"那种解释方法"，说白了就是——阶级斗争推动了历史的发展，而且"由于《反杜林论》的传播之广，（这种解释方法）早已被 Stalin（斯大林）、Plekhanov（普列汉诺夫）以及无数人所承袭"[134]，最后无可挽回地变为约定俗成、积非成是、无法改变的东西了。

顾准尤其反感《反杜林论》中恩格斯的断言——"马克思和我，可以说是从德意志唯心哲学中挽救了自觉的辩证法并且把它转为对自然与历史的唯物理解的唯一的人"[135]，顾准愤然道："恩格斯在努力建立他的这种世界观时，显然陷入了几个无法脱身的泥坑之中"[136]。

130　同上 P705
131　同上 P706
132　同上
133　《笔记》P706
134　同上 P706
135　恩格斯《反杜林论 第二版 1885 年序言》
136　《笔记》P685

顾准常用"泥坑"二字形容事物在逻辑上的混乱。在一则顾准晚期的读书笔记中，他至少指出了恩格斯"无法脱身"的两处"泥坑"。

"第一个泥坑是……（大篇幅的思辨文字略）。即使这个世界真正是辩证法式地构造起来的，人既不能穷尽这个世界，在人类有限度的观察基础上'正确'地构成这幅图画，在认识论的意义上它也不过是一个'假设'，人没有权利肯定它就是客观的正确的一种图式。

"第二个泥坑是，他没有真正透彻了解，作为一个尘世天国的先知的马克思，实际上是（或者不自觉地）懂得他的目标，不过是一个有限度的目标……恩格斯并非不了解这个目标的有限度性……可是又偏偏把世界发展的无限性和目标的有限度性两者愉快地并列起来，好像同时强调这两者并不是互不相容的。其结果是以一元主义作为出发点，达到多元主义的结论，又反过来用多元主义的结论，来辩护一元主义！"[137]

说到此处他还不依不饶，扬言要把"这个命题在 On Feuerbach 的摘录中，还要详细展开"[138]。这里顾准所指，是恩格斯1888年发表的《费尔巴哈论》，即《路德维希·费尔巴哈和德国古典哲学的终结》。

这个"命题"马上就被他"展开"了，那就是直接对比恩格斯发表于1877年的《反杜林论》和发表于1888年的《费尔巴哈论》两书本身的文字。

他立刻发现了早有预感的矛盾。

按照《反杜林论》的说法，"迄今为止的历史都不足以体现'真善一致'。就建立真正真善一致的人类世界而言，迄今为止的历史，不过是人类的史前史。——这几句话，见于《反杜林论》一书。（但）你如果拿来与《费尔巴哈论》对比对比，又可以体会出两者实在不是一个调子"[139]。

137　同上 5
138　同上 P686
139　《文稿》P442

顾准可不是那么容易被"巴别（弄乱）"的。

仅仅把两文"作极粗糙的对比"[140]他就发现恩格斯在《反杜林论》中特别着重的"人的思维是至上的和无限的，在《费尔巴哈论》中，不仅没有这样明示的文字，连这样的精神，都不可能在《费尔巴哈论》的字里行间找出来"[141]。

恩格斯的这本著作"可以说竭尽了一切力量来遮盖'逻辑=神学'的性质，简直把辩证法写成了进化论，把 Hegel 写成 Marx+Darwin（把黑格尔写成马克思+达尔文），把 Marx（马克思）写成'反对不可知论的培根'了"[142]。

恩格斯在重大理论问题上的前后不一致，甚至同一文章中的前后不一致令顾准相当愠怒，"这几章……其间包括了严重的自相矛盾"[143]。他归纳这种不一致：

"原因很简单，上世纪 80 年代 90 年代"科学"——不是 Hegel（黑格尔）自称的那种科学，Hegel 的科学其实是神学。这里所说的"科学"，是 Hegel 轻蔑地称之为经验科学的科学；《费尔巴哈论》用孔德的名词称之为实证科学，其实 Marx（马克思）是很反对这种名称的——发展十分迅速，神学式的唯理主义愈来愈不行时，Engels（恩格斯）也得注意这种风尚……"[144]

顾准在生命即将结束之际写出的《〈反杜林论〉以外》《〈反杜林论〉各章》和《再超出〈反杜林论〉》以及多篇读书笔记中，批评"先知的成分本来就稀薄很多"的恩格斯的哲学观点是很不留情面的。这和熊彼得"我确实认为应该坦率承认，在智力上，特别作为一个理论家，他远低于马克思。我们甚至不能肯定，他是不是总能懂得马克思的真意，他的解释，因此必须用得很当心"[145]的批评如出一辙。

140　同上 P439
141　同上 P439
142　同上 P439
143　同上 P450
144　同上 P440
145　熊彼得《资本主义、社会主义与民主》

第四部 徐徐地、平静地成熟下去(1972—1974)

真正的先知,正因为长于"唯心",静观玄览,"一种出神的 Ecstasy(心醉神迷),所以要苦苦地追究宇宙的本领,知识何以可能等等问题,发展出来一种超政治的宗教哲学,超乎日常生活的数学和逻辑学"[146],他们才敢"连天上的逻辑程序都要寻求,连一切知识的最后的问题都要谋求解决"[147]。这是顾准借狄慈根之口形容"形而上逻辑(狄慈根此语系指辩证逻辑或辩证法而言)"的目的,"是要把它的领域扩大到永生之界"同上。那么"辩证法就等于神学",先知马克思所强调的"历史的和逻辑的一致"[148]就是他自己站在"西奈山"上俯瞰芸芸众生时发出的悲天悯人的雷鸣。

说马克思是彻底的唯物主义者,又是一个误尽天下苍生的错误。

至于《反杜林论》中平等观、自由与必然观以及"道德上的义愤秀",他早在党校时期就有了质疑,那时他还不认识熊彼得。经过十几年的追索和剖析,他找出马克思批判拉萨尔的话——"辩证法的结论是一回事,用艰苦的科学研究去 Make up(架构)又是一回事",大胆猜测恩格斯"也许因为这样的责备,所以《德意志意识形态》和《手稿(自然辩证法)》,Engels 坚决不予出版"[149]。

这些文字没有出版,但也没有烧掉,这是恩格斯犯下的大错,他生前绝料不到,死后无能为力。

本来就对西奈山上陡然出现一位"人的"上帝又惊又怒的顾准,哪里能容忍"上帝"还不止一位?这也是他日后写出精彩的杂文《〈反杜林论〉以外》最重要动因。

他还看到实际上在《反杜林论》中《费尔巴哈论》的基调就已经定下来了,那就是"现代唯物主义是古希腊罗马哲学和一神教基督教的否定之否定"——一神教否定了古希腊罗马哲学旧的唯物主义,而后者又被现代唯物主义否定了——这样哲学就被"扬弃了"。顾准刻薄地讥讽:

---

146 《笔记》P136
147 文稿 436
148 同上
149 笔记 696

"有了这个基调，On Feuerbach（恩格斯的《费尔巴哈论》）只等写出来罢了。可是，这是一幅多简单化的漫画啊。"[150]

那里有这等便宜、简单的事情！就拿你《反杜林论》中论及并高度赞扬的卢梭的平等论，那"正是非科学的进步思想，（是）典型的唯心主义思想的显著例子"笔记700，跟你的现代唯物主义哪里搭得上界！辩证法确实是关于自然、人类社会和思维运动的发展的普遍规律的科学，可它并不能代替事物的特殊的发展过程啊。你说因为有了"辩证"的概括，因此就可以"不去注意每一特殊过程的各个特点了"，不对！这即使就辩证法论辩证法也是站不住脚的，我来辩证给你看呵——

A. 假如"特殊过程"的研究不可少，那"一般规律"有什么用？

B. 如果不用"特殊规律"去作穷尽一切的证实，你如何就敢说"一般规律"正确？

C. 相信这个"一般规律"不是总存在着某些危险，例如商品、货币的否定等等吗？

D. 结论：所谓"一般规律"，无非"独断论"而已。[151]

你独断个"麦粒发芽到麦秆死亡"过程[152]还不打紧，可你独断"迄今为止一切……"，把"亚细亚"的、"古代"都"不去注意"了，那可就是个天大的事啦。

如果说顾准是把马克思视为老师、同道和诤友，那么他视恩格斯则是在世界观和方法论上都存在严重逻辑混乱的，误导了几代人对马克思主义正确理解的人。他是如此地忿忿不平，为马克思，也为不分青红皂白的所有人，包括俄国人和中国人：

"这里'暴力论'的论证没有成功，相反却证明，历史总是历史，不是一个公式套得下去的……Marx（马克思）所坚持的是他的哲学，

150　笔记699
151　参阅《笔记》P701
152　《反杜林论》举例的"一般"与"特殊"

第四部　徐徐地、平静地成熟下去（1972—1974）

而在历史范围内，他总是强调，《资本论》论证的范围偏于西欧，谁要无条件套用，谁就是给了他侮辱。把 Marx 的哲学命题普遍化起来，成为上下古今无不通用的规律，这件事开始于 Engels（恩格斯）。"[153]

就在我们这代人和我们的父辈将这位和马克思一样，甚至更漂亮地留着一把大胡子的德国人视作和马克思一体，却更加谦逊、更加人性（例如他对贫困中的马克思一贯的金钱援助）的伟大革命导师时，顾准却看出了他们间的差异、混乱以及后人，例如列宁、德波林、梁赞诺夫——此人曾受联共中央指令亲自到德国，当面向伯恩斯坦索取恩格斯《自然辩证法》手稿，大清洗中被斯大林处决——以及斯大林本人强加在他们头上的东西。

他从未将恩格斯视做老师更遑论"导师"。后者对于他至多是一位争论对手，连"诤友"都算不上。他不敬佩他，也从不为他开脱，一旦从学术上找到破绽就绝不放过，痛下狠手。

比如在说到青年马克思那篇非常著名的博士论文《论德谟克利特的自然哲学与伊壁鸠鲁的自然哲学的差别》，论到马克思高度赞扬伊壁鸠鲁哲学和雅典精神，并引用了雅典悲剧作家埃斯库罗斯借普罗米修斯之口写下的名句——"说句老实话，我憎恨所有的神"之后，顾准话题一转，冲着恩格斯就开了炮，毫不留情：

"这是他（马克思）一生信念的宣言书。继承他的遗志，利用他的笔记，写下了《家庭、私有制和国家的起源》的恩格斯，把易洛魁人的直接民主，直接和雅典民主焊接在一起，完全撇开了 Sparta（斯巴达）；而且，还不惜(其实，就"客观主义"的历史而论，是歪曲)把分明神权政治的希腊王政(译文作巴息琉斯，即希腊语的王)说成是'军事民主'。"[154]

再比如,在谈到梅林论1848年的"共产党宣言"和1871年"第一国际关于巴黎公社宣言"的区别以及恩格斯对其的修改时，顾准

---

[153]　《笔记》P730
[154]　《文稿》P268

强烈表达了对恩格斯"机会主义（Opportunism）倾向"的睥睨：

"就理论内容而论，1848年……所遵循的方向（还）是 Robespiere（罗伯斯庇尔）的方向。1858—1859 年的批判大纲，经过"雾月十八日"的批判之后，已倾向于公社制度，就 Marx（马克思）本人而论，这种倾向始终未变，而且愈来愈强烈（至查苏利奇的信，致祖国纪事报的信等等）……这种倾向在《家庭、私有财产和国家的起源》中有无表现，如何表现，现在还没有读，读此时当作详细摘录。

"但有一点是肯定的，即 Engels（恩格斯）的现实感，也许可以称作机会主义倾向，实在比 Marx（马克思）要强烈得多。1883 年以后，德意志帝国的议会、官僚政治、工会、社会民主党的议会党团等愈来愈正规化，而且没有第二帝国的腐败，而民兵制度的不可靠，Engels 早在 60 年代已得到肯定的结论，原始民主的公社，和这些公社之联合成为国家这个第一国际宣言所强调的原则，自然不能不深深引起怀疑。Engels 的《论权威》一文，就是这样产生的，1895 年死前的若干文章，也是这样产生的。"[155]

他认准恩格斯"注意风尚""跟风"并轻篾地称之为这是因为他"先知成分本来就稀薄很多"，这样的批评假如正确，无疑是致命的。再举个例子：

在反复阅读了《反杜林论》第一篇第 3、4、11、12 章，这些论述辩证法、先验主义和世界模式论的章节后，顾准简直就是忍无可忍——

"这几章是很有兴趣的，因为其间包括了严重的自相矛盾。让我从坦率地指出自相矛盾开始。

Engels（恩格斯）说，杜林是先验主义。先验，就是超越于经验，就是不可以用经验来验证的意思。说杜林是先验主义，就是说杜林的哲学体系不可以经验来验证。这一批评很中肯，很好。不过请问：质量互变，矛盾统一，否定之否定，这三个辩证法规律，是可以经验来

---

[155]《笔记》P646

第四部　徐徐地、平静地成熟下去（1972—1974）

验证的吗？

　　Engels说能，理由，这是唯物辩证法，是客观世界的辩证规律在人脑中的反映。

　　但是，根据我们对于归纳法所作过的透视，凡是你从客观世界观察所得的规律，总不过是或然的规律，决不是必然的规律。你哲学家有多大能耐，你曾经观察宇宙上下古往今来一切事变，你能超过这个或然性，主张你有权"创造"——不对，按照唯物主义，应该说"发现"，至于"创造规律"则是唯心论了。——好，（就）说"发现"吧，再问一句，你根据多广泛的观察，说你已经发现出来绝对的普遍的规律了？

　　这是哲学的质问。

　　再来一个科学的质问。质量互变规律。你怎样解释，现在物理学定义逐渐有全归于数量化的趋势—光波、声波、电渡—燃点、熔点、氧化点—温度、压力-光谱分析、天体的光

　　谱分析等等。物理学定义数量化≠质量互变规律。

　　同样的质问可以适用于另外两个辩证法规律。

　　已经指出过，Engels这三个规律，其实是他所指责Hegel（黑格尔）的世界模式论的逻辑学的三个世界，存在论、本质论、总念论的精华。他指斥说，这种世界模式论是先验主义。然而一转身，他又把这种世界模式论的精华撷取过来，称之为辩证法，称之为客观世界的客观规律，后来又称之为自然辩证法。这不是自相矛盾又是什么呢？"[156]

　　问到这一步，他已经是怒不可遏。这个例子已经在前面的章节详述，就不再重复了。

　　顾准对恩格斯的不敬分明夹杂着一种愤怒，且愈演愈烈，一直到生命的终点，这是显而易见的。他最不能容忍的，就是恩格斯对后人理解马克思主义的误导，这不是一般的误导，而是一个重大的人类错误。

156　《文稿》P450

总览顾准读书笔记中有关马恩的部分,加上他早年的党校日记和晚年的有关辩证法与神学的精彩杂文,你能很容易发现他对马恩哲学,尤其是辩证法部分对旧世界、旧秩序"破"的一面的深刻领会,与此同时你也能时常看到他因为一直苦于无法同意马恩"立"的一面的苦恼。换句话说,娜拉"是否应该"和"应该怎样"出走,二位先哲的理论非常透彻,可"娜拉走后怎样"没有令他信服的答案。即使有答案,"它的'立'的一面,后人固然有歪曲它的地方,然而它本质上是 Hegel(黑格尔)主义的,那是无可讳言的"[157],他说。

既然如此,他怎么会放过黑格尔条大鱼,这颗"大洋葱"?

6. 再识黑格尔

顾准对黑格尔和黑格尔哲学的态度十分复杂。

初识黑格尔的顾准刚满 40 岁,还剩下不多一些浪漫情怀。那时他的哲学阅读还仅仅局限在马、恩、列、斯、毛的范围内,不过已经开始阅读亚里士多德(见"读亚书"[158]),以及钦定的古代史和中世纪史中的哲学部分简要。课余他读巴尔扎克的《老单身汉的家事》、马克·吐温的《密西西比河上》,达尔文的《物种起源》,左拉的《崩溃》,狄更斯的《老古玩店》……还有,在妻子汪璧用心良苦的安排下读《安徒生童话集》。

正是此时,他第一次接触了黑格尔和他的逻辑学——辩证法(见前《初识黑格尔》)。

面对巨哲他有些敬畏,有些相见恨晚,还有很强烈的拒斥感,这从他的党校日记可以看出。例如:

"读黑格尔小逻辑。读形式逻辑"[159];

---

157 同上 P444
158 《日记》1956.9.24
159 《日记》1955.9.24

第四部 徐徐地、平静地成熟下去（1972—1974）

"逻辑一书，读得极有兴趣"[160]；

"特别是读形式逻辑，提示了不少反面的论据。从昨天开始，特别是今天上午（读）瓦因斯坦的介绍黑格尔，思想上给开了很重要的窍"[161]；

"开了窍"的他打算从"反面的论据"——形式逻辑开始，先掌握"亚里士多德以来的思维规律的规定"同上，再去理解和掌握更高位的东西——辩证逻辑，即辩证法。但是他的阅读并不顺利。

和逻辑学同时进行的课程是恩格斯的《反杜林论》和《自然辩证法》，准确地说，应该是此二书在党校的课程安排中本身就是"逻辑学"教材，尤其是《自然辩证法》，恩格斯是以日后被俄国人钦定的"马克思主义的三个组成部分"之一的德国古典哲学——黑格尔的辩证法为立脚点写下的。顾准同学正是在此产生了最初的疑问和"剥洋葱"的冲动：

"这几天曾经怀疑为什么有些文献如此绝对，又如此富有'套'的意义？问题也基本上求得解决了，解决的钥匙是《矛盾论》，与马恩列一向的郑重声明——不是教条。"[162]

文献，显然指的就是恩格斯的这两本书。

顾准真正直面和质疑恩格斯，就在彼时党校的课堂上。"问题基本解决"且"解决"的钥匙竟如此简单？倘若果真如此，大概就不会有日后的顾准了。同一天的日记他摘录了黑格尔好生浪漫的一段文字：

"正在被形成的精神，是次第抛弃旧世界的建筑底一部分，同时为了新的形态而徐徐地，平静地成熟下去。在这些动摇上面，只能看到单一的征候，即轻浮的心思，生活中扩大着的倦怠，不知怎的不安的预感等等，这就是等候某种新的东西底诞生之征候。全体相貌不至

160　同上 1955.9.28
161　同上 1955.10.5
162　同上 1955.10.5

于变化的渐进的发展，因她开头而被破坏时，她是像电光一般突然间确立新世界底形象。"[163]

这段话十分贴切他眼下的心境——轻浮的心思，生活中扩大着的倦怠，不知怎的不安的预感等等。他好像也确实对未来的不确定性有某种十分不安的预感，朦胧中等待着一个大事件的发生。后来这个大事件果然发生了，在整整半年之后。

对于逻辑学，顾准从1952年从大上海总税吏的位置上下台，就开始了最初的学习和探索。在他身上发生的一切是那样地无逻辑、无秩序和不可理喻，让人困惑不已，痛苦不已。没有像大多数人在同样境况下产生的应激反应——顺着时局和权势者的思路，不断地申诉，解释和推诿。发生在顾准身上的"恶"，恰如黑格尔所说"恶是动力"，产生了强大而相反的力量——不能容忍将生命耗费在不明不白，不清不楚，不死不活的混沌状态中，他痛下决心要先建立起自己的逻辑思维框架，找出事情的秩序——规律，同时找到混沌的根源。太阳底下无新事，"对于未来的瞻望，必肇始目前。没有未来会出现的东西，而目前没有萌芽的"[164]，同理，眼前的东西过去一定出现过，没有"过去"的萌芽，就不会有"目前"的果实。他深信这一点并且下决心从过去的"萌芽"和"太阳底下的旧事"开始追索。

"自古华山一条路"，追索从逻辑开始，那就从文献《反杜林论》入手，他一定得先"搞掉她"[165]。那时他称《反杜林论》为"她"，从他的文字风格看这是很高的尊敬，和18年后同是一个人的他对《反杜林论》与《自然辩证法》无情的追索、剖析与嘲讽并连连称"它"形成了鲜明的对照。

顾准的"逻辑学课程"始自1952年下台后开始的高等数学和几何学的自学，起点低、年龄大（当时他已37岁）、无师从、无计划，没有系统学习的时间（很快他就被派去杨树浦搞基建去了）。但这对

163　同上
164　《日记》1957.03.8
165　同上 1955.9.28

一位数字天才来说都不是什么大的障碍,他有本事做到常人做不到的无师自通。

实际上,顾准深厚的会计学知识和作为一位出色的会计师的思维惯性,是他早就已经具有的、重要的"逻辑学"基础,只是他不自知,还以为自己是在"从零开始"而已。会计学虽然是一门应用技术学科,但和自然科学一样,有基本原理,有完整的逻辑体系,有明确的是非标准。顾准自小接受的又并非中式的、仅限于"记账"的计学,而是西式的、能制衡政府的会计学。这种技术,不可能不成为对于权力的挑战,且真正的会计技术就是为了制衡权力才得以发展的,而制衡本身就是一种最典型的逻辑,无论在经济上还是政治上。

潘序伦和立信会计师事务所多年的浸润和熏陶,顾准的思维方式在无意识中已经打下了非常牢固和良好的逻辑基础。只是像通常人们从不在意阳光、空气和水对生命的恩惠一样,顾准对会计学于自己精神发展的恩惠也总是浑然不知,还动不动就对它出口不逊,什么"志不在此",什么"奴婢""婢女"的,实在是有点"忘恩负义"。

1952年,37岁才拿起《初等几何》的他,未几就从数理中触摸到了强烈的逻辑感,这令他狂喜并沉醉其中,却全然忘记了12岁就开始亲密接触的西式会计学才是他无师自通的最大助力。到他水到渠成地从圆规、三角尺和计算尺的神秘丛林跨入历史的广袤平原,顾准已经在政治哲学的两个牢固支点——"逻辑"和"历史"上牢牢地站稳了脚跟。

自那时起,顾准就攫住了古典(始自亚里士多德)的形式逻辑和近代黑格尔的辩证逻辑,死不撒手。循日记追踪,黑格尔的《逻辑》(亦称《大逻辑》)和《小逻辑》始读于1955年党校期间,息县干校期间重读,临终前大读深读,同时辅以中国哲学家姜丕之的《小逻辑浅释》。从他对黑格尔辩证法逻辑学尤其对《小逻辑》一书的偏好,可见黑格尔的这位中国读者至少从逻辑学——方法学的角度已被征服。

然而这并不妨碍他从哲学的角度质疑黑格尔:

"我是不能从黑格尔那里找到哲学的解答的。我看到那个绝对就头痛。"[166]

这位大哲是不是太狂妄太自大了？以为人类历史在1830年，在柏林大学中就完成了？可大哲凭着天才，前无古人地表达了人类在智力和精神在每一个层次的特征，令他后面的历史学家和哲学家受用不尽。这又让顾准不得不又钦佩又纠结，剪不断，理还乱。

先放下大、小逻辑，把话说回到1950年代未来。

1956——1959，3年过去了，那件大事——斯大林偶像的坍塌早已发生过了。在经历了初进经济所、写作《试论》和《粮价问题初探》、参加竺可桢的综合科考队、被打成右派、开除党籍、发配赞皇农村劳改等一系列动荡之后，顾准正面临着再一次被送去河南息县右派劳改营劳改的命运。

"像电光一般突然间确立新世界底形象"并未出现，反倒是他个人的境况愈来愈糟糕，生活状态每况愈下。但令人惊诧的是，在身历这一切之后的他反而没有了那些"轻浮的心思，生活中扩大着的倦怠和不知怎的不安的预感"，到了1959年，他倒更像是一片吸足了营养的好庄稼一样垂下头沉静了，不再幻想揠苗助长的"大事件"发生，不再幻想一蹴而就的丰收，这片庄稼只是"徐徐地、平静地成熟下去"，等待着收割的一天。

请看此时他的另一篇日记：

"历史唯物主义隐含着一个黑格尔历史哲学的前提——存在一个必然规律，这个必然规律向着共产主义的完成。我接受经济学的分析，但拒绝黑格尔式的图式。黑格尔的图式实际是未脱离宗教气味，不是以发现自然界与社会历史的奥秘，不断增加认识程度为其全过程，而要求一个世界图式，由此以建立目的论，建立必然与自由等等这一套伦理观念的东西。所以辩证唯物主义前门拒绝形而上学，却从后门把形而上学的范畴——偷运进来。Spinoza（斯宾诺莎）是泛神

---

[166] 《日记》1956.3.8

论，Hegel（黑格尔）是有神论。Plekhanov（普列汉诺夫）解释的马克思主义至少是有信仰论。"[167]

比起3年前党校时期的文字，哲学味道要浓厚得多。

"有神"和"无神"问题的提出，是一个人开始哲学追问的最显著标志，不同的只是程度深浅而已。"真正的哲学，如果浅尝辄止会引导人离开上帝；如果深入地钻进去，则把人引向上帝"，19世纪俄罗斯思想家梅列日科夫斯基的这句话，如今还不能放在顾准身上校验，1959年的他还仅仅是开始了哲学上的追问，简单地用"无神论者"或"有神论者"去判断他是不审慎、甚至是轻佻的。事情远没有那样简单。

不过说至少在1950年代中期顾准还是个无神论者应该没有大错，彻不彻底很难说，就像你不能论断狄慈根或者马克思是否是一位"真正的、彻底的唯物主义者"——那种不怕神、不怕鬼，不信天谴，不信地狱，"只要能达到目的，什么手段都可行"的王熙凤、戈贝尔式人物。所以倘若以"彻底的唯物主义者是无所畏惧的"之言为标准来"逻辑"一下顾准，那就只好说他即使是个唯物主义者也是"不彻底"的，因为他肯定不是"无所畏惧的"。

至少，他畏惧人间的"地狱"——人性的丧失。

他的时代，那个"无可辩驳的命题：'对敌人的仁慈，就是对人民的残暴'，革命的专政，粉碎一切反革命的抵抗，革命的恐怖就是人道主义"[168]正大行其道，"张阎王""李阎王"作为英雄的别号屡屡出现在文艺作品中。可作为曾经的老革命、老地下党员、老新四军、解放军战士的顾准，在政权取得胜利后却屡屡伸出双手向人表白"我手上没有血"，和老革命们依杀敌多寡定倨傲程度形成巨大反差。和"阎王"们相比他可不就是"胆小鬼"？手上有血——别人的血，那是光荣，要真是"唯物主义者"，你怕它作甚？！可他就是怕，怕得要命。

---

167 《日记》1959.3.5
168 《文稿》P394

顾准在其读书笔记和文稿中屡次提到埃斯库罗斯最著名的悲剧《被缚的普罗米修斯》中那句有名的独白——"说句老实话，我憎恨所有的神"，有人依此判断顾准就是那种"彻底的唯物主义者"，他对黑格尔的批判是"构成他探索的最重要取向"并因此而探明了马克思主义的这个组成部分——黑格尔的哲学体系就是"为基督制造出来的哲学体系"[169]，进而判断他是中国最早扬弃和告别黑格尔，也就是"告别革命"的先驱。

这非常需要商榷。

假如你能把他 3 处提到这句名言的文字前后通读一遍，就会发现他对于"无神还是有神"——人类最古老，最重大命题的立场，退一万步说也不是"彻底的、无所畏惧的唯物主义者"所应该持有的。尤其其中一句：

"不信神的人，不是推翻人群的神的人，而是附和人群关于神的见解的人。"[170]

这句伊壁鸠鲁的话，顾准摘录自梅林版《马克思传》。完全是他自己的翻译，没有参阅任何别人的中译版。

在非常大的可能性上，顾准 1960 年代就阅读了英文版的《卡尔·马克思传（Karl Marx，The Story of His Life）》——爱德华·菲兹吉拉德（Edward Fitzgerald）1936 年译自梅林的德文原版，而不是当时已经在中国公开出版的罗稷南先生或樊集先生的中译本。这句至关重要的箴言的中译有着很浓重的"顾氏"味道，与罗译——"轻辱庸众的神祇的人不是不敬上帝的人，而承受庸众对于神祇意见的人才是"，以及樊译——"渎神的并不是那抛弃众人所崇拜的众神的人，而是把众人的意见强加于众神的人"相比，顾译要清晰明了得多。

顾氏从不附和任何"人"和"人群"的秉性是人所共知的，他当然更不会附和"庸众"（这是马克思、梅林、鲁迅和罗稷南都喜欢使

169　《文稿》P432
170　《笔记》P652

第四部　徐徐地、平静地成熟下去（1972—1974）

用的一个词，假如我没有错会，应该是对"人民"一词的蔑称）关于神的见解。这是事关"终极"的思考，从某种意义上讲超过关于民主、自由，关于哲学、政治、经济、美学……的一切思考，他怎么会"附和庸众"？

切记，普罗米修斯是个神话人物。人们记住了他这句话却没有几人知道真正写下这话的人。他当然不是普罗米修斯，而是埃斯库罗斯——希腊诗人，悲剧作家——一个不是神的人。顾准注意到并重点关注了此人。他的笔记、文稿多次提到他，并在生命最后的日记——北京日记中屡次以中文和英文——Aeschylus 标注下这个名字，明显是正在阅读他，且不言而喻是阅读的重点。

任何一位没有读过《被缚的普罗米修斯》的人都会将这句"告白"——"说句老实话，我憎恨所有的神"认作这部悲剧的全部意义而不会看到埃斯库罗斯实际上是把普罗米修斯对神灵的憎恨描绘成疯狂的。他用了 noses 一词，在古希腊文中它指身体或精神上的疾病，柏拉图即使用过这个词，特指"不正义之病"。

在顾准最后和最辉煌的《希腊城邦制度》一文中曾多次提到埃斯库罗斯，并在临终前的日记中数次写下这个古希腊人的名字。这和马克思到了晚年（最后 10 年）"每年至少要读埃斯库罗斯的希腊原文一次"[171] 倒是有些相像。可惜临终前的顾准除了多次的简单记录外没有留下只言片语的评论。

人们以普罗米修斯的悲壮告白来衡量顾准，将他定义为中国的普罗米修斯，却忘记了普罗米修斯并非"无神论者"，他只是憎恨"一切神"。退一步说，马克思借这句话要表达的，是他憎恨"泛神的逻辑"，这从日后他与恩格斯合著的《神圣家族》中对黑格尔的"泛逻辑主义"的批判处处可见。

顾准数次摘录这句话的意思，细读他精彩的哲学杂谈章——《辩证法与神学》（其实是他读《反杜林论》的读书笔记）就能明白——他最想要达到的目的，是要弄清楚何为"逻辑泛神论"。就在弄懂的

---

171 马克思女婿保尔·拉法格语

过程中，他发现马克思从《神圣家族》时代对黑格尔的否定，通过《经济学哲学手稿》《费尔巴哈论纲》和《德意志意识形态》又回到了黑格尔，马克思哲学整个是"现代实验科学的真正始祖""唯物主义和归纳法大师"培根与"唯心主义地将神秘洞察理性化的辩证法大师"黑格尔的神妙结合。

这一发现令他大受鼓舞，对黑格尔越发地兴趣盎然，他和兄弟陈敏之关于哲学、辩证法、唯物与唯心论的讨论也愈来愈热烈。

这表现在他写给敏之的一束信札，后人将其冠名为《一切判断都得自归纳；归纳所得的结论都是相对的》。其实倒不如《"娜拉走后怎样"——只能经验主义地解决》来得更加通俗和一目了然。不过话说回来，谁会料到这些信札会有昭然天下，轩然天下的一天？彼时有兄弟间的相知和默契已经足矣，要什么题目不题目，通俗不通俗的！

许多最著名的顾氏"语录"都出自这扎书信（为了更加清晰，所有顾准所用的英文人名均已转为中文，不再注释）：

"人要有想象力，那千真万确是对的。没有想象力，我们年青时哪里会革命？还不是庸庸碌碌做一个小市民？不过，当我们经历多一点，年纪大一点，诗意逐步转为散文说理的时候，就得分析分析想象力了。

我转到这样冷静的分析的时候，曾经十分痛苦，曾经像托尔斯泰所写的列文那样，为我的无信仰而无所凭依。

现在，这个危机已经克服了。首先，我不再有恩格斯所说过的，他们对黑格尔，也对过去信仰过的一切东西的敬畏之念了。我老老实实得出结论，所谓按人的本性、使命、可能和历史终极目的的绝对真理论，来自基督教。所谓按人的本性、使命、可能和历史终极目的的绝对真理论，来自为基督制造出来的哲学体系——黑格尔体系。

我也痛苦地感到，人，如果从这种想象力出发，固然可以完成历史的奇迹，却不能解决'娜拉出走以后怎样'的问题。'娜拉出走以后怎样'，只能经验主义地解决。"[172]

---

[172]《文稿》P431

第四部 徐徐地、平静地成熟下去（1972—1974）

"理想主义并不是基督教和黑格尔的专利品。倡导'知识就是力量'的培根，亦即被恩格斯所痛骂的归纳法的大师，是近代实验科学的先知。至少，在他的书中，他说，他倡导实验科学，是为了关怀人，关怀人的幸福。这个效果，我们看见了。我想，应该承认，他的效果，并不亚于马克思主义在历史上的功绩[173]。

"当我愈来愈走向经验主义的时候，我面对的是，把理想主义庸俗化了的教条主义。我面对它所需的勇气，说得再少，也不亚于我年青时候走上革命道路所需的勇气。这样，我曾经有过的，失却信仰的思想危机也就过去了。"[174]

那么处在生命末端的顾准究竟是要告别黑格尔还是要重新认识黑格尔？

中国人接触黑格尔始自戊戌变法始。黑格尔哲学影响了整个近代中国的历史观和哲学思维，更因为被俄国人钦定为"马克思主义三个主要来源"之一而受到膜拜，在1949年的锣鼓声中君临天下，成了中国现代思想史上最显赫的存在。

但是，确如一生研究黑格尔哲学的王树人先生所言："在很长一段时间里，（中国的黑格尔研究）并不是从发展黑格尔哲学的研究出发，而是从马克思、恩格斯、列宁对黑格尔哲学的评价出发。实质上，中国人的这种研究乃是把马恩列的评价既当作出发点又当作归宿，或者说，把黑格尔研究变成了围绕着马恩列的评价兜圈子，变成对他们评价的图解。"

正是这种中国式的黑格尔主义——教条主义、国家主义、一元主义、先验史观、绝对真理等在其肆虐横行的六、七十年代，黑格尔在中国受到了质疑和批判，批判它的代表人物，一个是张中晓，一个是顾准。前者的批判集中于他的《无梦楼随笔》，后者的批判就集中表达于1973年5月《一切判断都得自归纳，归纳所得的结论都是相对的》这一束信札中。

---

173 同上 P342
174 《文稿》P342

但是批判并不是扬弃，更不是抛弃。三个月后的 8 月，顾准写下了给陈敏之的另一束信札，后人冠名为《哲学杂谈》或《辩证法与神学》。后一个题目也许更明确、更通俗，它紧扣问题实质并有画龙点睛之妙。顾准是这样表达的（缩写而非原文）：

"在德国，一位与马恩同时代人——工人出身的辩证唯物主义哲学家狄慈根曾一语道破天机：'辩证法就是革命的无产阶级的神学'狄慈根《辩证法的逻辑》。尽管恩格斯的《费尔巴哈论》尽了一切努力来遮盖这一点，不惜把辩证法写成进化论，把黑格尔写成马克思+达尔文，把马克思写成'反对不可知论'的培根，但依然无法掩盖辩证法之逻辑=神学的性质；

是马克思一手攫住黑格尔唯理主义的所谓'真理是整体'的一元主义，亦即'神性寓于人性'之中的、黑格尔加以哲学化了的基督教新教精神，另一手攫住培根的唯物主义经验论，这两者在马克思那里'神妙'结合诞下了辩证唯物主义以及'历史的和逻辑的一致'的历史唯物主义；

这一结合的后果是惊天动地的。它因为几乎拥有了中国话'道'的意义（中国的道，西方有现成的名辞叫做 Logos-逻各斯，和 Logic-逻辑只差一点点。英译是 Words。至于希腊原文，顾准猜测还是 Logos）而赋予社会主义、共产主义革命以宗教的神圣性。旧唯物论的立脚点——'公民社会'在新唯物论的立脚点——'人类的社会化或社会化了的人类'面前轰然倒塌，黑格尔哲学意义上的思辨变成了马克思政治经济学意义上真刀真枪，'玩儿命'的事情；

'破'的辩证法与'立'的辩证法——方法与体系的矛盾，即见于黑格尔，也见于马克思。破旧是为了立新，马克思的'新'要立的是对立于公民社会——个人主义社会的社会化了的人类，亦即'集体英雄主义、民主集中主义'的人类社会，这和他在《神圣家族》中曾经激烈批判过的黑格尔把概念看得高于具体事物，把共性看得可以优于、超越于、可以淹没个性在本质上是相同的。这就是矛盾；

在中国，社会化的人类——社会化了的中国人我们已经经历过

了。这不是唯物辩证法所谓'整体的无条件的共性',而是以恐怖主义手段强加于中国人整体的、虚伪的共性;

非辩证的世界观——形而上学,并非中国官方钦定的如是说'反动的世界观和方法论',恰恰相反,它是中国最缺乏的对自然分门别类、'孤立'地深入钻研下去而不综合,不在其发展运动中观察的那种方法。恰恰是形而上学的缺乏使得中国没有真正的科学,因而也更不可能有真正的民主;

要有一种综合的世界观。恩格斯的'以辩证法来范型世间一切事物'与台湾一位工程师的'世间一切事物都可以数学公式来表达'是一样的以偏概全。辩证法一旦成为统治思想,它的'整体性的真理'(真理不可分)和'一元主义'(真理是一元的)都是科学发展的死敌。唯有真正的民主——立足于科学之上的民主——新闻自由、出版自由、言论自由、批评自由、学术自由才是天然的消除片面性的解毒剂;

真理是相对的。辩证法一旦成为统治的思想,绝对的真理,就一定是教条。我曾赞美和参与过革命的风暴,然而当今天人们以烈士的名义把理想主义庸俗化为教条主义,在'辩证法'的大纛下将其转变成保守的、反动的专制主义的时候,我坚决走上彻底经验主义、多元主义的立场,要为反对这种专制主义而奋斗到底!"

这就是被顾准再识后的黑格尔,也可以说是再识了黑格尔后的顾准。尤以下述两句话的表述最能说明顾准对黑格尔的认识:

"黑格尔主义其实是哲学化了的基督教"[175]

"倡导史官文化的人,只看到宗教是迷信,他们不知道基督教的上帝是哲学化了上帝,是真的化身。不知道正因为中国史官文化占统治,所以中国没有数学,没有逻辑学。"[176]

黑格尔主义=哲学化了的基督教,基督教的上帝=哲学化的上帝=

---

175 《文稿》P384
176 同上 242

真的化身,既然如此,顾准怎么可能抛弃"真的化身",怎么可能抛弃"哲学化的上帝",进而推理怎么可能"彻底抛弃"黑格尔?就算抛开这点不说,回头看他1960年代后期写下的读黑格尔《法哲学原理》的读书笔记(见前章节《一个自由而成熟的灵魂》),他怎么可能会"彻底抛弃"把自由意志作为自己政治哲学体系的起点、主线和归宿的黑格尔?

还有多年前黑格尔的"自由史观"对他的重大启发——"自由既可望又可及,人类自由的实现是一个历史过程",并将人类自由发展史分为东方君主专制主义的,古希腊奴隶制发展出的雅典民主制和资产阶级民主制三种形态,认为东方的君主专制主义根本无自由可言,所谓君主一个人的自由不过是"任性"和"放纵",并非真正的自由,古希腊的自由是在少数奴隶主和自由民手里,只有资产阶级民主制才唤起了人们对自由的普遍的追求,并把这一点归结于基督教的影响。

这对顾准的影响是非常非常重大的,"抛弃"从何谈起!

因此,说到"告别黑格尔",他当然要"告别",但他要告别的不是大哲黑格尔而是被后伟人政治化、教条化了的黑格尔;说到"批判黑格尔",这也千真万确,但他批判的是在把人和国家联系起来之后,以国家的神圣之光遮蔽了个人自由的、他不能同意的这一部分黑格尔,他说"这种理论说教之有害,可以从德国的历史得到证明。所以不如不作这种说教,实事求是,脚踏实地扩大实实在在的自由"[177];

他要重新认识黑格尔。

要重新认识的,是黑格尔的黑格尔主义以及它与俄国的、中国的"黑格尔主义"之间的重大差异。认识了,他就不依不饶地要探究这个"重大差异"是怎么发生的,它的前生今世、前因后果。他尤其不能容忍的是,足够称得上是"误尽天下苍生"的它,生生是被权威、威权经过对黑格尔的搓揉、拿捏、扭曲,活活"造"出来的,这也太居心叵测了。

---

177 《笔记》P371

和西奈山上的人们声称"不再有对黑格尔的惧怕,不再有对过去信仰过的一切东西的敬畏之念"[178]异曲同工,再识黑格尔后的中国人顾准对"西奈山上"的人们也不再有"惧怕"和"敬畏之念"了。

7. 鼙鼓无声,理性争鸣

顾准是高傲的,他手中那支史笔是精准、残酷和不留情面的。但如果细读顾准,却也能发现他和他的那支笔有个明显的优点——说理,剖析,但不轻易论断。他从未说出和写下过一句世界上最残酷的话:

"真理在我手里,而不是你。"

顾准知道自己不一定正确,他一再宣称自己害怕、头疼所谓"绝对真理",更不曾、不会宣称自己掌握的就是绝对真理。他一生最讨厌(也可能是最敬畏)的词汇也许就是"绝对"。所有通过经验的真理都是相对真理——这是他的信条。

"曾经怀疑为什么有些文献如此绝对"[179];

"独断、绝对;当时常常不免,事过境迁,也就会发现正确之中有自己的界限,错误之中有一定的道理的"[180];

"相对真理到达绝对真理,无论如何不是一个天才(能够)独立完成的……对'成功'的人做绝对肯定的估价,与对'不成功'的人作绝对否定的估价是同样不正确的"[181];

"绝对主义——专制主义,原是与辩证唯物主义有血缘关系的东西。这是不可以忍受的东西。"[182];

"Marx—Engels 的眼镜,从人类历史来说,不过是无数种眼镜

---

178 《文稿》P431
179 《日记》1955.10.5
180 同上 1955.12.16
181 同上 1956.3.4
182 同上 191959.3.8

的一种，是百花中的一花。唯理主义者总以为他自己的一花是绝对真理；或者用另一种说法，理论（即唯理主义的理性）对于科学总具有指导意义。可是这种指导总不免是窒息和扼杀，如果这种理性真成了钦定的绝对真理的话。"[183]；

……

不胜枚举。

"我看到那个绝对就头痛"[184]，他不止一次地抱怨说。他只是低下头来"剥洋葱"——逻辑、分析、判断、记录。也许剥到底也没什么新发现，但这个过程依然令他醉心和享受。他的眼中只有进步，也只相信进步而不相信什么"终极目标"。他因此而缺少"伟大"的元素，但至少，他给我们做出了不盲目崇拜权威，人要独立思考的榜样。顾准这个名字的确很难和"伟大"一词相连，他有"人"的一切特质，他只是"不凡"。

顾准对"一家言""一言堂"，即所谓"钦定的绝对真理"[185]非常厌恶和睥睨，相反，对一个来自法国的短语——"鼙鼓无声，理性争鸣"却数次击节叹赏。

这是法国大文学家维克多·雨果的名句，出现在他的名著《悲惨世界》中——"只有野蛮民族才会凭一战之功突然强盛。那是一种顷忽即灭的虚荣，有如狂风掀起的白浪。文明的民族，尤其是在我们这个时代，不因一个将领的幸与不幸而有所增损。他们在人类中的比重不取决于一场战事的结果。他们的荣誉，谢谢上帝，他们的尊严，他们的光明，他们的天才都不是那些赌鬼似的英雄和征服者在战争赌局中所能下的赌注。常常是战争失败，反而有了进步。少点光荣，使多点自由。鼙鼓无声，理性争鸣。"[186]

对这位曾呼喊出"在绝对正确的革命之上，还有一个绝对正确的

---

[183] 《文稿》P449
[184] 《日记》1959.3.8
[185] 《文稿》P449
[186] 维克多·雨果《悲惨世界》第二部"珂赛特"第一卷"滑铁卢"第16章"将领的比重"

人道主义"[187]的人道主义大师，顾准情有独钟。雨果最负盛名的《悲惨世界》被他的这位中国读者从青春少年一直读到临终。1973 年 8 月 11 和 12 日，他用了两整天的时间重读她，所记的日记只有两个法国字——"Les miserables（悲惨世界 -著者注）"[188]和两个中国字——"同上"[189]。此时离他去世只有一年多的时间了，身体每况愈下，低烧、咳血，潜伏多年的肺癌即将爆发。从息县回到北京，他的日记已经简化到无法再简化，却还在拼命地阅读和写作。

重读《悲惨世界》的前三天，他在阅读《基督教基础》（著者不详），后 5 天他交叉阅读英国近代历史学家乔治·格罗托的《希腊史》和古希腊历史学家修昔底德的《希腊史》。此刻正在撰写《希腊城邦制度》的顾准，想必是在两千年前的希腊雅典与两百年前的法国巴黎之间找到了某种共同点，某种人类的共通的天性，也找到了他和三位作者某种心灵的共鸣，只可惜日记是如此的简单，令人们无法得知 58 岁的顾准是否仍像少年、青年和壮年时一样，再一次为芳汀、珂赛特，为冉阿让、艾潘妮流下眼泪。

顾准提到的雨果这句名言却不是此时，而是要早的多的 1969 年，在他的"罪行交代"中：

"本'民主的社会主义'这种一向存在的思想，在熊彼得反动著作的'启发'之下，形成了罪恶的'共产主义两党制'的思想。[参阅罪行交代（七）]。……我所梦想的，正是这种资产阶级专政下少数精神贵族的知识分子之间的'理性争鸣'。'理性争鸣'这种资产阶级自由化，又要以和平主义为前提，所以我对雨果的'鼙鼓无声，理性争鸣'击节叹赏。[参见罪行交代（一九）]"[190]

对这句名言"击节叹赏"本身，在老罪人顾准就是新的罪行。他必须向"人民"交代其思想根源并"深挖狠斗"。

187　维克多·雨果《九三年》
188　《日记》1973.8.12
189　同上
190　《自述》P296

精神贵族，至今依然是个大大的贬义词，顺带着还诛连了一个相当尴尬的衍生词——"政治菁英"（以及菁英政治）。这是个几千年的东方式专制传统根本不能容忍存在的东西，即使在某些年头遇上"明君"宽松了几天，有了些个"政治菁英"，有了几天菁英政治，没几天也就成了"书生空谈""书生误国""秀才造反""有机知识分子""无机知识分子""公共知识分子"等等爹不亲娘不爱的弃儿，上帝笑了，"人民"笑了，菁英们自己也笑了。顾准在他的时代曾无数次被骂作、被批作"精神贵族"，时至今日也还是被诟病，和上述传统大有关系。

来看看他类似下面这样的话有多不招人待见：

"居里夫人的科学业绩，一个诗人的好诗都受人尊重。政治家的地位不比科学家高。——当然，这又是精神贵族的语言，而且，说老实话，我承认，清洁夫的工作，怎么样也不会受人尊重得和教授一样。我老实承认，我的平等主义，对待清洁夫的是怜悯而不是尊重。"[191]

即使今天，这样的话依然容易引起某些人群想要做"义愤秀"的冲动。

中国的社会性格主要还是"斯巴达"式而非"雅典"式的。斯巴达式社会性格最突出的特点，用顾准的话说，是"必定要'砍掉长得过高的谷穗'，必定要使一片田地的谷子长得一般齐——它又不采取精心选种，不断向上，却相反要高的向低的看齐"[192]。精神贵族必是那"长得过高的谷穗"，当然是要被砍掉的。"人民"不大会注意和接受他紧接着关于"教授和清洁夫"话题的下面一句话：

"不过，无论如何比一切人都俯伏在天王或公室前面好受得多吧？"[193]

---

191 《文稿》P420
192 同上 P268
193 同上 P420

但是不一定。相对于"当家做主人","人民"往往更喜欢"好的"天王或者公室,明君或者清官。不幸精神贵族却恰恰不能够是天王或者公室,而是制衡天王或公室的天敌。后来精神贵族在西方有了个大名,叫做知识分子,追其词源却并非纯西方产物,而是来自半西半东的俄罗斯。如今英语中的知识分子(Intelligentsia)一词源出俄语интеллигент,其本意是指那些未必具有高深专业知识,但却执着于思想信念并怀有救世情节的一群人,最根本的是能够对权力说"不"的人。可叫到中国就有点乱套了,"精神贵族"一词无论彼时此时,其中饱含的嘲讽、训诫、轻蔑和醋意,没有被骂过的人是不大容易理解的。

顾准倒是不大在意,倒是很想笑纳这个头衔——"精神"嘛,倒也许还算是有一点,"贵"是没有的,而"族",则是绝对没有的。所以拜托"人民",还是不要亵渎这个词的好。可话你得让他说完:

"民主,事实上只能是'精神贵族'之间的民主。打倒精神贵族的结果,就是专制主义,或者专制主义和暴民政治相结合"[194]。

说得多明白,一点不扭捏作态,不含糊其词。

"雅典是原始民主,是公民大会的民主,这种民主始终要求有对外殖民的出气孔来维持。(假如)没有这个因素,就更加需要一种精神贵族的民主了。"[195]

看,又在讨没趣地"言必称希腊"了。可德先生本来就是希腊人嘛。

顾准最喜欢(在日记中被他狡黠地写做"favor")的一件事情好像就是"称希腊",喋喋不休。光是希腊史,他就看过好几个不同史家的不同版本。其实这点事也曾是上世纪前半叶中国读书人的"通好",开口希腊、闭口罗马,只是1941年的延安,极峰一句"许多马克思列宁主义的学者也是言必称希腊,对于自己的祖宗,则对不

---

194 《笔记》P255
195 笔记256

住，忘记了"毛泽东《改造我们的学习》把大家伙给吓住了，纷纷转而去寻宗问祖，从尧舜禹到夏商周，连神话带野史打包一处都算作"文明"，弄出个"上下五千年"，而"言必称希腊"也从此成为数典忘祖、崇洋媚外的代词被读书人避之唯恐不及。

可顾准不在乎，一边是"希腊"照称，一边是"宗"照寻、"祖"照问。历史是个本体的东西，了解得越广泛，经纬度越细密，就会越接近其真实。结果他不但在东、西两头都获得大丰收，还被后人赞为与德国哲学大师雅斯贝尔斯"历史轴心时代"理论相通的中国第一人，这主要指他将中国与希腊同时代相比较，得出前者的"史官文化"和后者的"雅典民主"各自如何产生和发展，如何产生截然不同的社会形态以及后果的研究成果。后人的赞扬虽略显牵强，但也不无依据和道理，至少在中国，在顾准的时代，他的研究和结论肯定是首创和独一，且直到1980年代也还没有见到哪位中国人在这个领域像他这样下死功夫、笨功夫的。有一篇今天的专业人士写下的中国古希腊罗马研究领域状况的文章极有意思，作者写道：

"20世纪80年代是中国古希腊罗马史研究的艰难起步阶段。当时学科建设所需要的文献资料和图书、杂志还十分缺乏，国内掌握古希腊语、拉丁语的学者寥寥无几，一般的研究者几乎不可能做到批判地利用原始文献去形成自己的判断……。到1980年代末，（才）共有十多篇这方面的论文发表，并出版了一部专著《希腊城邦制度》（顾准著，中国社会科学出版社1982年）。"[196]

绕来绕去，这顶史学桂冠还是阴差阳错落在了会计学大师顾准的头上。

也许深挖一下顾准的思想根源比较容易理解他的创造力的最初来源。如他自己曾多次在"斗私批修"会上承认的那样——

"抽象地说，我并非不理解这个社会过程（1949年前后），然而我没有亲身经历这样残酷的阶级压迫和剥削的现实，我并未在其中

196　赵丽珍《三十年来的古希腊罗马研究》

第四部 徐徐地、平静地成熟下去（1972—1974）

受苦，我受到了资产阶级的温情待遇，反过来，又不能不使我对资产阶级保持了某种程度的温情主义。"[197]

"温情"确是产生"精神贵族"的充分必要条件，"悲天悯人"的情怀不可能出自粗糙的情感和物质环境。他从雅典社会看到了现代社会。在将雅典公民大会时代"从未想到过要把剩余价值转化为资本"的形态和现代社会"正因为没有对外殖民这个因素却充满了前者所没有的资本-经济因素"的形态相比后，他得出结论——现代社会"只会更加离不开民主，也是现代民主离不开精神贵族的又一理由"[198]。

那么现代民主到底是什么呢？能以"一言以譬之"吗？能，当然能！

"现代民主只能是议会民主。"[199]

这就是顾准的结论，也是他的自问自答——"娜拉走后怎样"简而又简的答案。

顾准一生读书无数，仅仅从他的文字中能找到线索的书目数量就很惊人。尤其是到了晚年，用六弟陈敏之的原话形容五哥读书的速度——"我惊异地发现，在 1972-1974 年这两年中，除了生病被迫休息和写作外，他全部时间都在读书，其速度有时可以达到两三天一本书，书名可以列成长长一大串"[200]。不过深刻影响他一生的思想发展和精神塑造的书籍还是数得出来的，例如《圣经》《逻辑》《资本论》《论自由》《新阶级》《历史研究》《希腊史》等。熊彼得的《资本主义、社会主义与民主》也是其中的一本。

1962 年，从劳改农场重回到经济所的顾准开始翻译奥地利政治经济学家约瑟夫·熊彼得的《资本主义、社会主义与民主》。

这本书是熊彼得生前最后一部，也是最重要、最著名的著作。它

---

197 《自述》P63
198 《笔记》P257
199 《文稿》P270
200 陈敏之《我与顾准》

以创新理论为基础,将经济学和社会学结合起来,研究社会制度形态问题,得出了资本主义由于它的"创造性的破坏"而存在不下去,而"成熟的、由民主而产生治理者的社会主义"是行得通的,资本主义可以自动过渡到社会主义的结论。

这本著作对顾准的影响,用他自己的话说,叫"熊彼得的反动政治思想和经济思想都对我起了某种程度的恶性启发作用,我的反动的'共产主义两党制'就是这种启发的结果。"[201]

《资本主义、社会主义与民主》确是一本十分好看的书,正如熊氏自己所说,这是他对社会主义这个主题近乎四十年思考与研究的成果。顾准的译本译得非常精彩,因为他本身就是熊彼得的同行,明白他在说什么。

"在经济思想方面,通过熊彼得那本书的翻译,通过阅读大量资本主义和修正主义的经济文献,对于社会主义的市场经济(复辟资本主义!)有了更加牢固的看法,概念形式也更加精炼化了。"[202]

至今有人否认顾准是中国"市场经济取向第一人",根据是他的《试论》并未像哈耶克那样,特别强调政府不应干预市场。但就冲着上面这句他自己的"坦白交代",大概也很难否定人们对他"第一人"的定位。这段话看上去顾准好像是在翻译熊氏的过程中找到了关于社会主义市场经济的知音和同道而兴奋不已,但实际上很可能更早,他就认识熊彼得和他的这本书了。以下这段话就"露了马脚":

"1960年起我又继续我的理论'探索',企图澄清'民主社会主义'中的一些问题。我把艾德礼和熊彼得的反动理论视为至宝,设想什么'共产主义两党制'。"[203]

既然1960年就"奉为至宝",那最晚从九死一生的商城回到北京的他,就已经认识熊彼得了。那时他疯狂地买书,跑图书馆、资料

---

201 《自述》P291
202 《自述》P296
203 同上 P329

第四部 徐徐地、平静地成熟下去（1972—1974）

室加上到地摊上"淘"，连家都不回（虽然"不回家"的主要原因不是因为书），熊彼得的书被他"如获至宝"地搞到手的可能性是很大的。甚至还存在一种可能性——在他1950年代中期写作《试论》的过程中，就已经手握熊书，甚至可能已经手握哈书——哈耶克的书了。

暂且不提在他提到的在1945年大选中击败了二战英雄丘吉尔而被民选为英国战后第一任首相的艾德礼（这在民主政治中一点也不新鲜，公民们最要提防的，就是战争英雄们上台，因为他们要是搞独裁会更加简单和容易。当年华盛顿对有人要他当"皇帝"的怒斥，战后丘吉尔、戴高乐的败选无不如是），仅仅熊彼得"成熟的，法制的社会主义化"对顾准的影响就相当大。当然，《试论》中没有提什么两党制，但是关于"所有制"和"所有权"，"法律关系并非经济关系而只是社会经济关系的反映"等一系列"法权"概念，都可以看出二人的相似之处。

熊彼得认为，西方两百年间主要的民主理论皆建立在不真实的前题之上，例如不经考察投票人是否具有对投票内容的专业认识便以为多数的意见优于少数的意见，这样的民主学说是空想，与事实完全脱节，更没有真实地阐述政府权力的来源。熊彼特认为民主仅是产生治理者的一个过程，而且还不是一个必要过程，无论人民参与民主的程度有多少，政治权力始终都是在菁英阶层当中转让的。投票是民主的必要，但不是充分组成部分。如果缺少合法的代表和执行机制——将民意转化为具体政策的实体，民主必然会失败。民主并非是用来反映多数人的意见，而是旨在通过合法机制过滤多数意见，再通过正当程序将其转化为政策，这就是政治权力的功能。

这正是顾准所梦想的民主社会主义，却不幸也正是马老师克思最厌恶的。

从马克思《法兰西内战》一书，顾准看到他这位老师十分向往雅典民主却对现代社会的议会民主深感厌恶。

"这就是《法兰西内战》一书的基调。也许他读过格罗脱的《希腊史》，当然他不会为此书所动。不过100多年以后的我们，读格罗脱比较英国王政和雅典民主的篇章，却实在是有所教益的。"[204]

他大胆地在马克思《法兰西内战》"论巴黎公社"的一个段落旁作了这样的批注：

"若没有两党制，若没有普通公民的监督权的高度发挥，这只能成为昙花一现。"[205]

这"昙花一现"所指，正是马克思为巴黎公社勾勒的政权形式——"由巴黎各区按普选制选出的代表所组成，这些代表应该负责并可以随时更换。其中大多数自然是工人或已被公认的工人阶级代表。公社当然不是国会式的，而是同时兼任立法和行政的工作团体"[206]。

好大胆的反驳！！！这是不是太胆大了？被人查出来可怎生是好？您难道不知道哲学所"自然辩证法"课题组的朱锡坤不就是因为被人偷看了日记而受到检举揭发，不几天就卧轨自杀了吗？您难道忘记了前几年您在极笔的选集上，在《某论》《某论》的空白处批注"逻辑不通""脱离实际""错误""不通""简直不通"……给您和全家带来的灾难了吗？

顾准不要餬口经济基础上的、无产阶级专政的、直接民主的社会主义，然而他却绝不是一位"反社会主义者"。直到晚年他都这样表白：

"我反社会主义吗？我不。私有财产终归是要消灭的，我们消灭了私有财产，这很好。我们现在的民主，在其下作政治活动的政治集团和党派，可以而且大体必定会在这个共同前提下，各自提出自己的政纲和主张。这叫做社会主义两党制……。搞政治终究不免是一种专门的行业，直接民主，不久就会被假民主所代替。"[207]

---

204 《文稿》P270
205 《笔记》P619
206 马克思《法兰西内战》——一党制的、立法行政合一的国家政权——无产阶级专政
207 《文稿》P392

餬口经济-直接民主-无产阶级专政-社会主义。

丰裕社会-两党制-议会民主-社会主义。

后者,才是顾准所梦想和追求的社会主义。不要再吞吞吐吐了吧——那就是菁英政治,菁英民主的社会主义。也只有在这样的社会中,人所拥有的所有"刍荛"才可能献出来,献给他们的国,他们的族和他们的民。

"娜拉出走了,1917年胜利了,列宁跟他那时代的青年人说,你们将及身而见共产主义。(可)还活着的人,目睹的是苏联军舰游弋全球,目睹的是他们的生活水平还赶不上捷克,目睹的是萨哈罗夫的抗议和受迫害。而究竟什么叫做共产主义,迄今的定义,比 Marx(马克思)亲自拟定的定义'每个人的自由发展,是整个社会发展的条件'愈来愈分歧,愈来愈不一致,也愈来愈难理解。不过,每一代人都不会满意他的处境,都在力求向上、向上还向上,因此每一代人都有他的问题。至善是一个目标,但这是一个水涨船高的目标,是永远达不到的目标。娜拉出走了,问题没有完结。至善达到了,一切静止了。没有冲击,没有互相激荡的力量,世界将变成单调可厌,如果我生活其中,一定会自杀。这有什么意思呢?还是不断斗争向前,还是来一些矛盾吧。

革命家本身最初都是民主主义者。可是,革命家如果树立一个终极目的,而且内心里相信这个终极目的,那么,他就不惜为了达到这个终极目的而牺牲民主,实行专政……。反之,如果不承认有什么终极目标,相信相互激荡的力量都在促进进步,这在哲学上就是多元主义。他就会相信,无论'民主政治'会伴随许多必不可少的祸害,因为它本身和许多相互激荡的力量的合法存在是相一致的,那么,它显然也是允许这些力量合法存在的唯一可行的制度了。"[208]

顾准,了不起的雄辩家。但凡人们能真正坐下来,令鼙鼓无声,让理性争鸣,心平气和地"摆事实,讲道理",相信很难有人能"辩"

---

[208]《文稿》P397

得过顾准。只可惜生不逢时,他的时代既没有苏格拉底常常光顾的小饭馆,也没有亚里士多德踱来踱去的学园廊下。哦,不对,小饭馆和廊下倒是有,可墙上到处张贴的都是花花绿绿小纸条——"莫谈国事"。

第二十章　徐徐地、平静地成熟下去

1. "元点"

1973年的一天，顾准手握一本新到的美国《经济评论》，兴冲冲地找到一直在跟着他学英语的年轻人赵人伟。

"老赵（相对顾准，他们是年轻人，但也都是四十左右的人了，顾准一般叫他们老X），鲍尔丁的这篇文章写得太好了，你试着把它翻译成中文吧。"

北大毕业的高材生"老赵"欣然领命，可啃了几个星期也没有啃下来，愁眉苦脸去向咪咪的妈妈——张纯音求援，因为她也同时被顾老师布置了英文作业。不料这位从小就能看英文原版电影的世家女也正哭丧着脸——"我把文章中的每一个单词都查了一遍也无法理解文章的意思，看来你我不是英文水平而是经济学水平有问题啊。"

当年的这帮年轻人对顾准能看懂这一类"天书"都佩服得不得了，可"老赵""老张"们却因为看不懂，实在不能理解顾准为什么对并不大出名的鲍尔丁的这篇文章这么激动。

鲍尔丁者，肯尼斯·艾瓦特·鲍尔丁。1910年出生在英国一个虔诚的美以美教派卫理公会基督徒家庭，1928年进入牛津大学，师从莱昂纳尔·罗宾斯（也是一位出现在顾准文字中的英国著名经济学家），1937年定居美国，先后在密执安大学、科罗拉多大学等校任教。鲍尔丁自幼就是卫理公会教徒，以后又成为贵格会教徒。他不仅是一位虔诚的宗教信仰者，宗教活动的积极参与者，而且还用宗教信仰来指导他一生的经济学研究。他在经济学中独特的贡献正是来自于宗教，这也使他有别于主流经济学家。

鲍尔丁认为，宗教作为一种信仰是一种价值观，信教者是用他们信仰的世界观来观察与分析世界的。这正是鲍尔丁自从进入经济学领域起就强调价值判断的重要性，反对实证分析方法的根源。他认为"经济人"的假设并不现实，人不是只会进行成本与收益分析的理性动物，而是有感情、有狂热，有爱与奉献精神的。由此出发，他对传统的"厂商理论"提出了批评。他认为，厂商有自己的价值判断，但并不一定以利润最大化为惟一目标。厂商的决策也并不以边际分析法为基础，还会考虑到自己行为的社会意义。不应该把个别厂商做出决策的原则——边际成本等于边际收益的原则作为普遍真理，厂商的决策更多取决于它所处的环境。鲍尔丁由此出发，创建起一套不同于传统的厂商理论。

鲍尔丁和加尔布雷斯（另一位多次出现在顾准文字中的美国著名经济学家，《丰裕社会》的著者）等新制度经济学家一样重视制度与组织。鲍尔丁与其他人的不同，在于他是从基督教倡导的爱心出发去研究"组织"这种制度的。他认为，组织是由有意识并有意志的个体组成，它产生于三种力量：

1. 为获得相互利益的交易；
2. 报复的压力和恐惧；
3. 爱心或希望与目标相结合。

随着组织的扩大，恐惧日益代替了交换。这样组织就会停止发展。要避免这种前景，就要用爱心来代替恐惧。爱心是人类组织发挥作用的唯一基础，也是人的一般需要。这种爱正是基督教信仰的中心。他主张把爱放在社会伦理之上，以爱来代替恐怖的竞争，代替对抗。组织应该为这种爱的形成创造一个有利的环境，这正是组织革命的方向。

鲍尔丁认为经济学所探讨的是商品的行为，而不是人的行为。他从他的宗教信仰出发，努力超越传统经济学，建立能体现基督教观念的经济学分支，例如，赠予经济学。他把赠予经济定义为"出于政治目的经济行为"，是一种由于受到威胁，或者出于爱心而产生的经济行为。这种经济行为属于非市场交换行为，但在经济生活中相当重

第四部　徐徐地、平静地成熟下去（1972—1974）

要，影响资源配置与收入分配。与此相关的是爱的经济学与恐惧经济学。出于爱的赠予行为是礼品，出于恐惧的赠予行为是贡品，其余才是交换行为。经济正是由爱、恐惧与交换所决定的经济行为组成的。

鲍尔丁一生写了近40本书和1000多篇文章，自1931年起就在凯恩斯主编的《经济学季刊》上发表论文。他1941年写的《经济分析》是萨缪尔森（又一位多次出现在顾准文字中的美国著名经济学家，畅行世界知识界的经济学教科书和必读书——《经济学》的著者）《经济学》出版之前最畅销的教科书，曾4次重印，被150多所大学采用，顾准也读过。

他的经济学著作还有：《和平经济学（1945）》；《经济学的重建（1950）》；《组织革命(1953)》；《经济政策原理(1958)》；《20世纪的意义（1964）》；《经济学之外(1968)》等等。

这位顾准的同代人（几乎是同龄人）也是一位天才学者。1956年，他在加州帕洛阿尔托"行为科学高级研究中心"仅用11天就口述了一本名为《形象：生活与社会中的知识》的书。他甚至还写过十四行诗。经济学中最有趣的譬喻——"经济学家既要成为亚当（Adam，《圣经》中人类的始祖）又要成为斯密（Smith，英文的工匠），所以我们才有了亚当·斯密"，就出自鲍尔丁之口。他这是在"借名发挥"，要求人们既是经济人，又是道德人。

鲍尔丁写过一系列"作为XX学的经济学"的文章，除了《作为道德学的经济学》之外，还有例如《作为数学的经济学》，《作为伦理学的经济学》等等。

顾准推荐给赵人伟的这一本《作为道德学的经济学》的主旨是：

"在市场经济的社会中，人既要成为经济人又要成为道德人。没有市场调节作基础不行，没有道德调节和政府干预也不行。在个性解放，自由竞争的市场经济社会，人应该成为'经济人'，同时也必须成为'道德人'，否则就会引发巨大的灾难。"

当年因译不好此书而苦恼的年轻人"老赵"，15年后坐上了老所长孙冶方曾经坐过"官椅"——中国社会科学院（即从前的学部）经济研究所所长的位置,此前还曾坐过林里夫曾经坐过的"官椅"——《经济研究》,就是那份1957年刊登了顾准《试论》的、中国经济学界最权威杂志的主编。

如今早已名副其实成为老赵、赵老的赵人伟先生也是当年顾准身边那群年轻人中间的一个。小老赵也真给他的顾老师争脸——中国国门洞开之初,就因"计划和市场问题"的研究,获第一届孙冶方经济科学基金奖。这个以老友孙冶方的名字命名的奖项成立至今已经30余年,是中国的经济学"诺贝尔"奖。此后赵先生又分别在1986年和1994年因为"收入分配问题"的研究两次获得孙冶方奖;2006年他被授于中国社会科学院荣誉学部委员称号;1995年被列入美国的世界名人录(Marquis Who's Who in the World)。

顾准天上有知,定然高兴。

事实上值得他高兴的还有许多个当年的小老X呢。他们后来几乎个个都成了中国经济学界的中坚。他们虽然经济观点有所不同,但为国为民作"刍荛之献"这一点上却都和他们的顾老师一样执着。

但是在"元点"这个问题上就很难说了。

经济学界本身就是最容易出现猛烈思想碰撞和巨大观点分歧的学术领域,其碰撞的猛烈和撞击的反应不亚于物理学上的电子对撞。但是碰撞也好,对撞也好,都一定会有一个"元点"。物理学上困惑了牛顿一生的"第一推动力"说,生理学上的基因说,历史学上的文明起源说……等等,都是在寻找元点中产生的学说。经济学也是同样——它是让世界和人类更加有序、和谐发展,以及发现如何做到更加有序、更加和谐的方法,而不是为了引导人类走向混沌的"撒旦学问"。那么它也一定是有个元点的。但是元点在哪里呢?

顾准要小老赵翻译的这本《作为道德学的经济学》,就是要年轻人去寻找书中经济学专业之外、所谓"功夫在诗外"的东西,去寻找那个年代他不便于说出口的"元点",这个东西本来就有个堂堂正正的名字——信仰。

"有道德的人一定是有宗教意识的,这种意识的顶尖是一种难

第四部　徐徐地、平静地成熟下去（1972—1974）

以表达的对生命和存在的感悟——信仰"[1]。

身处言论自由环境下的鲍尔丁可以一语道破天机，身处"无产阶级专政"铁蹄下的顾准却是无论如何也不能这样表达的。不能表达当然不是"并不拥有"。顾准"意识的顶尖"就很难说不是一种信仰，顾准现象的出现很难说不是这种信仰的胜利。

尽管顾准从未受洗成为基督徒（幼年时的情况已无从查证），然遍读顾准，还是无法不得出这样一个结论——他思维方式和精神始基最接近的还是基督教精神，是"把真和美从上帝那里拿过来了，可是还把善留给上帝去掌握"文稿 248 的一种特别的，比普罗大众对基督教教义的朴素理解更加深入一步的思维和解析。在通常的情况下，这种思维和解析的能力反倒可能妨碍了人对基督的接近。顾准也曾说过——

"我不喜欢基督教。我深信，我上面是在用冷冰冰的解剖刀解剖了基督教，丝毫没有歌颂留恋的意思。我相信，人可以自己解决真善美的全部问题，哪一个问题的解决，也无需乞灵于上帝"[2]。

这段话出自顾准和六弟陈敏之的通信集，2002 年出版《顾准文存》时被冠以《关于基督教的笔记》，应该是出于作者认真思考后的严肃文字。但紧挨着这段话的、顾准记录的竺可桢先生多年前同他的一次交流以及他的感想又有不同的表达——

"督教徒，他的出发点是基督教的爱人类。康德一方面要信仰，一方面要科学。你不要以为康德没有市场了。竺可桢有一次对我说，他去美国二三次，美国现在道德水平下降了，这是因为宗教精神衰落了——事实上，在科学极端昌明的现在，西方人还不想也不敢丢掉基督呢。他们把真和美从上帝那里拿来了，可是还把善留给上帝去掌握。"[3]

---

1 肯尼斯·艾瓦特·鲍尔丁 《作为道德学的经济学》
2 《文稿》P248
3 同上

在这里,顾准显然不反感"并未企图把'善'的元点从上帝手里夺到人的手里"的西方人的观念,虽然是借竺可桢、康德或"西方人"之口。

这样的表述在他的遗稿中实在太多了。这并不稀奇,除了可能的原因——顾准所处的"反基督"环境因素之外,他确实没有像鲍尔丁那样,可能也不希望像他那样成为一位虔诚的,经过宗教仪式确认的,积极参与宗教活动的信仰者。这也并不稀奇。除了那些众所周知的,公开表明自己对基督教持有坚定信仰的大哲学家、大艺术家、大经济学家,例如在顾准的文字中屡屡提到的牛顿、康德、笛卡尔、雨果、培根、鲍尔丁、布莱尼兹、托尔斯泰、陀思妥耶夫斯基、爱迪生、居里夫人、维特根斯坦……等等,还有些一生都没有受过洗,没有承认过自己是一位基督徒,却依然一生都以这一个"元点"为中心而生活的人。

例如前面章节讲述过的、近代著名的政治哲学家艾瑞克·沃格林。

沃格林先生终其一生都在以基督教、以《圣经》为"元点"探索历史的秩序,探索人类灵魂的秩序。在其等身巨著《秩序与历史》第一卷"以色列与启示"开篇第一句就是——"神和人,世界和社会构成一个原初的共同体。"[4]

但即使在美国这样真正的宗教信仰自由的国度里,他也从未受洗成为一名基督徒。只是到了生命的末端,在他的临终前的十多天,病床上的他微笑着对朋友说:"我终于理解基督教了!"而他的朋友同样平静而愉悦地回应:"是的,艾瑞卡,但你将带着它上路!"[5]。弥留之际的沃格林最后一句话是——"我在忏悔",非常安详平静,却未要求受洗。

基督教提倡爱并且明确解释了什么叫"爱":

"爱是恒久忍耐,又有慈爱;爱是不嫉妒,爱是不自夸,不张扬,

---

4 艾瑞卡·沃格林 《以色列与启示》
5 艾利斯·桑多兹 《沃格林革命》

第四部　徐徐地、平静地成熟下去（1972—1974）

不作害羞的事。不求自己的益处，不轻易发怒，不计算人的恶，不喜欢不义，只喜欢真理；凡事包容，凡事相信，凡事盼望，凡事忍耐。爱是永不止息。"[6]

顾准在头破血流、唾面自干的苦难中"忍耐"生成了，在"忍耐"中一种生活方式生成了，在这种生活方式中一种罕见的品格生成了，它使最易滋生仇恨的土壤挺拔出最绚丽的人性之花，使最非人化的熔炉锻造出人最应该具有的形状——上帝自己的形状。

很难说这不是一种信仰的胜利。

有人判断晚年顾准其实已经是一位基督徒了，我不敢贸然采信，也无意下这样的判断。"是一位基督徒"和"做一位基督徒"是两件很不相同的事情。半个世纪前的中国，眼下意义上"成为一名基督徒"的可能性是完全没有的，这种不言而喻，40岁以上的中国人都能懂得。顾准最终是否"成为了"一名基督徒，并不重要，他"做了还是没有做"一名基督徒，比之前者要重要得多，因为前者仅仅关乎"宗教"，后者才真正关乎"信仰"。

近年来积极推进全球伦理思想，倡导宗教对话，全球伦理基金会创建者，现代神学家汉斯·孔对"基督徒"下过这样的定义——"任何人，只要他拒绝专制，只要他指责神学家或教会头目的傲慢自大，只要他批评教会专制，批评教会与国家当权者同流合污，他就是真正的基督徒。"假如从这个定义出发，顾准何止仅仅在晚年"成为了"基督徒，从读史，论史，纪史，解史开始并竭尽生命的全部力量去追求知识，追求美，追求真理的他，其后半生就已经在"做"基督徒了，否则那些关于"契约""宽恕""罪愆""诫律""审判""悲悯""反偶像""反专制"的观念又是从哪里来的呢？

顾准的文字被销毁，隐藏和阉割的太多了。假如这些文字能够公布于世，完全有可能在其中找到更多关于希腊哲学的宗教化和基督宗教的哲学化论述，更多的对基督教的阐释和更多的他的信仰意识。

---

[6]《圣经 新约》哥林多前书 13:4-8

"人本来已经被称为万物之灵了,现在人居然试图对整个宇宙作出解释。这种能力,不是生灭无常的人所能具有的,那是出于神授"[7];

　　这是顾准在谈到文法学逻辑和形而上学的研究以及柏拉图的"理念世界"时发出的惊呼。他不是憎恶而是欣赏着这一发现,就像当年马、恩、列对狄慈根全篇大谈上帝的《辩证法》的态度一样——

　　"马克思、恩格斯、列宁三人一致赞许过的狄慈根的《辩证法》……我读了,既感厌恶,又不理解。到后来,懂得一切理性主义者都把理性归到上帝那里,或没有上帝的上帝那里,才懂得这并不奇怪……这是一种神赋予人的能力,所以理性的渊源应该上溯及于一个全能的超人的力量。一神教的上帝早就是这样一种力量的候补人,这又是基督教与希腊思想的结合点。"[8]

　　话说至此,谁还敢一口断定顾准是位坚决反对"神性即寓于人性之中"的无神论者和"无所畏惧"的彻底唯物主义者呢?就算是退一万步说,也有一个"哲学的上帝",一个"不具人的形象的上帝"站在他的背后,给他"元点"——信仰的支撑和宗教的情操,赋予他柔韧若水的"上下求索"能力。

　　假如将顾准的晚期作品比作一部灵性的欢乐颂,那么"元点"——信仰就是它的定音鼓,希腊精神和希伯来精神就是这阙浑厚壮丽的交响乐中交相碰撞,缭绕上腾的主旋律。

2. 先知、此岸与彼岸

　　人们在谈到顾准时常会用到一个宗教性很强的词——先知,其中包含的神秘色彩和启示意味非常浓厚。顾准真的是一位先知吗?

7　文稿 240
8　文稿 240

第四部　徐徐地、平静地成熟下去（1972—1974）

他确实预测到了诸多多年后才显现的东西，例如——

1956年，他说"我们的财政现在是偿债而不是举债。我怀疑我们现在是不是应该举债而不是偿债"，中国应该"依托东方，开发西方"[9]。多年后中国果然必须实施类此国策；

1956年的党校日记，在论述完"自由主义曾经是资本主义的圣经"后，他话题一转"然而资本主义的自由主义，即就其最好的方面来说也是不完全的。物质的、利益的自由主义必然走向世纪末的肉欲与颓废"[10]。1960年代他的马恩笔记表述得就更清楚了——"一百多年来的实际经验是，物质生活的改善，却同时造成了青少年犯罪的日益增加——从这里可以发现，绝大多数的人，当生活的顾虑减轻以后，不是走向个人的全面发展，而是走向纵欲。而纵欲这种'自我实现'的方式，显然不是马克思所要求的'自我实现'的方式。马克思是一个性善论者。马克思设想，一旦人类脱离了异化的困境，每个人都会像他那样力求'实现自我'。经验证明这是不可能的"[11]。

这正是一位经验主义者和一位理想主义者在"脱离异化，实现自我"命题上的重大分歧。

从旧世纪末至新世纪初，这种肉欲与颓废果然在中国大地滥觞，资本主义的和"中国特色社会主义"的物质主义难分伯仲。在"Materialistic（物质的、唯物的）"消费主义的层面上，现实中的资本主义和"憧憬中"的共产主义几无区别。拜日本人河上肇所赐的两个汉字——"唯物"，一百年后的今天倒是有了最好的脚注。

1959年在发配河南商城劳改之前，他说"世界太小了。世界的合理（经济）组织，看来只有经过集团化——集团联合才能做到"[12]。好家伙，此人1959年就预测了1994年才出现的WTO（世界经济贸易组织）和2001年中国的加入！

1960年在经历过地狱般的商城劳改后，他说"饥饿会促使他们

9　56.5.7.
10　56.2.23.
11　笔记469
12　《日记》1959.3.12

人相食、卖屁、说谎、拍马、害人肥己……后一个历史时期，为消除这些恶毒的影响，不知要付出多少"[13]，这个代价迄今依然在付出，且因为几十年"穷怕了""苦怕了""饿怕了"的普遍国民心态而生出畸形膨胀的贪婪，使得这"恶毒的影响"债台高筑，高息累累，付讫之日，茫茫无期；

1960年代他就说"我们的工业品可以而且必须进入先进国市场，包括美国在内"[14]，"中国的工业产品不仅将占领一切不发达国家，还将直接拥进不论多高的关税壁垒的美国……请等着这个井然有秩的世界的到来吧"[15]。话音未落，国门一经洞开即成为事实。可是福兮祸兮？就算顾准再世，只怕也难以回答；

1960年代，他提出"问题是法律和制度如何订定"[16]，嗟乎，此事至今依然困扰中国；

1960年代，他看出"马克思并不把集体所有制和国有制看成什么原则的区别，宁肯他是favor（更喜欢）集体所有制。关于这一点，也搜集了许多卡片，可以写成一篇文章"[17]，"Marx（马克思）一定会奇怪，怎么号称宗奉Marxism（马克思主义）的俄国和中国，竟成为Hegel（黑格尔）的国家学说的热烈宗奉的，Marx—Bismarck—Hegel（马克思-俾斯麦-黑格尔）的联盟！"[18]。多么可惜他没有来得及写出这篇文章，也没有活到以老友孙冶方的名字命名的基金会成立的那天，否则他没准可以拿到首届孙冶方奖。

不过他若是真要写出这篇文章，一定会被定位于"非主流"！国家——集体——个人的顺序是绝不能颠倒的，所以他拿奖的可能性肯定是零。

1960年代末，苏联正和美国在科技发展上争当世界老大的时候，他就断言"只要辩证法继续是教条，苏联永远不可能成为电子计算

13　同上 1960.1.15
14　《笔记》P278
15　同上 P315
16　同上 P280
17　同上 P662
18　同上 P676

机这类划时代发明的故乡"[19]。又是个一语成谶,怪不得"老大哥"和顾某人永远处于"对不上眼"的状态,他最烦的就是整日介摆着个"辩证法教条"嘴脸的那帮俄国佬,他们也确实在科技上败给了从不将"辩证法"奉为天条的杨基佬。

1970年代初,全中国尚在大革命、大批判的热浪中,谁抓经济谁倒霉的时候,他却断言"中国革命(将)直接以发展经济为目的。凡在这方面做不出什么来,或者做得不够快的,必定要换班子"[20],可谓一矢中的,所以才有今天被视作护身符的CPD——谁搞不上去谁下台。

1970年代,他说"资本积累必然导致贫富不均,新兴国家怎样现代化,资本主义老路走得走不得,这已经成了个严肃的问题"[21],这个彼时真不是问题的问题,今天才真正"是个问题",是个大大的,且几乎是最大的"问题";

1970年代初他写给陈敏之的信中指出,"现在人类发现,人的活动对于自然的改变,对于自然界自身的循环运动的影响,已经不是可以忽略的了。于是发生了环境问题、能源问题,甚至宇宙医学问题等等"[22]。在还没有几个中国人知道"环保"这个词汇时,他就已经开始关注环境问题并忧心忡忡。"环境""能源"都已是世界谈判桌上的第一话题,唯"宇宙医学问题"还显得过于前卫。不过在已经有了"宇宙垃圾"喋喋之声的今天,顾准的预测,你我应拭目以待,不要掉以轻心。

1970年元旦,身在息县农村劳改中的他预言了无限城市扩大化的后果,"无限的就业扩大,把中国建成一个工业大国,(这是)竭泽而渔,苏联可为借鉴"[23]。40多年后的今天,"城镇化"喧嚣吹唇唱吼。竭泽而渔?太夸张了还是太可怕了?且行且看。

19　同上 P447
20　同上 P535
21　《文稿》P349
22　《文稿》P446
23　《日记》1970.1.1

同一天的日记，他说"与粮价问题相联系的是房价问题"[24]，天哪！彼时有谁会知道一个新词"商品房"会"响彻祖国大地"，更遑论啥叫"房价"了，今天它可不就是快成了"鸦片"——国家经济最大的支柱也是最大的心病？

1973年，他说"要重新考量（美帝国主义和我们）'较量'这句话的意义"[25]。他"不想详谈"，仅仅举了一个"小"例子——朝鲜战争："朝战是北朝先向那打，而这是Stalin（斯大林）引得中美迎头相撞的策略的结果。这一点，早已不是秘密，我是1950年从内部得知的。看来这个问题也和我国今后走什么路有关。这又可以引起一大堆问题，也等以后再谈吧"[26]。顾准所有的"文稿"和"笔记"都没有出现过"抗美援朝"的字样（真真假假的"自述"另当别论），日记也仅仅提到过一次——"抗美援朝可以说的对外斗争，也是对内斗争，它是对新中国的一个考验"[27]。很明显，他对中国出兵朝鲜是不以为然的。如今"1950年的秘密"已是尽人皆知，眼下无论谁来谈论和处理朝鲜问题，可不都应了"我国走什么路，中朝关系就是什么样子"[28]的预言？更何况不经意间还蹦出个活蹦乱跳、生猛无比的韩国，真真的情何以堪！

……。

顾准确实是一位天才，很少有人质疑这一点。但是天才并不等于先知。先知是被神以异象启示，而顾准从未经历过，哪怕像索尔仁尼琴在古拉格劳改营医院中那样的经历[29]，他也不曾有过。顾准的启蒙、

24　同上
25　《笔记》P360
26　《文稿》P360
27　《日记》1955.12.16
28　同上
29　虽然索尔仁尼琴的母亲是虔诚的东正教徒，虽然从小就有强烈的宗教倾向，但索尔仁尼琴对基督教的真正皈依发生在古拉格的塔什干癌病房里。多年的集中营生活使他患上了腹腔恶性肿瘤，在手术后的第一夜，他在黑暗和痛苦中和躺在另一张病床上的一位东正教囚徒之间发生了一次重要的谈话。那个看不清面孔的病人向他讲述了自己从一个犹太人改变信仰成为东正教徒的心路历程。一瞬间索尔仁尼琴感觉到黑暗中有一片明亮的光芒笼罩了

第四部 徐徐地、平静地成熟下去（1972—1974）

启示和启发都来自人类的知识和先哲们的思想，尤其是来自古希腊的思想以及被古希腊思想哲学化了的基督教精神——两希精神，希腊和希伯来精神。

从历史上看，经济学家就很容易被人称为先知，例如亚当·斯密、马克思、凯恩斯、熊彼得、哈耶克等等。所有的经济学家都是建言当下，但大多数人的依据是过去。只有极少数的天才，除了抚今追昔，他们还能想透未来，站在别人达不到的高度和角度上俯瞰众生，评论现在，评论过去。这才是大师或者先知。

顾准还达不到这种程度，他仅仅自承为一位"经验主义者"，他只是达到了马克斯·韦伯先生对经验主义者所定的标准——"任何人，要想成为社会科学和政治科学领域的学者，范围广泛的比较知识是不可或缺的，那就意味着去获得对文明进行比较的知识，不仅要知道现代文明，还要知道中世纪和古代文明，不仅要知道西方文明，还要知道近东文明和远东文明。那还意味着，通过保持与种种领域的专门科学的接触，而不断更新那种知识。在他看来，要是不这么做，就没有权力称自己是个经验主义者。"

何况先知通常并不精通于专门学问，如果他们有什么创造力，常常正是由于他们在专门学问上无过人之处。光是这一条，顾准就不符合先知的标准——他精通会计学呀。

1974年5月，去世前7个月，顾准开始读一部冷僻的英文原著——英国人乔治·卡特林的《政治哲学家史话》（The Story of The Political Philosophers, by George Catlin），同时写下了大量读书笔记。后人在出版《顾准文集》时一般将这部分读书笔记冠名以"关于基督教的笔记"，并作为第一部分编纂在"从理想主义到经验主义"的总标题下。这份笔记还包括两个附件，附录一是他摘译自《阿奎那政

他的全身，他顿悟到治疗人类腐烂的心灵比治疗肉体的创伤和疾病更为重要。这位神秘的东正教徒在与索尔仁尼琴交谈完毕后就死去了，索尔仁尼琴认为这是上帝的有意带领，祂借这位难友之口对他发出了号召。后来他常说如果没有敬畏之心，人什么事情都做得出来。－摘自约瑟夫·皮尔斯《流放的灵魂 索尔仁尼琴》。

治著作选》的"圣托马斯'政治学'语录",附录二是摘译自卡特林《政治哲学家史话》中的"罗马法与教父们"一节。

这篇读书笔记,实际上是顾准写作他最著名的篇章《希腊城邦制度》,写到第六章——最辉煌的伯里克理斯民主时,写不下去了。城邦之间发生了自相残杀,雅典与斯巴达的争霸——伯罗奔尼撒战争——希腊盛极而衰……他实在是心痛难忍,就像看到自己最亲爱的人们在堕落、自毁一样。他迷惘了。

迷惘的顾准甚至不愿接着写下去,《希腊城邦制度》嘎然终止在伯里克理斯民主。然而探索并未停止,希腊衰亡了,但是希腊精神存留了下来,他要探索希腊精神至今不但不衰还历久弥新的原因,是什么承载和递嬗了她,在这个过程中有什么新的东西发生?

"希腊文明如此卓越,然而希腊人的历史命运落得如此悲惨,这是基督教兴起的重大原因之一。"[30]

这是《希腊城邦制度》停笔后他写给六弟陈敏之的信中的一段话,他的笔触有了一个拐点,拐向了对基督教的探索。阅读和翻译乔治·卡特林就是为此目的。这篇译文一般被冠名为《基督教》,但这也许是译者或编者一个小小的错误,因为这一节的主要内容并非介绍基督教本身,而是:

1. 对基督教二元政治观的嬗变——国家与宗教二元分离——"上帝的归上帝,凯撒的归凯撒"的阐发;
2. 对福音书的哲学化来自希腊的阐述;
3. 对基督教平等化的个人主义的阐述。

当然这点小疏忽并没有妨碍译者对原文的理解,也没有妨碍读者对译者的理解。在译文的最后,译者写道:

"创造——拯救

'每个人的自由发展是社会进步的条件',那是企图调和两者。因为实现这一条的时候,矛盾就消灭了。然而,彼岸世界的教会不可

---

30 文稿303

以有，此岸世界的职工运动和小人物的自由社团则是不可少的。

知识——信仰

Plato（柏拉图）是中间体，F. Bacon（弗·培根）—Plato（柏拉图）—Tertullian（特图里安）

此岸世界——彼岸世界"文稿263

这几句话意味非常深：

创造——每个人的自由发展；

拯救——社会的进步；

两两协调，矛盾消失就是共产主义的彼岸。但在到达彼岸前，此岸世界"小人物"的自由社团是不可少的；

假如把知识与培根划等号，信仰与特图里安（古迦太基著名的基督教神学家和哲学家，拉丁西宗教父和神学鼻祖之一）划等号，那么柏拉图就是中间体，是介于此岸与彼岸之间的桥梁。

那么彼岸——共产主义到底是何方神圣？说白了一点都不新鲜，它就是渊源于基督教的意识：

"范文澜不懂基督教，当然更不懂共产主义思想是渊源于基督教的。"[31]

"即使Marxism（马克思主义）也是基督教文明的产物，是另一种基督教意识"[32]；

顾准在生命末端所领悟的共产主义，早已不是当年河上肇《经济学大纲》中的马克思主义学说的、新政权作为立国之本的、"意识形态"的、唯物的、物质的共产主义，而是被他定义为"渊源于基督教"的共产主义。

唯物主义——唯心主义，无神论——有神论，共产主义——基督教，辩证法——神学，多大的一个圈子，难道又绕回来啦？难道果真是人类一思考，上帝就发笑？

---

31 文稿107
32 笔记116

3. 最远的跋涉也许是回归

在顾准全部的思考中,"娜拉走后怎样"可能是最大、分量最重的命题,也是那个时代中国人在精神的各各他之路——死亡与复活之路上最远的跋涉。

比起鲁迅的原创,顾准的"娜拉走后"要沉重得多。前者仅仅事关妇女解放,后者事关全社会男男女女,老老少少的命运;前者今天已经大致解决——居委会、妇联、职业介绍所、婚姻介绍所、妇女儿童保护中心……,只要娜拉还有理性的大脑,她都可以做到既不回到虚伪的"玩偶之家",也不走入毁灭的"青楼",依然可以有未来。而后者——四十年前的勇者顾准在万马齐喑中霹雳一声提出的这个问题,今天还是东方未白,欲晓非晓,连"破题"都还谈不上。

人妻出走本是寻常事,可中国真正的娜拉只有一个——秋瑾。她出走、革命、赴死,"秋风秋雨愁煞人",中国第一个、也是唯一的一个娜拉、一个完成了的娜拉,其他娜拉都未完成。许多娜拉走过一条路——去延安,可她们当真找到归宿和出走的价值了吗?

娜拉走后怎样?人类的道路走到今天,下一步应该怎样走下去?这不是问天,不是天问,它是震耳欲聋的人间之问,人性之问,人与人之间的对问。

"论到夺取政权,Kautsky(考茨基)错了。论到'娜拉走后怎样',Kautsky 对了。"[33]

考茨基"对"在那里?顾准憧憬的人类社会远景到底是什么?两个问题只会是一个答案。

考茨基认为,民主与社会主义都是用来实现同一个目标——消灭任何种类的剥削和压迫,不管这种剥削和压迫是针对一个阶级、一个政党、一个性别或一个种族、一群人。没有民主的社会主义是不可思议的,二者不可分,没有前者就没有后者。民主意味着多数派的统

---

33 文稿 387

第四部 徐徐地、平静地成熟下去（1972—1974）

治,更意味着对少数派的保护。考茨基最重要的理论是对马克思主义无产阶级专政论的否定,也因此在一百多年中被意识形态分子骂作马克思主义的叛徒,尤其在列宁先生《无产阶级革命与叛徒考茨基》发表之后。

顾准从不把列宁看做思想和学术上的谈话对手,自然不会在意这篇"讨逆檄文",相反,他欣赏考茨基的正是他在"娜拉走后"——夺取了政权后的理论,亦即他的"叛徒"理论——当阶级斗争以其全部的尖锐、恐怖、反人性展现出来并且变得不可收拾时,被迫从他的理论中引出的最终结论,即所谓"机会主义"的结论。你我只要看看考茨基的后期著作,"娜拉走后怎样"的命题也许就不需要用宏大叙事的方式去探讨顾准本意。这是条捷径。

但考茨基毕竟是西人,还是不要偷懒的好。顾准这个东方人典例实在难逢,不要轻易放过。他考虑"走后怎样"的大问题横跨20多年,但真正动笔把全部思考的过程写下来是在临终前的两年——1973-1974年,以一种貌似过于随意,实际是万般无奈的方式——和弟弟陈敏之通信的方式,在生命结束之前把这份宝贵的考卷交了出来,交给了人类。

顾准、敏之两兄弟在历尽劫波重逢后开始的哲学通信,自1973年3月开始至顾准去世前的1974年8月止。18个月间,两兄弟京沪之间的通信没有断过。可惜的是,如今人们看到的只有哥哥的信而没有弟弟的,事实上兄弟之间的精神对话看上去成了顾准一个人的独白。弟弟的信还在不在,假如在,为什么至今不见天日,眼下只能回避这个问题。但愿每一位读者都把自己当做陈敏之,去追问或诘问,否定或肯定,辩驳或赞同,这样我的文字才能仅仅根据顾准一个人的独白写下去。

这些只有哥哥的没有弟弟的、看似哥哥一个人自言自语的"独白",粗粗计算竟超过了30万字,足可以成书且20多年后也真的就成了书,这就是王元化先生建议命名为《从理想主义到经验主义》的顾准文存。它们大致包括以下内容:

1. 科学与民主问题的大篇幅思考记录（1973年3-5月）;

2. 乔治·卡特林《政治哲学家史话》中关于基督教的摘译和笔记（1973年5月）；

3. 基督教与现代政治与社会之间的关系及其和中国史官文化的比较（1973年5-6月）；

4. 欧洲封建主义和骑士文明的思考与评论（1973年4-5月）；

5. 帝国主义、资本主义和原始积累以及为什么中国产生不了资本主义的分析评论（1973年5-6月）；

6. 老子、荀子、韩非子与孔子批判（1973年4-12月）；

7. 为《希腊城邦制度》奠基的几个话题：

    a）东、西方两种专制帝国成因差异分析（1974年6-8月）；

    b）希腊文明渊源于跨海的克里特文明；

    c）希腊僭主政治与民主制度形成之间的关系；

8. 对恩格斯《反杜林论》与《路德维希·费尔巴哈与德国古典哲学的终结》的剖析与批判（1974年8月）。

除了译文和摘录之外，这些文字都是他多年追索、探求和思考的结晶，也是他20多年来读书笔记精炼的文汇。一般是弟弟提问，哥哥回答，书信体的痕迹不是特别明显，要不是频频出现"你看"，"你不觉得"，"你认为"等字样，你甚至感觉不出它们是书信而不是文章。

这一扎书信的文字非常优美，超过了顾准以往所有的文字。顾准后来传世的不少格言警句就来自这些书信。许多人读顾准，首先从美学的角度上就被征服了：美的思想——精神，美的载体——华章，美的魂灵——人性，真可谓美不胜收。这种感觉，至少在我，绝大部分来自这扎书信。

与这些灿若夏花的书信相比，"日记"就显得晦涩，尤其是被人诟病至今的"新生日记"；"自述"则显得呆板，尤其"天大地大""爹亲娘亲"之类文革语言；《笔记》虽然也非常精彩，但毕竟比较凌乱，"细思量"后依然要"费猜详"。而这扎被后人冠名《顾准文稿》的书信则给人一张十分清晰的"顾准照"——一个有着希腊心灵形式的中国人。

第四部 徐徐地、平静地成熟下去（1972—1974）

常常有人后怕地问"假如没有陈敏之……？"这是无法回答，连顾准自己也从未去问过的假设。到了生命的末端，他已不再为世事忧虑，不再为明天忧虑，做好了今天的事情，他心安理得。

1973年整个春天，北京的顾准和上海的陈敏之通信非常频繁，五哥、六弟交谈的只有一个内容——科学与民主。日后顾准的老友王元化先生将其称作"低调民主"，以区别于"人民当家做主人"的乌托邦假民主——"高调民主"。

顾准如是说（以下是顾准论"科学与民主"命题的概略，非原文）：

由有教养的贵族静观玄览，爱琴海岸所特有的、工商业城邦的手艺匠师们对客观事物变革过程的感悟而生成的希腊思想，诞下了"科学"与"民主"这一对孪生兄弟。东方中国传统的官家思想文化——史官文化以及专属王室皇帝私产的手工业之所以生不出同样一对孪生子，是因为中国同时代人静思的结果却是排斥"格物（奇技淫巧）"，中国的经验主义只有"知其然不知其所以然"的技艺传统因袭而不是以"致知"为目的的系统思考，这导致了中国思想的贫乏。至今传统思想还是中国身上的历史重负，只有批判中国传统思想才能发展科学与民主。

科学与民主不但是孪生的且是连体的，哪一个离开了另一个都无法存活。唯有民主才不致扼杀科学并发展科学研究，也唯有立足于科学精神之上的民主，才是一种牢靠的、真正的民主，而不是"真主意，假商量"的假民主。

马克思本人就是个超级古希腊雅典迷，他的《法兰西内战》就是他近代直接民主制理想

的表达。可是直接民主的原型——雅典和罗马后来变成了帝国。至于后来彻底承袭了东方式

专制主义的、被马克思称之为"没落帝国"的拜占庭帝国，不在讨论之列。

那么什么才是现代社会需要的民主？是雅典式直接民主吗？

灭亡了罗马的日耳曼诸侯实行的是孟德斯鸠的"等级君主制",君王和诸侯之间是权力和义务的关系,这是这个蛮族在作为罗马帝国的邻人和雇佣兵的时候从罗马法的契约观念里脱胎出来的,也是启蒙时代的卢梭写出《社会契约论》的历史传承结果。

《法兰西内战》中的"公社",效法中世纪西方城市里的自由民自治,好像一个城邦的政治组织形式。欧洲议会制度正是在这种组织形式基础上逐渐形成的,即议会,是在等级君主制的根子上长出来的。后来有了《英国大宪章》,争得了王室对诸侯的"不侵犯诺言",城市生长,商业发达,议会成了"和平的阶级斗争"的舞台。议会演进,权利逐步下移,形成了民主政治——议会政治。再往后就是"代议政治",议会代表立法权而王室代表行政权,这就是被孟德斯鸠系统化了的、三权分立的宪政制度。

议会演化出政党。通过一个议案式的赞成派就是执政党,反对派就是在野党。也唯有一个有立法权的议会才能使政治和政策的公开讨论成为可能,否则它们将永远为"时代的智慧和良心"躲在壁垒森严的宫廷里做出的决定。

这一套政治规则,在没有一般的权利和义务的观念,契约观念也没有的中国是无法被理解的,所以中国只有"迎闯王,不纳粮"而无"不出代议士不纳税"的口号。

后来就有了英国和法国两种不同的革命。英国"光荣革命"后议会取得了全部政权,王室成了傀儡。这革命看上去死气沉沉,庸人气息十足,却维护了责任伦理和个人价值。法国大革命初期的议会是英国式的,到国民公会——公安委员会——罗伯斯庇尔时期通过了恐怖主义,将立法和行政权集于一身。轰轰烈烈的革命复古了罗马时期的直接民主,却为拿破仑皇帝专制铺平了道路。假如罗伯斯庇尔不死,也只可能他自己变为拿破仑。这一点在德国希特勒时代也得到了验证。

马克思、列宁的直接民主-直接专政,熊彼得、艾德礼的议会民主-议会监督下的官僚机构,孰能,孰不能,孰取,孰舍,历史的事实已经作出了答案。

第四部 徐徐地、平静地成熟下去（1972—1974）

"娜拉走后怎样"的问题是有答案的——假如没有真正的民主，出走后的娜拉只可能自己变成海茂尔且只可能更虚伪、更残酷。

马克思、列宁都强调直接民主，事实却证明复古的直接民主是行不通的，拿破仑、希特勒，斯大林都是例证（中国就不说了）。列宁相信直接民主甚至到了解散常备军，以赤卫队取代的地步，然而结果却是：苏联的军队是全世界最大的职业军队，它的官僚机构是除中国以外最庞大的机构。捷尔仁斯基的"契卡"成了贝利亚的内务部，一切权力归苏维埃递变为一切权力属于党，再变而为一切权力属于斯大林、赫鲁晓夫、勃列日涅夫……

再来看美国。美国开国英雄华盛顿坚决拒绝当皇帝，但成了"联邦党"的创始人，和主流党对峙，成为两党制的基础。独立战争时期大陆会议的主要角色都在政治舞台上露了一手，假如套在1917苏俄身上，相当于斯大林、布哈林和托洛斯基轮流当了总统，联共分为两党，轮流执政。但这在现实中绝无可能，因为唯有美国这个新教徒移民组成的国家才会产生出华盛顿，这是野蛮落后的俄国绝做不到的。

议会政治被批评为"议会清谈馆"，庸人气息十足，被马克思、恩格斯以及所有相信绝对真理的人和狂热的教徒所讨厌。然而"两害取其轻"，还是庸人的"议会清谈馆"好过革命的"蜻蜓吃尾巴"。两党制的议会政治是现代唯一行得通的办法，根据一套游戏法则（宪法、选举法），谁赢谁"坐庄"。这样一定会产生一种职业政治家的精神贵族，不过这又有什么可怕的呢？"贵族"多如过江之鲫才好呢，要的是进步而不是向后看齐。

"保护少数派"是两党制的口号，这是英国人穆勒说过的话，是地道两党制的口号。人间的基调是进化，革命则是进化受到壅塞时的溃决，一百年中可以有那么一天、十天、几十天等于二十年，天天等于二十年一定闹笑话，我们已经受够了。

至于代议政治的官僚机构，那是不可或缺的。社会日趋复杂，打烂国家机器是办不到的。唯有有了真正的议会，不但立法受到监督，日常行政也受到监督，眼睛愈多，无法无天的事情愈可以减少。

这一套全是进口货，可是不进口不行啊。不必设想李自成、洪秀全胜利会怎样,朱元璋不就是李自成吗?农民造反得有知识分子方可成事,可刘基、宋濂、牛金星、李岩类,除了四书五经、二十四史而外还能读到什么?他们不承袭旧制能建立政权吗?还有1957年的"百百长互(百花齐放、百家争鸣、长期共存、互相监督)",那是恩赐的民主,肯定靠不住的。五四的事业,民主要进入中国,必得要有有志之士开路。民主不能靠恩赐,民主是挣来的,要有笔杆子,要有用鲜血做墨水的笔杆子。

　　说到"直接民主","人民当家做主人"等等,不是假话就是真无政府主义。为什么?因为首先,历史上直接民主只存在于"城邦"中。对于现在没有城邦,都是民族且还在超越民族的界限变得愈来愈大的国家,若不是苏联——中国型的专制,就只能是议会与行政权并存,有政党轮流执政的民主国家。"直接民主"不过是一党制、独裁国家的骗人的幌子。历史确实是人民创造的,但政治上当家作主并轮不上他们,无论是专制下还是"和平的阶级斗争"下,莫不如此。不要奢求人民当家作主,而来考虑怎样才能使人民对于作为经济集中表现的政治的影响力量发展到最可能充分的程度,防止行政权发展成为皇权。唯一的办法是有人在旁边觊觎,而且这种觊觎是合法的,决定觊觎者能否达到取而代之的不是谁掌握的武装力量更大,而是让人民在竞相贩卖他的政纲的两个政党之间有表达其选择的意志的机会,并且以这种意志来决定谁该在台上。伴随着这种制度而来的一切可笑现象,只能认为是较轻的祸害,是为两害取其轻。

　　政治是一门专门的行业,需要政治家。他们精心炮制政纲,争取群众拥护以期取得政权。在台上时他们是总统、总理或外交部长,下台了,当一名教授或农民,这才没有亵渎民主的神圣含义。

　　一个主义一个党,必定窒息思想,扼杀科学!

　　娜拉出走了,问题没有完结。千千万万因为一个"你们将及身而见"列宁语的(共产主义)理想而出走的娜拉,如今却走进了"利维坦"的噩梦,比起虚伪、专制、摧残人性的夫家,有过之而无不及。娜拉你可知道眼下只有一条路可走,那就是科学与民主的道路——真正人类进步的道路。

第四部　徐徐地、平静地成熟下去（1972—1974）

民主是最不符合自然人情，最需要人栽培的政治制度，因而也是最困难的一种政治制度，但它却是出走后的娜拉唯一可以选择的道路。但民主并不是目的，和社会主义本身一样，它只是手段，是工具（早在 1950 年代他就声称接受罗素的"工具主义"），是用来实现人类的不断进步的工具。

东方的顾准和西方的考茨基对于"娜拉出走"的观点是相同的。不同之处在于，后者有终极目的——"消灭任何种类的剥削和压迫，不管这种剥削和压迫是针对一个阶级、一个政党、一个性别或一个种族"，并认为这目标就是唯一的"至善"。前者则连这个目的也不去假设，他只相信人类的进步，相信"至善"是一个水涨船高，永远也达不到的，却又是值得人类牺牲性命去追求的目标。

"如果不承认有什么终极目标，相信相互激荡的力量都在促进进步，这在哲学上就是多元主义……无论'民主政治'会伴随许多必不可少的祸害，因为它本身和许多相互激荡的力量的合法存在是相一致的，那么，它显然也是允许这些力量合法存在的唯一可行的制度了。"[34]

多年后，当人们看到这些精彩"独白"的同时也恍然大悟到它们在政治哲学意义上的常识性，但这并未妨碍知识界对它的激赏。在赞誉它是"中国思想界自 1949 年以后最为扎实也最为沉重的一次收获"[35]的同时，还引起一片"愧对顾准"和"历史格外青睐顾准"的惊呼。

常识是人类世世代代经验的产物，其特性就是它的经验性，而顾准正是以一位"经验主义者"自居的人。最远的跋涉常常是回归，回归到常识。

中国政治有可回归之点吗？中国古代政治真的自有信史以来就是与人性相悖的东方式专制政治，真的就和古希腊罗马政治毫无共

34　文稿 397
35　朱学勤《愧对顾准》

同之处吗？一位近代中国人——熊十力先生给出了截然相反的回答：中国古代不但有与古希腊相似的制度民主思想，还已经有了相似的联邦制国体设计，这个设计蓝本就是面世于春秋时代的政治哲学著作——《周官》，并据《史记》明言《周官》为孔子之作。

1950年春，熊十力通过林伯渠、董必武、郭沫若的辗转传递，以四万字文言上书毛泽东，直抒其多年研究《周官》之己见——这是古代中国创造性的民主主义、东方的民主主义。出于和顾准一样要为国为君作"刍荛之献"的情怀，十力先生希望能以周官之解作今日之用，借古人之政治智慧作新中国国策建言，让看上去深谙、深喜中国历史的新君、明君能带领新国家走向、或干脆曰，回归民主政体。可惜的是，这封四万字长信在仅仅得到"长函读悉，谨致谢意"[36]答复后即泥牛入海，杳无音讯。次年它被著者扩写为7万字，冠以《论六经》之题自费交大众书局油印了200册，流传民间，在失传几近30年的绝境中保存了下来并在1980年代被重新发现。而著者自己则早已在"史无前例的十年"初期即绝粒而亡。

《周官》者言：

"万民有——选举和被选举、言论自由和监督、弹劾乃至罢免公职人员包括群臣、群吏直至王之权；对国家宪章、政策、法令和实施措施的知情之权；直接参与和决定联邦国家重大决定之权；要求政府提供社会保障之权；无偿获得住宅用地和生产用地之权；劳动就业之权；受教育之权……。一切自然资源属于联邦万民共有；公平、诚信的市场制度；道德和科技并重的普及教育；全民皆兵的军事体制；教育为主，惩罚为辅的法律制度；礼乐的社会功能及其本质；男女平等、婚姻自由……。并且有了'民主''科学''人权'的概念和术语。"[37]

这不啻中国的"理想国"，东方的"共和国""国家篇"！

中国最早使用"民主"一词的王韬（1828-1897）曾认为，"民

36　毛泽东复熊十力函
37　郑绍昌、朱小平《解周官》摘抄

第四部　徐徐地、平静地成熟下去（1972—1974）

主"这种最完美的政治形式出现在尧舜时代，而"君宪"出现在西周初年，是仅次于前者的政府形式。最后才是最糟糕的君主制，自公元前221年秦统一中国一直延续到清末。中国古代光辉灿烂的制度民主思想在两千多年间遭到了集权专制制度的一再摧残、扼杀、阉割、篡改和歪曲。《周官》——这部十足民主色彩的政治哲学著作到了西汉王莽年代被正式篡改为《周礼》，"民主"萌芽归于灰飞烟灭，华夏中国从此走入"亚细亚"的、"东方式"的专制独裁政体。

顾准在他的时代能够读到的中国古代史，就是经过了如此摧残、扼杀、阉割、篡改和歪曲，另外还要加上一条——屏蔽——的历史，从他的文字中也看不出他读过熊十力的《原儒》，更遑论"七万言书"了。顾准对古代希腊城邦制度、民主政体的的赞叹、羡慕和对中国历史的惋惜，他的厚西薄中，原是情有可原的。但是且慢，也许此人用不着后人的"原谅"——

"'西藏书于周室'，恐应解为要周室的藏书来阅读研究（古史）。"[38]

这是他读史笔记论及孔子"翻经"时写下的一句话。"西藏书于周室"出于《庄子·天道篇》，可是经过了秦始皇的焚书坑儒，还有无"周室之书"已大可怀疑。顾准此说与王国维"解儒不可用汉字而是金文"并斥史官"汉儒解经多以'汉制说古制'"的荒谬、与熊十力先生不屑于王莽、董仲舒独尊之"儒术"何其相似乃尔。从党校时期起他就起疑"孔孟之书几千年来宗在中国，实在是随各家注释，许多学说以释经、经注名义发表，这是一种畸形现象"[39]，也是他直到临终都在反复阅读《甲骨文字研究》《两周金文字大系》《殷周青铜铭文研究》《周易》等古文字学书籍的苦心。在根本不可能读到中国中古史籍——"周室藏书"或比较接近它的近古、近代"解经"的那个时代，顾准，在海量阅读后已经开始怀疑自己读到的并非"真史""良史""信史"，了不起，太了不起啊！设若上天假他以时日，谁敢说他

38　笔记166
39　日记56.2.23

不会写出一篇优美白话文的《论六经》《注六经》《释六经》，甚至是一篇现代《六经》来？

"究竟什么叫做共产主义，迄今的定义，比 Marx（马克思）亲自拟定的定义'每个人的自由发展是整个社会发展的条件'（见《宣言》）愈来愈分歧，愈来愈不一致，也愈来愈难理解。"[40]

那么顾准的"理想社会""理想国"到底是怎样的？

那么什么才是社会主义？

那么我反对社会主义吗？[41]

4. 我反对社会主义吗？我不

"那么，我反对社会主义吗？我不。"[42]

这是顾准写给陈敏之的非常精彩，也许是最精彩的一封信（后人将它冠名为《民主与"终极目的"》）中的一句话。紧接这句话他写道："私有财产终归是要消灭的，我们消灭了私有财产，这很好"[43]。这两句话曾令人很费解，也是眼下的年轻人不能理解顾准的痛点——怎么？反专制英雄要返回到"剥夺一切私有财产"的专制主义魔障中

40　文稿 396
41　这里将社会主义等同于共产主义，因为顾准认同熊彼得的观点——"我没有分别为集产主义或共产主义下定义。我将完全不用集产主义这个名词，共产主义这个名词也只偶然用于自称为共产主义的集团。但如果我不得不用这两个名词时，我将只把它们用作社会主义的同义语。在分析历史上的用法时，多数作家曾试图给予它们不同的意义。诚然，共产主义者这个名词几乎一贯用来指比其他各种社会主义者更彻底、更急进的人。但是社会主义的经典文件之一，题名却是"共产党"宣言。原则的区别从来也不是根本性的——在社会主义营垒内部公开宣布了的分歧，并不比社会主义营垒和共产主义营垒之间公开宣布了的分歧更小"。-摘自熊彼得《资本主义、社会主义与民主》 吴绛枫译
42　《文稿》P392
43　同上

第四部 徐徐地、平静地成熟下去（1972—1974）

去吗？但揉揉眼睛接着往下看，眼前依然还是那面大书"科学"与"民主"的大旗，旗下还是那个反专制英雄——

"你不赞成两党制。可是，你看看一党制的社会主义国家如何。苏联、东欧我们固然看够了，东方某些国家也一样，你对那一套阿谀崇拜不觉得恶心吗？一个人，手里集中了任所欲为的权力，你用什么办法来约束他不乱搞？有什么保证？"[44]

这是怎么回事？顾准心目中的"社会主义"到底是什么？不弄清楚这个问题，几乎无法把握对顾准思想的理解。

写于1966年12月，读欧文·拉蒂摩尔《中国的边疆》的读书笔记中，顾准这样总结各式各样的中国式"社会主义"：

- 梁启超儒家的"社会主义"，是君上对庶民的恩赐而无"人生而具有的权力"的根据；
- 王夫之的"原君"，"原臣"，还是以君臣等级之分为前提的孟子再版；
- 李自成的"迎闯王，不纳粮"，是基于租赋关系的权宜号召，同样无"人生而具有的权力"的根据；
- 天朝的田亩制度，康有为的"大同思想"，若还是以"君君臣臣父父子子"为前提，则人的自然权利还是没有地位。（不得不说，这里顾准显然没有仔细阅读《大同书》，好在他并未肯定《大同书》是以"君君臣臣父父子子"为前提，而只是假设。-著者注）。

何止在中国无法定义，社会主义"——Socialism，这个据说最早由法国人圣西门、付立叶，英国人欧文首创的政治制度概念至今也还是形形色色，五花八门，公一嘴婆一嘴，令人犯晕。你看——

- 有上面三位开山祖的"空想社会主义"；
- 有号称正宗马克思主义的"科学社会主义"；
- 有俄罗斯的"苏维埃社会主义"；
- 有希特勒的"国家社会主义"；

---

44 《文稿》P392

- 有柬埔寨的"红色高棉社会主义";
- 有缅甸的"军人社会主义";
- 有利比亚的"民众社会主义";
- 有中国的"特色社会主义";

……

还有其他无数自称的"社会主义"。连搞了一辈子社会主义革命的老革命家们也犯晕,谁也说不清什么才是真正的社会主义。但说不清不等于没有——

"既然说不清什么是社会主义,为什么革命家还要自称社会主义呢?社会主义是崇高的理想,革命家不因为说不清而且没有出现过公认的真正社会主义就轻易放弃崇高的理想。正如中国从古到今尊崇大同理想,不因为从来没有出现大同而放弃大同的崇高理想。"[45]

顾准是幸运的,他没有这种"说不清"的困惑。对于什么叫社会主义,他有个明确的标准——凡不以"人生而具有的自由平等权利"为根基而是以天子、皇帝、寡头、僭主、强人或一切统治者名义压倒一切人,没有个人权利,没有权利义务的观念,连契约观念也没有的"社会主义",都不是他认为的、至少也不是他"不反对"的社会主义。

那么"科学社会主义"呢?标准也同样——

"郭沫若说(《十批判书·孔墨的批判》),孔老二必然论 Necessitarianism 不是宿命论 Fatalism。必然论,像所谓科学社会主义一样,确信历史演变,必然趋向一个至善的目的。惟有怀抱着这个至善的目的的确信,然后'知穷之有命,知通之有时,临大难而不惧',才是有所本的。孔老二有这样的至善的目的没有?郭沫若把他描绘了一通(恐怕这也就是康有为所描绘的那一套):称道尧舜,讴歌禅让,'舜禹之有天下而不与焉','恭己正南面',即要制作一个

---

45 周有光《民主是人类的经验积累》

第四部　徐徐地、平静地成熟下去（1972—1974）

'东周'，实现他的乌托邦，唐虞盛世。这个乌托邦的内容是些什么呢？无非还是整个尊尊卑卑的等级秩序，加上那种行不通的，无所根据的（在这一方面，韩非尖锐地把它指了出来了）父道社会主义，如此而已。"[46]

这篇读书笔记写于1973年，是他对照范文澜《中国通史简编》新旧版本后记下的大大的、无奈的慨叹。时值全中国都处在晕晕乎乎"批林批孔"高潮中，顾准却拿被"人民"弃如敝屣的孔老二的"必然论-宿命论"与至高至尊的马克思主义三个组成部分之一的"科学社会主义"并论，真可谓大胆至极。如此看来他对"科学社会主义"也是不买账的。可是他又说：

"那么，我反对社会主义吗？我不。"[47]

他认可的社会主义到底是什么样的社会主义呢？看上去很复杂，说白了却简单，他认可的社会主义，就是他在1960年代二进经济所后通过翻译其书而认识的奥地利政治经济学家约瑟夫·熊彼得的《资本主义、社会主义与民主主义》一书中"成熟状态下的社会主义化"。"熊氏社会主义"才是以"经验主义者"自居的顾准的真正理想。

人怎么可能没有理想，没有理想地活着是多么地无意义，尤其是在这群富有天职感——使命意识的人们，例如顾准的身上。只是他们看够了，看透了"从圣母玛利亚的理想开始，以所多玛的罪恶告终"的所谓理想主义。他们已经惧怕了"理想主义"这个词。

说到底，顾准这一群人坚决否定和抗拒的，是"把理想主义庸俗化了的教条主义"[48]。他们勇敢地撕下权威、威权们"理想主义"的假面具，露出它的狰狞面目——在公共领域内以强行实现个人政治抱负为目的统治者的特权，和必须服从这一理想的臣民们的义务。在这两者之间毫无人格的平等、价值的平等和权利的平等可言，它和

46　《笔记》P117
47　《文稿》P392
48　《文稿》P432

"每个人的自由发展是一切人的自由发展的条件"摘自《共产党宣言》的美好定律毫无关系,南辕北辙——只有权威、威权们"权宜凌驾于伦理之上"的、任性的自由发展,而臣民们的个人尊严和发展在它的面前只是蜉蝣、粪土、齑粉罢了。

他们拼了性命要抵制的,就是这种"理想主义"。

然而这群人怎么可能没有理想?怎么可能没有梦?

"每一代人都不会满意他的处境,都在力求向上、向上还向上,因此每一代人都有他的问题(按辩证法说叫做矛盾)。至善是一个目标,但这是一个水涨船高的目标,是永远达不到的目标。娜拉出走了,问题没有完结。至善达到了,一切静止了。没有冲击,没有互相激荡的力量,世界将变成单调可厌,如果我生活其中,一定会自杀。这有什么意思呢?还是不断斗争向前,还是来一些矛盾吧。说过这一段话,民主这个问题似乎也好解决一些了。"[49]

没有梦,卢梭写不出《社会契约论》和《爱弥儿》,达芬奇画不出《最后的晚餐》和《蒙娜丽莎》,贝多芬谱不出《欢乐颂》和《命运》,雨果讲不出《九三年》和《悲惨世界》。没有梦,中国的顾准怎么就会凭空生出一颗希腊心灵,去感受人类的苦难,去拼了性命地探寻人类的出路?

他们否定和抗拒的不是"理想"本身,也不是"绝对真理"本身,而是教条化、庸俗化了的理想主义,是那种"钦定的眼镜限定一切人全得戴上,不戴者斩"的、"钦定的绝对真理"[50]。不用看别人,仅仅看顾准,在他的私人领域里,不是一直高高地飞飚着大书"科学"与"民主"的理想主义大纛吗?再睿智、再坚强的人,没有理想——真理——信仰做支撑也只会"沙器"般一败涂地,哪里会像他这样孤军奋战,左冲右突,万死不辞!

无法想象顾准是个没有理想,没有信仰之人。正如后人形容,他,

---

49 《文稿》P397
50 同上 P449

第四部 徐徐地、平静地成熟下去(1972—1974)

是"理想之敌、理想之友"[51]。

在熊彼得那本著名的著作里有一个问答句,作为整个第3篇的标题,和后人顾准"我反对社会主义吗?我不"的问答句相映成趣,简直能做个上下联——"社会主义能行得通吗?当然行得通。"

熊氏的这本书共分为5大篇。

在第1篇《马克思的学说》中,他分别将马克思放在先知、社会学家、经济学家和教师四种位置上作了分析——

作为先知和社会学家,马克思的社会主义也属于向人们约许在人世间建立天堂那一派,因此带有严重的宗教性。马的经济史观一直被称为唯物史观,他自己也这样称呼它(顾准则认为这是拜恩格斯所赐)。马氏"唯物史观"和它的跛子姊妹(熊彼得的刻薄与顾准基本等量齐观)——社会阶级理论,在信徒们看来简直就是揭开人类历史全部秘密的万能钥匙,然而他被自己制造的某些困难阻断了走向成熟的阶级社会理论的道路。他的第一合作者恩格斯的理论是分工类型的理论,本质上是非马克思主义的。从纯哲学角度出发,熊彼得说:"马克思哲学并不比黑格尔哲学更唯物。"

作为经济学家,马克思无疑是李嘉图的学生,还有魁奈(弗朗索瓦·魁奈,古典政治经济学奠基人之一,法国重农学派创始人),其价值理论肯定是李嘉图式的。他对资本理论做出了许多贡献,尤其是对资本净收益的解释,即他的剥削理论——剩余价值理论。但就实际内容而言,这个理论是站不住脚的,即使人们同意他推理的逻辑链,这个链的末端是资本主义制度的大崩溃,我们还是找不到这个必然过程的内在原因。这里存在着计算错误、预期错误和其他各种错误。马克思经济理论完成了他的社会学体系,虽然并未成功,但在失败中它却建立了一个目标和一种方法。

在第2篇《资本主义能存在下去吗?》中,熊彼得说:"不,我不认为它能存在下去"。

他从资本主义"创造性的毁灭""垄断""投资机会的消失""资

---

51 刘军宁《理想之敌 理想之友》

本主义文化""企业家智能的过时""资本主义社会制度结构的毁坏""日益增长的敌意"等若干方面推断出资本主义终将解体的结论。这是以他1912年出版的《经济发展理论》中"创新学说"为理论根据的。但是在熊彼得看来资本主义不会毁于它的本身——经济,而是会在"资本家和企业家"与"不断创新的技术"的促使下自动进入社会主义,前者(资本家)更被他说成是资本主义的功臣和社会主义的先驱。他甚至说"资本主义社会为社会主义塑造了事物和灵魂,而且被塑造得如此完美,以致最后的一步不过是个形式。资本主义将毁于它的经济成功而不是失败,这个创造性破坏过程就是资本主义的本质性事实。也就是说,从资本主义到社会主义的过渡将是一种经济学意义上的、资本主义的"创造性的破坏过程",是在资本主义体系内的逐步社会主义化,而非什么阶级斗争。

第3篇就是前面提到的《社会主义行得通吗?》,熊彼得回答得极干脆——"当然行得通"。

在本篇中,他首先肯定社会主义经济在纯逻辑性上没有错误,同时排除了所有"可以称为中央集权社会主义的东西",声称不愿为讨论它们而浪费时间,然后才转入正题——

社会主义社会指的是一种制度模式,在这个模式中生产手段和生产本身的控制权都授予中央当局,这个当局我们叫它"中央局"或者"生产部",社会的经济事务原则上属于公众而非私人。但第一,它必不是专制和独断的,它必须向国会或议会提出他的计划,也可能有一个监督和检查的权力机关——审计机关,有权否定它的决议。第二,必须把某些行动自由留给"现场负责人"——产业或工厂的经理们。

社会主义意味着一个新的文化世界,从旧的资本主义过渡到社会主义有两种形式:"成熟状态下的社会主义化"和"不成熟状态下的社会主义化"。前者的征兆之一是通过宪法修正案的确切可能性,以和平的、不破坏法律连续性的方式过渡到社会主义;后者的征兆则是在物质和精神上都尚无准备,必须使用暴力来反对一些集团和阶级(不是孤立的个人),不可能修改宪法,即不破坏法律的连续性而

第四部 徐徐地、平静地成熟下去(1972—1974)

通过社会主义原则:新秩序必须通过革命建立,尤其是通过血腥的革命来建立。

熊彼得极力赞扬并主张"成熟状态下的和平过渡",也赞同在变法前采用国有化。他认为"在资本主义体系内的逐步社会主义化"不仅是可能的而且是最可期待的事情。

第4篇,是顾准最为倾心的命题——社会主义与民主。

首先必须明确定义什么是民主。假如把"决策"和"统治"等同起来,"民主"的定义好像就是"由人民来统治",但这不够明确,因为不同的集团在不同的时期声称他们就是"人民",可是"人民"怎么有技术上的可能性去进行统治?除非实行"直接民主",人民本身决不能真正进行统治或管理,人民实际上也从未统治过,技术上的可能性就没有,却总能被定义弄得像在进行统治。但这不是民主。

人民必须想象为把他们的权力"授予"将"代表"他们的议会,而议会是一个国家机关,与政府和法院同等。人民的任务是选举产生政府,某些人通过争取人民的选票取得做决定的权力。接着,他提出"应用的原则":

在所有的民主国家中,除了美国是由选民投票直接选出总理,所有其他国家选民投票不是直接产生政府而是产生一个被称为议会的中间机关,由议会产生政府——选举总理(国王、总统或什么委员会任命,那仅仅是形式)——总理提出内阁名单——议会投票表决此名单。关于他的政治地位,由3个必不可混淆的要素,以不同比例混合在一起——首先,他是作为议会中他的党的领袖担任此职,直接成为下院,间接成为上院的领袖;其次,他可以利用另一个党来强迫他自己的党;最终,他成为超越党路线、党舆论的全国领导。民主方法的实质,也是议会制度的实质在于:每匹"马"都有脱缰的自由,反叛或消极抵制领袖的领导,是"马"与"驭手"之间正常的关系。

民主不是也不可能是指"人民"在那里"统治",民主不过是指人民有机会接受或拒绝将要来统治他们的人。为防止要来的统治者破坏民主,他们必须经由自由竞争选民的选票才能上位。用一句话定义一下——民主政治就是政治家的政治,政治不可避免地是一种事业生涯。民主方法成功的条件：（一）政治人物的品质必须是很高的；（二）政治决定的有效范围不能扩展得太远；（三）必须能够支配一个训练有素的由好出身，良好传统和富有强烈责任感和集体精神的官僚机构的服务；（四）要有民主自制力，选民和议员一定要有高度的智力和道德水平，使其不为歹徒和狂人的献纳所动；（五）对不同的意见作大度的宽容。

总而言之，现代国家的民主制度是资本主义过程的产物，它只能是多党制的、议会式的官僚主义的社会主义阶段。

"不同意见的人必定要组成不同的社团，发展的结果必定是社会主义的多党制度……（独裁虽不免出现，但是）经济发展到一定水平以后，高度集中势不可能长期维持，精雕细刻的发展生产潜力成为迫切的要求，群众的智慧要发生作用，任何事情也就不能在顷刻之间获得定论，自由争论，长期的政治斗争就成为继续发展的生命力。这时候，没有民主主义怎么办！"[52]

熊彼得的这部著作深得他的中国同道顾准之心——

"Schumpeter（熊彼得）优于 Bohm-Bowerk（庞巴维克，奥地利经济学家），优于 J.B.Clark（约翰·克拉克，美国经济学家）。他看出，资本主义的生命在于革新，他从不作静态的假定。不错，他也有他的静态观，但他的静态社会，是资本主义过完了它的豪情奔放的青年时代，该进入他的官僚主义的社会主义阶段了。"[53]

"Schumpeter 首尾一贯。因为他把边际理论扩大到社会动态，又把资本主义规定为其生命寄托于'动态'的一种经济。可是，社会主义难道能够是静态的经济吗？"[54]

上面是顾准1968年被监管期间读西方经济学著作时所作的两段笔记。

---

52 《日记》1960.3.2
53 《笔记》P299
54 同上 P301

第四部　徐徐地、平静地成熟下去（1972—1974）

比起罗伯斯庇尔国民公会-公安委员会的社会主义，比起巴黎公社的直接民主社会主义，比起希特勒第三帝国的国家社会主义，英国式议会实在显得猥琐，

"这全套东西表明一个民族没有领袖，缺乏领导，也就等于没有'主义'……真叫做庸人气息十足。"[55]

可是最害怕"庸人气息"的顾准却对这套"庸人气息十足"的"东西"击节赞叹。这才是他理想的社会、理想的主义，理想的社会主义（但不是静态的），理想的人类发展必经之路（但不是终极目的）。比起庞巴维克、克拉克、欧文·费雪等边际论经济学家，熊彼得更有意识地有他的社会发展观——在公开声明拥护资本主义的同时，断言社会主义实质上是过完了豪情奔放的青年时代的资本主义的成年阶段，且这个阶段必然是"官僚主义"——议会形式的。

这大概也是顾准1973年写给六弟陈敏之的那一札"漫谈民主"信函中"议会清谈馆"之议的基础——"自由民主"本身就是分权制衡与议会民主的代名词，却被老师马克思厌恶至极。1789国民公会异化成为恐怖的罗伯斯庇尔牌绞肉机，"《九三年》（雨果有一本书的题目）却是Marx、Lenin（马克思、列宁）的无产阶级专政的原型"[56]，顾准从这部绝大多数人从中看到高尚人道的名著中，独具慧眼地看到了"无产阶级专政的原型"——《法兰西内战》中所设计描绘的一整套政治体制——中央集中的政治体制。

正是在这里——直接民主与议会民主的交点上，顾准又一次与老师马克思相悖。

我反对社会主义吗？我不！假如为在中国实现这样的社会主义，我可以再一次"出走"，像秋瑾那样的、真正的出走。

55　《文稿》P384
56　《文稿》P393

5. 他思、他言，故他在

顾准深受熊彼得"成熟的社会主义化"的影响是不言而喻的，这从他全部已经面世的文字中可以非常明显地看出来。"两党制"和"保护少数派"两个概念，就是他从1962年最初接触和翻译《资、社与民》开始逐步确立的。

（后面凡提及此书均使用此缩写。因为二十年后有新人重译此书时用名为《资本主义、社会主义与民主》，与顾准首译《资本主义、社会主义与民主主义》略有出入。-著者注）

1962年顾准结束劳改，摘去右派帽子重回经济所。他一头扎进久违了的西方经济学期刊中，连抬头换口气的功夫都舍不得划拉出来。经济所图书馆馆长宗井滔，一期也没有落订地订齐了《美国经济评论》《译丛》《动态》《外国学术资料》……，伴着这些封、资、修的"货色"，这口"沙漠之井"居然安然度过"反右"狂潮。他依然坐在那张老旧的、中研院留下的老式办公桌前，精打细算着怎样用最少的钱去购买最多的书籍，好让顾准这帮嗜书如命的人们吃饱吃好。

就在宗先生的盛宴里，顾准如获至宝地发现了熊彼得的《资、社与民》和琼·罗宾逊夫人的《经济学论文集》英文原版——"我还埋头读了几本这里那里借来的、前所未见的经济、历史著作，译熊彼得的书，就是这最初的一二个月中动的念头。"

所长孙冶方立即同意了，并很快帮他联系了出版机构——商务印书馆。

他日以继夜地干，自承"外文水平本来不够译这本书，译稿反复修改了二三次，可是我硬着头皮干下去"[57]。他被熊氏这本书文字的隽逸，表述的透彻和立论的果决深深地吸引了。自己思考多年的东西，此公二十年前既已捷足先登、一矢中的，除了钦佩，只剩下赶紧把它译出来，让更多的同道分享的心思。

他羡慕起身边的同侪来。巫宝三，原中央研究院留下来的经济学

---

[57] 同上 P102

第四部 徐徐地、平静地成熟下去(1972—1974)

学者,关淑庄,原联合国经贸组织工作人员,他们都是熊氏亲炙弟子,亲见、亲聆过如此智慧之人师。掐指一算,当他们在哈佛的课堂上速记着熊老师的高谈阔论之时,正是自己在延安的窑洞中诚惶诚恐地聆听"读书是天底下最容易的事情,杀猪猪会跑,读书,怎么读都行;以及人屎可以喂狗,狗屎可以肥田,教条比狗屎还不如……"训诫之日。

人的命运,知识的命运,中国经济学的命运,都被这两个课堂预定了。

关淑庄女士曾对自己的学生说:"你们所受的经济学教育同我们所受的完全不同。你们的教育背景是两因素(使用价值和价值),而我们是两条线(供和需曲线)"[58],女士一语道破两种制度下的两种经济学难以对话的原因,他们也都没有再"鸡同鸭讲"地争辩,只有顾准,一直试图使"两因素"和"两条线"包容并兼,走一条中国自己的经济学之路——

"如果我这修正主义者当所长,我要搞数理经济学,我决不会向涅姆钦诺夫卑躬屈膝地去取经,我会要巫宝三、关淑庄这些人来翻译介绍西方的东西,也组织人翻译苏联的东西,哪怕是搞修正主义,我也还要取两者之长,走自己的路哩!"[59]

显然,顾准陷入了"关公战秦琼"式的徒劳,包括他翻译熊彼得《资、社与民》的良苦用心,都是徒劳。诚然商务印书馆在他死后5年的1979年终于正式出版了这部世界名著的一译、一版、一印,可却是一部"供批判"的"毒草"。

五、六十年前的中国有个有趣的事情——"上头"常常会在出其不意的时间、出其不意的"人民"等级内,例如群众级、公社级、县团级、地市级、省部级等等,发行一本本"供批判"的"毒草",有时还会是"毒草丛"——丛书。例如从五十年代起直到八十年代才绝迹的灰皮书和黄皮书,封面、书角上都印有"供内部参考","供批判"

---

58 赵人伟《从一些片段看顾准的学术生涯和感情世界》
59 《自述》P240

的字样,灰皮的发至什么等级,黄皮的发至什么等级都是严格规定的,其中就包括了严重影响顾准思想进程的《新阶级》《普列汉诺夫机会主义文集》《考茨基言论集》《通往奴役之路》等"大毒草"。

1964年,顾准译出了两部西方经济学名著,一本是熊彼得的《资、社与民》,另一部是琼·罗宾逊夫人的《经济学论文集》。1965年两部书都由商务印书馆出版了无标价版本,译者署名绛枫,姑且称之为"供批判毒草版"。但这两个版本如今都已绝迹。在译者死去五年后,1979年,绛枫译本《资、社与民》正式发行,虽依然被标注了"内部发行"的字样,但封底也同时标注了价格——1.65元。(《经济学论文集》则在1984年公开发行,译者顾准,定价0.82元)。千万别小瞧这个"1.65元",它的意义在于它首先已经是一件商品,是可以用货币购买的、非钦定的"形而上"东西。

从实质上讲,这本书依然是"仅供批判"的。也许这并非"上头"的意图,而是出于一种国民惯性。此时离文革结束刚刚3年,国、民都还处在惯性中——学术、思想、观念、人性和语言在铁罩一样的意识形态模子桎梏太久了,乍一看见外面的春光无限,即使花红柳绿亦如鬼魅魍魉,这一点,没有经历过那个时代的人是很难理解的。

踌躇再三,我还是不得不提到熊彼得先生的另一位中国学生,也是他哈佛亲炙弟子为自己导师的这本名著两个中译本——1979年的"绛枫内部版"(以及1965年的"绛枫毒草版")和1996年的"吴良健正常版"译本写下的序言。一本书,两个译本,三篇序言,时隔31年——1965、1979、1996。因为1965"毒草版"连带序言已经遍寻不见,只好从1979"绛枫内部版"与1996"吴良健正常版"说起。

1979年,顾译《资、社与民》正式出版。14年前的"毒草版"序言被作了修改后一并发表。这篇序言与其说是书评,倒不如说是一篇标准文革体的大批判文章,其遣词之激、造句之烈都十分极端——"别有用心""恶意攻击""肆意歪曲""厚颜无耻""大言不惭""竭力诋毁""鱼目混珠""真实货色""不打自招"等文革常用语处处可见,从"……本书综合表现了……反动观点"起,至"……那就是在论断和手法上更加直接对地同修正主义者和机会主

第四部　徐徐地、平静地成熟下去（1972—1974）

义者气脉相通，互相承袭和模仿"止，一万余字的文章，除了"坚决捍卫马克思主义"之类的口号，经济学观点的阐发和学术说理几乎没有，完全看不出作者到底"想说"和"在说"些什么，却又几处写道"很清楚……""显然是……"云云，好像事先就知道读者和作序者的观点必是一致似的。难怪顾准的学生赵人伟先生在序言空白处批注——"没有说清楚，谈不上'很清楚'！"。

此书是顾准家人1979年送给赵先生的，赵先生在扉页上记："译者在生前答应赠我此书，但待此书出版，已是人去楼空。此赠书任务，是由其子来完成的"。他的批注也是1979年写下的，真是句大实话——不说理何来清楚？！

读罢熊彼得正文再回过头来读序言，真令人汗颜——一个在说理，一个在恶骂，都是经济学家和"著名经济学家"，但两人压根就不是在一个层次上对话。仅仅这篇序言就足以佐证即使时值1979年，《资、社与民》依然是一株大毒草，熊彼得其人、其社会主义观点以及顾准一类人的赞同推崇，依然是"反动"的。

时隔十八载，1996年该书出版了吴良健先生新译本。依然由商务印书馆发行，依然是那位先生写的序言。同一个人为同一本书写下的序言，相隔18年，文字大变。除了称颂熊彼得"很清楚""显然是"服膺马克思学说，并对熊的这种态度赞扬有加（虽然显得牵强）外，至少对熊氏的"边际效用价值论"与其师庞巴维克的"时差利息论"作了学术的上的对比，对师生两人都反对的马克思剩余价值论、利息剥削论则基本不予置评。此外在对"边际效用价值论"以及熊氏社会主义提出自己不同看法的同时，也肯定了他"兼收并蓄"的做学问的风度。

序言去除了18年前版本中几乎所有的刀光剑影，有褒有贬、臧否基本上是说理的。中国读书人经过1949年后的九蒸九煮，已稔熟于"见人说人话，见鬼说鬼话"的全套技巧。假如你读过这同一本书、同一译本，相隔18年的两篇序言，同时相信海德格尔先生那句名言——"语言是存在的家"，你会真切感到"存在"在这里已是无家可归——知识、学问、人的意志、人的存在都在"语言"中流离失所，一无所依。

顾准的"新生日记"也有同样的悲哀，但好就好在他有"料"能让你"横"着看，看他同时的、真实的存在；而这位先生，他说自己"三十年"（1949-1979）都是"站着生活"（没有坐下来做学问，不做学问，没有学问），所以"横"着看，什么都没有，"人"已不存在了。

大哲笛卡尔说："我思，故我在"。

顾准"思"了，万幸的是还"言"了——口不能言我就笔言，直笔不能言我就曲笔来言，写给弟弟也好，写给抽屉也好，只要我写下来，言了，责任就尽到了。他写到——

"民主是方法，是保障自由与社会安定的手段，不是目的。社会主义是目的，但也不是'终极'目的。'民主'只关联'进步'，与'终极目的'无涉。"

顾准《民主与"终极目的"》大意，故他今天还"在"。

第二十一章　希腊心灵的形式

1. 人，不可以被奴役

5 岁开始接触基督教文明教育，12 岁初入社会就生活在潘序伦会计师事务所浓厚的西方生活方式中，顾准的童年、少年同时受到希腊和希伯来两种文明的浸润，这在旧时中国人中概率很小，也是"历史格外青睐顾准"的一个曲证。

"我在潘序论那里过了 13 年的社会职业生活……潘序伦的社会联系是多方面的——他是美国留学生……他的主要社会联系是以上海为中心的民族资产阶级，他的主要政治倾向是资产阶级自由主义。我在潘序伦那里的 13 年，正是我思想定型的年代——从 12 岁到 25 岁，弥漫在'立信'这个机构内的，表面上含混、并未以哲学语言表达出来的资产阶级自由主义，不能不对我产生异常深刻的影响。"[1]

如果说成年后的顾准对希伯来文明——基督教文明和圣经文化还有些顾忌，那他对古希腊文明以及她的现代传承——西方文明的倾心却是从不隐晦的。

"我是一个'倾心'西方文明的人，我总有拿西方为标准来评论中国的倾向，所以老是说要读点西方史……若无欧风东渐，五四运动何能掀起，孔老二怎能打得倒？科学与民主我们还是太少。第三世界的兴起，若靠传统的老本钱，我看还确有问题。沙特阿拉伯的巴鲁迪曾经慷慨陈词，西方人打到东方去，结果还是要滚蛋，这诚然是历史

---

[1] 《自述》P340

事实。但是，穆罕默德也曾带领第三世界西面打到法国的西班牙边境，东面打到匈牙利的边境，到底这个第三世界还在发源于'航海、商业、殖民'之上的'科学与民主'前面比下去了……"[2]

顾准出此之言之时，正是"敌人一天天烂下去，我们一天天好起来""世界上还有三分之二的人民生活在水深火热之中，急盼中国人民去解放"的流行语盛行，妇孺皆知，人人信以为真之日，他却深知这全是以己度人的夜郎梦呓、井底蛙言，恰恰反证了那一句"蚂蚁缘槐夸大国"的愚昧。

熟读韦伯的他当然知道范围广泛的、对文明进行比较的能力——通过对不同时空条件下古今、中外、东西的历史现象、历史人物、历史事件进行对比研究，分析异同，发现历史本质，将文明、文化、政治、政制，以"人"与"自然"为尺度来比较，来分高下的知识和能力，在历史研究中有多么重要。早年中国还有史家们在比较，比如胡适、吕思勉，比如钱穆、陈寅恪。"比较"本是研究、探寻历史规律必用的方法，这种方法希罗多德用过，司马迁用过，马克思、恩格斯都用过，可是到了顾准的时代却成为禁忌，1957年之后更成了"周天寒彻"的禁区——"数典忘祖""崇洋媚外""借古讽今""洋奴哲学""含沙射影"……帽子满天飞，罪名莫须有。

愚民的、去文化的、"餬口政治"统一下的史观，顾准是万难接受的。他毅然决定从人类最高层次的政治文明——希腊文明入手，写出他多年探索的重大题目"娜拉走后怎样"的第一部。目的，还是要找出"走后怎样"的答案，再说得俗一点，人——娜拉，要往高处走。

顾准对西方文明的倾心并非盲目，他的史观也非突兀接受或形成，那是长达四十年日积月累历史学学养的集成、结晶。他的读史始于1930年，15岁，到他落笔书写"东西方思想比较史"的1974年，整整44年。

"1930-1932年读过萧一山的《清代通史》、陈寿的《三国志》"[3]，

---

[2] 《文稿》P423
[3] 《自述》P18

第四部　徐徐地、平静地成熟下去（1972—1974）

尔后是"中国社会史"论战时的读史——中国史。到了孤岛时期，他萌发了系统读史的初念，"想有系统地读一些历史"[4]。在同龄人专注于"行动"的时候他已经开始关注"历史""伦理"和"哲学"，开始了一个人的"爱智之旅"。

到了文革前后，顾准的史观已经形成。首先，他基本上同意"中国文化西来说"。

"西来说"在清康熙年间即被定为"邪说"，康熙历狱——汤若望案即由此而起，汤神父也差点被砍了头。康熙亲政后更提出"西学中源"的史观。至乾隆，对西方和西学的夜郎自大、愚昧无知已达极致。"中国乾隆皇帝致英王乔治三世之信"，人家英国人可能都忘记了，却被我们自己津津乐道，贻笑大方至今。

清末，法裔英国人拉克伯里的"中国文化源于古巴比伦"说出，大胆提出中国文明源于两河和古巴比伦，一直被中国正统读书人视为异端。直到今天，"中国文化西来说"依然是中国史学界畅叫扬疾的话题。打开互联网，"西来说的终结""XX贩卖西来说""XX痛斥西来说"的标题满目皆是，可史观归史观，是人的意识，历史归历史，是事物本体，正应了一句"存在不以人的意志为转移"。

不过顾准赞成郭沫若、范文澜先生"西来说"的史观是不争的，虽然他在其他历史观点，尤其是"五段论"史观上常常不厚道地詈骂郭、范二位。

"中国文化西来说，似乎已经可以定论。而且中亚-西亚古文明，是世界文明的发源地，大概也已经可以定论。希腊罗马文明，也是从这个根子上发展起来的。但是，除希腊文明而外，从这个根子发展起来的一切文明都是东方专制主义类型的……除希腊而外，其他任何地方，都发展不出来一种工商业城邦，同时，除工商业城邦而外，任何其他状态也发展不出来雅典类型的希腊文明。"[5]

这是1968年顾准读范文澜先生《中国通史简编》的一段读书笔

4　同上 P37
5　《笔记》P36

记。虽然这部 1949 年版和 1964 年版的范氏《通史简编》已经彻底删除了初版的"西来说"文字，但顾准比谁都清楚范先生把自己的著作改来改去的脉络和苦衷（见前章节《我的幸运在于思想的自由》），说不定比范先生自己都清楚。

中国文化"西"不"西来"，话题就够大的了，可比起下一个话题——文明源头从此有了东、西两大分支并被西方史家冠以 Oriental Despotism（东方专制主义）与 Western Democratic Tradition（西方民主传统），西不西来就小巫见大巫——不算什么了。对于这两个大话题，顾准都持明确赞同的观点，而后一个话题——西方文明的起源正是古希腊，更是顾准史观的立足。

黑格尔说："希腊是人类的永久教师。一切现代文明都可以在古希腊找到源头"；

马克思说："希腊人是正常的人类儿童。古希腊是人性展开的最美好的社会幼年时期"。

希腊文化是世界文化可以夸耀的一切的起始——这一由来已久的西方学界共识也影响了一大批东方人。他们和他们的西方同好一样，好似出于本能一样地热爱古希腊并连同其后继——古罗马。他们常常把诗人雪莱的诗句"我们都是希腊人，我们的法律，我们的文学，我们的宗教，根源皆在希腊"挂在嘴边，继而也说"我们都是罗马人"。他们喋喋不休地谈论希腊罗马，就像谈论自己的爱人。他们高唱着"瞧吧，黑暗快要收了，光明已经射到古罗马的城头"[6]扑向异族的入侵者，好像自己身后真的就是罗马城，就是台伯河。

这些人，在顾准时代的前期有个专称，叫做"言必称希腊"的人，与其说是称谓，倒不如说是讥讽，基本上是"数典忘祖"，"崇洋媚外"的代词，或者干脆叫做"言必称希腊的讨厌鬼"。到了他的时代的后期，尤其是 1957 年之后，古希腊、古罗马更是成为禁忌，别说创造性地研究，就是略略提起也是"居心叵测""别有用心"的，就是因为它们背后那洪水猛兽般的两个字——"民主"。

---

6 1930 年代电影《夜半歌声》插曲

第四部　徐徐地、平静地成熟下去（1972—1974）

1973 年，顾准生命结束的前一年，仲夏，他开始读被西方史学界誉为"最伟大的"英国古历史学家乔治·格罗托著于 19 世纪中叶的《希腊史》。这是他动手实现巨大的著述计划——写一部东西方宗教、哲学和政治比较史（思想史，政论）的第一步的一部分。

希腊史一直是顾准读书的重头。早在党校时期的 1955 年，他就痛感自己历史知识的贫乏，特别是西方历史知识的贫乏，尤其是古希腊罗马史知识的贫乏：

"回忆 1940 年以来的学习，也实在可怜，整个资本主义发展史是不了解的，从培根以来的近代思想史是一片模糊，希腊罗马是毫无所知，这就使读书缺乏重要的历史知识的基础。"[7]

自那时起他就开始注重希腊罗马历史的阅读。格罗托的《希腊史》当然不是他读的第一部希腊史，在格罗托之前，他已经读过了许多古代和近、当代史学家的希腊、罗马史著作，他的相关阅读已在前面的一节《了不起的流水账》中作了详述。格罗托的《希腊史》放在最后阅读，也许是为"好戏在后面"，但须知在阅读、翻译和笔记格氏《希腊史》的时候，他并未意识到这将是他最后和古希腊的亲近——立志还要活 20 年（从得知妻子死讯的 1969 年发誓要为她"服丧 20 年"算起）的他，仅仅 5 年后就随她而去了，足以传世的华章——《希腊城邦制度》，据六弟陈敏之陈述，原是五哥顾准十年研究计划的开篇之作，却不料成为未完成的绝笔。

顾准一系列最具学术价值的史学、政治学和社会学作品几乎都涉及古希腊罗马。除《希腊城邦制度》之外，《关于海上文明》《僭主政治与民主》《关于基督教的笔记》《统一的专制帝国、奴隶制、亚细亚生产方式及战争》《马镫和封建主义》《关于原始积累和资本主义发展的笔记》《关于帝国主义和资本主义》《要确立"科学与民主"必须彻底批判中国的传统思想》《直接民主与"议会清谈馆"》《老子的"道"及其他》《老子的"无名"是反对孔老二的伦常礼教的有名论的吗？》

---

[7]《日记》1955.11.25

《论孔子》《评韩非》《辩证法与神学——关于〈反杜林论〉》……无一处不谈希腊罗马,真个是"言必称希腊"。

说顾准是个中国希腊人,有颗鲜活的希腊心灵,不过。

是时中国别说民间,就连大学的历史系,国家科学院也无人在系统研究希腊、罗马史,更遑论写出有价值的论文和书籍。一本"经苏联高等教育部审定为国立大学及师范学院历史系唯一教科书"的B. C. 塞尔戈耶夫著《古希腊史》成了中国唯一钦定的教科书和读本,可就连此书,也是经"日丹诺夫同志在哲学讨论会上正确地严评过的、含有许多非马克思主义的因素"的、需要批判的东西。例如说到修昔底德的著作,该书"已经含有历史现象底规律概念",这无疑夺了"现代最正确的史学方法——马列主义"的风头,而"未曾指出柏拉图政治观点的奴隶主阶级的色彩,也未曾严格批判柏拉图哲学思想的极端反动的倾向",则更是不能容忍的、故意的疏忽。以上黑体字均摘自该书引言及后记,根据《联共党史》口径由译者撰写

此书直到1980年代依然还是中国各大学历史系的主要教科书之一,它的结论还是各种考试的标准答案。

顾准早早就读了塞尔戈耶夫的《古希腊史》,可是不仅完全不能满足他的知识要求,还引起了更大的怀疑——作者已经努力在往"马列历史规律"学说上硬套并且1939年去世后由别人"删改增订"了,可还是被批判得一塌糊涂,那好,我倒是正经要看看那些"一点都不往上不套"的、完全由著者自由写作的著作究竟是怎么说的。

1973年6月13日,顾准正式开读格罗托的《希腊史》,这一天的日记是:"VI/13　History of Greece(希腊史)"[8]

他读的是出版于1869年的四卷本英文原版,这是乔治·格罗托《希腊史》袖珍版,虽然版本不同于1846-1856年陆续出版的12卷本,但内容是一样的——起始于希腊远古神话与传说,中止于亚历山大之死和希腊的彻底衰落,全书大约270万字,字迹异常的小而细密。这部巨著至今无完整的中文译本,只有1964年商务印书馆为高

---

8 《日记》1973.6.13

第四部 徐徐地、平静地成熟下去（1972—1974）

等学校历史系学生使用出版了极薄（不足50页）的一本"摘选"——"伯里克理斯时代雅典宪政和司法制度的变革"，郭圣铭译。

至少八年前，即文革尚未起始之时，顾准已经阅读了史学大家汤恩比的代表作《历史研究》。汤因比的"非历史唯物主义"史学观点与他拒斥"历史五段论"的观点非常契合：

"Toynbee（汤因比 -著者注）主义有其可取之处，他在解释古往今来一切民族兴衰的时候，可以说明唯物史观所无法说明的问题。例如罗马的兴起和希腊的衰亡，用唯物史观来解释简直无从着手。"[9]

早早就甩掉了"五段论"紧箍儿的顾准，阅读和翻译格氏《希腊史》和其他古希腊罗马史就没有了任何观念上的障碍和桎梏，也因此，他的读书笔记《僭主政治与民主》《希腊城邦制度》流畅清新，一泻千里，不仅仅是阅读希腊史的笔记，更是人类文化与文明史比较研究的华章，即使放在40年后的今天，依然不失其夺目的光彩。

格罗托的《希腊史》的主旨是阐述了希腊人对人类的最大贡献：雅典政治的理论与实践——民主制度。在书中，他猛烈抨击僭主政治，攻击马其顿的腓力，把亚历山大当作一个不过有些才能的野蛮人，其目的只在于破坏，并想把马其顿亚洲化。格罗托关于雅典民主的记录和评述在西方至今仍是希腊史学的经典。

将近300万字的格氏《希腊史》，他用了3个月的时间一气读完，中间还夹读了汤因比的《历史研究》和亚里士多德的《政治学》（又名《政体论》）作为导读，但从日记看，用时都很短。

希腊心灵，不，再准确一点，应该是雅典心灵——雅典潮流——雅典民主，这才是顾准最大的兴奋点。他把和她一度共生的斯巴达潮流，即停留在寡头、僭主政体上并借助其严酷纪律长期维持平等、尚武和集体主义（共产主义）的心灵形式严格地排除在外了——

"我对Sparta（斯巴达 -著者注）体系怀有复杂矛盾的感情。平等主义，斗争精神，民主集体主义，我亲身经历过这样的生活，我深

---

9 《笔记》P310

深体会，这是艰难环境下打倒压迫者的革命运动所不可缺少的。但是，斯巴达本身的历史表明，藉寡头政体、严酷纪律来长期维持的这种平等主义、尚武精神和集体主义，其结果必然是形式主义和伪善，是堂皇的外观和腐败的内容，是金玉其外而败絮其中；相反，还因为它必定要'砍掉长得过高的谷穗'，必定要使一片田地的谷子长得一般齐——它又不精心选种，不断向上，却相反要高的向低的看齐——所以，Sparta 除掉历史的声名而外，它自己在文化和学术上什么也没有留下，甚至歌颂它的伟大的著作，还要雅典人来写。"[10]

显而易见，成熟的顾准是摒弃"斯巴达精神"的，和大史家汤因比对斯巴达政制的观点相似——"斯巴达社会和奥斯曼社会——这两个社会实际上是建立在一种成为集体偶像或被神化了的利维坦等级基础之上的。"汤因比《历史研究》

个人主义的顾准怎会崇尚"斯巴达精神"？他崇尚的只可能是"雅典精神"，他的"希腊心灵"只可能是雅典心灵。在这一点上他和他的老师马克思相通。马克思是雅典精神的热烈崇拜者，《共产党宣言》所树立的目标："每个人的自由发展是一切人的自由发展的条件"，充满了雅典味道。老师要效法希腊创造一个现代民主，他完全不想取法于斯巴达的寡头政治而是要取法他深爱的雅典精神。但是可惜，雅典民主的条件——希腊城邦制度已不复存在，既向往雅典的直接民主又厌恶英国式清谈馆议会的马克思先生，其"无产阶级专政"理论不得不效法 1793 年的法国国民公会、罗伯斯庇尔的公安委员会。这奠定了他被后世伟人们最钟情的名著——《法兰西内战》的基调。但是——

"可惜 Marx 在这个问题上没有更经验主义一些，过分理想化，理想的灵感又从来不是凭空可以得来的（所谓太阳底下无新事），他不免取法于他深爱的雅典，然而雅典的民主条件又不存在了，结果反

---

10 《文稿》P268

第四部 徐徐地、平静地成熟下去（1972—1974）

而被挂羊头卖狗肉的僭主们所利用，真是遗憾！"[11]

谁被利用？马克思？

对！两千多年前的僭主们"利用"了他，其结果就是《法兰西内战》和《路易·波拿巴的雾月十八日》的问世。与其说"利用"，不如说"误导"，无疑是"僭主政治"误导了马克思。顾准大胆猜测"也许他（马克思）读过格罗脱的《希腊史》，当然他不会为此书所动"[12]。可是——

"在这里，我必得指出，马克思在《路易·波拿巴的雾月十八日》对专制政体所作的'阶级分析'，主旨无疑得自 Aristotle—Grote（亚里士多德-格罗托 -著者注）。从这里又不妨提出一个问题：马克思对专制政治所作阶级分析，在多大程度上适用于中国历史和中国现状？我认为，若不确切了解这一分析的希腊历史、欧洲历史背景，并把它和中国历史背景相比较，认为无条件适用于中国，那是彻头彻尾'非历史'的，从而也是教条主义的。"[13]

马克思的中国学生顾准又批评了老师一次，相当严厉，但比起批判、指责"后伟人"们的教条主义，或者，用另一个更时髦的名词——历史虚无主义来说，还是温情很多。比如在说到列宁在《国家与革命》中干脆把《法兰西内战》所设计的一套政制称之为中央集中的政制时，他干脆将之归结为列宁对马克思故意的歪曲，事关知性上严重的不诚实，是害得世人"从往昔雅典的灵光中掉到沙俄的现实世界"[14]的历史大倒退，是误尽天下苍生的今不如昔。

要说历史虚无主义，硬把"五段论"放在亚细亚，放在东方中国，大概算得上是史上最大的"历史虚无"，也是咱中国名言"于无缝处下蛆"最好的注脚和应用！

假如将顾准在临终前写就的《希腊城邦制度》看作是他对希腊史

11　同上 P271
12　《文稿》P270
13　同上 P267
14　同上 P270

的独立研究和对人类文明源头的解索，那么《希腊僭主政治 跋》就很明显是在"把希腊心灵的历史业绩'当代化'为当时的政论"[15]，隐喻着他对现代政治以及政治史、现代政治哲学以及政治哲学史的看法。

"五哥从事这种历史研究，他本来的目的并不在研究历史…"[16]。这是六弟陈敏之在五哥去世后边哭边读完《希腊城邦制度》后写下的读后感。知兄莫如弟——"他的本来目的并不在研究历史"，实在是一语中的，敏之序言最后一句话"我瞩目于未来"[17]，何尝不是替哥哥把心里话说了出来。被顾准遗赠了《希腊城邦制度》手稿的、他的学生吴敬琏先生也认为，老师的研究不是为"发思古之幽情"，而是为了找出"娜拉走后怎样"的答案，探索"播下革命理想主义龙种却收获法西斯主义跳蚤"的可悲因果。

实际上在这里连"隐喻"两个字也多余，他就是在"谕说"，在"善喻"，在"警谕"——王政、寡头、僭主政治，专制政制都不符合人性，都与人的自然权力相悖。人类从必然向自由迈进的道路只有一条，那就是希腊——雅典人为后世人们奠定的民主政治、政制之路。无论西方人还是东方人，都应该具有希腊心灵的形式，人不能被奴役，更不应该"富于奴性"[18]。

到底何为希腊心灵的形式，雅典心灵的形式？一个好的注脚也许是顾准所译格罗托《希腊史》中的一段文字：

"当希腊人想到一个免除了法律上的责任的人，他们就把他设想为名实相符的实际上确确实实免除了责任的、有一个无防御的社会共同体被遗弃在他面前任其压迫的人；他们对他的恐惧和憎恨，恰好可以他们对于法律平等、言论自由，他们对于保障的希望寄托于其掌权之上的这样一个政府的尊敬心情来衡量——也许，在民主政制的雅典，更甚于希腊的其他部分。这种感情，正如它是希腊心灵中最

15　同上 P265
16　陈敏之《〈顾准文集〉序言》
17　同上
18　亚里士多德在谈到东方人时的不敬之言

第四部　徐徐地、平静地成熟下去（1972—1974）

好的一种，它也是传播得最广泛的一种——它在细节上虽有许多异议，在主旨上却是全体一致，被高度评价了的。"[19]

非常拗口，多读几遍可明了：希腊心灵是一种感情，一种性格，一种感召力，一种将希腊人维系在一起的精神纽带——对独裁的恐惧与憎恶和对天赋人权的尊重和珍惜。独裁——毫无责任心的、无限制地对横陈在面前的无防御社会共同体任意压迫、摆布的政体；民主——可以将社会共同体保障的希望寄托其上的政体。假如定要一言以蔽之，那么下面这句亚里士多德的话可能是最好的了，那就是——

"人，不可以被奴役。"

出于恐惧、憎恶和希望，希腊-雅典人生出了一种愈来愈紧密的凝聚力：宗教、语言、制度、风尚、观念、情绪，全都趋向于这种凝聚力所形成的团结，它显示为城邦的第一个性。这种个性愈是高度发展就愈是被强烈地意识到，也愈是不愿意哪怕是部分地牺牲它。这种感情、性格和个性，感召和凝聚力，就是希腊心灵。她是进取的和富于想象力的，却完全没有扩张的愿意，因为扩张意味着他们密切共同生活的松懈。她视东方式的专制主义大国是一种完全不值得讨论的"野蛮人"制度。她静观玄览，身体力行，得出改善社会结合的诸方法。那是一套高度复杂的制度——民主制度。再通俗一点讲，希腊人把"王"弄成是"可以惩罚"的了，与"神授——王权""超人——寡头""强权——僭主"相比，这是人类群体生活方式"质"的变化和飞跃。爱琴海边这个偏僻的、布满岩石的小小半岛，在不到2百年的时间里，就这样为我们的世界奠定了现代生活的完整基础。25个世纪过去了，在西方，"民主"成为不可阻挡的主流，即使反对者也少敢撄其锋。现代的寡头-僭主-独裁者们（即使是东方的），至少也要先摆出民主的面孔方能上得了台，站得住脚（最近、最好的实例莫过于笑蜀先生编撰的《历史的先声》-著者注），否则仅仅是那帮"言必称希腊"者，他们就对付不了。

---

[19] 《文稿》P281

希腊心灵，功莫大焉。"天地有正气，杂然赋流形"，希腊心灵必在其间。

但是遗憾，希腊的出现不具有任何普遍性和规律性。希腊文明是一个奇迹，是当所有的种族、气候、经济以及文明程度一起达到了一个理想的组合，或者达到这个不完美的世界所能达到的最理想的条件组合时，貌似自发地、突然地产生的一种最高级的文明。希腊-雅典文明只能出现和行使于奇迹般出现的希腊城邦国家，而不是任何地域、国家都可能出现的。顾准也说史家们在中国、埃及、两河、以色列和叙利亚、印度、波斯等等的历史中都找不到城邦制的影子，"我们就不能不怀疑，城邦制度的希腊在世界上是例外而不是通例"[20]，"历史上不走这一条路（诸如"奉天承运""替天行道""始制""名份大义""孤寡不穀"之类）的古文明，只有一个希腊。那是各种特殊条件结合所成的特例"[21]。

希腊历史令历代史家"绝望"，因为他们无法在其上滥用"历史规律"这个概念，滥用了，那是要坏大事的。也果然有人"滥用"，也果然就坏了大事。

"惋惜历史是没有用的"[22]，"历史没有什么可以褒贬的，历史的教训所能照亮的只是未来，而未来倒确实有待于历史去照亮它的！"[23]

顾准如是说。

2. 契约精神、自然与人性的和谐

再来完整地读一下顾准的这段文字：

---

20 《文稿》P481
21 同上 P415
22 《笔记》P21
23 《文稿》P415

第四部　徐徐地、平静地成熟下去（1972—1974）

"从前我不知道有亚里士多德《政体论》，不免诧异卢梭的《社会契约论》究竟是从哪里取得的灵感。知道了亚里士多德的《政体论》，知道了它本身就是格罗脱所说的进取的、爱好自由的希腊心灵的历史业绩的集录和评论，那么卢梭此书的来历也就不奇怪了。它是一个高贵的 18 世纪欧洲人读希腊史以后，也许还通过亚里士多德的《政体论》，把希腊心灵的历史业绩'当代化'为当时的政论。"[24]

"Greek mind"（希腊心灵）是写作《希腊史》的人们很钟情和频繁使用的一个词汇，顾准也十分青睐它。

在翻译格罗托的《希腊史》时，他不译作"希腊思想"或"希腊精神"，而是译作"希腊心灵"。4 个灵动的汉字立刻就把爱琴海、雅典、卫城、梭伦、苏格拉底、柏拉图、亚里士多德……拉到读者眼前来了。顾准生前最大的愿望，就是能像卢梭一样，把希腊心灵的历史业绩"当代化"为这个时代的政论。他视卢梭为榜样：

"卢梭的值得学习之处，不一定是他的智慧和灵感，更值得学习的是'勇气'和'技巧'。"[25]

勇气，就是在王政-寡头-独裁者-僭主的统治下推进民主，不徘徊、不却顾；技巧，就是不仅仅翻译和介绍他人写作的古代史与著作，更在乎发出自己通俗的、煽动的、引起当代人思想感情的、为众生所喜闻乐见的政论。

后者正是勇敢者顾准生前发下的宏愿——写一部东西方思想比较史，一部巨著，一部能引起中国知识界的感情共鸣、且能被为大众喜闻乐见的政论。在中国，这不叫雄心叫野心——两者的界线很分明："雄心"是"我们"允许你拥有的 Ambition（抱负，志向）；"野心"是"我们"不允许你拥有的 Ambition（雄心）。

1974 年 2 月 12 日，顾准下笔书写《希腊城邦制度》。

24　同上 P265
25　《文稿》P265

"II/12 希腊史笔记"[26]

这篇极具学术性的史学文章是他迈出实践雄心的第一步，也是他一系列"希腊史"读书笔记的集成。文章2月12日落笔，5月1日实际上就已经写成，80多天的时间，11.3万字。

他始终称它是"Note（笔记）"，从题目——《希腊城邦制度－读希腊史笔记》到日记、到给六弟的讨论它的信札，屡次提到它，遣词都是"Note"。既如此，你不妨将他的另一篇关于希腊史的读书笔记——《希腊僭主政治 跋》和写给六弟陈敏之的一封史学讨论信札——《关于海上文明》与它当作一体来读。除了内容，它们在写作的时间上也是连贯的，除了《跋》写于1973年之外，其余两篇都写于1974年。《关于海上文明》更晚于《希腊城邦制度》，以致可以看做是前者的补充。一体来读这3篇东西，会有更酣畅淋漓的读书感觉。

1974年，死神已经向顾准迎面走来。他肯定没有意识到自己正在写着足以传世的文字，但那种"灵均将逝，脑海波起，茫洋在前，顾忌皆去"的轻松和超脱已跃然纸上，令人很难不联想到半年后他的蓬尔长行。这些笔记一气呵成，不事雕饰，洁净优美，气势磅礴，令日后有幸读到它的人们展卷初诵血脉已张，难以忘怀也难以释怀。

《希腊城邦制度》开篇点题：

"城邦制度，是希腊文明一系列历史条件演变的结果。究竟是一些什么历史条件，演变出来这样一种制度，正是本文所要探索的。"[27]

探索是和比较同时进行的，充斥着深刻的反省意识和反思张力。

以《希腊城邦制度》为首的这3篇笔记，是中国自1949年始的现代史学中第一部挣脱了钦定的"五段论"，以实事求是的态度和深厚的历史科学功底为基础重新认识世界历史的著作，说它"足以传世"就是在这个意义上，说顾准是自1949年起至他死去的1974

---

26 《日记》1974.2.12
27 《文稿》P467

第四部　徐徐地、平静地成熟下去（1972——1974）

年止，中国唯一的一位政治哲学家，也部分是在这个意义上。

作为世界性显学的希腊罗马学在他的时代和国度曾是一片长期的、悲凉的空白和废墟。

介绍西方文化典籍到中国来的历史，最早可以追溯到明末清初法国、意大利、比利时等国籍的"耶稣会士"，例如利玛窦和南怀仁，徐光启则是中国学者中的代表人物。葡萄牙籍教士傅泛际和中国学者李之藻合作翻译了《名理探》，刊行于崇祯四年（1631年）。书中包含了亚里士多德的逻辑思想，是我国介绍古希腊哲学的第一个中译本。但是由于这批人自身对柏拉图、亚里士多德的哲学思想的了解深受天主教传统束缚，还因为他们使用的是古汉语的中文，因此传播面狭小，在学术界影响有限。1905年，严复先生翻译的《穆勒名学》出版，1909年他又译耶方斯的《名学浅说》（严复始终将"逻辑"一词译为"名学"　-著者注），这才是由中国学者独立完成的第一批希腊哲学译著。

真正在中国奠定古希腊哲学翻译、介绍和教学研究基础的是20世纪初以降一批旅欧、旅美学者，其中以陈康、冯友兰、贺麟和严群为代表，是学术意义上中国古希腊哲学研究的第一代人。

冯友兰先生翻译了《赫拉克利图斯残句（一）、（二）、（三）》，写作了《哲学略述》等著作，但在将《庄子》译为英文，向来华的西方人士介绍之后，他就心无旁骛地专心致力于中国哲学史的研究与写作，没有继续西方哲学史的研究；

贺麟先生曾大力从事翻译、介绍西方哲学著作，在西南联大时期领导了"西洋哲学名著编译会"，之后即专心致力于黑格尔哲学的研究和翻译工作；

近代中国在古希腊哲学领域做出重大贡献并影响巨大的是陈康先生。抗日战争中后期他回国任教于西南联合大学，讲授古希腊哲学的课程，同时致力于翻译、介绍古希腊哲学的名著，于1942年翻译柏拉图《巴门尼德》篇（陈译本名为《巴曼尼得斯篇》），1944年由重庆商务印书馆出版。同时他在昆明西南联大和重庆中央大学开设"古希腊语"课程，培养了中国第一批掌握古希腊文的学者；

严群先生则在燕京大学、浙江大学、杭州大学长期从事古希腊哲学的教学与研究工作,并开设古希腊语、拉丁语等课程,陆续翻译了柏拉图的多部作品,例如《浙叙弗伦》《苏格拉底的申辩》《克力同》《赖锡斯》《拉哈斯》《费雷泊士》《泰阿泰德》《智术之师》等篇。遗憾的是这些译著都因为各种"政治"问题不能出版,直到1983年才得以见天日。

还有一位吴寿彭先生,机械工程学家却谙熟古希腊文,热衷于亚里士多德著述的翻译。1955年肃反,因曾在国民政府任工程处长、局长等职而被捕,后免于起诉。1957年在商务印书馆的支持下翻译出版了亚里士多德的《政治学》,顾准探索希腊城邦制度的重要参考资料之一就是这本书。

事实上,必须"言必称希腊"才能进行下去的中国古希腊罗马研究,在1949年以后已经全面禁止,直到1980年代,中国才开始古希腊罗马研究艰难的再起步,到1980年代末才算开了些生面,也不过陆续出了十多篇论文而已,和世界学术界在这个领域的发展完全无法同日而语。即使仅仅和苏联相比,也没有一部可与塞尔戈耶夫《古希腊史》媲美之作问世,恰如《謦鼓无声,理性争鸣》一节提及的那篇今天的古希腊罗马史研究专业人士论及这一话题的表述——在经历了1949到1980年代无奈的学术停顿和恶意的历史虚无后,"到了1980年代末,(中国才)共有10多篇这方面的论文发表,并出版了一部专著《希腊城邦制度》(顾准著,中国社会科学出版社1982年)"[28]。

你看多可笑,被专门家定位于一部"学术专著"的《希腊城邦制度》竟未被注意到它其实是一部万户萧疏、万马齐喑年代的作品,它也不是出自专门之手,而是一位会计学家出身的外行,在空白与废墟上单枪匹马、拳打脚踢开垦出的一片生光葳蕤。

如此,说顾氏的《希腊城邦制度》为开山之作,传世之作还为过吗?先来看看这是一篇什么样的著述——

28　赵丽珍《30年来的古希腊罗马史研究》

第四部 徐徐地、平静地成熟下去（1972—1974）

首先,《希腊城邦制度》勇敢驳斥了与历史事实不符却三人成虎、积非成是的谬说，最大限度地接近了历史的本体——希腊的、西方的、中国的、东方的。它公然谴责了对历史缺乏尊重敬畏之心、将历史炮制为寡人工具的"古为今用"说，告诉世人，历史的真正用途，是"用"来启迪人温故之思、反思人类发展进程的百科全书，是而不是"用"来加强当代统治的权宜之术。它蔑视他的时代几乎所有的史学家在"劝君莫骂秦始皇，焚坑之事待商量"，"祖龙魂死业犹在"毛诗的专制高压下，不加掩饰地顺从统治者"历史学应该和唯一可以做的事情就是为政治服务，就是为加强统治的目的来解释和重述（或者编造）历史"的主张，无言地责备了他们的功利、怯懦和知性上的不诚实——情愿在"政治"的帅旗下做优孟，做班头，为曹操歌功，为秦始皇颂德，为武则天树碑，为李自成立传，为太平天国编神话，为义和团唱赞歌，也不愿、不肯去反思历史，更不敢说出那两个来自西方，来自希腊的洪水猛兽般的字眼——民主。

首先，它直截指出老师马克思的"主义"在史学论据上的缺失以及由此缺失而产生的论证的偏差以及结论的谬误——

"马克思本身也受了极大的时代限制。马克思的古代史学，是上世纪60，70年代的水平，那时根本不知道有克里特文明，迈锡尼文明和埃特鲁利亚文明。换句话说，除迦太基而外，欧洲另外两个海上文明是不知道的。你现在翻翻《家庭，私有财产……》和马克思关于Morgen（李维斯·亨利·摩根）《古代社会》一书的摘录，可以清楚地看出这一点来。他（Engels 在《家庭……》中说的，都确实代表Marx 的意见）认为罗马、雅典，都是'以氏族方式结合在一起的土著'直接形成的国家。换句话说，把历史沧桑，最后在海上文明影响之下形成的，迥异于部族国家的城邦，和易洛魁人那样前国家的部落联盟等同起来，这真是天大的错误。"[29]

以及由此而产生的灾难后果——一种以欧洲中心主义为基础的

---

29 《文稿》P300

古典进化论单线演化模式的诞生，再经由恩格斯的曲解和俄国人的蛮横演绎（顾准甚至用了"强奸"一词），衍生出号称"历史铁律"的"五段论"公式，在近一个世纪内霸占了半个地球的历史学话语权，成为在这个星球上制造出许多人类的、人性的、人道的悲剧的"阶级斗争动力论"和"暴力革命决定论"的理论依据。那真是，顾准一点也没有夸张，"天大的、误尽苍生"同上的错误。

其次，它谴责了"先知的成分本来就稀薄很多"[30]的恩格斯先生对历史的曲解，甚至，顾准认为那不仅是"曲解"，而且是"不诚实的歪曲"，甚至可以说是"故意的曲解"——

"写下了《家庭、私有制和国家的起源》的恩格斯，把易洛魁人的直接民主，直接和雅典民主焊接在一起，完全撇开了 Sparta（斯巴达）；而且，还不惜（其实，就"客观主义"的历史而论，是歪曲）把分明神权政治的希腊王政（译文作巴息琉斯，即希腊语的王）说成是"军事民主。"[31]

也曾有过"超人""英雄""神授王权"，有过王、寡头、僭主的希腊，从公元前594年的梭伦改革起确定了民选原则，确立了官员的任期和不得连任制，建立了世界政治史上第一个以法治国的政制。他们不但有了宪法，还有了民法与刑法的雏形。基于庄严的"契约"——权利的互相转让观念，他们建立了"以契约为基础的政体"亚里士多德《政治学》。任何人都要立誓遵守契约，也就是后来的法律。他们确立了防止官员终身制和滥用权力的罢黜制度，确保官员"公仆"的性质不变质、不腐烂。他们建立了真正的人民司法制度，法官由公民抽签产生，人人都有参加陪审团的义务。他们首创的、专供平民控告官吏和贵族违法行为和对执政官在其任期终了时实行政绩审查的"申诉法庭"（Heliaea），是最具希腊特色的了不起的司法民主，也是中国芸芸众生直到1990年代从《秋菊打官司》才知道的"行政诉讼"的鼻祖。

---

30 《笔记》P696
31 《文稿》P269

第四部 徐徐地、平静地成熟下去（1972—1974）

《希腊城邦制度》在第六章第 4 节写到城邦极盛期的伯里克理斯民主。伯里克理斯是推进了梭伦开创的民主制度的、雅典最伟大的政治家。在一次阵亡将士纪念会上，他说——

"我们的政治制度并非抄袭于任何其他的国家。我们不是历史的模仿者而是为历史提供了典范。我们的制度服务于多数人而不是少数人，这正是民主政治的原则。我们的人民在法律面前无贵无贱，一律平等。我们选择官员只考虑能力不考虑阶级。我们不但保证人民的政治自由，而且保证人民的生活自由。我们公民中的每一个人，都可以在生命的每一个方面显示他是自身的当然主人，并且依靠自身理性的指引，对个人事务作出独立的判断……我们的公共生活没有排他性，私人交往没有互相猜忌，如果我们的邻居我行我素，我们也不会生气……我们在私人交往中无拘无束，在公共举动中则毕恭毕敬……"[32]

这段曾话被许多近代、现代和当代的历史学家、哲学家引用，其中就包括格罗托、塞尔戈耶夫和沃格林。这段话因为是对现实的陈述和赞美而不是对未来的空谈和约许而显得更加珍贵。25 个世纪过去了，每一位书写希腊史的人们都很难绕过这一段"阵亡纪念演讲"来讲述希腊城邦和雅典心灵。"帮助公民"成为城邦的中心思想和目的——是的，没错，帮助公民，还包括奴隶。连彼时钦定的苏联人写的古希腊史也这样盛赞——

"人民大众，连带奴隶在内，生活在民主制度的雅典，总比在其余有别种国家机构的希腊城邦还要好些……。雅典人选择了这样的社会秩序，在这种秩序之下，贫民比贵族生活得还好……雅典在一切方面都偏重贫苦的平民甚于贵族……在雅典甚至不能鞭打奴隶。"[33]

希腊为我们的世界奠定了现代政治生活完整的基础——法律、法庭、民法、刑法、巡回法庭、民事调解官、陪审团、申诉、国际仲

---

32 伯里克理斯在公元前 437 年冬季雅典阵亡将士纪念仪式上的演讲
33 塞尔戈耶夫《古希腊史》

裁、宣战、媾和、交换战俘、发还战死者尸体、同盟与和平条约、使节、领事馆、公民、市场监理、城市监护、公共水源管理、注册、典狱、执罚、信贷、契约、买卖条约……。连顾准也惊诧：

> "我们读古希腊作家留下来的史籍，比如说修昔底德的《伯罗奔尼撒战争史》，往往不免怀疑，那里所说的一套国际惯例是不是把古史现代化了。然而作者确实是生在希腊的古典时代，而且是伯罗奔尼撒战争中雅典的一个方面军的将军，因战败撤职而从事写作的。"[34]

希腊城邦制度是基于契约观念，而不是"枪杆子里面出政权"式霍布斯自然丛林法则而胚胎、发育、长成的。也只有城邦希腊才可能孕育出希腊——雅典民主这种人类文明的菁华。这是《希腊城邦制度》最重要的、篇幅占去最多的论述。自然的和人性的两个方面的和谐与秩序，可以说是希腊哲学中的根本性观念，也是顾准最为欣赏的部分，其溢美之词本身就写得非常唯美，《希腊城邦制度》不仅是一篇出色的政论，也是一篇足以进入普通语文教科书的美文。

3. 僭政与民主[35]

关于城邦制度下特有的僭主和僭主政治的论述，是顾准《希腊城邦制度》和《僭主政治与民主》两篇历史笔记的重头戏，这在他的时代可真正是"千山鸟飞绝，万径人踪灭"的空谷足音，这座空山至今也还是未见人迹（至少是罕见吧）。

前一节提到的那本出版于 1999 年的《历史学百年》不是还在小心翼翼地用"自治主权"与"主权在民，轮番为治"的直接民主这般模糊的概念来触及它，在提到许许多多中译过来的古希腊学名著时

34　《文稿》P477
35　本节关于顾准与斯特劳斯在僭主问题上奇迹般的相通与契合，以及有关陈独秀对无产阶级专政的批判之陈述与观点，极大地得益于上海独立经济学家朱小平先生的指点和帮助。

第四部　徐徐地、平静地成熟下去（1972—1974）

更加小心翼翼地绕开那本色诺芬的《希耶罗》吗？直到 2006 年，色诺芬的这部名作中译才第一次出现在由刘晓峰先生主持的"Hermes"（西方传统、经典与解释）丛书中。殊不知提出和研究关于希腊的僭主制度本身，已经远远超出了"言必称希腊"——一种尚可饶恕的、勉强可以算在学术范围内的"过错"，而是走向了"罪"的危崖险峰。

僭主和僭主政治这两个概念和术语，在顾准读格罗托《希腊史》之前的所有笔记、信件和文章中都未涉及，显然对他来说也是个新东西。

写下这两篇文章时的顾准已经通读了格罗托的《希腊史》并服膺了格罗托对古希腊政治科学研究和立论的方法。从这部巨著中他汲取了"现代希腊史著作中的古典观点"[36]并从古典的学问中得知了什么是僭政，更重要的是，不自觉中，他"已经能够而且自认为有责任将他所处的时代以专政为面目出现的政体诊断为僭政"[37]了。

顾准并不同意将"僭窃"（相对"世袭"和"民选"）了统治权的强人称作"暴君"，而是相当欣赏"僭主"（Tyrant）和"僭主政治"（Despotism）这两个中译词汇。他甚至将他们称作"民选独裁者"（亚里士多德称其为"民选调解官"，并认为这相当于"公举的僭主"，也不否定僭主和僭主政治（强人和强人政治）在历史上的作用，尤其是初期僭主的历史作用。他们是王政-寡头与民主政府间的过渡，僭主只是不合法的"王"。但有一点他清楚地意识到：城邦，尤其是雅典，是绝对与僭主制对立的。而城邦，就是政治。

此时顾准那种醍醐灌顶、茅塞顿开的情绪很明显地表露在他的文字里和写作过程中。

开读格罗托《希腊史》仅仅一周，他就写下了大量的读书笔记，同时迫不及待地节译了第一卷、第二部《历史的希腊》之第九章《希腊的僭主时代》的一大部分。日后这些读书笔记被编纂为《僭主政治与民主》一文，作为译文（标题为《希腊的僭主政治》）的跋。他这

36　《文稿》P266
37　艾瑞克·沃格林语

一次的系统阅读和思考,其急迫和冲动之情十分明显。

格罗托关于希腊僭主政治的论述引起了顾准极大的兴趣和兴奋。很难说他只是在阅读和解索古代历史而没有一种像卢梭一样的、"把历史业绩当代化为这个时代的政论"[38]的冲动。今天我们读顾准在临终前写下的《希腊城邦制度》,倒是不妨把这篇"跋"当做它的"序"或者"导读"来读,它完成于开读格罗托《希腊史》17 天之后,下笔《希腊城邦制度》8 个月之前。

在王政寡头政体崩溃后,希腊人的政治经验还不足以促使他们立即进入民主政治,只剩下僭主政治一途。这种政制至少可做到"均贫富",至少城邦中所有人所受压迫是平等的。僭主们既非世袭又非民选,通常都是在国族危急时刻崛起的强权人物,即所谓"超人"。在缺乏民间力量和个人主义素养的族群内,他们成了民众的领袖、导师和统帅。僭主政治是地道的专制,一旦这种政体确立,那么就只有僭主的更替和专制政体的永久化,且只可能愈变愈坏,能够钳制它的,只剩下一种力量,那就是"希腊心灵"的力量。"希腊心灵"不允许这种局面维持下去——僭主政治只能是王政寡头政制和民主政制的中介和过渡,且只能是短时间的过渡。在希腊心灵强大翅膀的驱使下,僭主政制只有向着民主政制发展一条路,别无他途。

顾准读格罗托的《希腊史》关注的重点正是其中关于"僭主政体",即王政寡头政体向民主政体过渡的一个无法避免的中介物的来龙去脉,以及如何向民主政体转换的过程。更令人吃惊的是,在"僭政"问题上,顾准与西方同时代政治哲学家在完全无沟通、无交流的情况下又一次"契合"了,非常神奇,却也符合哲人们"感悟验证约定法则"。

1948 年,德裔美国政治哲学家利奥·斯特劳斯发表了他作为"开拓其柏拉图式政治哲学研究的第一部力作"[39]——《论僭政》,以义疏古希腊哲学家色诺芬著作《希耶罗》的形式论述了僭主、僭政的

---

38 《文稿》P265
39 著名西方哲学研究学者刘小枫教授语

第四部 徐徐地、平静地成熟下去（1972—1974）

概念以及僭术种种和僭主心理。他指出，在面对以现代性为外表出现的当代僭政（各种形式的现代专政政体）时，人们反而不认识它了，也就是说被它欺骗了。因此能将这些现代专政政体诊断为僭政即完成了对它的去蔽——识破它。《希耶罗》是"专门讨论僭政问题的唯一一部古典作品"[40]，它在指控僭政（病理学）的同时也提出了哲学家对僭主的教导（医疗学）责任。

斯特劳斯和沃格林一样，也是从希特勒纳粹铁蹄下逃到美国并终其一生在研究政治哲学和政治哲学史上的一代大家，特别在僭政问题上。在《论僭政》中，他最感兴趣的问题就是僭政政府统治下，知识分子对僭政批评的自由问题——如何能频繁地谈论这个问题而不会在此过程中被杀害。对于柏拉图和色诺芬来说，这种有缺陷的政府形式——僭主政治已经是一个具有历史必然性的东西。城邦堕落了，民主已经不再能有效运转，"僭政"就成了它不可避免的替代者。斯特劳斯认为，"一门社会科学如果不能以医生言说癌症的那种确信来言说僭政，那它就无法理解现代社会的真相"，沃格林则认为"一旦哲学家们再次从古典学问中得知什么是僭政，那他们就能够而且也有责任将当代许多以专政为面目出现的政体诊断为僭政"[41]。虽然两人在"更广泛的哲学思想和价值取向"上——例如神学与哲学、启示与人类知识、希腊与希伯来精神的对立与统一、信仰与哲学等许多方面存在着强烈冲突，却并未妨碍他们在僭政问题上的热烈探讨和相互支持，正是这些"一致"和"不一致"的猛烈碰撞奠定了他们的学术友谊。

也正是在僭政问题上，顾准与斯特劳斯和沃格林契合了。

例如如下的观点：雅典民主是从原始王政经过寡头政治、僭主政体而勃兴；僭政在希腊历史上之必然；僭政总不免愈变愈坏以及它和希腊心灵的冲突是导致的民主潮流兴起的中介物；当称一个现实政权为僭政的时候，"宪政"政府将是一个可行的代替……等等，《僭主

---

40 艾瑞克·沃格林语
41 摘自《斯特劳斯与沃格林通信集》

政治与民主》和《希腊城邦制度》两篇文章都做出了相当出色的论述。虽然这些文字在数量、深度和系统化上都逊色于斯氏和沃氏，可你不得不承认，在中国，它是首创、是壮举，对顾准而言则意味着他已经"对无产阶级专政论述以及它们在苏联和中国的实践"去魅了——它们被识破了，太阳底下无新事，它们古已有之，那就是僭政。

尤其特别的是，顾准一方面强调僭主政治是城邦特殊条件下的产物，另一方面将中国和希腊的政治发展史做了比较，再一次阐述了马克思对专制政治所作的阶级分析并不符合中国历史，更不适用于中国现状。

当希腊正从王政过渡到雅典民主的全盛期的同时，地球的另一边正是中国的春秋时代，可惜这个巨大的东方族群没有走他的西方同类的政治道路，而是从"礼乐征伐出天王"走向宗法封建的西周制度，走向七雄并立、法家兴起、秦汉统一，走向彻底的、东方式的专制之路。在顾准的这两篇文章中，他实际上已经将中国各朝各代的开国帝王都列进了"僭主"之列，只是在史官们笔下他们个个都成了"奉天承运"的开国明君。写到此处，顾准对历史的"惋惜"之情又一次跃然纸上，也正是他"惋惜历史是没有用的"笔记 20 哀叹背后真正的惋惜。

希腊的僭主和僭主政治是这个"人性展开的最美好的社会幼年时期"[42]很难避免的短期和过渡产物。伯罗奔尼撒战争期间的"30 僭主之治"就是典型的被希腊人看做政权被僭夺的时期，顾准将之称为"变态，不能算是常态"[43]。也有不少为了城邦的利益而坚决不做僭主的人们——雅典的梭伦和米提利尼的彼塔卡斯都曾有过建立世袭僭政的机会，却都在任期届满时自动放下了政权。顾准尤其欣赏他们那"更不类僭主行径"[44]的行为方式。可惜中国没有出现过梭伦和彼塔卡斯这样的"打天下而不坐天下者"，各位"奉天承运"们都由僭主过渡到了"王"和"皇"并名正言顺地"坐"了"天下"，名正

42　马克思语
43　《文稿》P471
44　同上 P603

第四部　徐徐地、平静地成熟下去（1972—1974）

言顺地世袭了下去。

稍稍离题一下：

乔治·华盛顿先生在率领美国人完胜独立战争后立即解甲归田，回到他的弗吉尼亚家乡继续做花生农。卸甲前有一位尼古拉上校"劝进"他做美国国王，华盛顿怒不可遏——"先生，我曾做出过什么错误的事情竟会令您产生如此的误会，以为我会对国家做出这样祸害最烈之举，诚百思不得其解"[45]。初闻，国人想必也多是"诚百思不得其解"，殊不知这正是他们的传统——华盛顿先生不能，不愿，不肯，不可以做个僭主！二战英雄——英国的丘吉尔、法国的戴高乐莫不如此，这才弄得顾准犯下"我把艾德礼和熊彼得的反动理论视为至宝，设想什么'共产主义两党制'"[46]的"罪行"。

《城邦》还大量引用了亚里士多德关于僭主们、僭主政体和僭术的描述：

"单独一人统驭着全邦所有与之同等或比他良好的人民，施政专以私利为高，对于人民的工艺则毫不顾惜，而且也没有任何人或机构可以限制他个人的权力"；

"禁止会餐、结党、教育以及性质相类似的其他事情——这也就是说，凡是一切足以使民众聚合而产生互信和足以培养人们志气的活动，全都应加预防"；

"禁止文化研究及类似目的的各种会社"；

"用种种手段使每一个人同其他的人都好像陌生人一样"；

"使住在城内的人民时常集合于公共场所，时常汇集在他的宫门之前。这样僭主既可以借以窥察人民的言行，也可由此使大家习惯于奴颜婢膝的风尚"；

"永不录用具有自尊心和独立自由意志的人们。在他看来，这些品质专属于主上，如果他人也自持其尊严而独立行事，这就触犯了他的尊严和自由"；

45　1782年5月22日乔治·华盛顿致刘易斯·尼古拉函
46　《自述》P330

……。[47]

亚里士多德对"僭术"的一段故事性描述,对顾准震动尤剧。

"相传……(米利都)僭主司拉绪布卢曾遣人问计于另一邦(科林斯)的僭主伯利安德。伯利安德正站在黍田之间,对使者默然不作答,而以手杖击落高而且大的黍穗,直至黍穗四顾齐平而止。使者不懂他的用意,就这样去汇报主人。司拉绪布卢听到了,心里知道伯利安德是在劝他芟刈邦内特出的人。"[48]

这应该是顾准写出他对斯巴达政体的反感——"藉寡头政体、严酷纪律来长期维持的这种平等主义、尚武精神和集体主义,其结果必然是形式主义和伪善,是堂皇的外观和腐败的内容,是金玉其外而败絮其中;相反,还因为它必定要'砍掉长得过高的谷穗',必定要使一片田地的谷子长得一般齐——它又不精心选种,不断向上,却相反要高的向低的看齐"[49]的出处。

这些"僭术"与数千年东方中国专制式的"政治术"如出一辙,而僭主们的心理状态,他们最终所要、所爱欲的也正如斯特劳斯义疏《希耶罗》中哲人西蒙尼德的表述——并非智慧,而是"爱"本身,是荣誉,是一切让他显得像个王者,从而可以激起民众真心爱戴的东西,只有这样他才会快乐。

这里顾准又问了一个犀利的"为什么"——僭主或者"公举的僭主"或者"民选调解官",或者相似的政治概念,为什么从不见于古代中国?他这样阐述自己的认定:实际上中国从"三家分晋"的韩、赵、魏,"田氏代齐"的田成子、"我其为周文王乎"的曹操到"草莽暴动"的刘邦、"造反起家"的朱元璋、"欺孤凌寡"的赵匡胤……哪一位都是僭主。就算那被孔丘捧上天的"文武周公",要真从殷商"法统"来论,又何尝不是僭主?至于近代,就更不用说了,这样说下去,岂不就水银泻地般一塌糊涂,不可收拾了?顾准再有胆有识,估计写

---

47 以上黑体字均为顾准摘自亚里士多德《政治学》
48 同上
49 文稿 268

第四部 徐徐地、平静地成熟下去（1972—1974）

到此处也却了步——不去趟这浑水也罢，反正该说的都说了，何必不留一点想象的余地给读者？可你要是能耐得下性子返回头来再看他早年读梁启超《先秦政治思想史》写下的读书笔记，就知道实际上他什么都说了，这层窗户纸他早就捅破了——

"既说没有一个 by（林肯'of the people，by the people，for the people'中之'by'－著者注），又说选举？不是，最多不过像东汉的举孝廉而已。这种"选"与"举"，仍以皇权为其主体的"笔记P206，"（中国的）'公权'只有应试权"[50]。

一种政制，既然没有"by"（孙中山曾对译为"民治"），当然没有"公权"，更不可能有"民选"，那它究竟是什么呢？

"民国以来的历史，孙中山实际上不占重要地位，他只是一个思想家，占地位的是袁世凯、蒋介石和……，除此以外，就是群雄并起，令严几道（严复-著者注）之类慨叹'一线生机……先王教化（严复原文为'一线命根，乃是数千年来先王教化之泽''现在一线生机，存在于复辟。'-著者注）"[51]

其思考都化作无言之言缩略在省略号中了。中国不是没有僭主和僭主政治，而是两千多年来中国史官文化只有"直书弑君"的传统而无"僭主"的概念。中国的僭主们在史官的笔下都成了"奉天承运"的开国帝王，是经过战争消灭一切竞取的敌手而后确立的，而孔、老、墨、庄、荀、韩都是在为它的君临出海报，写颂诗，多方宣称他们是利国利民的"天赐"。正因为他们可以在土广民众的王国中央建成一个住居着王室、朝廷以及为王室和朝廷服务的形形色色人员的王都，唯有有这样的一个王都，王权才能用辉煌的宫殿、神庙、仪仗、御林军装饰起来，又唯有有这些装饰，"奉天承运"的谎言才能发生效力。

实际上不仅仅是中国，"希腊以外的整个世界（也许要把罗马、拉

50　笔记204
51　笔记205

丁世界、迦太基、日耳曼蛮族除外)与中国都事同一律,没有出现过希腊世界那种古怪现象"[52],但是这种"希腊古怪现象"——由于城邦条件而产生的、"绝不允许僭主政治长存"的希腊精神——希腊心灵却被西方人承袭了下来,发展了起来,最终成就了现代的民主。

在顾准的时代,这是极为大胆的史观、史论。它不仅对那个时代、也对我们的时代提出了挑战。在不自觉中,顾准履行了一项一位真正的政治哲学家的义务——"能够而且自认为有责任将他所处的时代以专政为面目出现的政体诊断为僭政"[53]。

彼时中国,持这种史观史论并有所表述的,大概"只有周一良先生的《世界通史》,虽然只用了2页来对付僭主政治,观点却明显的是Grote(格罗托)的"[54],以及范文澜先生《中国通史简编》提出的"让步政策论",稍有涉及。占据着历史学话语霸权的权威们没有谁敢提"僭主""僭主政治",更遑论将它们与"民主""希腊心灵"、现代民主相提并论了。"僭主"意味着独裁者,"僭主政治"意味着专制和独裁,这可不仅仅是"敏感"而是巨大的禁忌与冒犯。试看范文澜、翦伯赞先生也就是蜻蜓点水般的"让步政策论",不也落到个"全民共讨之,全国共诛之"的惨境吗?再上溯一点,有陈独秀先生晚年对苏联专政体制、对无产阶级专政的严厉批判,在这一点上他无疑大大地早于顾准。但陈独秀的批判是基于托洛茨基主义的理论基础,依然充满现代性——以为这是"太阳下的新事"。这是他与顾准"从现代希腊史著作中的古典观点攫取理论根据"最大的不同之处。

马克思主义的史学基础原也是从希腊精神和城邦制度推论而出的,却囿于时代和考古学的限制而缺如、不完美,更因为恩格斯和俄国人的"曲解""歪曲"甚至"强奸"而变形,其演绎出的"政权永远是阶级的政权,专制主义或僭主政治是相互斗争的阶级谁都无力

---

52 《文稿》P272
53 艾瑞克·沃格林语
54 《文稿》P266

克服对方时兴起的一种过渡政权的理论"[55]被硬性规定为适用于任何国家、任何地区的"铁律"而强加于人。可这种理论完全不适用于亚细亚生产方式的国家,尤其"不适合于中国",因为"中国的专制政权本身就是社会斗争的一方,不是哪个阶级手里的工具"[56]。

这就是顾准口中误尽天下苍生的天大错误。

马克思原是最主张自由与民主的,但由于性格的极端和观点的激进,加上西方国家自由民主体制不完善,议会民主的作用不仅发挥不大,而且由于没有普选权,大量的工人处于无权地位,造成一生追求民主的马克思厌恶议会。在《路易·波拿巴的雾月十八日》一文中他老人家原创了一个德文复合单词 "Parlamentari-scher-Kretinismus" ——议会克汀病患者"或者叫"议会痴",用以批评法兰克福全德国民议会和柏林普鲁士国民议会中的小资产阶级民主派领袖,之后更泛指醉心于议会制度的人。俄国人列宁沿用了这一概念,更将其引申、发展到将"相信议会式管理制度并认为是唯一的、且在任何情况下都是主要政治斗争形式"的党派和个人称作"机会主义者"。

《雾月十八日》之后的《法兰西内战》则更是直接提倡法兰西大革命的风尚。

"法国大革命时代的风尚,是要复共和罗马之古,亦即复直接民主之古。倡导直接民主,一方面要消灭异化,一方面也是复古——复公民大会之古,也是复共和罗马之古"[57]。

顾准那种万般不屑的刻薄劲又上来了,直接就"用老张的巴掌扇老张的脸"——借马克思自己的话说:"历史总要出现两次,第二次是讽刺剧……这一幕讽刺剧,就是"1789 年(的)议会转为国民公会"[58],"直接民主的理想,来自《法兰西内战》"[59]。

---

55 同上 P272
56 同上
57 《文稿》P380
58 同上
59 《文稿》P374

"现在人们读《法兰西内战》，简直是和尚念经。对《法兰西内战》究竟说些什么，历史渊源如何，当然一概不知道。至于拿它跟现实生活对照一下，用批判的眼光来观察它究竟行不行得通，当然更是无从谈起了。"[60]

看，他又剥了一颗"洋葱"。

至于死命揪住"五段论""阶级斗争"教条，说起来似乎是十足的马克思主义者的中国史家，顾准更是把他们一个个骂了个遍——"数典忘祖""太无史识""太不谨严""荒谬""实在牵强得太不像话""实在可怜""太无聊""干巴得很，像个瘪三"……诸如此类，不仅是不留情，连点口德都不留。可话说回来，《希腊城邦制度》这样的著作没有出自中国一位专业的、真正的历史学家之手，而是让一位会计学出身的外行占了头鳌，真不知是知识界的骄傲还是悲哀。

4. 从雅典到耶路撒冷[61]

希腊民主为人类展开了迄今为止最健康的社会生活方式蓝图，但那是古典的、城邦式的直接民主，广土众民的国家无法效法。

"没有大一统，兴起于一隅的文明不可能大规模传播……事实上，大国而不独裁，在古代确实办不到"[62]。

这是一句断章（但不取义）之句，摘自顾准搁笔《希腊城邦制度》之后写给六弟陈敏之的信。此时《城邦制度》并未写完，写到第6章——"城邦希腊从盛极到衰亡-公元前5至4世纪的希腊）"，他"卡了壳"。

---

60 《文稿》P381
61 关于古希腊罗马史研究在中国的状态叙述，得益于多年从事亚里士多德形而上学研究的老学者、北京大学哲学系教授、古希腊语言学家李真先生的指点和帮助。
62 《文稿》P303

第四部　徐徐地、平静地成熟下去（1972—1974）

"Ⅳ/28　卡壳"[63]

此时离他动笔不足 80 天，成文已过 11 万字。顺着日记看，从第一章到第五章写得都非常顺利，一共用时两个月。到了第六章，他感到了困难。

"其间他给我的信中谈到他的'迷惑'，也就是他日记中所记的'卡壳'，打算重写。"[64]

第六章并不是《希腊城邦制度》的最后一章。3 天之后的五一节，他在日记中写下"结束 cht. 6"，此后就再也没有写下去的记录了，这是没有写完的一章，《希腊城邦制度》也就此成了永远的残篇。

日后许多读者都以为是身体的病痛阻止了顾准将她写完，但他的"卡壳"不像是"卡"在身体上而更像是卡在对历史的迷惘上，一份"替古人担忧，为古人惋惜"、普通人很难理解的心伤之痛上。伯里克理斯年代——希腊文明的极盛期实在是太辉煌也太短促了，泰极否来，还在他有生之年，伯罗奔尼撒战争就已开始，按照修昔底德的说法，是因为雅典人过于富强使斯巴达人感到威胁，于是他们发动了战争。

"我写希腊城邦，本来是有感于在希腊那种小邦林立，相互竞争中，个人创造性发挥到顶点，创造出灿烂的希腊文明，其中关于哲学、科学、文学的，至今我们还在受其惠。所以要写，是想歌颂它。可是写着写着，对于林立的小邦相互之间的自相残杀，甚至不惜勾引希腊文明历来的大敌波斯，而且这个波斯帝国，此时已经奄奄一息，而希腊则纵然在自相残杀，还是方兴未艾——对于这种不顾大体实在受不了，不知道该歌颂不，有点迷惘起来了。"[65]

既迷惑于创造灿烂文明的、"小邦林立"的、个人主义的希腊，又厌恶军事独裁下压抑人个人创造性的大一统，顾准迷惘的思虑和笔触都开始转向。他甚至撇下已经拟好的第六章第 4 节"伯里克理

63　《日记》1974.4.28
64　陈敏之《〈顾准文集〉序言》
65　《文稿》P302

斯民主——城邦希腊的极盛时代"的 6 个小题目，以及其中第 5、6、7 节的纲目而不惜，毅然转向了另一个方向——从希腊转向希伯来，从雅典转向耶路撒冷，从希腊心灵转向了基督心灵：

"希腊文明如此卓越，然而希腊人的历史命运落得如此悲惨，这是基督教兴起的重大原因之一。Ionia[亿奥尼亚]自然哲学是兴高采烈在探索大自然奥秘的；Stoic[斯多葛]哲学返回到人的内心，力求在一个没有希望的世界上寻求自己灵魂的安宁。《旧约》是用希伯来文写作的；《新约》最初就是希腊文的创作。"[66]

《希腊城邦制度》的写作停下来了。从第六章《城邦希腊从盛极到衰亡》只有题目没有内容的最后一节——第 7 节《城邦希腊的消亡和希腊文明的传播于广大区域——以马其顿为首的希腊同盟和亚历山大征服》看，显然这才是全文的结束——希腊文明在广大的世界西方传播开来，但生出她的伟大母亲——城邦却消亡了，希腊衰落了，亚历山大征服了，罗马人就要登场了……。

他几乎是不忍继续写下去，最终也确实真的没有写下去。从来做事有始有终的他做了一件有始无终的事情。但是实际上，《城邦》之后的顾准并没有放下笔来。此时据他去世还有近七个月的时间，健康状况确实已经非常不好，发烧、咳血，去医院已成常态，但他没有搁笔是无疑的。在这 2 百多天里，他翻译了乔治·卡特林的《政治哲学家史话》中"罗马法与教父们"一节，翻译了圣托马斯《政治学语录》并写下了《关于基督教的笔记》。除此之外，他还与六弟陈敏之作了一系列历史讨论的通信，其中包括日后被知识界津津乐道的《关于海上文明》和《统一的专制帝国、奴隶制、亚细亚生产方式及战争》。

假如愿意，假如他满足于手头现有的史料，他是完全能够把城邦希腊写完的。无论如何这是他一生最钟情的题目，且是他用去一生所作的"一个人的探索"将要落在纸上的开篇之作。可是他终于没有把它写完，而且对已经成文的部分不满意，一直犹豫、纠结着，要不要

---

66 文稿 303

第四部　徐徐地、平静地成熟下去（1972—1974）

重写。日记中他屡次提及要"Reconsider the notes（重新考虑这个笔记 -著者注），特别是"从盛极到衰亡"的、悲惨的第六章。除了迷惘的心痛，更明显的原因是：他在为城邦的希腊、挽歌的雅典之后就要来临的青史做准备，那青史就是——古罗马和基督教的兴起。

这一点，从他的那两篇译文——《圣托马斯"政治学语录"》《基督教》和关于基督教的笔记看得最清楚。这 3 篇文稿的完成时间非常紧凑，都是在《希腊城邦制度》停笔后的那一个月——1974 年 5 月之内。另外，还有 8 月他写给六弟陈敏之的两封信也是很好的佐证：

"关于罗马史，或者说一般的西方史，我有一个奇怪的想法：它和希腊、迦太基一样是外来的海上文明，而不是当地土著的文明"[67]。

"关于基督教，你现在发生了兴趣，你来的时候，我可以提供你一点资料。有一份万把字的翻译稿（就是乔治·卡特林的《政治哲学家史话》中'罗马法与教父们'一节 -著者注），这是我近来读书时为求理解译出的，读后可以讨论讨论。还可以介绍两本书目，你设法去借。此外，你最好找一本圣经，若你实在找不到，我可以帮你农到一本《新约》。这些，来时再说吧。"[68]

显而易见，临终前半年的顾准并不是被致命的疾病拖累而未完成他的《希腊城邦制度》，而是因为要为第二个主题做准备而中止了《城邦》的写作。

"基督教，其福音书来自希伯来闪族犹太人，组织得自罗马，而它的哲学则来自希腊。"[69]

不妨把顾准摘译的乔治·卡特林的这句话看做他放下《城邦》的写作，转向另一主题——"罗马、基督教文明与希腊思想的结合"的转捩点，探索希腊、希伯来文明的结合、后果以及它对人类发展起到

67　文稿 296
68　《文稿》P304
69　参阅《文稿》P257

的重大作用——这就是顾准的下一个目标。

《希腊城邦制度》没有写完,但已经足以展现这位中国希腊人的心灵。它的残缺并不妨碍后人对它的赞美——这是一部集勇气与技巧于一身,推到、打碎偶像之作,一部未完成却如残缺维纳斯一样美丽的作品。况且还有一种非常大的可能性存在:如果作者能被假以时日,例如再多活一年,他也许会在捋清楚基督教在罗马的崛起——一个弱东方小民族的宗教是怎样征服了罗马这样的超超级大国的,然后再返回头来完成城邦希腊的研究。毕竟,希腊哲学的宗教化和基督教的哲学化是多么壮美的命题!

希腊民主,它拷问着顾准那个过去了的时代,也拷问着我们眼下的这个时代。这是一个挑战,一个哲学的挑战。

第二十二章　籽粒落下

1. 最后的一年[1]

1974，甲寅虎年，平年，天下太平。就算世界有事，中国有事，也都不是什么了不起的大事——

1月，全中国的人开始批判一个古人——孔丘和一个现代人——林彪；

2月，苏联逮捕一位名叫索尔仁尼琴的异见人士并剥夺国籍、驱逐出境；

4月，邓小平率中国代表团出席联合国大会第六届特别会议；

8月，美国总统尼克松因为美国历史上最不光彩的政治丑闻——水门事件辞职；

10月，瑞典人纲纳·缪尔达尔与英国人弗·冯·哈耶克因对货币理论、社会和制度与经济的关系以及经济波动现象的深入研究，以及从方法论和研究方向上惊人的相似性而共同获得诺贝尔经济学奖。

这独一无二日的获奖组合令世界经济学界大吃一惊：哈耶克居然获奖了，而且是跟缪尔达尔一起获奖！用同样的方法，两人得出的却是完全不同的结论——缪尔达尔是瑞典福利国家的理论创始人之一，亲自参与了福利国家的政策和制度设计。哈耶克则是现代福利国家最激烈的批评者，早在40年代他就指出这是"通往奴役之路"（在

---

[1] 本节有关英国历史学家托马斯·巴宾顿·麦考莱名著——《英国史》的叙述得益于沈阳独立学者、翻译家沈占春先生的指点和帮助。在本书成书过程中，沈先生也终于完成了这部浩瀚英文名著的中译。

中国，他的同名著作被列为"最反动的大毒草"而受到激烈批判)。瑞典皇家科学院以政治立场的对立不允许影响学术研究为由，坚持让两人一起走上领奖台。有趣的是，被寄予厚望的琼·罗宾逊夫人落选了。从斯德哥尔摩传来的消息令她的英国同胞十分失望和愤怒，许多人聚集在伦敦的广场上哭泣。她也从此被称作"未获奖的最伟大诺奖得主"。

这一条新闻，也许就是顾准有生之年最后一件世界大事了。10月10日站在斯德哥尔摩市政大厅颁奖台上的哈耶克先生无论如何也不会知道，在东方，在中国，有一位日后将被人们称为"中国哈耶克"的人正进入生命倒计时。

可那天顾准埋头捧读着的却不是经济学著作，而是哈耶克先生的乡党，英国史学大家托马斯·巴宾顿·麦考莱的《英国史》（又名《自詹姆斯二世即位以来的英国史》)。

"X/15 Macaulay（麦考莱 -著者注）"[2]——这是顾准最后一篇日记的最后一个词，时间是1974年10月15日。这样说好像不太准确，后面还有两天的日记，但都只有日期没有内容——那只写了一辈子的右手再也无力书写了。假如把他歪歪扭扭写给陈敏之的最后一封信和被他称作"奇耻大辱"的最后一个临终签字排除在外的话，"Macaulay"一字可以说是顾准真正意义上的绝笔，40多天后，他的遗书都不得不由六弟敏之代笔。

麦考莱的《英国史》也是他读书无数的一生中读的最后一本书。

在顾准的历史研究中，英、法两个欧洲"超级大国"的两次截然不同的"超级革命"一直是他关注的重点。他看出它们的共同点——"议会都是斗争的中心"[3]，更看出它们的天差地别——前者妥协的进步和后者暴政的轮回，他的赞叹和嗟叹是不言自明的。

同他做研究的一贯精神一样，对英国史他是不会轻信一家之言的。在读麦考莱之前他已经读了初版于1962年的、中译的《人民的

---

2 《日记》1974.10.15.
3 《文稿》P378

第四部 徐徐地、平静地成熟下去（1972—1974）

英国史》和《英史编年》，作者是持马克思主义唯物史观的英共历史学家阿·莱·莫尔顿。它们当然是钦定本（直到今天，中国的文科考试标准答案依然据此为标准），也当然不能满足顾准"多元"和挑剔的胃口。从息县回到北京，靠近了书海——北图，他当然要读非钦定本，这是不言而喻的。他立刻就找到了它——麦考莱的《英国史》，绝对的非钦定本，非"人民"本，英语原文，冷冷清清搁置在外文馆的书架上。

1973年的顾准日记中，出现了"England in 1685（1685年的英格兰）"[4]，

这是麦氏《英国史》的第三部，重头戏，就算他含含糊糊不注明出处，也不可能产生歧义。

这套有20卷之多的《英国史》十分浩瀚，但笔触的年限却仅仅只有17年——自1685年詹姆斯二世继位，至1702年威廉三世逝世。与莫尔顿从公元前3千年伊比利亚人开始的宏大叙事式《人民的英国史》相比，麦氏《英国史》只能算作《英国近代史》，可顾准关注的却正是这个，正是著者开门见山、先声夺人的命题——"英国无疑是全世界最伟大的国家，而英国之所以伟大，其渊源就在于1688年的革命。"[5]

对这次议会不流血战胜君王的革命，麦考莱甚至用了"幸福革命"这样极端的词句来赞颂它，并预言"它将是英国的最后一次革命。自从任何一个聪明的和爱国的英国人试图反抗当权的政府以来，已有几代人过去了。在所有诚实的、善于思考的头脑中，有一种随着经验的积累而与日俱增的信念，即影响宪法所需的每种改进都可在宪法本身内部找到。"[6]

麦考莱的预言至今没有落空，也至今还没有落空的迹象。英格兰1688年就告别了革命，以Evolution（进化）一劳永逸地取代了Revolution（革命），真是羡煞人也。

---

4 《日记》1973.2.8
5 麦考莱《英国史》
6 同上

英国光荣革命也是中国人顾准最为推崇的进步方式,这一点在他的笔记和文稿中多有表述。早在 1959 年的日记中,他已断言"这个时代是妥协的时代"[7],并一连串用了 10 个"妥协"来形容"这个时代"——

"连阿尔及利亚也不能不以妥协告终。戴高乐所扮演的是妥协的角色,而不是独裁的角色。波拿巴特式的政权本来不能不如此。柏林妥协,东西德妥协,德法妥协,欧非妥协,英美妥协,总之是大妥协。妥协背后有尖锐的斗争,斗争的形式与结果不能不是妥协。"[8]

"妥协"了又如何?中文"妥协"二字也无非是"妥善地协调冲突双方"之意而已,却在顾准的时代被约定俗成为与"投降""叛徒""汉奸""内奸""工贼"等量齐观的贬义词。从这个例子看,"语言(Word)"就不能等同于"逻各斯"和"道"了——天不变,道却变了,或者说只要谁能掌握话语权,那就既有本事"变"了"天",也有本事"改"了"道"。

可顾准不搭理这些,他十分青睐、欣赏这个词汇,尤以 2 百多年前那次被各国史学家一致誉为"人类史上最典型、最成功的妥协"的革命为最,甚至不惜绕了一个大大的圈子这样来赞扬它:

"反正,17 世纪英国革命,我们只见到骑士,见不到骑士军了,从技术上说来,只要用上了火器,骑士军就完蛋了。不过,骑士精神比骑士军活得更长久。"[9]

顾准对"骑士精神"极为欣赏。他认为欧洲文化中骑士文明是一个重要的组成因素,是西方传统中的个人主义的渊源。在英国的这场革命中,双方高贵的骑士行为和妥协精神使得"议会至上"原则和前辈们不懈争取的其他宪政原则终于得以确立,开创了人类历史的新纪元,成为人类宪政史上重要的里程碑。

---

[7] 《日记》1959.3.12
[8] 同上
[9] 《文稿》P319

第四部　徐徐地、平静地成熟下去（1972—1974）

1974是我的传主生命的最后一年，不足两个月后他就要越过那条看不见的界河，遽尔长行，行前的最后一本书他读麦考莱的《英国史》，倒也符合这位长矛瘦马骑士、中国独行侠、东方堂·吉诃德的身份和脾胃，也是他由古希腊的议会政治向现代议会政治追索过程中一个明显的细节。英、法两大革命的同异在政治哲学上的意义如今已是常识，大概连稍有兴趣的中学生也能说个七七八八。可在顾准的年代别说"显学"了，说它是"险学"都不为过。

顾准在读书方面"顺藤摸瓜"的本事从来好生了得，这就令他的读书范围一扩再扩，一直扩到不可收拾的地步。临终前的一两年，他去北图借书读书的速度，用陈敏之的话说，叫"3天一趟，一趟3本"，很可能彼时图书馆借书极限就是3本。英国史学家托马斯·卡莱尔的《法国大革命史》，孟德斯鸠的《论法的精神》（严复译《法意》），英国经济学家和法理学家杰里米·边沁的功利与经验主义哲学论著都是他这一年读书的重点。许多书是重读，例如李亚农的《史论集》，托马斯·摩尔的《乌托邦》，伯兰特·罗素的《西方哲学史》和《自由与组织》等等。

特别是边沁的著作，早在1967年他分析马恩首创"历史唯物主义"的著作——《德意志意识形态》时就反复阅读过边沁。从马克思对边沁和边沁主义急转弯的态度，他看出了马氏对市民社会的扬弃和对人性（Human-nature）的忽略，并"终于在1846年（《德意志意识形态》发表之年）得出了终生的结论——Prol. dict（无产阶级专政-著者注）"[10]的全过程。

马克思1844年写作《神圣家族》时还在热烈地颂扬边沁和功利主义，到了1846年却开始对二者进行猛烈的批判。对此顾准一直耿耿于怀，前边的章节——《鼙鼓无声，理性争鸣》已经详述。他早就计划有一天要好好研究马氏在《神圣家族》中郑重地作了摘录并赞扬为唯物主义的边沁学说要旨，"那是十分值得重视的摘录，必要时，

10　《笔记》P392

必须参考它们"[11]，现在他要完成这个"必须"的任务并且很可能已经完成了，只可惜没有任何文字留下。

如果按照"顾准日记"时间上的推算，阅读、重读这些书籍和他撰写《希腊城邦制度》是齐头并进的，这之间一定有某种有机的联系，只是这大大超出了我的知识范围，不敢置喙。

1974年——顾准生命的最后一年，2月12日，他正式动笔，撰写最后、最长、最华彩的篇章——《希腊城邦制度》。

上一年，从6月到9月，用了整整3个月的时间，他读完了乔治·格罗托270万字的《希腊史》并做了整整一个章节——《柯林斯，西库翁和墨伽拉——希腊的僭主时代》的中译，这就是顾准文存中的《希腊僭主政治 跋》[12]。这期间他咳血、吐血，可他什么也顾不上，脑子停不住，笔停不住，脚停不住——天天都要跑北图。

这套1846年版的《希腊史》是北图的典藏，是不能外借的。饿了，有干馒头和开水，咳点血嘛，用草纸接着就是了，好在那年头"刘项原来不读书"的，图书馆本就冷冷清清，也就没人嫌弃。加上这里能随时借阅荷马、亚里士乌芬尼斯、欧里庇德斯、柏拉图、亚里士多德、希罗多德、修昔底德、色诺芬、吉本、麦考莱、卡莱尔、汤因比……，他甚至还能借到了极冷僻的《巴苏陀古今史》（巴苏陀就是今天非洲的莱索托 -著者注），让他了解大至希腊罗马、埃及、两河、希伯来，东方、非洲文明，小至克里特、迈锡尼、艾特鲁利亚文明——这些彻底更新了古希腊在史学、考古学意义上的面貌的海上文明，一百多年前的马克思根本不知道的、令他在历史哲学上犯了"天大的错误"[13]的文明。这致命的错误导致了马克思史观论据上的缺略，论证上的偏差，结论上的谬误和后果的灾难性。

这一切，如今都被他找到了源头。

11　同上 P393
12　《文稿》P273
13　同上 P300

第四部 徐徐地、平静地成熟下去（1972—1974）

"Mystery（奥秘）"！[14]

他惊呼，他欢呼。芝麻已经开门，夫复何求！夫复何求！！狂喜的他越发像饿极了的人一样扑向书籍，吃一样地读、译、摘，有些迫不及待的急切，还有些奋不顾身的冲动。

老朋友们事后回忆起顾准的这段日子，异口同声用到的一个词是"昂扬"——病容被激情冲淡了，疼痛被喜悦掩饰了，一清早神采熠熠地出门，傍晚兴高采烈地回到学部的斗室，接着是一夜不灭的灯光。

不爱他的人们撇撇嘴，不理解他的人们莫名其妙，爱他、理解他的人们忧心忡忡。大家都看出了这病的"不好"，连不谙世事的年轻人都心知肚明，只是痛在心里口难开。一天，他从北图回家，过了食堂的饭点，被里夫拉到家里吃饭。里夫小心翼翼地问："你到底感觉怎么样啊？"，倒被他一句"我肯定会死在'操纵文革'的人之后"[15]给逗乐了。

在这些日子里，顾准对好友和六弟多次兴奋地形容——我就像个手持镰刀准备收割的工人，眼见金黄的麦穗在等着我呵。而这正是《圣经 新约》中最著名的譬喻之一。

无疑，《希腊城邦制度》仅仅是个开始，是他"中西方哲学思想史"宏伟计划的开篇之作，而东方的孔孟、荀韩、黄老、墨庄……都已齐齐列队，整装待发——顾氏的"历史轴心"已经开始"呀呀"转动，多么动听的声音，为了它就算是春蚕丝尽，蜡炬成灰也太值得了。

在写给六弟的信中他掩盖不住内心的狂喜——"我又回到了30年代的生活……"。30年代，那正是他激情燃烧的岁月，年轻、单纯、浪漫、圣洁，有着无穷无尽的精力和无穷无尽的创造力。一个妻离子散，家破人亡，又老又病，一无所有的男人，居然有"回到了青春少年"的感觉，这后面得有多少超凡脱俗的愉悦和幸福的堆积！

---

14 《笔记》P370
15 林里夫口述

生命如醴，读书如醴，知识如醴，写作如醴，顾准的最后一年几乎是在如痴如醉中度过的。悲惨、凄苦、沮丧、压抑……那只是别人的看法罢了，生命的滋味只有经验着生命的人才说得清楚，何况是这样一个不凡的凡人。

然而上帝总是那样地不可捉摸——写到了"城邦制度的最后完成"[16]的顾准，恰恰没有最后完成他的《城邦制度》。譬如维纳斯，如此的绝世之美却不完整。

可维纳斯的残缺美又有谁能说不是更美之美？

2. 向死的生命实践

顾准确知自己患上不治之症是在是年10月——肺癌，中心型，最凶险的癌瘤。不足两个月他就去世了，病程非常短促。但这恶疾的形成却绝非"一日之寒"，它日积月累、噬骨吸髓、积重难返的过程是很漫长的，仅仅从"顾准日记"就能捋出来——

"连日发烧，始终未退尽。晚间咳甚，昨晚尤甚。右胸肋骨因剧咳大痛，至睡眠不能反侧。痰多极，都是脓状。"[17]

这是商城劳改期间。十冬腊月，饥寒交迫，贫病交集，44岁的顾准，困顿如病兽。

"这次又是发高烧，又达39.5℃，学部商大夫28日来，由她主治，连续打青霉素，第3天发现铁锈痰，确诊为肺炎，是为一生中第3次患肺炎。回忆1947年宫乃泉诊治的一次和1953年住华东医院的一次，不免感慨。尤其1953年秀亲自送我住院，现则未及话别，竟已长逝……"[18]

---

16 《文稿》P559
17 《日记》1959.12.22
18 《日记》1970.2.5

第四部 徐徐地、平静地成熟下去(1972—1974)

"晨间痰中不断见血,有铁锈痰,也有鲜红血块,一直坚持劳动,没有提出"日记 70.3.16.;"肺炎病后,3 至 4 月间曾咳血二月……"[19];

这是息县劳改期间。比起商城,情状虽略好,但 55 岁的顾准此时已是鳏、病、右俱全,"已经到了沟底,再沉沦下去,也不过剩下埋起来的一着而已"[20]。

"VII/27 病休"[21],"VIII/6 上医院"[22]。

这是临终前一年夏天的一次严重咳血,连续 10 多天止不住,以致不能正常起卧,只能靠吃云南白药止血。

从回到北京后他就在不断地感冒、发烧,仅"北京日记"记载的"感冒""Fever(感冒)"就有许多次,还不包括"去医院""就医""注射青霉素""验血"什么的。尤其是最后的一年——1974年,2 月份的一次感冒长时间地不能痊愈,断断续续地发烧,高烧低烧,忽冷忽热,一直持续到 5 月,以致他怀疑自己是在"打摆子",验血后却排除了疟疾的可能性。

实际上这是肺部恶性癌肿即将爆发的典型征兆,做一次肺部 X 光片就能一目了然,却不知为何医生一直没有确诊病源,也许因为顾准够不上做光片的"级别",但更大的可能性是"此人不值得救治"。不过话说回来,即使早几个月确诊,在这样凶险的癌症面前,任谁也是回天无力。

这期间他一直在埋头读和译格罗托的《希腊史》,同时写读书笔记——《希腊城邦制度》。4 月底,他已经写到了第六章——"城邦希腊从盛极到衰亡——公元前 5 至 4 世纪的希腊"。从全文内容看,这一章应该是最后的一章,可高山流水,一泻千里般写到这里的他却

---

19 同上 1970.5.8
20 同上 1971.1.26
21 同上 1973.7.27
22 同上 1973.8.6

"卡（了）壳"[23]。

"V/9 开始重写 ch.6 下午 fever（5月9日，开始重写第六章，下午发烧 -著者注）。"[24]

他没把发烧当回事，发烧在他是常事，商城、息县、清河都经历过，扛也得扛，不扛也得扛，否则就是"偷奸耍滑"，这个罪名在他眼里要比什么"右派""反革命""资产阶级""修正主义"之类的劳什子屈辱百倍，是万难忍受、情愿累死也不能接受的屈辱。因此他通常都是扛着，而能扛过去常常令他大受鼓舞，比如息县那会儿——

"休息一周，饭量甚至更大于劳动之日，最多一天吃过一斤七两，消化良好，肺炎后的严重消瘦逐渐有所恢复。惟晨间常仍发现铁锈痰。既然一不发烧，而饭量好，体重恢复，也就不去管它是怎么回事了。"[25]

商城能扛过去，息县能扛过去，清河能扛过去，如今身在北京，当然更应该能扛过去。《希腊城邦制度》正写得如火如荼，这无疑是人生最大的享受，他怎么可能分出神来关心什么"发烧""感冒"之类小事，就算是咳点血，那也是老情况了，管它呢。眼下"第六章"比什么都重要，只要还握得住笔，其它都"去它妈的"！

5月1日劳动节，他终于"结束（了）ch.6"[26]，可十分忐忑，不满意，读来读去就是不满意。

5月2日，他"检讨 ch.6，开始读文献"[27]，读的是"公元前5-4世纪的文学"，没有具体的书名和作者，但根据前后日记分析，应该是 C.A.H.（《剑桥古代史》）中的某些内容。同时做了一些摘译。

公元前5-4世纪中叶，是希腊的古典时代，前期是城邦的繁荣昌盛时代，后期则盛极而衰。古希腊最著名的悲剧、哲学和历史作

23　同上 1974.4.28
24　同上 1974.5.9
25　《日记》1970.2.28
26　同上 1974.5.1
27　同上 1974.5.2

第四部 徐徐地、平静地成熟下去（1972—1974）

品，无一不是对这"盛极而衰"的忧愤之作。当城邦的希腊最终走向崩溃之时，给她听诊的内科医生是修昔底德，为她手术的外科医生则非柏拉图莫属。她哪里会知道两千多年后有位深爱她的辽远的异邦人，名字叫做顾准，也懂得她全部的美，懂得她的绝望、濒死和死亡并为这绝望、濒死和死亡心痛不已。

几天后他毅然决定"重写 ch. 6"[28]。

也就从这天起，他发烧严重起来，不是通常的低烧，而是忽冷忽热，像打摆子一样，骤寒骤热交替出现。学部医务室已经无法应付如此病情，他不得不去学部的合同医院——协和医院就诊。

日记中连续几天"就医"的记录说明这次病情不轻，可医院只做了简单的指血化验就排除了疟疾，病人在咳血，却没有做最应该做的血痰化验，更谈不上做癌细胞培养了。就这样，典型的恶性肺癌爆发期的症状被诊断为"支气管扩张"，直到病人吐血吐得瘫倒在床。

就在和所谓"支气管扩张"纠缠之际，他开始读那本冷僻的英文原著——英国人乔治·卡特林的《政治哲学家史话》，"开卷有益"就开在医院候诊的走廊里，往往"就医"二字之后就是"读 Catlin（卡特林 - 著者注）"，接着是一连几天的"同上""同上"。整个5月中旬，顾准的生活中就是两件事——"就医"和"Catlin"，拖着忽如在火窖忽如在冰窟的身子，他奔波在医生和"卡特林"之间，辛苦至极。

有一天的日记让人十分费解——

"V/16 就医，Immense"[29]

这是一则很难解读的日记。假如其中的英文单词是"Immensee"的笔误，那就很容易理解——病中的他再一次读了施笃姆哀而不怨的《茵梦湖（Immensee）》，但若不是笔误，就比较麻烦。

英文"Immense"在绝大多数情况下被用作形容词，且有着两重主要意义——"巨大的"和"美好的"。在用作前一种解释时，它不

---

28 同上 1974.5.9
29 《日记》1974.5.16

强调事物的重量，只强调超过一般标准的体积、数量或程度等；在用作后一种解释时，它是口语化的，相当于"Great！"——真不错！真好！好极了！不过"Immense"用在肿瘤医生的嘴里可不大妙，常常是他们用来形容癌肿块的不可测量性和晚期巨大疼痛的口语性词汇。例如"The immense pain that accompanies the later stages of the cancer（伴随着晚期癌肿的巨大疼痛）""Immense suffering（巨大的痛苦）"等等，精通英语的顾准很突兀地在中文"就医"一词后面用上它，除非笔误，不会是无缘无故的。

那么是什么东西让他产生这样的惊呼？是初读"卡特林"，被它带给自己的巨大开悟所震撼后的欢呼？还是他从医生的表情、病历的蛛丝马迹上领悟到了什么？

前者的可能性是有的——从这天起到陈敏之在上海惊闻五哥被宣布不治的噩耗还有 5 个多月，其间两兄弟还共同生活了半个月，无论是顾准日记还是敏之的回忆，都没有对五哥病情的严重程度有过任何记录。

但是读书万卷，"曾经沧海难为水"的顾准真的会为这本并不十分有名的抒情小说发出如此惊呼吗？除了初读《资本论》和黑格尔时他惊呼过，还没有发现他对其他书"一惊一乍"过啊。

这就不能不让人猜想还有一种可能性，那就是他认知自己的病况从那时起就开始了，而不是在五个多月住进协和医院之后。"Immense"是对 Cancer（癌）的惊呼而不是对 Catlin（卡特林）的欢呼。很可能从那天起顾准就已经模模糊糊知道了自己的病情，只是他不肯对人说起，连手足也不说，好友就更不说了。他也不肯对自己说起，尽量地淡化它，疏远它，甚至希望忘掉它。直到 9 月底，在北京和五哥盘桓了 10 多天的六弟离开北京，五哥还殷殷地把他送到北京站。

初秋的北京阴雨连绵，五哥亲手把弟弟的行李在车厢里安排好才离开。实际上那时他就在咳血，都是背着六弟把浸透了鲜血的纸头扔掉，转脸做出神采奕奕的样子，就怕兄弟担心。

第四部 徐徐地、平静地成熟下去（1972—1974）

可冰雪聪明如他，怎么可能在持续的高烧-低烧-高烧，持续地就医却查不出原因，持续地咳血、吐血、肺部剧痛的情况下从不怀疑自己罹患癌症？一周后，此生他最后一次戒了烟，"V/24 Thompson: medieval（汤普森：中世纪 -著者注），再度戒烟"[30]，岂不说明了很多问题？

顾准不可能对自己的病一点预感都没有，相反，他可能什么都知道——是肺，而不是支气管出了问题，大问题。只是眼下，"第六章"重于一切，"卡特林"也不过是为了"第六章"而已，至于别的，先不管它！

5月底，他已着手翻译卡特林《政治哲学家史话》中"罗马法与教父们"一节，这天的日记是"V/30 Catlin，译基督教一段"[31]，所以这一段译文在日后收进《顾准文稿》时就被冠名为"基督教"了。这段文字的翻译他大概只用了3天的时间，坦率地讲译文是比较粗糙的，有些明明可以中译的词汇他可能懒得寻找合适的中文，就让它们素面朝天地摆在那里，例如"Trajan（图拉真-著者注）""Mithraism（拜日教 -著者注）""Constantine（康斯坦丁大帝 -著者注）""Mikados（日本天皇 -著者注）""Voltaire（伏尔泰 -著者注）""Goethe（康德 -著者注）"等等；有些不大准确，例如很著名、很普及的教义警句——"Nulla Salus（教会之外无恩救 -著者注）"，他译成了"在它之外没有安全"等。

明显这是一篇为译者自己翻译的稿件，他要用它，并且要得很急。他明知已经没有很多时间留给自己了。

和以往的阅读习惯一样，在读、译《政治哲学家史话》的同时，他平行阅读和摘录美国史学家J·W·汤普森《历史著作史》中关于中世纪史的部分，英国政治哲学家托马斯·霍布斯的《利维坦，或教会国家和市民国家的实质、形式和权力》。这些书在他的时代都没有中译，他读的都是英文原版。很可能这些书籍的线索很多是从卡特林

30　同上 1974.5.24
31　74.5.30.

《政治哲学家史话》一书而来,至少《利维坦》一书应该是的——在那段名为《基督教》的译文里,代表着专制制度恶魔的恐怖名号"利维坦"曾两次出现。

活过了59岁的他并不惧怕死亡。死神的马车已经渐行渐近,他站在人生最后的一个驿站上等候它的到来。他将腰杆笔直,健步上车,一派男子气概,绅士风度。他也不大忧虑身后事,尘世没有亏欠,良心没有缺损,人本来都是向死而生的,生如寄死如归,本是寻常事而已。可有一条,无论人生是什么,他就是不相信人生就是一场虚空。

他的内部存在现在更加不受打扰了。经历过丧失信仰的绝望,他已经重新获得了信仰。死在他面前是脆弱的,接近死亡反倒把光带进了生命,不可逆转地形成了生命中"某种宗教的经验"——那将是一个过渡,死亡不是生命的尽头,灵魂在延续,灵魂继续活着。死亡只是一个阶段,可能还是一个解放。

终其一生都在坚定不移地与各种伪装的精神运动作着不屑斗争的他对于积极力量是那样地敏感,经由这种积极力量——书籍、知识、真诚的人们的恩惠,他的生存被温柔地赐下希望、美德、善良和一丝秩序。他已经学会把生命当作向死的实践,年轮为他找到了安详。面对死亡,一种对生命无比深刻的、处在生与死核心深处的永恒的悖论被破解了,在《圣经》中它是这样被描述的:

"那丧失生命的,将要得着生命"[32]

3. 美拯救世界

深秋,北京刮起特有的带哨的大风,说不上是"呼啸"却真的就像老天爷在吹哨子一样。天立刻冷了下来。香山的红叶已经发黑,过

---

32 《圣经 新约》马太福音 10:39

第四部　徐徐地、平静地成熟下去（1972—1974）

江之鲫般的自行车大潮中已经有人穿上了棉猴，就是那种带帽子的棉大衣。人们开始盼望 11 月 15 日例行的暖气开放，尤其是老人、病人——这半个月是这两种人一年中最不好过的日子。

他，又鳏又病的顾准，就要死了。

在写下最后一篇只有一个字——"Macaulay（麦考莱）"的日记后没几天，10 月 26 日，顾准开始大出血，一天要咳出一大茶缸鲜红的血，大约有 200-300CC，人体血液总量的 1/10-15。这样咳下去，吐下去，要不了几天人就会像被吸血鬼吸干一样地倒下。

他已经去不了北图，连床都起不了，却住不进医院。"住院"是一种特权，普通人尚难住得进去，遑论一个还戴着帽子的右派分子，一个时代的"首陀罗"——不可接触的贱人。他打算再用一次老伎俩——"扛"。扛得过去固然好，扛不过去，就"先倒下来再说"。这是他的秀教给他对付噩运的办法。六年前她自己没有扛过去就倒下死了，没有"再说"，什么也没有说。

这一次自己扛不扛得过去，他一点把握也没有。可谁都看得出来，顾准这次是很难扛过去了。将死的老右派成了个烫手的山药，连军宣队也毛了，先是写信给他的幼子顾重之，让他回来照顾。孩子不肯回来，就又提出要顾准去上海，想把他推给唯一的亲人陈敏之。顾准坚决地拒绝了，挣扎着从床上爬起来，歪歪扭扭地给敏之写了封信，要他立刻来北京。信发出后又怕走得慢，11 月 2 号又加发了电报。这一次，他清清楚楚地知道生命之路已经走到尽头了。

"五哥咳血不止……因为没人照顾，不得已打电报给我，把我又招去北京。见面后第一件事，他便表示想见见所有的孩子。五哥写了两个条子，一是表示他已宽恕了孩子，也希望孩子能宽恕他……"[33]

然而 5 个孩子一个也没有来——他还是右派，是阶级的敌人，"人民"告诉他们要"大义灭亲"，为这"大义"，即使对一位将死的父亲也不能例外。

33　陈敏之《我与顾准》

只有六弟来了,一分钟也没有耽误,费尽九牛二虎之力弄到一张当天的沪——京车票,下了火车直扑五哥躺着的协和医院肺癌病房。这是老友骆耕漠动用了通天的关系才住进去的。

面对病床头上刺瞎人眼的"Ca"(Cancer,癌)字样,面对目光游移、闪烁其词的医生,敏之什么都明白了。

人与死神劈面遭遇是最能检验人性的关口。对于死亡,顾准早有精神上的准备,如今是践行死亡的时候了。只是病榻前除了一个50几岁的兄弟,连一个亲人也没有,这令他十分伤感,同病房的病友也有些看不下去了。和他一个病房、患着同样恶疾但有女儿陪侍在侧的焦菊隐先生十分同情孑然一身的顾准。顾准去世后他说这位病友"意志无比坚强,感情有些脆弱"[34],不愧大师眼光。

顾准临终痛苦的"儿女情长"就连造成这种局面的"刽子手"们也看不下去了——无论是职业的还是自愿的,刽子手们也是人,胸腔里也有一颗肉长的人心。

"11月16日,经济所领导派人到医院与顾准谈话。来人拿出一张预先写着:'我承认,我犯了以下错误……'这一类内容的认错书,郑重地告诉他,只要他在上面签个名,就能马上完成摘帽手续,重新回到人民中间来。"[35]

面对最后的"政治勒索",身体极端虚弱的顾准又一次挺直了腰身——"不签!就是不签!!"[36]

"顾准却无论如何也不肯签字。他觉得他不需要什么摘帽。来人反复说明,他们完全出于好意。顾准随便怎么劝说,坚决不同意签字,他倔强地表示,承认错误是他万万不能接受的。顾准实在不愿让自己临终再受一次灵魂的侮辱。"[37]

34　焦菊隐口述
35　陈敏之《我与顾准》
36　同上
37　同上

第四部 徐徐地、平静地成熟下去（1972—1974）

摘不摘什么劳什子的"帽子"，让不让回到什么"队伍"，他健康的时候尚视如敝履，何况人将死，死尚不能惧之的时刻。

对一位将死之人如此"勒索"，实在是恶毒和愚蠢到令人不齿，可你又不得不承认执行的人们并非出于个人心理的邪恶，只是在"模子"中，以最高尚的名义做出最下流的举动是常态，人们都习以为常罢了。

可是……可怜……就算无敌大力士参孙也有最薄弱的致命之处啊。参孙的头发，顾准的软肋，就是那5个十指连心的孩子——三个仔仔，两个囡囡——稻头、小米、高粱、五五、小弟——多么好听的小名，都是爸爸起的，多厚多深的父母之爱都在里面了。他是个人，人的一切特征他都不缺乏。商城时候几乎饿死的他曾在日记中写下：

"我将潜伏爪牙忍受十年，等候孩子们长大。"[38]

15年过去，他们都长大了，稻头早已"而立"，小弟也过"弱冠"，却一致视父亲为异类，敌人，形同陌路，他的"忍受"，他的"潜伏爪牙"还有什么意义吗？

"父子人伦"才是他临终之际剪不断，理还乱的一团乱麻。

"朋友们只得上前恳劝：如果你摘了帽，子女们就会来看你啦。顾准听到这话，深受震动，思考了片刻，才极其勉强地同意了。他颤抖着在这份最后认错书上签字时，由于内心倍感痛苦而流下了眼泪。他对骆耕漠、吴敬琏说：临终还在认错书上签字，对我来说真是一个奇耻大辱啊！我签这个字，既是为了最后见见我的子女，也是想，这样也许多少能够改善一点子女的处境……经济所党组织收到顾准的认错书后，派代表来病床前宣布了摘帽通知（但不恢复党籍）。"[39]

他最后一次哭了，泪水不是从眼中而是从心底涌流而出。没有力量捶胸顿足，他只是泪飞如雨——"奇耻大辱！奇耻大辱啊！！"[40]

---

38 《日记》1959.12.31
39 陈敏之《我与顾准》
40 顾准临终之言

为了能最后看一眼孩子们,这位父亲接受了最后的精神凌迟——写下被他视作奇耻大辱的"悔过书"。这是顾准一生唯一一次对"利害"的低头和对命运的屈服,它残酷地褫夺了顾准最后的尊严和终极思考的权利,令他神圣的临终时光蒙羞。一颗如此高贵的灵魂在最需要安静的时候却被施以最后的酷刑,相比之下,在尚未点燃的火刑柱上一口拒绝写下悔过书后再庄严蹈死的贞德和布鲁诺都要算得上是幸运儿了。

然而孩子们还是一个都没有来。

多年后,一位编辑《顾准文集》的老编辑在论到顾准之死和父子悲剧时用了一个惊秫的动词——"戕害",那可真是伤口上撒盐,痛上加痛之痛。在外人眼中,一片肃杀中的他何其悲苦,拆骨为柴柴将尽,燃心作炬炬已干,前边就是油枯灯尽,无边无际的黑暗和空虚。

悲莫过于此!苦莫过于此!

可是读者,假如你能在夜深人静之际设身处地细细体味顾准之死,又会感觉实际情况并不是你我想象这般。这个人之死可能很幸福,何止是"很幸福",简直是太幸福了。

一群由"发自内心的爱"而自发集合起来的人迅速地聚拢到他的病床边来了。这些人除了他亲爱的六弟陈敏之之外无一亲人,都是他最后的栖身之"所"——经济所的同事们;有年过花甲,自己还带着右派帽子的老经济学家,例如林里夫、陈易、徐雪寒;有曾经批判过他如今却对他崇敬有加的年轻学子,例如张纯音、吴敬琏、赵人伟;也有被他嘲讽,挖苦甚至批判过,如今却和他达到了一种心灵契合的老上司,老学人,例如骆耕漠。这群人不顾一切地想抓住他,拖住他,把他留在这个世界,留在他们中间。只要能医治他,挽救他,这些人甚至连尊严,也就是读书人最爱惜的"脸面"都顾不上了。

66岁,已经失明,自己还戴着顶"叛徒"帽子的骆耕漠拄着拐棍,跌跌撞撞摸到多年不联系的新四军下级,如今协和医院党委书记家里。当年他和顾准当"首长"时她还是个"红小鬼"。

"无论如何,同志,您得给个床位!"

第四部　徐徐地、平静地成熟下去（1972—1974）

得知西医已宣告不治，耕漠二话不说，提上装了八样点心的匣子摸上一位老中医的门，坚决要为老顾做最后的一搏。年迈的老中医无车不肯出诊，他就拉下老脸，再摸索到眼下能调动汽车的部队老友家里求车。为了苦命的老顾，老骆算是豁出去了，"面子"和"身子"都不要了。

65岁的林里夫每天必去一趟协和，一生从未做过饭的他居然学会了煮粥，为的是能煮给顾准喝。陈敏之赶到北京后，里夫又怕日夜照顾一个危重病人把敏之累垮，就指派自己20出头的女儿皎皎和陈叔叔替换，护理和伺候顾叔叔。当年小女孩皎皎常常和妹妹一起跟着爸爸妈妈到顾叔叔、汪阿姨家串门。

1957年顾准被中科院综合考察委员会派往新疆执行任务后带回来一大罐葡萄干，汪璧阿姨大把抓给小姐俩的情景和葡萄干的美味，娇娇至今都忘不了。后来少女皎皎插队内蒙，因为受不了高原高寒偷偷跑回息县干校爸爸妈妈身边。是顾叔叔悄悄塞给爸爸20元钱，"孩子回来需要钱，拿去用吧"，解了一时竟拿不出能给女儿买张返程车票钱的里夫燃眉之急。现在能为亲爱的顾叔叔做点什么，皎皎当然愿意。自此，皎皎守白天，敏之和其他几个年轻人守夜晚。皎皎不时搀他起床走走，喂点吃的，陪他聊聊天。

此时的顾准还能阅读老友们偷偷为他带来的英文美共机关报纸《Daily Workers》（工人日报），这也是他生前接触到的最后一点西方信息了。一天，看完报纸的顾准忽然百感交集地对皎皎说："你父亲和我吃的都是草，挤出来的都是血"。还有一次，一老一少谈到了死亡，顾叔叔说："我不想死，我的事业还没有完成"。在一个阳光洒满了病房的下午，他忽然手指着皎皎说："你就是我的女儿"[41]。

到了11月下旬，他已经吃不下什么东西，也没钱在医院买贵些的病号饭吃。皎皎妈妈——里夫夫人胡柏琴大姐就把全家的鸡蛋票、肉票都省下来，天天做点精致的小菜让皎皎带到病房伺候他吃下去。医院又硬又重的棉被他已经承受不起，林家又把全家的棉花票、布票

41　林皎皎口述

搜罗起来，做了一床新棉被送到协和。里夫自己，必是天天要在老友身边坐一坐，握握他冰冷的手，擦擦他满头的冷汗才肯回家。

守白天的皎皎不时给他擦擦澡，翻翻身，喂点吃的，可如厕一事，顾准说什么也不许皎皎服侍。这是个把尊严看得比性命重要得多的人。皎皎不好勉强，只得扶他起来，然后在厕所边守着，完了再扶着几近瘫软的他回病房躺下。就连自己最后的病情也是他指使皎皎到护士站"偷出"病历才知道的。

张纯音，这位出身世家的大家闺秀，温文高雅的淑女，更是做好了向人下跪磕头的准备。"谁要是能医治老顾，哪怕只是减轻痛苦、延缓性命，我就给他跪下，给他磕头"[42]。顾准是她和女儿两代人的良师益友，谁要是能把他从死亡线上拉回来，赴汤蹈火她也愿意，再也见不到老师，再也听不到他传授渊博如海洋般知识的恐惧折磨着她，她也果真在老师仙逝后大病了一场。

就是这么一群敬他、爱他的人，就是这么整天整天，整夜整夜地陪着他，和他一起煎熬着，盼望着奇迹的出现。

读者，请静思一刻。

古今中外，从大人物到芸芸众生，有几人能享受到如此这般的临终关怀？其逝，如山崩地裂者有之；其逝，令国民泪飞倾盆者有之；其逝，备极哀荣者更是不胜枚数。但那不都是身外物，身后事吗？像顾准这样贫病交加，妻离子散，家破人亡之人，死在如此美丽，如此无边无际爱海中的，至少孤陋寡闻如我，只知道一个苏格拉底先生可以媲美。怪不得所有熟识顾准并在他最后的时光里和他接触过的人都说，他是面带微笑从容离去的。有人说他"意志无比坚强，感情有些脆弱"，有人说他"英雄肝胆，儿女心肠"，也有人说他"死不悔改"，可你将此话译作"虽九死其犹未悔"也是不错的。

遗嘱早已写好。11月15日，就在最后被"政治勒索"的前一天，他平静地口述，六弟记录了下来：

42　徐方《两代人的良师益友》

第四部 徐徐地、平静地成熟下去（1972—1974）

"我于学问、政治已无能为力。我热爱生活，我知道生活在人间的日子已经有限，我将勇敢地迎接死亡的来临。

对于所有关心我的朋友和同志，尤其对于里夫和耕漠两位老友对我真挚的关注，表示衷心的感谢。

我生前所用全部遗物交给重之（顾准幼子）；在京存款（补发的生活费，现由六弟交给母亲保存）交给淑林（顾准长女），并入妈妈的遗存；在上海现由六弟保存的伍佰元赠与里夫老友。

我所有的全部书籍交给六弟并由他全权处理。遗稿（一）有关希腊史部分交给吴敬琏同志；（二）其他部分均由六弟全权处理。

请六弟选择一些纪念品代我送给张纯音同志和她的女儿咪咪。

医院认为：我的病例特殊，如果需要，我的遗体愿供解剖。我的骨灰倒在三里河中国科学院（前经委大楼）前面的小河里。

祝福我的孩子们。"[43]

六弟记录完毕，他又嘱把第一句——"我于学问、政治已无能为力"删掉，也许他不想让那些充满恶意的人起疑而给弟弟惹麻烦——"怎么？你还认为自己对政治'有能为力'过不成？"。更大的可能，后面一句"我热爱生活"已经涵盖了一切，无需赘言了。

在肉体还没有死亡之前，顾准已经开始了跨进死亡的英勇历程——血还在流动，胃还在消化，心还在跳动，却已经在心理上做好了死亡的一切准备并经验到了死亡本身。他宽恕了一切人，包括欺辱、逼迫、残害过他，使他痛苦过的每一个人，也求一切人，也包括这些人的宽恕。这样，他也就宽恕了自己。

弥留之际的顾准，极致地展现了人性（Human nature）之美。他的从容与留恋，意志与感情，欢乐与痛苦，肝胆和心肠已经有许许多多的见证，再多说一句都会显得苍白。但我无法不再说一次那位叫"咪咪"的女孩——顾准当年在息县劳改营认识的美丽、善良、纯洁的14岁小姑娘，她是他59年生命中最后也是最美的一抹阳光。

曾几何时，小姑娘听到这个人和妈妈多次说到虽有很多人都对

---

[43] 1974年11月15日下午顾准口述，六弟陈敏之纪录

不起他，但他都宽恕他们，他也请求他们的宽恕；他跟她讲"宁肯天下人负我"也不要"我负天下人"的道理，讲《圣经》中耶稣教导门徒对人要"宽恕七十个七次"的故事，告诉她"为什么只看到你弟兄眼中的刺，却看不到你眼中的梁"是什么意思；他告诉小姑娘自己尤其推崇《圣经》十诫中的"不做假证"一条，要小姑娘记住这是中国道德律中最缺乏也最需要的一条；在恶势力面前，十足骄傲的他骄傲地对小姑娘宣称"骄傲使人进步"，在卑污、猥琐的环境中以这样的方式教会小姑娘什么叫作"尊严""轩昂""正气"……

谁又能对这样一位可以作为"忏悔神父"的可敬可爱的伯伯背过脸去呢？

如今咪咪已经是19岁的大姑娘了，身在兰州歌舞团做小提琴手。接到顾伯伯病危的消息，她哭得喉噎气岔，却怎么也请不下回北京的假来。强忍住泪水，压下抽泣，她写了一封信给顾伯伯，这信日后感动了无数人：

"……我不能失掉你，你是我的启蒙老师，是你教给我怎样做一个高尚的人、纯洁的人，一个对人类有所贡献的人……我是顶讨厌个人崇拜的，但回想起来一生也就崇拜过一个人——这就是你……听说你的孩子还是不肯来看你……我就是你的亲生女儿……难道我不能代替他们吗？"[44]

上邪！咪咪何止仅仅代替了他们，她代替了整整一代人。

年轻的央视主持人柴静在她2009年写下的文章《非如此不可？非如此不可！》末尾，不也深情地轻呼"我们也是顾准的后代"吗？这又是一代人，是可以做顾准孙辈的新生代。有他们的理解和渴望，一切都是值得的。

顾准留给咪咪最后的礼物是一本中英文双语的《新约全书》，他将最宝贵的物留给了最宝贵的人——他的下一代。

"一粒麦子不落在地里死了，仍旧是一粒；若是死了，就结出许

44　陈敏之《送别》

第四部　徐徐地、平静地成熟下去（1972—1974）

多的籽粒来"[45]。醇懿、熟透的麦粒好沉、好重啊，麦秸已经不支，它就要落地了。

照顾了顾准 21 天的皎皎，这天因小小的感冒怕传染给他而未去医院。就在这天夜里她真真切切地梦见了亲爱的顾叔叔——

"他躺在病床上，对我说了很多感谢的话。我一时不知如何是好，就出去给他拿输液的吊瓶。可当我拿吊瓶回来时，床空了。我一下子从梦中惊醒，预感到他已离我而去。我竭力想忘掉这个梦，然而它如此真切，并真的在我完全清醒后成为了事实"[46]。

初冬，1974 年 12 月 3 日，凌晨一时，他跨过了那条看不见的界河，安详而尊严，身内没有恨意，身外一片爱海，就在自己的学生身边——刚刚一小时前，他才按照老师最后的吩咐，支开陪护的行军床，在他身边躺下。一个高贵的灵魂以"我原谅一切人，也请一切人原谅我"的心绪和上帝，宇宙以及命运达成了最和谐的谅解与合一。

多好啊，多美啊——

爱琴海蔚蓝的海浪轻轻拍打着蜿蜒的海岸，一座座海岛峭壁嵯峨，傲然挺立。海岸上鲜花盛开，远处西坠的夕阳仿佛在呼唤："到这里来，到这里来吧……"。这里的人们太好了，他们永远保持着童真，全部的，无尽的力量都被用来爱和用来缔造新的爱。一个奇妙的梦，一个人类无比高尚的迷梦，所有的幻想中最了不起的幻想，为了它很多人情愿献出全部的生命和力量。为了它，先知们去受苦受难，去死——

"在那里，心是无畏的，头也抬得高昂；
在那里，知识是自由的；
在那里，世界还没有被狭小的家园的墙隔成片段；
在那里，话是从真理的深处说出；
在那里，不朽的努力向着"完美"伸臂；

45　《圣经 新约》约翰福音 12：24
46　林皎皎口述

在那里，理智的清泉没有沉没在积习的荒漠之中；

在那里，心灵是受你的指引，接近那不断放宽的思想与行为——进入那自由的天国，我的父啊，让我的国家觉醒吧！"[47]

这是人类对自己摇篮时期的记忆。

这一瞬抵得过一生。

生命美如斯，人性美如斯，美原是可以拯救世界的。

47　泰戈尔《吉檀迦利》

尾　声

故事未终

（1974— ）

> 我摆脱了无谓的幻想，代之而来的是一种信念：我的工作不会是徒劳的，我的作品矛头所向的那些人终于会垮下去；我的作品如肉眼见不到的潜流奉献给另一些人，而这些人终将会觉醒。
>
> ——亚历山大·索尔仁尼琴

1. 冶方之痛

　　1975年4月的一天，孙冶方突然被释放，和被捕一样地没有前兆，没有理由，没有程序，没有解释。面对指望他唯唯诺诺、感恩戴德的权势人物，67岁的老人沉静地说："我既不知道你们为什么抓我，也不知道为什么把我放了。既然你代表组织跟我谈话，那我就告诉你，我是一不改行，二不改志，三不改观点。"

　　这是他第二次坐牢，距上一次在上海的被捕已经时隔37年。那次他被国民党的监狱关了7天，这一次被自己党的监狱关了365个7天——7年，从60岁到67岁。

　　要是有人写一本《孙冶方在狱中》，那将是一本感人而有趣的书：

　　关于他用打腹稿的方式撰就数十万字的《社会主义经济学论》，每天默诵，修改，补充，每月一遍，复诵了近百遍的传奇；

　　关于他以写坦白交代的名义一再要求多发纸张，结果却写出4万字的《我与经济学界一些人的争论》，坚持己见，死不悔改；

　　关于他读烂了一本俄文版《资本论》，全书遍布糖纸，草纸，牙膏皮划痕，指甲印这样的"书签"、注痕，此书现在无锡玉祁镇孙冶方纪念馆。还有一套《马恩选集》四卷中文本也是他在狱中读的，其中一张"糖纸书签"是上海产品——陈皮梅糖。他的肝不好，很喜欢吃糖，尤其喜欢吃话梅糖，老妻克平总是千方百计从上海弄到手，再送入秦城；

　　关于他宁死不肯诬陷他人，把想逼疯他的人倒是逼得要发疯；

　　关于他在牢房中学习德语，终日喃喃地背单词，被监管人员以为发神经病，忙不迭通知老伴洪克平来探个究竟；

　　关于他在单人牢房里无师自通地练就一手太极拳——这可是真

正的"一手太极拳",因为一入狱裤带就被没收了,老先生只好一手提着裤子,一手行云流水地"白鹤亮翅""倒卷虹",把个新来的狱卒看得目瞪口呆;

关于他对牛弹琴般向提审人员讲述他的经济学观点,也不管人家听懂听不懂,耐烦不耐烦,口若悬河,滔滔不绝,弄得提审他的人最终要向他告饶;

关于他以一个犯人之身关注中东战争爆发的原因,继而分析石油垄断的后果,还妄图呈文国家计委;

关于他不顾自己阶下囚的身份,写出批驳郭沫若违反经济学基本原理的文章,还希图送达本人;

……。

整整7年,孙冶方可真是一天都没闲着。

在那个年代,即使是秦城监狱,犯人们照样饥寒交迫。法西斯式的审讯,精神和身体上的蹂躏是许多人根本无法活着走出监狱的原因,还有活着走出来的人却永远丧失了语言能力的极端个例。孙冶方没有死,没有疯,没有痴呆,保持着清醒的大脑和相对健康的躯体走出了监狱。

果然不出亡人顾准所料,出监后的冶方第一个打听的就是他的顾准老弟。骤然闻听人竟是走了,就在不到4个月前。相识相知近40年,如今只差百来天却等不得最后的相揖而别,67岁的冶方捶胸顿足,老泪纵横。

子期走了,伯牙却并未摔琴。抹去老泪的冶方第一件事情要做的,就是把在狱中打了无数遍腹稿的《社会主义经济学》写出来。家已经多次被抄,连纸张都没剩下,他就满大街去捡纸烟盒,翻过来就是上好的稿纸。

尚未从丧师的巨大哀痛中恢复过来的张纯音冒着被株连的危险,带着女儿咪咪去探望这另一位老师。先让孩子打探清楚门口没有暗哨,她急步跨进孙家。高兴得话都说不出来的冶方,第一件事情竟是捧出厚厚一叠烟盒纸。这么多摞在一起,摊平并写满了字的纸盒烟令咪咪永生难忘。

尾声 故事未终（1974— ）

冶方的家就在三里河畔。这是条人工河，源头在颐和园的昆明湖，出口在丰台永定河，宽不到20米，由北向南，竖直穿过整个西北京，至今仍在。顾准的骨灰已经照遗嘱由六弟敏之亲手洒在了中国科学院，也是前经委大楼旁的三里河中。老友亡灵未远，足音尤在，冶方以待罪之身日日徘徊在小小三里河旁——我写在纸烟盒上的字句，现在字字念给你听，你要争便争，要论便论，要骂便骂，只别不啃声就好。

这刻骨的惆怅和心伤之痛，大概也只有顾准才读得懂。

接着就是1976年的喧嚣——4月的乖戾、9月的错愕、10月的欢腾。那座广场，就算世界第一长阔，如何盛得下整整十年的怨怼和愤懑、压抑和难堪。这一次匠心巨手终归寂灭，"七八年来一次""你办事我放心""腥风血雨接班"……转瞬之间烟消云散，皆是臆想，皆是谵妄，皆是虚空，皆是捕风。

孙冶方的市场经济和利润价值理论终于被掌握国策的实践家们接受了。也是转瞬之间，他成了为国为民受苦受难砥砺前行的英雄。1980年代伊始，"孙冶方"3个字在中国各大报刊出现的频率仅次于"周恩来"，甚至在他还活着的1982年，《光明日报》就开辟了一个"孙冶方颂"的专栏，用来刊登那些如雪片般飞来的赞美文章，以致沉疴中的冶方不得不专门致信光明日报和中宣部，坚决要求停止这样的报道。

学部（现在叫社会科学院）经济所组织了一个7人的写作班子帮助他回忆、写作《社会主义经济论》。按孙冶方的设想，要写出一部结构严密、逻辑一贯的《社会主义经济论》应该是一件水到渠成之事，却不料在资料齐全、条件优越的时空中，本应的通途成了天堑，怎么也走不通。来看看这个过程：

早在1955年，刚从苏联疗养回国的冶方继续挂衔国家统计局副局长，分管综合平衡，劳动工资和农业统计。是时国家统计越来越假、大、空，故事性愈来愈高，可信性愈来愈低，价值规律无人提起。忧心忡忡中，他起了写出一部相似于《资本论》的、教科书式的《社会主义经济论》的想法。这年他去中央党校看望顾准，除了老朋友的关心和叙旧,还有个强烈的目的,就是说服会计学高手顾准参与这个庞大计划。

1956年,冶方主持的全国统计会议正式提出农村经济统计中严重的失实问题,强调效益、效用、客观和价值规律的不容忽视。报告呈送到国务院,无人理睬。7月他率团赴苏联和捷克斯洛伐克访问,10月即在《经济研究》上发表《价值规律和改进统计方法》,以"一个服装师把一块狐狸皮缀在一袭完美的狐皮大衣上以增加服装店的总产值",来说明不计成本追求总产值是多么愚不可及,指出"总产值指标"是个错误概念,不能作为国家计划的综合指标,向照抄苏联的所谓"传统社会主义经济理论"发起挑战,大声疾呼"社会主义制度下的经济学也必须尊重价值规律!"

1957年,他坚决主张统计要以报表为主,典型调查为辅,统计必须独立,统计干部必须职业化。他给李富春写信,给谭震林上万言书,上下游说,喋喋不休,惹得大人物们厌烦透顶依然不肯住嘴。在得知老朋友沙文汉已经被划为右派,他搬出马克思"在科学的入口处"一说壮胆,差一点被划为右派,戴着顶比"右派"稍轻一点的帽子——"右倾"被调去科学院学部经济所作了所长——你不是爱唠叨吗?去"翰林院"唠叨吧,至少国务院的会议上让人眼不见心不烦,大家耳根子清静。

正值此多事之秋,顾准同学从党校毕业来到经济所。孙冶方、顾准一唱一和,各自出台了自己的"价值规律论"——"(我们)炮制出来的毒草……在我是《试论》,孙冶方则有二篇,一篇是《从总产值谈起》,一篇是《把计划放在价值规律的基础上》。"[1]

再后来,就是顾准发配商城劳改,孙冶方孤军奋战——利用"翰林院"分院长的身份,他组织了一个近40人的写作班子,希图不受干扰地完成这部中国社会主义经济学教科书。1962年顾准第一次摘去右派帽子,立即被他"招降纳叛"招纳到旗下,但只许他涉足"会计研究"领域——咱们可事先说好,大观园里你"祝妈"只管好竹子

---

1 《自述》P356

即可,至于田妈的稻子、叶妈的果树你可别碰,最要紧的是你万不可去指责王熙凤的总管理方针,免得你我一块惹祸上身。

到了1964年,作为民主主义者的孙冶方已经彻底理解他的"价值论"经济思想与现行体制的矛盾,研究根本无法做下去。孤岛时期,他写经济类文章经常是思如泉涌,一挥而就,甚至可以站在排字房的门口,写一页,排字工人排一页。而今社会主义了,写文章却变得异常艰涩,有时候一篇文章要写几个月,怎么也写不出来。他苦恼得要命,能一起讨论的,也只有顾准了,可这家伙好像早就知道《社会主义经济论》在社会主义中国是写不成的,多次热潮冷讽,打击他研究和写作的热情,恼火之余的冶方又不得不承认这家伙说得有道理。

直到被内定为"中国最大的修正主义分子",发配周口店劳改,成书一事成了泡影,冶方仍然不肯回头。再后来,人都被抓进监狱了,《社会主义经济论》总该寿终正寝了吧?可他哪里是个随随便便就肯认输之人?"翰林院"里搞不成的事我要在秦城搞成它,我打的是腹稿,你们横竖不能到我肚子里挖它出来胡批乱判!

牢中面壁7载,他日日苦思,夜夜冥想,将孙氏秦城版《社会主义经济论》打了近百遍腹稿,自以为已经想通了所有关节,却没有想到如今只等瓜熟蒂落,水到渠成时,却赫然发现自己的所谓"第二价值规律"无法自圆其说——从孙冶方自己到写作组都发现了孙氏理论的内在矛盾,那就是用等价交换原则去处理和调节生产单位和地区之间的关系,"把价值放在价值规律基础上",只适用于存在商品交换、有商品生产的社会形态。假若大前提不承认中国是这样的社会形态,"价值"二字根本无从谈起;可若承认了,那中国还是"传统理论"下的社会主义吗?

巨大的悖论,令人绝望的死胡同。这不啻是致命的痛苦。对于孙冶方来说,7年秦城囹圄、眼下肝癌的痛苦和它相比,都算不了什么了。多年后,孙、顾两人的学生吴敬琏先生这样说,"在中国当代经济学术史上,孙冶方是一个比顾准更大的悲剧。"[2]

顾准和孙冶方,两个"生不逢时"的学问家,生逢"先天不足,后天失调"的中国经济学环境,都鞠躬尽瘁,死而不已,却一个是一头要撞断不周山的共工,一个是一心要炼石补天的女娲。这不周山就是所谓"社会主义计划经济",这补天石就是所谓"第二价值规律",如此看来两人的价值观岂非南辕北辙?只是在"民生"这一庐天穹下,女娲与共工的价值观竟又是高度的一致——

"老所长孙冶方,是他,在极其恶劣的大环境中,顶着极大的政治压力,付出了极大的个人牺牲,竭尽全力在经济所营造了一个能够研究和探讨经济学的小环境,得以开始对中国改革道路的最初探索。而顾准,则是指出中国改革的市场化方向第一人。"[3]

1982年2月,冶方死于肝癌。临终前他再一次郑重指明,50年代自己在中国提出价值规律是受顾准影响的。谢世前,他殷殷请求自己的两位学生吴敬琏和张卓元,将来在出版他的文集时一定要把发表于1956年第6期《经济研究》上的文章《把计划和统计放在价值规律的基础上》保留原有的后记,因为那个后记上有这样一段话:

"还在今年年初,吴绛枫同志就价值规律在社会主义经济中的作用问题来同我研究,并且把马克思在《资本论》第三卷的那一段关于价值决定的引证指给我看。我在那时虽然感觉到那是一个很重要的理论问题,可是因为即要出国去苏联考察统计工作而未能对这个问题深入学习。此外那时在自己的认识中,也没有意识到这一个理论问题对统计工作有如此直接的联系。"[4]

这位吴绛枫就是顾准。冶方毫不含糊地指明自己的经济观点是受顾准启发和影响,甚至对自己的秘书说过"我不过是拾人牙慧"。冶方一生的道德文章都是这样写过来,写到"顾准"一章更是不会荒

---

2 吴晓波 《吴敬琏传 最后的孙冶方》
3 《吴敬琏专集》
4 吴晓波 《吴敬琏传 最后的孙冶方》

腔走板,这一点没有任何人会怀疑。

冶方的遗嘱和顾准的非常相似——不留骨灰,尸体供解剖,仅仅多了一条,"不反对经济所的老同事对我的经济观点举行一次评论会或批判会,对于大家认为正确的观点广为宣传,同时对于那些片面的以至错误的观点,也希望不客气地加以批判,以免贻误社会。"[5]。

他的骨灰洒在了昆明湖,正是三里河的上游,老哥俩终于又在一起了。

人,你不妨夜深人静时驻足一会儿今天还静静流淌在京城闹市的三里河,兴许你还能听到那一场"高山流水"的依依余韵。我为顾准,冶方羡叹一声——人生得一知己如此,足以。

2. 无题

顾准文字的第一次正式、全面面世(出版)是中国国门洞开 15 年(以中共十一届三中全会为元年)后的 1994 年,在他去世整整 20 年之后。

不像亚历山大·索尔仁尼琴那些写于古拉格集中营的恢弘作品,在地下势不可挡地流行了很久,才在苏维埃政权彻底崩溃后以俄文正式出版。顾准的文字在他去世后很长的时间里——至少在十几年间默默无闻,手稿大部分藏于六弟陈敏之手中,只有极少几个学生、亲人知道这些文字的存在,而他们在那些岁月里依然余悸重重,噤若寒蝉,手捧这些玑珠般的文字如火炭在手,日夜难安。

顾准去世两个多月后,1975 年春节,陈敏之从吴敬琏手中拿到五哥最后的遗作《希腊城邦制度》,这是仅仅一个多月前弟弟遵照哥哥遗嘱,从众多文稿中检出交送给这位哥哥生前喜爱的学生的,现在他算是借阅。

五哥的 11 万字,和着塞尔戈耶夫的《古希腊史》,敏之一口气读

---

5 《孙冶方全集 孙冶方大事记》

了下来。他掩卷伏案，长歌当哭——

"这份笔记今后的命运怎样，我无法预测和断定。也许它会象历史上并不鲜见的许多先人和他们的著作一样，堙没在历史的洪流中；也许它可能在某种历史条件下面，居然还能被人所重视。但是，重要的不是他已经开始的这种历史研究是否有人继续下去（我当然衷心期望能有人继续下去），因为，五哥从事这种历史研究，他的本来的目的并不在研究历史。我瞩目于未来……"[6]

未来还有多远？谁保证自己能活到"瞩目"的那一天？五哥这些用鲜血做墨水写下的文字，难道只有深锁抽屉，有一天和这抽屉、桌子一起化灰化烟的命运？

敏之心中开始有了一个计划，他要用余生来做一件事情——把五哥的文字，五哥的思想变成铅字，从很快就会永远消失的钢笔、铅笔字变成铅字，从薄如蝉翼的劣质稿纸变为一本书，一本能立言立德的书，一本能流传下去的书，哪怕只有一个人会去看它，理解它，会被它感动和激励，就算对得起五哥，对得起我自己。

今夜好月光，六弟决心把这个计划付诸行动。他开始抄写《希腊城邦制度》。

这是五哥 1974 年 2 月 12 日开始落笔的读书笔记，写到 5 月，想重写第六章时却因为对城邦希腊在极盛时发生自相残杀的伯罗奔尼撒战争而衰亡痛心不已，不得不从另一种文明——基督教文明入手，希望能从中找出希腊民主制度的传承过程而将《城邦制度》住了笔。岂知此时多年受苦积下的肺疾开始总爆发，中心性肺癌很快夺去了他尚未活满一个花甲的生命，《希腊城邦制度》也因此成为未完成的绝笔。

眼下五哥死去刚刚两个月多一点，墨迹还未干，人踪还不远。万籁俱寂中，敏之打开那只紧锁的抽屉，拿出那一摞削薄的信纸。

一行行熟悉得无法再熟悉、半繁半简的漂亮钢笔小楷像一大群

---

[6] 陈敏之为顾准的《希腊城邦制度》所作的《后记》

尾声　故事未终（1974—　）

蓝黑色的小精灵，带着五哥的气味和体温，再一次扑面而来。"见字如面"四字，再也没有比眼下更名副其实了。55岁的陈敏之老泪纵横。这是哥哥去后第几次流泪，为弟的已经记不清了。

用了差不多一个月的时间，敏之抄录完了《希腊城邦制度》，为的是早一天将手稿还给敬琏老弟。

"这份笔记《希腊城邦制度》是五伯的最后遗稿，是一份未完稿。为了便于今后可以随时翻阅，也为了留作一个纪念，决心抄存一份，这样化了20余天，到了4月15日才全部抄完，共计180页。如果你对此还感兴趣，以后回家来可以给你看看。"[7]

敏之抄录完第二天就给远在武汉的女儿写了这封信去。至此，中国终于有了顾准文字的第一份拷贝件。

接下来，敏之还有许多事情要做。亡兄生前陆陆续续寄给他的几十封信件，原都是通信式的笔记，有的一封信就是一次讨论、一个问题，有的一个问题、一次讨论包容在几封信中，他早就熟读，早就分门别类了。他再一次打开一个个信封，抚平一张张信纸。

字迹已经有些褪色，纸张也显得更加削薄了。纸是那个年头不用"介绍信"就能在北京文具店里买到的信纸——北京市电车公司印刷厂出品，有年份，甚至有批号，例如1973.11.（1384），目的十分明确——一旦出现反政权的文字，信纸就是好线索。它们薄如蝉翼，经不起长时间的存放。

这些文字不能沤烂在自己手里。五哥的文字不是写给我的，它们甚至不是私信，它们是公器，是写给人，写给人类的。一定要想办法让它们光明磊落地面世，我无权，也不可以再继续私存。

摊开同样削薄的信纸，敏之开始抄写，用和五哥几乎同样漂亮的小楷，只是比五哥的字还要小，为的是用尽可能少的纸张抄录尽可能多的内容。

都是书信体，没有标题，一个个字像一粒粒无棱的珍珠，就这么

7　陈敏之写给女儿陈小嫣的信

赤裸裸地任六弟抚摸，也任六弟去哀，去痛。这些书信在后来成书时，其标题并非是书写它们的人而是后人——六弟陈敏之、五哥的老友以及更后来的编者们根据内容起的，如今这些标题已经为许多国人所熟悉，例如《希腊城邦制度》，《从理想主义到经验主义》，《民主的终极目的》等等，总字数大约有160万。

敏之用了他所有可以利用的时间抄录完毕。他再一次被刺痛、感动和激励，他坚信这些珍珠迟早有在世人面前大放异彩的一天。五哥临终前那种将要收获的喜悦对他感染至深，他也要早早就磨好镰刀，枕"戈"待旦。可现在不行，"守机待时"——五哥对敬琏老弟的嘱咐，六弟也能领会。

原稿和他的抄录稿被一起锁进抽屉，五哥的墨迹不再寂寞，六弟的拷贝来陪你，让我们一起等待和迎接收获那天喷薄的日出。

1978年，顾准去世已经四载。年底，中共中央十一届三中全会召开。

两年前，毛泽东的死终于宣告了荒诞狰狞的闹剧——文革的结束，也宣告了恐怖时代的结束，国人总算能均匀地呼吸了。敏之认为至少"收割早稻"的时机到了，敬琏老弟也是这样想的。

1979年，中国社会科学院决定创办一份《中国社会科学》双月刊，被压抑了几十年的知识界准备在最敏感又最沉闷闭塞的领域——思想界打开一个通风孔。

创刊号的集稿中出现了顾准遗作《资本的原始积累和资本主义发展》，由吴敬琏推荐，不过原稿肯定是陈敏之提供的。

还没有到编辑们仔细读毕进入审核讨论的阶段，编辑部里的喝彩声、编辑部外打进来的电话铃声就响成了一片。以孙冶方、徐雪寒、李慎之几位老经济学人为首，除了一、二位阶级斗争觉悟特别高的先生，人人都大声叫好——如此璧坐玑驰、徜徉恣肆的好文章，人们已经多年不见了。

不同于其余12篇文章，编委会在该文文前附上了简短的说明，陈述了作者之死和他写作时的条件。他们希望引起讨论，并且隐隐约约意识到这篇文章可能会造成轰动，形成一个小小的"事件"。

尾声 故事未终（1974— ）

1970年代就要结束了，1980年代还有两天就要到来。创刊号样书已经印出并分发到各"意识形态部门"，离预订正式出版时间只有12天了。编辑们在兴奋中期待着。

12月30日，中共中央主管意识形态的大总管、一支笔，中国社会科学院院长胡乔木的指示传达下来——"作者在那样条件下写出此文确属不易，但也正因如此，他对于资本主义的发生和发展这样非常复杂的问题要想讲清楚，要做到根据可靠，论证周密是很困难的。顾准同志已经辞世，又不可能交换意见请他补充修订，还是调换其它稿件为好。"[8]

大总管同志的话外之音再清楚不过，"顾准同志要想把这个复杂问题讲清楚"何止是"很困难的"，完全是"不可能的"，他也确实讲得有问题嘛，譬如他说——"这一百多年中，中国人深深具有Marx（马克思）当时对德国的那种感慨：'我们……为资本主义生产不发展所苦'（《第一版序言》）。这样，我们的探讨，就不仅仅是'无产阶级是怎样异化而成的'？它必然要涉及'我们历史上的异化是什么性质？'以及，如果这种异化不同于欧洲的话，'为什么不同？''它苦恼我们是不是更为严重？'以及其他等等。"[9]

这叫什么话！我们是要打倒资本主义，何来"为资本主义生产不发展所苦"？"无产阶级怎样异化而成""历史的异化是什么性质"又是什么意思？难道你还要怀疑和探讨我们早已钦定的马克思主义理论吗？

就这样，一个人，一句话，1980年1月10日《中国社会科学》杂志的创刊号上《资本的原始积累和资本主义发展》没有了，顾准二字没有了。

其实这位中国意识形态大总管同志和顾准是老相识，早在1930年代，他便对将要去面见"职救"领导人顾准的徐雪寒说过："你同顾准说话要当心！这个同志很有能力，但也有些自傲。他会掂量你的

8　傅白芦《一篇顾准遗作的抽换及其他》
9　《文稿》P327

斤两。如果你没有水平，他会看不起你的。"徐雪寒说："我不把自己当作党的领导，只做一个党的联络员，总行了吧？"结果徐雪寒和顾准谈得很好，还从此成为至交，两人的友谊一直持续到顾准去世，并在此后与陈敏之之间有 140 多封关于顾准的通信。

倒是顾准与大总管同志基本上没有过什么交往。这位大总管同志还非常勤政，他是连社科类博士研究生考试，从出题到标准答案都要亲自制定的。由于他的忠实履职，由于他一言九鼎的指示，顾准这个名字在中国至少晚出现了 10 年。

下一个月，1980 年 2 月，中共组织部和中国社会科学院双双为顾准做了不彻底的"平反"——改正两次右派结论，但 1952 年的灭顶之灾不在平反之列。

顾准、汪璧追悼会在北京小规模召开。

平反归平凡，文章却依然不能见光。创刊号上不能登载，第二期、第三期……照样不可以。

是时陈敏之自己的叛徒问题（17 岁时的一次被捕）也已经厘清并平反了。六弟顺势而为，展开了又一轮出版五哥遗作的拼搏。

不过敏之再勇，还没有胆大到公开要求出版顾准书信集、日记和读书卡片的地步。实际上，从 1980 年到 1984 年，敏之的全部努力都用在出版顾准未完成的专业著作——《会计原理》上。这是弟弟在哥哥死后才发现的残卷——计划写七篇才写了一篇就因为第二次右派之灾而中断。连带他还发现了那篇《社会主义会计的几个理论问题》。

年过六十的敏之聪明地采取了迂回战术，他要先从五哥的专业著作下手——这个领域可能比较"安全"，至少不"敏感"吧。

3. 一本会计学书籍对社会的威慑

然而敏之想错了。

就是这样一本纯管理学专业书籍的出版，让他焦头烂额，心力交

尾声　故事未终（1974—　）

瘁，不堪回首。

先是顾准挚友，此刻已经被官方树立为"知识分子的榜样，中国的脊梁"的孙冶方出面，郑重将亡友遗著托付给上海人民出版社。人家不说出，也不说不出，就这么拖着，直到陈敏之忍无可忍找了过去，才以"内容陈旧，词汇不符现代习惯术语"的理由拒绝。

真真的岂有此理！

尔后顾准立信的老学生，华东财委老同事将稿件送到北京财政部出版社。出版倒是真出版了，如果你能把无出版社署名，无书号，无装帧设计，无版权页，无定价的铅印件称作"出版物"的话。

手捧貌似"非法出版物"的《会计原理》，陈敏之大失所望，欲哭无泪，人家财政部副部长都发了话——"顾准的东西，只能出到这个份上。"

能到这个"份上"上，你除了表达感激的份儿还能说什么？

反过来再看看当年搞得"娜拉"顾准一气出走的"海茂尔"先生——中国现代会计学始祖鸟潘序伦先生对此残卷的评价。1984年，《会计原理》终于得以在顾准五十七年前的"工作单位"——立信会计事务所的《新编立信会计丛书》出版时，这位是年九十有一的老祖宗含泪写下如此序言：

"这篇遗著虽属残卷，仍可独立成篇，编写方法也与众不同，以他一贯的严谨学风，运用马列主义观点，层层剖析，逐步深入，独创一格而不拘泥于习俗。例如主张利息不应列入成本，应从利润中支出；用数理矩阵方式来说明复式簿记恒等原理；对借贷记账法和收付记账法问题提出新的见解……许多有关会计理论和务实，均具有其独到的识见。"

骨灰级专业人士如此高度评价的一本纯工科专业著作，北京的专业出版社却拒绝出版，原因肯定不是编辑口中的那些托词，而是因为这篇专业文章残卷承载了太多"非专业"观念和术语，不是会计学意义上的而是"政治"意义上的，中国式"政治"意义上的，虽然它开宗明义就说到：

"实际上复式记账法是一种纯数学的方法,方法本身并不包含什么阶级性的因素在内。"[10]

你说你的东西跟政治毫无关系,可人家恰恰就认为这么说更是"此地无银三百两"。有关这"三百两银子"的细节、成色,此书前面的章节已有专门叙述,不再赘述。而此刻,就算再多专业会计界人士一而再,再而三地表达对这本残卷看法——

"书中的许多观点、名词、术语、提法都具有普遍适用的科学性";"确有独特风格,独特见解";"'会计主体'一词堪称首创,用矩阵法解释复式簿记确是独创且独到";"不仅解决了长期纠缠不清的问题,也开创了以数学方法解决会计先河"……却全都无助于它在财政部隶属的出版社正式出版。

无独有偶,这和近20年前顾准莽莽撞撞将他翻译的《美国总会计师制度》送去出版社,被阶级斗争觉悟甚高的编辑一眼看出端倪,要不是孙冶方亲自出面还不定会闹到哪一步一事,何其相似乃尔。这次人家已经是大大地进步了,退稿而已,"政治"上嘛,就不追究啦。

但凡事关"政治",再小也是大事。既然"利用小说反党是一大发明"[11],那么"利用数学反党""利用物理、化学……会计学反党"的可能性也是存在的嘛。

此时已是1984年,顾准死去已经十年,极笔死去也已经8年,一篇纯管理学的专著居然还有如此威胁、震慑之力,哀哉!奇哉!壮哉!

4. 北枳南橘

相比于《会计原理》残卷的出版,《希腊城邦制度》的出版又似乎显得过于平淡无奇。

10　顾准《会计原理》
11　极笔极峰毛泽东语

尾声　故事未终（1974— ）

1982年，吴敬琏将《希腊城邦制度》交给中国社会科学院出版社，据说总编和编辑们捧读后简直如获至宝，立即投入精兵强将，从校勘、编辑到设计、装帧无不尽其最大努力，当年交稿，当年出版，第一版就印刷了5900册，好评如潮。

这有两种可能性，一是该文全篇在谈历史——希腊史，而"言必称希腊"是一种罪过的年代已经过去，动不动给史家戴上"借古讽今"帽子的手段如今也不大行得通了；二是出版社和编辑们打心眼儿里喜欢这样的稿件，多少年没有看到过这么好的东西了，就算冒点风险也值得，大家一起担当吧。好在那年，"反精神污染"运动尚未开始。

比起财政部出版社，不能不说科学院出版社的阶级觉悟较低而文明程度较高。就算什么都不说，至少后者有肩膀，有担当。善哉，善哉。

陈敏之非常振奋，但也非常清醒——"好戏"还在后面。

五哥的《希腊》虽然精彩，可毕竟是在谈史，"政治"风险不大。他确实没想到《希腊》的命运竟比《会计》好上这么多。原是做足了拼搏抗争准备的六弟，顺境下丝毫不敢松劲，他立刻把这口不能泄的气转移到了最"刀刃"处——出版五哥和自己的通信集。这些杂文的犀利和敏感绝不在《希腊》之下。假如说鲁迅的《投匕集》投向的是敌人，五哥这些没有题目的杂文更像是投向每个人胸口的匕首，无敌无我，杀伤力也就特别大。

惟其如此，风险肯定也要比《城邦》大得多。

六弟和王元化先生——五哥的老部下，老朋友为这束信札起了一个响亮的名字——《从理想主义到经验主义》，取自五哥1973年8月4日寄给他的那封专门探讨辩证法、神学、自然哲学与形而上、唯理主义和经验主义等哲学问题的长信。其中最令他振聋发聩的一段话是：

"今天当人们以烈士的名义，把革命的理想主义转变成保守的反动的专制主义的时候，我坚决走上彻底经验主义、多元主义的立场，要为反对这种专制主义而奋斗到底！"[12]

挑出这句精华中的精华做了题目，六弟松了口气。可就冲着这个标题，他也知道自己正在做的事情有多么艰险。他豁出去了。

于是，《从理想主义到经验主义》有了最初的手抄本，陈敏之版。第一批读者，是我的传主的5位子女——稆头、小米、高粱、五五、小弟。

抄本在大女儿稆头——顾淑林的手里驻足了整整一年，至于女儿看了多少遍，那只有天上的父亲能够知道。然后叔叔就收到了侄女那封如今许多"顾迷"都熟知的信：

"我逐年追踪着父亲的一生，1957年以后，他是一步一步从地狱里蹚过来的呀！……在他最需要亲人的时候，亲人远离了他，可是恰恰他的思考，包含着更多的真理。人生只有一个父亲，对于这样的父亲，我们做了些什么呢？……我们所接受和奉行的一套准则，为什么容不进新鲜的可能是更为科学的内容？究竟哪一部分需要审查、更新，以避免今后对亲人以致社会再做蠢事？"

可是，这套准则难道是哪个部分"更新"就能了断的吗？它是以一整套集权专制的标准定制的模子，是夺去人的尊严、个性和人性的一整套规则，要避免愚蠢只有彻底否弃它这一条路可走啊。

手抄本开始了半地下的流行，只是流行的速度和范围极慢，极窄。这些文字毕竟不像索尔仁尼琴的《第一圈》或者《伊凡•杰尼索维奇的一天》，那是许多普通人都能接受的小说体裁，而能够理解这些文字的人是个非常非常微小的群体——少数学者、学生与好友。

接下来的年份——1983年，又是个坏年份，"反精神污染"的冬风一夜吹遍祖国大地。

连"人道主义"，"异化"两个词是什么意思都还搞不清楚的全中国人民，须臾之间全部成了它们的批判者。比起17年前"全国第一张马列主义大字报"，这一回芸芸众生琢磨领袖意图要难得多，就连

---

12 《文稿》P454

尾声　故事未终（1974—　）

大批判的组织者也闹不清楚"Yi Hua"究竟是哪两个中国字[13]。好在彼时国家意识形态大总管亲自掌握着斗争的大方向，上下逢源，左右开弓，"精神污染是个筐，什么都能往里装"，还是老传统，琢磨什么？跟着批判就行了，报纸上说什么你就说什么，保证不会错。

而人道主义和异化，却正是《从理想主义到经验主义》中最重要、最主要的内容。看顾准的"商城日记"，他在劳改时被批得最凶的也是人道主义。这种人写的东西怎么可能在这个节骨眼上被允许出版。

陈敏之沉下气，等待着这场新的闹剧收场。五哥从来不相信"多少事从来急"的浮躁之人会把事情办好，他再一次"守机待时"，竭力让自己安静下来。

闹剧果然不长，1966式的愚昧、狂躁很难再现，毕竟"人民"疲倦了，厌恶了，逆反了。

1984年年底，敏之再也等不下去了。他手里捧着的已经不是一团随时可能熄灭的火苗而是一块通红炽热的炭，再捂下去迟早会灼伤了自己。

通过一位弟兄俩共同的老友，书稿被送到了"北三联"——北京三联书店出版社。从1930年代孤岛时期起，三联（生活、读书、新知）就是中国进步书刊出版的一面旗帜，也是顾准、孙冶方、陈敏之的精神家园，敏之对其充满期望。

编辑看了，激动不已。

"深感作者知识渊博，很有见识……直抒胸臆，不讳权威……实乃不凡之作……真奇书也……。"

之后，万籁俱寂。

书稿在三联的某只抽屉里活活呆了一年多，1986年上半年又通过那位老友的手默默地退了回来。

陈敏之同样默默地接了过来，欲问还休，欲说还休，大家一起"却道天凉好个秋"吧。

六弟发了狠。"北三联"不出，找"南三联"，"南三联"再不出，

---

13 顾骧《周扬与清除精神污染》

找东三联西三联，就不信没天日了，就不信在这块国土上金子就真成粪土了！

可毕竟，敏之 65 岁了，老眼已经昏花，像 10 年前那样再抄录一遍，实在太困难了。他花钱请人再次誊录了一次，用的依然是那种削薄的，充满阶级斗争警惕性的信纸。须知彼时离眼下人们熟知的 A4、B5 这样毫无阶级斗争概念的白纸还有很远很远的时间距离。

敏之仔仔细细校对后找上了"南三联"——上海三联书店出版社。

他本身就是个老三联，老南三联，1934 年就在上海生活书店、上海商务印书馆当练习生。如今为了能把五哥这些东西印出来，留下来，六弟豁出这张老脸摸上三联的门。不过这一次，他充分做好了碰壁的精神准备。

果然再次碰壁——泡沫加软牛皮之壁。绝不让你灰头土脸，头痛欲裂，可你心痛不痛我们不管，我们也管不了——

"东西非常好，我们不能出。"

就是这样。

这回敏之学乖了，连问"为什么不能出"的念头都没起，不必问，不能问，问了也白问。

无语不凝噎，一次次的打击也是一次次的锻造。六弟第一次起了把五哥的文字"送到境外出版"的念头，既然南橘北枳，那就把这嘉果送到南方去吧。

寻寻觅觅中，一晃又是一年多过去了。彼时"境外"一词几与"敌特"同义，《秘密图纸》《国庆十点钟》都还是热映的电影，境外出版哪里是那么好办的。

1987 年，一位年轻的经济学家，上海社会科学院研究员陈申申读到了顾准。

这是一位老革命的后代，父辈和顾准有着相似的经历，也是一位知识分子革命者、新四军老战士，名字曾出现在《顾准自述》中："华

中联络部 陈同生……"[14]，1968年惨死在红色恐怖的余波中，死时头上还戴着四顶帽子，其中一顶和顾准一模一样——"三反分子"，其余三顶则和国家主席一样——"叛徒""特务""走资派"，说实话，不丢人。临终留下的遗言是"毛主席：你知道许多跟你苦战几十年的干部被污蔑为'走资派''叛徒'，过着比罪大恶极的战犯还难受一千万倍的日子，比囚徒还苦，请你救救这些干部"[15]。

年轻人读罢陈敏之手抄版《从理想主义到经验主义》，激动不已，找上门去，向陈叔叔自报家门，一手包揽了出版事宜。他推荐的出版社是上海人民出版社。凭着这么好的东西，凭着父一辈子一辈的关系，也凭着自己在社科研究方面的小小成就和知名度，年轻人信心十足，立时三刻向出版社发出激情四射的荐稿信。

上海人民出版社的编者们的评介甚至比南、北三联还要高——"……凝练晓畅，笔锋犀利，真知灼见，激荡人心，爱不释手……"，用的都是形容词的最高级。最后的断语是，"作者忠于革命，热爱人民文稿出于忧国忧民之心并具有严肃的科学态度，从观点到语言都不超出学术范围，可以出版。"

陈敏之满怀感激，重新充满了希望，8月写出序言，转年春天就拿到了稿样。敏之再一次仔仔细细校清稿样交回出版社，下一步就等着看样书了。

可谁能料到，这年又是个坏年头。1989，唉，就不说了吧。好像凡事有关顾准，上帝总要多打磨一阵好拿出精品似的，这一打磨，又是3年过去了。

现在是1991年，手抄本已经变成了铅印本。毕竟文字处理器、电子计算机、复印机这些东西已经掌握在普通人手里。不要小觑这些无生命的机械，正是它们把顾准的思想变成了铅字，撒播了出去。更重要的是陈敏之此时已经有了一帮青年同盟军，是这些年轻的生命在操纵那些虽无生命却同样年轻的机械。

---

14 《自述》P126
15 上海市政协文史资料《戎马书生》

是年夏天，一位在美国夏威夷大学留学的青年人读到了一摞打印稿，是任职最后一次拒稿的上海人民出版社的好友从国内带出来的，正是最难将息的《从理想主义到经验主义》，前边还有王元化先生的序言。好友告诉他，这部书稿，在文化界人称"什么书都敢出"的范用先生手里都未能出版，其尖锐和棘手可想而知。

至此《理想》已经流传到海外，许多读过的人也同时记住了顾准这个名字和他多舛的命运，无一不扼腕顿足，希望能为这个人的遗著出版尽一份力。在这种舆论境况中，在王元化先生的多次斡旋下，《理想》终于在1992年辗转流入香港。

1992年7月，香港三联书店出版《从理想主义到经验主义》，作者——顾准。

从北到东，从东到南，中国版图上3个三联被《理想》一一走过，终于在最南方的三联——香港三联，理想修成正果，北枳成橘。

可惜，这是只残缺的橘，是个残缺的《理想》。

就算身处自由之都，香港三联的编审们依然毫不留情地砍去了这只嘉果最华美的部分——《直接民主与"议会清谈馆"》和《民主与"终极目的"》两篇精华中的精华被无情地删了去。原因吗？和"南""北"两位三联两兄弟是一样的，请你不要问，我也不会说，一切尽在不言中，大家心知肚明就好，何必非要捅破这层窗户纸？

回头说那位留学夏威夷的青年学子顾越明，读罢顾准也是心潮难平。预感到这将是中国当代思想史上一件称得上是"重大"的事件，他毫不迟疑提起笔来，洋洋洒洒地写下万字长文——《一个人与一本书的命运——顾准和他的遗著〈从理想主义到经验主义〉》，于次年8月刊登在纽约的一家华文月刊上，成为海外最早系统介绍顾准其人其事的文字。

回头再说国内（当然香港也是国内，虽然彼时还没有回归）。

由于中国科学院出版社出版的《希腊城邦制度》影响日益增大，顾准这个名字已经广为学界接受并引起了相当的震动。到了1990年代初，已经鲜有社科类专业人员还不知道这个名字和他的遗著的，那将是个小小的耻辱。在大学，顾准的名字也开始流传，和萨特、尼采，房龙，米兰·昆德拉的名字一起。

至此，我的传主的文字如若还不能出版一本国内版的《文集》，已经到了说不过去的地步。出版界已经同时有了"瑰宝"和"烫手山药"的隐约耳语，谁要是打算把这块炙炭再想捂下去，确实是在"自己找不自在"了。

5. 贵州故事

1994 年，顾准逝世 20 周年。

"天无三日晴，地无三尺平"的贵州。

天高皇帝远的贵阳。

不起眼的贵州人民出版社。

不知名的青年编辑杨建国。

有一天，杨编辑建国突然收到已经知名度很高的王元化先生的一封荐稿信。字不多，未对所推荐文稿作任何评价，只是希望贵州人民出版社出版他推荐的稿件。这部文稿就是陈敏之为之出版奋斗了 20 年的《顾准文集》。

上个月，敏之才又刚刚经历了一次无情的"磋磨"和打击。

几个月前他和上海学林出版社谈好了出版《顾准文集》协议。这一次，事前说好了是自费出版，敏之准备好了当时算得上是一笔巨款的个人积蓄，并且已经按照合同向出版社预付了第一笔款项。

和前几次一样，稿件被交口称赞，事情进行得非常顺利，比他预想的还要顺利，顺利得他都有些害怕。果不其然，发排前夕，责编突然打来电话，说以前在香港出版时抽调的两篇文章这次也不能放进去。

这个，敏之绝对无法容忍。这也是出版社的违约行为——交付书稿时必须保留所有篇幅是白纸黑字写在合同里的。可是合同在"政治"面前算得上什么？连蚍蜉撼树都算不上。

敏之忍声吞气，一再磋商无果，愤而要求退稿退款。

怎么去责怪这些总编、责编、编辑们呢？身在模子中，当然要出落成模子规定的形状，你怎么能要求人人都做顾准呢？那岂不是要天下大乱？

10多年后，北三联当年负责人，连呼"奇书"却坚持退稿的责任人沈先生，在谈到拒绝出版《顾准文集》的不堪往事时这样坦承：

"我是一个怯懦者。有过应该允许'跪着造反'的念头……感谢后来有同行将《顾准文集》印成书了……我所惭愧的只是，许多事没有按照列宁的教导认真去做。"[16]

且不论跪着怎样造反，还要事前取得被造反者的"允许"，还只是自己自作多情地揣摩着他们"应该允许"，谁允许？列宁吗？"跪着造反"无非就是撒娇，撒娇在大多数情况下挨打会更凶，连小孩子都明白这个道理。人家对你说是"娘打孩子"，你请人家允许"跪着造反"，真是"民有与其相配的政府"一语绝妙的注脚。

人性、人格被磋磨、压塑成这般模样，还有比这更悲凉，更滑稽的吗？

1994年，新的曙光初现了——王元化先生通过弟子胡晓明，胡晓明通过在贵州人民出版社工作的弟弟，《顾准文集》辗转来到杨建国手里，又一颗"四万年结出的果实"，正正地、重重地砸在这位青年人头上。

建国对稿件的喜爱自不必说，十几年间七七八八哪家出版社也没有一个人对文稿本身说三道四过。建国的可敬可贵在于他几乎立刻就决定自己一身担当起来——这文稿太"各色"了，终审很难通得过。那边反正反正主要听我这个责任编辑的，我先满口称赞起来再说，关键地方就含含糊糊、云山雾罩、春秋笔法混过去，书先出了再说。大不了是福不是祸，是祸躲不过，到时候再说吧。

就这样，没有费一点周折，贵州社就火速承诺出版此书并马上与陈敏之签了协议。依然是自费，但是贵州方面说好假如销售情况乐

16　沈昌文《阁楼人语》

尾声 故事未终（1974— ）

观，出版社将以稿费或版权费的名义返还费用。

签字之前，经历了多次伤心和碰壁的陈敏之无论如何不敢相信这是真的，他已如实告诉对方这部书稿的全部遭遇和自己的底线——不允许任何未经同意的删砍，竟然还有这样的回答。接着就是很戏剧化的场景：

上海那边，陈敏之先生攥着电话听筒的手在颤抖：

"真的一字不删，一字不改？"

贵阳这边，杨建国先生毫不踟蹰，斩钉截铁：

"真的一字不删，一字不改！"

"真的吗？真的吗？"

"保证！保证！！"

陈敏之大喜过望，转身就把一万五千元人民币汇了过去。贵州社也不含糊，12月就让投稿人看到了样书，那两篇最扎眼的——《清谈馆》和《终极目的》赫然排列其中，一字未删，一字未改，责任编辑：杨建国。

敏之，义弟也，建国，侠士也，美哉，壮哉。

书出来了。字数：354千字；开本：850×1168 1/32；印张：14.125；定价13.8元；1994年9月第一版第一次印刷；印数：3000册。书是浅绿色封面，无图，装帧一般，用纸一般（反面的字可以清楚地在正面看到，反之亦然），印刷一般。总之就书的本身而言，质量不高。

可在中国出版史上，它已命定是一本不一般的书，是一本可以入史的书，是一本罕见的优质书。正因为它的"一字未删，一字未改"，这本书至今都还在被盗版，其收藏价值早已大过书籍本身。来看看后边的故事。

《文集》第一次上订货会是在武汉，居然一本都没有卖出去。毕竟贵州偏远，贵社名气小，订货会很难引来北京上海的客户。可没多久，大买主来了，就是原来最先拒稿的北京三联书店。北三联开口就要3百本，十来天后就要求添货。书商们说是也不知为什么，许多人今天买了明天又来买，一次买好几本；北京著名的万圣书店，老板刘苏里一个电话打到贵州，坚决要求做北京地区的独家代理，一次就订货 4 千本。

从一开始的无人问津到倏忽间的洛阳纸贵，仅仅只有几个月的时间。

此后贵州社发行部电话就没有断过，都是索要者和书商。库存很快告罄，只得不断加印。到了 1995 年 9 月，也就是一年之后，贵州社已经是第四次印刷《文集》，印数达 3.4 万册。

责任编辑杨建国，光是读者来信就收到一麻袋，大都是感谢他编辑出版了《顾准文集》。

那年那月，大城小城，尤其京城，一时间除了央视，没有不谈顾准的媒体。接着最有趣的故事来了。

先是出版社总编被召到中共中央宣传部出版局开吹风会，局长指名道姓严词质问：

"请问贵州的老总，一本学术著作为何如此走红，畅销？这难道是正常的吗？你从前见过这种情况吗？都是些什么人在热捧这本书？奥妙在哪里？"

一连串"义正言辞"的发问排炮般砸来，总编有点发懵，连规矩都忘了，不识趣地问道："局长同志，《顾准文集》有问题吗？"

局长更加声色俱厉："是我在问你，请你不要揣着明白装糊涂！"

还好，事情发生在 1994 年，不会有两个穿制服的人立刻就从旁门走出来将被质问的人"押下去"，反倒是局长有些底气不足，把原该在会议室里的话拿到电梯里说——

"回去就封存，不要再卖了"，"我可是在电梯里，不是在会上说的啊"。

聪明、机智加机灵，滴水不漏！

可你要真是以为就此不卖了，封存了事儿就了了，那就又太低估"专政"的威力。

北京这边和风细雨，贵州那边可就没有这么客气了。先是图书处接到神秘电话：

"不要问哪里打来的，不要记录。通知有关《顾准文集》的两件事：1. 不再发行；2. 不再印刷"。

尾声　故事未终（1974— ）

紧接着，3个穿便衣，腰别小枪的人找到责任编辑杨建国，整整谈了3天的话，问清了事情的来龙去脉，所有细节，所有涉及的人物名单。临了倒是宽慰杨建国，"你没什么大事，但这件事你不可以说出去，更不能对媒体说"。

撂下这几句话便衣们就走了，至于小枪嘛，不必害怕，只是吓唬吓唬你，明知你一介书生是不经吓的。

这是发生在1994年的事情，距今仅仅20来年。

最后的结果是，"你没什么大事"的杨建国先生职业生涯受到重大挫折，"政治上的不正确"导致了他"经济上的不景气"，名利双失——高级职称泡了汤，收入当然不会提高。近20年后杨建国先生估计不会再有人"别着小枪"去找他谈话，这才把这些"不该说的话"也说了出来。

如今有些相关顾准的文章，很自豪地宣称自己转录顾准的文字来自贵州人民出版社1994年9月版。转录者的用意十分明显的——我用的是没有被阉割的正宗。反倒是晚至2007年出版的"市场版"《顾准文集》，编者依然在顾准最精彩的话语上动刀动斧，不信你可以去核对1994年版的"贵州版"和2007年的"市场版"，就能看出端倪。

如今1994年9月的"贵州版"即使在旧书市场上也已经绝迹，原价13.8元的书已经被叫价到50元依然有价无市，盗版者早就动作了。

后　记

拜 1971 年 9.13 一声"爆响"给我辈送来的"无主义主义",本人生平未着"政治"一道,也因此直到 2007 年还不知"顾准"为何方神圣,枉和他同时代了 20 多年。

读罢顾准,惊为天人。

1966 之前尚不敢说,但我辈亲历的"史无前例"还足音不远,尘埃未落。几亿人在集体癔症中不思不想,装疯卖傻,斯文扫地活了足足十年,几无一人置身事外。仅此一点在世界史上就是空前,至今也还是绝后的。亲历者绝大部分人还在,境迁事未过,曲终人不散,躲得过初一躲不过十五。这段在中国史上显得特别突兀,特别诡异的小断代,其蹊跷乖张和莫名戾气,至今都无人说得清楚、道得明白。多少西方人文学者,他们几乎是艳羡中国曾经有过这样奇异的人性大展示,给史家和作家提供了无限的想象空间和研究创作的源泉。而咱自家,却宁愿臆断夏商、妄论唐宋、戏说明清,也不肯细究这个历史小切片加人性大展览。大家一起糊涂着,挺好。

可眼前突然就出来了个顾准。他是谁？他何以如此？他的故事又何以如是发生？

这事弄不清楚,不得安宁。可是如何下手？年近耳顺,退休多年,除了"孙冶方经济科学基金会"志愿者外,无任何"头衔"和"挂靠",实在无处下手。

是孙冶方先生养女李昭大姐给了我徐方（咪咪）电邮地址,匆忙中还掉了一个字母。不想藉着错误的邮址,远在日本的她竟收到了我的邮件并立刻回复了。几天后我就见到了回京奔父丧的咪咪,我们多次面对面谈她的顾伯伯。不久她回日本,又有了数万字的通信,说到动情处我们甚至一起翻译索尔仁尼琴的《为俄罗斯母亲祈祷》。当然我的译文大大逊色于咪咪,她的英语可是陈翰笙老启蒙,钱钟书先生指导的。亲历者咪咪是这本书的"第一推动力",美丽善良的她不愧顾准生命中最后、最明亮的一抹阳光。

之后我冒昧地把最初写下的"顾准印象"传给吴敬琏先生,问他是否"反感"。因为文中屡屡提到顾准受基督教的影响,很不合时宜。几天后老人打来电话,告诉我他一点不反感,还顺带指出了一处年份的笔误,令我受宠若惊。

然后是张曙光先生。一说为写顾准,老夫妻立刻热情相约。听他们徐徐道来对顾准的回忆,连张家小儿女常常去讨顾爷爷"黑水"(咖啡)喝的趣事也在其中,温馨得宛如昨日。最重要的是,此书将顾准定位于政治哲学家就是受了张曙光先生的启发。

书的开篇要写主人公接受人生最初教育之处——"小姑私塾",这就不得不追溯和考证"小姑教育"的奠基地——上海清心女中。恰恰我的忘年交,孙冶方先生的外甥女,也是我后来主内的姊妹,中央广播艺术团合唱团退休老艺术家洪慕莲女士60多年前就从那里毕业。是她和老同学陈梅珏——两位年近耄耋的老人千方百计为我找到在清心堂侍奉了一生的陈蓉生老牧师未经发行的回忆录《清心堂沿革》,助我顺利写完原以为会很困难的一个章节。

商城是顾准重头戏,写顾准当然要去商城。可是人生地不熟,敏感话题又无官方身份,谁会理你?抱着侥幸在网上搜索"铁佛寺水库",居然真让我找到一位当年人物——商城共产主义小学学生杨敬之,"顾准名单"中杨静超就是他的校长。敬之也是一位教书先生,商城如今许多头面人物都是他的学生。就这样通过杨老师的帮助,仅仅凭着一个"志愿者"的身份,我看到了《商城水利志》《县志》《人口统计》等肯定属于官方的文件。整个过程河南省教育学院青年教师李素立先生提供了巨大的帮助,他自己本身就是一位民间的"信阳事件"探索和研究者,书中所有大饥荒数字几乎都来自素立的资料库。

至于寻找当年和顾准一同在商城铁佛寺水库劳改的右派难友们,就更奇妙了。官方是绝不会对外提供这些信息的,信阳的朋友又都年轻,知不知道啥叫"右派"都很可疑。可年轻有年轻人的办法,两个 30 多岁的小伙子闯进商城，看见街上坐着晒太阳的老人就问："您老当年是右派吗？您老认识谁当过右派吗？"天呐，这在北京连想都不敢想的傻办法居然屡屡奏效。蕞尔小县当年右派成群，"小巷子两头一堵"，不几问就找到了三位"顾准名单"中人。登门拜访中的不胜感叹、不胜唏嘘都写在书中了。这里只想再说说宋一峰老人：临走前我给宋家老夫妇拍下合照，回京后在"喀嚓鱼"网上做好了送到老人家里。赵阿姨专程致电我，千恩万谢。不想这竟是 70 年白金婚老夫妻最后的合影——我走后不足半年，宋一峰老人溘然长逝。

再后来，写到顾准译熊彼得《资本主义、社会主义与民主》一节，得知赵人伟先生也是顾准学生，莽撞地摸上门去向他讨借"绛枫（顾准）"译本。赵老翻箱倒箧找出上有顾准之子题赠和自己批注的珍贵版本，并嘱我读书不要全信中译，中译常常大谬。果然，绛译与新译常有差别，尤其在涉及经济学术语时。是精通英语的刘军宁先生辗转从外网宕下熊著原文送我，郑州独立学者邵晟东先生、山西大学王三义先生鼎力相助，才算是磕磕绊绊踩着顾准的脚印捋顺了"成熟状态下的社会主义""议会制""政治家"等等概念。

息县也是顾准故事的重头，也就认识了一位地道的息县人——李玉。2005 年，在上海任职人民日报《大地》杂志采编的阿玉参与策划组织了"中国社会科学院专家团东岳寻访暨纪念顾准诞辰九十周年"的活动，亲历者和最早探索顾准的人们，如陈敏之、吴敬琏、徐友渔、高梁、咪咪（徐方）、高建国、罗银胜等 60 多人参与。阿玉为了帮助我与他们取得联系竭尽了全力。通过她，我采访到了高梁、宋德楠、陈小萍、陈小嫣，最后是顾家大姐顾淑林——一位极具理性的物理化学科学家，据说从不接受有关父亲的采访……。

叙述顾准 1957 年的《试论》，对我这个连经济学 ABC 都不懂的工科生不啻巨大难关，写作一时困顿不前。又是阿玉，在网上找到一位对顾准经济观点颇有心得的宁波学者"清华先生"，并把他博客地址转给我，我加了"纸条"。仅仅是"网友"且是初识的网友，清华竟立刻打来电话，不问我是何人，仅凭"顾准"二字，就开始掰开揉碎给我讲"计划经济""市场经济""契约精神""计量经济学""凯恩斯与哈耶克""兰格计算机经济学""马克思经济学""劳动时间概念"等等等等。毕竟是长途电话,我说我打过去吧,他理也不理,继续讲下去。一年多我们通了无数次电话、短信,加了无数张"纸条"。可等我书写成,就再也找不到他了,电话无人接听,博客、短信都没有回答。至今我没有见过清华先生,不知他长什么样子。我永远记得他的一条短信——"记住,经济学基础的基础——契约精神,来自北欧海盗"。

在写到顾准对《自然辩证法》《反杜林论》的剖析时,我迎头撞上了"黑格尔"这堵大墙。仅仅顾准反复阅读的《小逻辑》,一遍读下来就晕得头都大了。懊恼之际是爸爸提醒我"你干嘛不去请教咱家邻居王树仁先生?他是黑格尔专家呀"。我拨腿就奔了王家。老树老师给我讲黑格尔,讲异化,讲大小逻辑,讲海德格尔,讲维特根斯坦、罗素。听完后再顺着顾准的思路看这些大佬们,竟然不再头晕脑胀手脚冰凉。

长春老学者靳树鹏先生,对我亦步亦趋踩着顾准对庞然大物《自然辩证法》穷追不舍的脚印走下去,几次给予鼓励和支持。他是个双腿膝关节不好,连楼都下不了的老人,光是亲笔信就写了好几封,叫老伴拿到邮局发给我。北京学者,《炎黄春秋》原总编吴思先生更亲自下笔为我修改《顾准对〈自然辩证法〉的追索》,希望能够发表,终因"向既往方向追索得太远"而未果。假如没有这些前辈的支撑,仅仅这些书名就足以吓死我。

写到顾准的《希腊城邦制度》又犯晕,还是爸爸提醒"去找李真叔叔啊,他学的就是古希腊文,搞得就是亚里士多德哲学呀"。我当即致电邮给正在英国剑桥大学讲学的这位老叔叔并立刻得到了回应。本书关于古希腊罗马史研究在中国的状态叙述,就得益于多年从事亚里士多德形而上学研究的老学者、北京大学哲学系教授、古希腊语言学家李真先生的指点和帮助。谢谢李叔叔,谢谢刚刚离世的爸爸。

陈乐波、陈申申两兄弟也是我最要感激的。他们的父亲陈同生就是当年"大片"《东进序曲》中由当年最帅的男演员李炎扮演的新四军谈判代表原型,也是"顾准名单"中人物。陈家父子之大器和轩昂也和李炎的形象一样。我和兄弟俩素不相识,仅凭着克明君的介绍和一封求助的电邮,陈家兄弟就为我的书在上海召集了一次十多人的座谈会,参加者都是熟悉和研究顾准的前辈:孙恒志、晏小宝、朱学勤、朱小平、高建国……。他们给我的帮助和启发是巨大的。例如关于顾准1950年代初在上海实行"按率征税、按律办事"的普世意义,就受益于在美国做了多年执业会计师的申申的指点。申申也是当年最早推动顾准文字流布的年轻人,既理解他的思想又懂得他的专长。

上海独立经济学家朱小平先生,会后我们又有许多通信和一次会面。书中关于顾准与利澳·斯特劳斯在僭主问题上奇迹般的相通与契合、中国是否有过类似希腊的古代民主、为何中国无僭主僭政说、顾准当年读到的中国历史真伪问题以及有关"陈独秀对无产阶级专政的批判"的陈述与观点,都极大地得益于小平君的指点和帮助。

还有许多"巧"事呢。

为了体会顾准所读乔治·格罗托《希腊史》的现场感,我在北图网络上搜索了很久才发现这套书已属典藏,不借阅更不出借。无奈之下只好上"孔夫子旧书网"碰碰运气。网络真是个好东西,三下两下就找到了同样年份、同样版本的《希腊史》,开价不菲。为了顾准,为了希腊,豁出去了。我立刻将钱打出,又追了一个电话过去确认。岂料对方得知我买书的原因,再三要免了邮费不说,还反送了我一本他刚刚译好出版的《香奈儿传》。原来沈占春先生也是个独立学者、翻译家,正在致力翻译顾准生命中所读的最后一本书——英国历史学家托马斯·巴宾顿·麦考莱名著《英国史》。"X/15 Macaulay"——这是顾准全部日记的最后一篇,写于1974年10月15日。就这几个字,我和沈先生立刻成了好朋友——素未谋面,网络好友,话题只有一个,"顾准——希腊——麦考莱"。在本书成书过程中,沈先生也终于完成了这部浩瀚英文名著的中译。下一步他打算要翻译的,正是乔治·格罗托的《希腊史》!

朱小平先生曾提醒我,"你要注意一位'民间顾准'杨伟名"。可是当我在网络上查到此人时,才发现人物已经十分式微,连灯火阑珊处都不见人影了——曾经在二十多年前以他名字命名的图书馆已经改回"户县图书馆",县志办人员压根就不知本县有过此人,电话打过去十分的不耐烦。意外的是在网上发现他的遗著《一叶知秋》竟出版过。这篇令毛泽东先生大光其火的文章在 2004 年即由卢跃刚先生编辑成书并写下了长篇序言,可惜早已断档。循迹找到跃刚先生,他立刻写来长长的电邮——"……在更广阔的思想史、学术史和人类命运的背景下细读《商城日记》,不能不为顾准的原创经济学方法观察大饥荒(恰巧顾准置身于中国大饥荒的典型地区)——人类文明史上最惨烈的人为灾难的个案、机理,阐释大饥荒成因的胆魄、深邃所折服。他的贡献是全人类财富。"

是万圣书园老板刘苏里先生从仓库翻出一本《一叶知秋》放在书店柜台上,专门等我去取。苏里君好像专门喜欢"囤积"这类书籍。中国第一版——贵州版《顾准文集》就被他一次购买了 4000 本,如今留在手里的都是珍藏。卢跃刚认为顾准和杨伟名都认识到了"短缺"和"匮乏"对专制制度的巨大助力和支撑,这也是匈牙利经济学家科尔奈著名的"短缺经济学"观点。而老经济学家张曙光先生则更进一步认为,仅仅"短缺经济学"还解释不了中国 1959-1962 年人祸造成的大饥荒,能够解释的它的只有印度经济学家阿玛蒂亚•森著名的"饥荒理论"。顾准的《商城日记》早于森 20 年就有了这个理论的雏形——"餬口经济""白薯共产主义",只可惜文字凌乱,未成体系。

这一切都极大地帮助我梳理了顾准的思想过程。

成书中我所用的中国青年出版社 2002 年版一套 4 本《顾准文存》,由于翻得太频繁开始掉页了。因为任何书店和网上都买不到,北图又只能馆阅不许复印,不得不厚着脸皮打电话给并不相识的、彼时的责编李丕光先生,希望能买到一套库存。丕光接到电话立刻寄来一套新书,无论如何不肯收费不说,还附亲笔信一封,热情鼓励我把书写下去。一位大出版社的大编辑(如今是总编辑)亲手写信给你而不是打字+签名,在互联网时代这可不就是文物嘛!

杨建国先生,第一个吃螃蟹——出版《顾准文集》的青年编辑,如今也年过半百了。这件事影响了他的前途和"钱途",也影响了他的一生。在一次读书会上偶识的许医农先生向我提供了建国的联络方式。素未谋面的杨老弟听说了我的出版困境，立刻向熟悉的出版社热情推荐。当我说我也想向你鞠一躬（不是因他的推荐啊），建国幽默地说"不用啦，不用啦，很多人在信里都鞠过了，您就不用鞠啦！"

多年研究国际共运并独创性地提出"基因科学与新人性论"的郑州独立学者邵晟东先生，在认真阅读完全部书稿后提出了近二十处质疑、悬疑、错误、笔误和需要商榷之处。这对作者意味着什么，不是个中人很难理解，个中人的感激之情也很难表达。他挑出的硬伤，借一句顾准的话——"令我不胜汗颜"；同时他的鼓励，也借一句顾准的话——"令我不再'怕教授'了"。谢谢，谢谢了，晟东君。

得知旅美画家李斌曾经画过一幅《上海的早晨》（作于2007年，中国美术馆收藏，见本书1页），画中年轻的陈毅、潘汉年、杨帆和顾准英姿飒爽、气势如虹。画作的蕴意在：1949年解放军进驻上海，靠着这几位秀才的真才实学打动了上海的资产阶级和平民阶层，稳固了政权变更后的世界超级大城——上海的国民经济，可惜不久他们一个个都被革命母亲吞噬。我迫不及待地从杨帆女儿晓朝姐姐那里得到了电子照片和李先生的电话，迫不及待地打给他，脱口而出"李先生，您能为顾准作一幅肖像吗？"李斌君一口答应，"好，你什么时候要？""等找到出版社就告诉您"。后来我被朋友埋怨："王晓林你知道李斌画作的市价吗？"天，我怎么这样冒失！忙怯生生再打电话过去，肖像事提都不敢提，只问《上海的早晨》要不要版权费。李斌君笑答："我的作品使用的人越多我越高兴，谈何版权？更何况是顾准！我早就想画一幅他呢。别急，等我画完曼德拉系列就着手"，反倒弄得我抱歉不已。

李锐老为我的书题写了书名。年近百岁之人，一听顾准二字，双目发亮，敏捷地从沙发上站起身来，二话不说走进书房，挥毫泼墨，朱砂钤印——"《顾准和他的时代》九十九叟 李锐"跃然纸上，苍劲拙朴，力透纸背。老人动了情——"他只年长我两岁啊！"，一句话说出心中所以痛惜。临走，老人把桌上一份《文汇读书周报》递过来，"这个也送给你"。三个整版的长篇报道《李锐畅谈养生之道——不要停止思考》，而我正是看了他多年前纪念顾准的文章——《一刻也不能没有理论思维》才认定了要请老人题写书名的。

要感谢的人还有那么多，王克明、姜红、陈瑞铭、楼肇明、蔡璋、刘志琴、金吾伦、吉晓蓉、宗丕钊、林皎皎、林明明、汪夕增、朱嘉明、柳红、邵敏、向继东、张晓波、肖涛、尚红科、孙牧云、岱峻、赵晓玲、穆军、柯大全、罗银胜、高粱、王砚峰、王迎新……，怎么也是写不过来的。可丁东先生却一定要写：在整个的成书过程中，我自始至终得到他的指点、鼓励、支持和帮助。是他推荐在"共识网"上刊登了我的《顾准与基督教文化》，向经济科学出版社推荐了我的处女作，虽然在签订了合同的情况下又被……。但正是他所做的给了我这个非学者、"圈外人"最初的信心。丁先生始终直言不讳地要求我去掉感性语言，抛弃"文艺腔"而留下"干货"，这一点令我受益匪浅。

河南省作家协会会员、全国首届"书香之家"的一位"家长"赵亚山先生曾经身为语文老师。亚山君在拿到文稿后为我逐一修改错别字、标点和混杂的数字表述，自愿作了第一次校对工作。我非常感动，毕竟是六十多岁的人，六十万字的工作量，又没任何报酬。

最难忘已经约好了马上就要在上海见面，却不打招呼就遽尔长游的徐志跃弟兄。我的处女作《中国经济学界奇异的双子星——薛明剑、孙治方兄弟评传》2010年在上海三联书店出版，邱红小妹是我的责编，她的丈夫，上海独立学者徐志跃是特约编辑。那时我已着手顾准，深受志跃翻译的奥地利裔美籍学者、世界著名的政治哲学家艾瑞卡·沃格林《自传性反思》的影响。2010年深冬，他带我参加了清华大学刘东教授主持的"沃格林研讨会"，启发至深。第二天他又和许志永君一起参加了我在基督教北京守望教会的受洗仪式，从此我们成为弟兄姊妹。几年间我和志跃弟兄关于科学、哲学与宗教，关于政治哲学、政治哲学家的讨论就没有停止过。我们几回在上海图书馆隔壁的"1984茶座"讨论沃格林和斯特劳斯，历史与秩序，经济学家和政治哲学家。去年9月我们还在海淀的万圣书院，一边喝着伯爵茶，一边讨论维特根斯坦和罗素、陀思妥耶夫斯基和他的"宗教大法官"，梅列日科夫斯基和他的《基督与反基督三部曲》……，并约好11月"1984"再见，重点讨论色诺芬的《希耶罗》和他一直想要重译的心理学名著《拒斥死亡》。可是突然，11月2日他就走了，竟是毫无"拒斥死亡"的意思！他的短信我还没回，我的电邮他也还没复，直教人痛彻心腑。把这本书献给他，全为的是让自己能稍觉心安，但愿已荣入主怀的志跃弟兄能够接受。

好像凡事只要关系顾准，总有人愿意帮忙，总有人想为此人做点什么。对那些想帮忙却又帮不上的人们——"我们很愿意出版此书，可是……"，我依然感激不尽，并相信总有一天大家是能够不说"可是"的。那就先不说了吧，反正在克明和津津姐姐的帮助下，有了大山出版社，有了蒙宪君，托顾准的福，功德圆满。

不过有件趣事，最后还是忍不住得说说。刚下笔顾准，我找一位号称在贵州一亩三分地上没有他办不成的事儿的江湖上朋友，请他帮忙买一本1994年第一版第一次印刷的《顾准文集》，因为大家都说只有这个版本才是"真经"。这位小哥可犯了大难——半年功夫都没办成不说，最后号称动用了"铁的"关系才从贵州出版社仓库低下翻出一本，忙不迭给我寄来。可实际上我拿到手的还是个盗版的"第四次印刷"。不过我依然感谢他，虽然他听说实情后感觉特别没面子。

最后我要感谢七岁就同学、同桌的丈夫。虽然我写的东西他一个字也不看，可离了他我寸步难行——调电脑、配软件、开车找人、联系采访、安排行程，杂七杂八什么都帮我做了。"商城找右派"的传奇就是他托他的信阳小朋友们干的，搁我，别说右派了可能连艾派都找不着一个。自始至终，他支持我做这件事情，只不过时常敲打我——"老太婆，可千万别把自己真当成个作家啦，咱还是踏实做外公外婆的好。"

我记住了，放心吧。

王晓林

2015-5-1

学者、画家王康先生最后的作品——顾准

- 全书终 -

作者简介

王晓林，1953年生。16岁插队，18岁做工人，20岁做工农兵学员，毕业于北方交通大学电信系无线专业，后进入交通部科学院做工程师。开放时期深圳特区最早的建设者，中国最早的从商者、个人电脑与因特网的使用者。孙冶方经济科学基金会曾经的捐赠者和至今的志愿者。2001年退休，偶尔投稿《炎黄春秋》和《温故》杂志，正式作品仅有《中国经济学界奇异的双子星 薛明剑、孙冶方兄弟评传》一书。

自2001年至今，除了"孙冶方基金会志愿者"之外，没有任何头衔和"挂靠"单位。

www.ingramcontent.com/pod-product-compliance
Lightning Source LLC
Chambersburg PA
CBHW071355300426
44114CB00016B/2071